D1618218

Die Deutsche Bibliothek - CIP-Einheitsaufnahme

Hüsing, Martin:
Die Flächenbahn als verkehrspolitische Alternative / Martin Hüsing.
- Wuppertal: Wuppertal Institut für Klima, Umwelt, Energie, 1999
(Wuppertal Spezial; 12)
Zugl.: Bochum, Univ., Diss., 1998
ISBN 3-929944-18-9

Umschlaggestaltung: peuser koch kommunikationsdesign, Wuppertal
Druck: Zeitdruck, Dortmund

Vertrieb:

Wuppertal Institut für Klima, Umwelt, Energie
Döppersberg 19, 42103 Wuppertal
Telefon: 0202-2492-0, Fax: -108
E-Mail: info@wupperinst.org
Internet: www.wupperinst.org

econex verkehrsconsult
Bremkamp 2, 42329 Wuppertal
Telefon: 0202-27917-25, Fax: -80
E-Mail: info@econex.de
Internet: www.econex.de

Martin Hüsing

Die Flächenbahn als verkehrspolitische Alternative

Wuppertal 1999

Inhaltsüberblick

Inhalt

TEIL C: DIE IMPLEMENTATION

Vorwort

Amtliche Normen schreiben den Krümmungswinkel von Salatgurken vor und den Trittstufenabstand von Leitern; über ein kundengerechtes Eisenbahnangebot im ländlichen Raum hat man sich dagegen bisher nicht einigen können. Dieses Defizit wird aufgegriffen und mit einem Vorschlag gefüllt, der den Namen Flächenbahn trägt.

Ich möchte zu einer Reise in die verkehrspolitische Zukunft einladen - eine Zukunft freilich, von der nicht sicher ist, ob sie den folgenden Beschreibungen tatsächlich entsprechen wird. Sie kann sogar völlig gegenteilig aussehen. Wenn wir uns den Problemen stellen, die unser Verkehrssystem erzeugt, zeichnet sich die Flächenbahn jedoch als Teil der Lösung ab; denn saubere Luft und freie Straßen sind heute auch im ländlichen Raum ein Märchen.

Die Flächenbahn wird - soviel ist sicher - nicht von selbst kommen; man muß etwas dafür tun. Mein Anliegen ist, zu zeigen, daß sich die Zukunft durchaus in einer Weise gestalten läßt, die nicht nur zu weniger Verkehrsbelastungen führt, sondern mit der Flächenbahn etwas Neues schaffen kann, das nützlich und faszinierend ist, ja sogar Spaß machen kann.

Eine Entwicklung, die den Menschen nutzen soll, darf den Kontakt zu ihren realen Bedürfnissen nicht verlieren. Ich habe daher die Perspektive des Kunden, der das Verkehrssystem nutzen möchte, ebenso eingenommen wie die Perspektive desjenigen, der von den Belastungen des Verkehrs betroffen ist. Interessanterweise sind beide Personen in der Regel identisch, ihre Sichtweisen treten nur zu unterschiedlichen Zeitpunkten auf. Wir alle stecken in dieser Zwickmühle. Wer zum Beispiel seine Kinder mit dem Auto zum Kindergarten fährt, weil das Radfahren im dichten Straßenverkehr zu gefährlich ist, hat das Problem ja nicht gelöst, sondern trägt zu seiner Vergrößerung bei.

Die Flächenbahn hingegen ist eine echte Chance, zur Lösung zu kommen. Mit Reisezeiten auf Auto-Niveau, einladendem Komfort und Haltepunkten, die man in wenigen Minuten erreichen kann, ist sie ein überzeugendes Angebot für den ländlichen Raum, das besser ist als das heutige in manchen Ballungsräumen. Da die Fahrkarte auch noch billiger als der Sprit fürs Auto sein wird, steht einer massenhaften Nutzung eigentlich nicht viel im Wege.

Neben der Erkenntnis ihres enormen Nutzens ist ein wichtiges Ergebnis, daß die Flächenbahn technisch realisierbar ist. Ebenso wichtig ist, daß ihre Realisierung bezahlbar ist, obwohl es sich um ein sehr hochwertiges Angebot handelt. Die Flächenbahn kann über die Hälfte der Fläche Deutschlands versorgen und würde nur einen Bruchteil dessen kosten, was Bund, Länder und Gemeinden heute für den öffentlichen Personennahverkehr ausgeben.

Die Betrachtung an dieser Stelle abzubrechen, hieße jedoch, auf halber Strecke stehenzubleiben; denn zu viele innovative Konzepte verstauben in irgendwelchen Schubladen. Ich zeige deshalb einen Weg zur politischen Umsetzung auf. Ganz konkret wird die Frage beantwortet, wie die Flächenbahn Wirklichkeit werden kann. Wer von der Notwendigkeit eines ganz erheblich verbesserten öffentlichen Verkehrs im ländlichen Raum überzeugt ist, erfährt, an welcher Stelle und mit welchen Argumenten er sich für eine neue Bahn einsetzen und wie er die Zukunft mitgestalten kann.

Noch eine Bemerkung zum Namen, der etwas irreführend ist: Die Flächenbahn ist nicht nur etwas fürs Flachland, sondern für alle ländlichen Regionen in Deutschland geeignet - von der Küste bis zum Bayerischen Wald. Insbesondere unsere schweizerischen Nachbarn haben immer wieder Mühe, sich das Schmunzeln zu verkneifen, wenn der ländliche Raum als „Fläche" bezeichnet wird. Der Titel Flächenbahn ist aber insofern gerechtfertigt und treffend, als er ein flächendeckendes Angebot beschreibt.

Arthur Schopenhauer befand: „Ein jedes Problem durchläuft bis zu seiner Anerkennung drei Stufen: In der ersten wird es lächerlich gemacht, in der zweiten bekämpft, in der dritten gilt es als selbstverständlich." Der Flächenbahn wird es so ähnlich ergehen.

Ohne Zweifel wird der Prozeß einer Änderung der Verkehrspolitik ein mühsamer sein; denn er setzt die Erkenntnis voraus, daß der bisher eingeschlagene Weg in die Sackgasse geführt hat. Das zu Kompromissen zwingende politische System der Bundesrepublik macht es schwer, umzusteuern. Dennoch ist das kein Grund, den Kopf in den Sand zu stecken. Bisher konnte angezweifelt werden, daß eine Flächenbahn überhaupt eine Alternative zum Auto sein kann. Mit dem vorliegenden Konzept ist ihre Tauglichkeit ebenso belegt wie die Behauptung widerlegt, daß wir uns die Bahn im ländlichen Raum finanziell nicht leisten können.

Das Flächenbahnkonzept eröffnet damit völlig neue Möglichkeiten für die Entwicklung ländlicher Regionen. Es kann der Ausgangspunkt einer neuen Verkehrspolitik werden und lädt zum Mitmachen ein.

Kurz, aber dafür um so herzlicher, ist mein Dank an all jene, die mir wichtige Informationen zugänglich gemacht und in aufschlußreichen Diskussionen interessante Anregungen gegeben haben. Besonders erwähnen möchte ich Karl Otto Schallaböck, bei dem ich viel über grenzdurchschreitendes Denken gelernt habe, Sebastian Belz und Elmar Jasper sowie Kai Pachan und Christoph Schaaffkamp. Ernst Ulrich von Weizsäcker, der Präsident des Wuppertal Instituts, und Rudolf Petersen, der Direktor der Abteilung Verkehr, haben mir nicht nur die organisatorische Möglichkeit eingeräumt, die Studie auszuarbeiten, sondern mich ausdrücklich dazu ermuntert. Ohne deren Bereitschaft wäre sie nicht zustandegekommen. Viel zu verdanken habe ich auch Professor Heiner Dürr und vor allem Professor Wilhelm Bleek, der mich zu dieser Arbeit aufgefordert hat und dessen Betreuung nicht besser hätte sein können. Als förderlich erwies sich auch die vielfältige und freundschaftliche Unterstützung von Inge und Lo, Christiane und Ilona. Ihnen allen danke ich sehr herzlich.

Martin Hüsing, im September 1998

1. Untersuchungsskizze

1.1 Aufgabenstellung und Methodik

Die Verkehrspolitik ist ein vielseitiger Bereich, der über große Gestaltungsspielräume verfügt, eine große Bedeutung für das gesellschaftliche und wirtschaftliche Leben hat, jeden einzelnen betrifft und gravierende Probleme lösen muß. Angesichts der Belastungen, die der motorisierte Verkehr verursacht, kann verkehrspolitischer Handlungsbedarf nicht ernsthaft geleugnet werden. Ausgangspunkt der Untersuchung sind konkrete Defizite innerhalb dieses Politikfelds.

Das Verdrängen des gesellschaftlichen Lebens von der Straße durch die Automobile zeigt ebenso wie die heute bestehenden Möglichkeiten, in kurzer Zeit fast jeden Punkt der Erde erreichen zu können, mit welch weitreichenden Folgen wir es zu tun haben. Lösen lassen sich die Probleme nur durch gleichzeitiges Handeln auf lokaler und globaler Ebene.

Die vorliegende Studie zeigt Lösungsmöglichkeiten für den ländlichen Raum in Deutschland. Oft wird behauptet, in Gebieten mit geringer Bevölkerungsdichte käme für den Personenverkehr nur das Auto in Betracht, für den öffentlichen Verkehr - wenn überhaupt - nur der Bus. Diese These soll mit dem Nachweis widerlegt werden, daß eine Flächenbahn für weite Teile der ländlichen Regionen ein geeignetes Beförderungsmittel ist.

Im ÖPNV-Gesetz des Landes Sachsen-Anhalt findet sich folgende Passage: „Dem Schienenpersonennahverkehr (...) soll (...) der Vorrang eingeräumt werden. Die übrigen Netze und Anlagen des öffentlichen Personennahverkehrs und die Schnittstellen zwischen öffentlichem Personennahverkehr und Individualverkehr sind - auch in ländlichen Gebieten - darauf auszurichten."[1] Wenn auch nicht expressis verbis gefordert, so läßt sich die Flächenbahn zumindest zwischen den Zeilen herauslesen. Die zentrale Fragestellung der Untersuchung ist, ob eine Bevorzugung der Eisenbahn, wie sie hier gesetzlich gefordert wird, geeignet ist, den Nahverkehr in dünn besiedelten Regionen zu gestalten - und wenn ja, unter welchen Bedingungen.

Um dieser Frage nachzugehen, ist ein Forschungsdesign entstanden, das im wesentlichen aus drei Blöcken besteht. Im ersten Block geht es darum, herauszufinden, ob sich verkehrsbedingte Belastungen durch eine Verlagerung von Autoverkehr auf die Bahn nennenswert absenken lassen. Untersuchungsgegenstand ist deshalb zunächst das gesamte Verkehrssystem in Deutschland.

Da die Änderung des Modal Splits, also der unterschiedlichen Anteile der Verkehrsträger, im Sinn einer Verlagerung von Autoverkehr auf die Bahn zielführend zu sein scheint, wird in einem zweiten Untersuchungsblock die Bahn im ländlichen Raum betrachtet. Mit dem Ziel, ihren Nutzen zu steigern, wird ein Modell

[1] ÖPNVG LSA, § 1, Abs. 5, vom 24.11.1995 (GVBl. für das Land Sachsen-Anhalt S. 339). Siehe Verband Deutscher Verkehrsunternehmen (1996a), S. 196.

entwickelt, das sowohl das Angebot als auch die Effizienz der Bahn verbessert. In diesem Kernbereich der Untersuchung wird die Flächenbahn betrieblich-technisch ausgearbeitet; außerdem werden ihre Wirkungen ermittelt.

Da sich das Modell als tragfähig erweist, schließt sich im dritten Block die Entwicklung eines politischen Umsetzungskonzepts an. Untersuchungsgegenstand ist nunmehr die Flächenbahn, das Ziel ihre Einführung. Dazu wird eine Organisationsstruktur zur Schaffung der Rahmenbedingungen konzipiert und aufgezeigt, welche gesetzlichen Regelungen dahingehend zu treffen sind. Überdies wird ein akteursorientierter Implementierungsvorschlag unterbreitet.

Damit deckt die Untersuchung den ersten Teil eines Ablaufschemas ab, das für einen thematischen Ausschnitt eines Politikfelds typisch ist.[1] Von zehn Punkten werden die ersten sechs behandelt - von der Problemerkennung bis zum Implementationsprogramm. Angemerkt sei, daß jeder Punkt anschließend bewertet wird, bevor zum nächsten übergegangen werden kann und daß bei negativem Ergebnis mindestens ein Schritt zurückzugehen ist.

Idealtypisches Ablaufschema

1. *Problemerkennung*
2. *Problemanalyse*
3. *Zielfindung*
4. *Handlungsalternativen*
5. *Konzept*
6. *Implementationsprogramm*
7. *Planung*
8. *Realisierung*
9. *Evaluation*
10. *Handlungskorrekturen*

Methodisch betrachtet, folgt auf eine Mängel- und Systemanalyse mit dem Konzept eine Modellentwicklung. Wird zunächst das *reale* (Verkehrs-)System untersucht, tritt anschließend - darauf aufbauend - ein iterativer Optimierungsprozeß eines *hypothetischen* (Verkehrs-)Systems in den Mittelpunkt. Vor allem durch ihren Umsetzungsbezug wird die Untersuchung zur Politikfeldanalyse erweitert.

Am Anfang stehen einige Oberziele, die aufgrund ihres generalisierenden Charakters Allgemeingültigkeit besitzen. Das Prinzip der Wertfreiheit gilt hier nicht, da an seine Stelle eine kollektive Subjektivität tritt. Eine absolut objektive Wahrnehmung ist im übrigen auch deshalb unmöglich, weil Objektivität ja nichts anderes ist als die Illusion der Beobachtung ohne Beobachter.

Eine Untersuchung ohne Forscher ist jedoch nicht vorstellbar, so daß maximal eine *relativ* objektive Sichtweise erreicht werden kann. Deshalb wird versucht,

[1] Das Ablaufschema ist in Anlehnung an die Politikzyklen und Planungsschritte bei Windhoff-Héritier (1987), S. 64ff., von Rohr (1990), S. 58, Schubert (1991), S. 33, und von Prittwitz (1994), S. 57, entwickelt worden.

den jeweiligen Betrachtungsgegenstand aus verschiedenen Perspektiven zu beleuchten, zum Beispiel indem die Blickwinkel der Kunden, der Verkehrsunternehmer und der Anwohner von Verkehrswegen eingenommen werden. Es wird aber nicht nur der Versuch unternommen, sich in die handelnden Personen hineinzuversetzen, sondern auch, sich über mehrere Reduktionsschritte im Sinn der angewandten phänomenologischen Methode in einen größtmöglichen Abstand zum Objekt zu bringen. Auch wenn Widerspruchsfreiheit angestrebt wird, ist sie doch niemals hundertprozentig zu erreichen. Unstimmigkeiten und Widersprüche werden daher explizit benannt und Wertungen als solche kenntlich gemacht.

Aus den Oberzielen werden auf deduktivem Weg Teilziele abgeleitet. Über weitere deduktive Ableitungen werden Thesen zur konkreten Problemlösung entwickelt, die mit Hilfe induktiver Iterationsschleifen geprüft und gegebenenfalls modifiziert werden. Die auf diese Weise gefundenen Lösungen werden von ihrer abstrakten Ebene auf konkrete Beispielregionen übertragen, um ihre Tauglichkeit abermals zu prüfen.

Das Feld der Verkehrspolitik und auch dasjenige der Eisenbahn im ländlichen Raum ist so vielschichtig, daß eine Fülle von sehr unterschiedlichen Betrachtungen anzustellen ist. Nicht alle Bereiche können daher bis ins letzte ausgearbeitet werden. Durch die ständige Prüfung der Relevanz von Details ist es möglich, einen Genauigkeitsgrad zu wählen, der die Toleranzen in einem für den jeweiligen Aussagebereich geeigneten Maß hält. Manche wissenschaftliche Forschung kritisierend sei gesagt, daß es hier darum geht, Probleme zu lösen und nicht darum, Erbsen zu zählen.

Die quer zu den anderen Themenfeldern liegende Verkehrsforschung erfordert eo ipso einen interdisziplinären Zugriff. In die vorliegende Untersuchung findet gleich eine ganze Palette von Wissenschaftsbereichen Eingang, was dadurch erleichtert wird, daß sich erstens die Policy-Forschung als disziplinübergreifend agierender Bereich der Politikwissenschaft begreift[1] und sich zweitens der Autor als interdisziplinär arbeitender Wissenschaftler versteht.

Neben politikwissenschaftlichen sind hauptsächlich Erkenntnisse und Methoden aus den Bereichen des Verkehrsingenieurwesens, der Volks- und Betriebswirtschaft, der Rechtswissenschaft und der Geographie eingeflossen. Darüber hinaus finden sich eine Reihe von Aspekten unter anderem aus der gesamten Sozialwissenschaft, der Psychologie, der Ökologie, der Raumplanung, dem Maschinenbau, der Physik und der historischen Wissenschaft. Die Komplexität der Materie in den Griff zu bekommen, erfordert aber nicht nur disziplinübergreifende wissenschaftliche Fähigkeiten, sondern ebenso den Einsatz des gesunden Menschenverstands.

Analog zur Vielzahl der wissenschaftlichen Disziplinen ist das Thema nicht nur für die Verkehrspolitik relevant, sondern darüber hinaus für weitere Politikfelder.

[1] Siehe Windhoff-Héritier (1987) und Schubert (1991).

Zu nennen sind in erster Linie die Umweltpolitik und die Sozialpolitik, aber auch die Raumordnungspolitik, die Technologiepolitik und die Wirtschaftspolitik.
Wie in der Policy-Forschung üblich, werden die Analyse der normativen Ordnung, des politischen Aushandlungsprozesses und der Politikinhalte miteinander kombiniert. Denn nur durch die systematisch zusammenführende Betrachtung des gesamten politikwissenschaftlichen Dreiecks aus Polity, Politics und Policy kann ein Komplexitätsniveau erreicht werden, das für politische Entscheidungen ausreicht.

Politikwissenschaftliches Dreieck

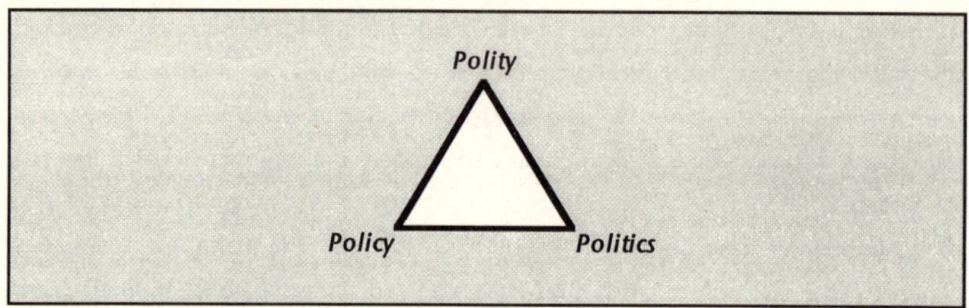

Die theoretischen Grundlagen der Policy-Forschung sind zunächst in den Vereinigten Staaten von Amerika entwickelt worden. In der deutschsprachigen Politikwissenschaft haben sich auf diesem Feld besonders Adrienne Héritier, Manfred G. Schmidt, Klaus Schubert und Hans-Hermann Hartwich hervorgetan, im Bereich der Implementationsforschung ist vor allem Renate Mayntz zu nennen.
Da Strategien zur Problemlösung gesucht werden, muß der Praxisbezug im Mittelpunkt stehen. Im Sinne einer anwendungsorientierten Forschung wird die Flächenbahn hier nicht nur als Konzept entwickelt, sondern es wird auch eine technische, ökonomische, rechtliche und politische Machbarkeitsstudie angefertigt. Damit können die relevanten Informationen für die politischen Entscheider bereitgestellt und konkrete Empfehlungen gegeben werden.
Die Untersuchung ist folglich als strategisch orientierte Politikberatung zu verstehen.[1] Größere Entscheidungsspielräume bei der Abgrenzung der Untersuchungsgegenstände sind gegeben, da es sich nicht um eine Auftragsforschung handelt. Daß eine bahnorientierte Verkehrsgestaltung im ländlichen Raum dennoch auf der politischen Tagesordnung steht, wird deutlich, da die erwähnten regionalen Beispiele allesamt auf Studien basieren, die von unterschiedlichen Institutionen in Auftrag gegeben wurden.
Wer möchte, kann die vorliegende Studie auch als verkehrspolitisches Programm bezeichnen. Denn mit ihren Elementen Problem, Ziel, Wirkung und Durchführung enthält die Untersuchung alle dafür typischen Merkmale.[2] Insofern mag die Grenze zwischen Politik und Politikberatung bisweilen etwas verschwimmen.

[1] Zur Definition strategisch orientierter Politikberatung siehe Windhoff-Héritier (1987).

[2] Diese Elemente nennt Schubert (1991), S. 162f.

Verkehrswissenschaftliche Arbeiten vernachlässigen häufig verkehrspolitische beziehungsweise politikwissenschaftliche Aspekte.[1] Oft handelt es sich zudem um relativ kleinräumige Fallstudien. Verkehrs*politische* Arbeiten kennzeichnet in vielen Fällen eine rückblickende Analyse. Die vorliegende Untersuchung hingegen zielt als anwendungsorientierte Policy-Forschung auf verkehrspolitische Probleme und entwickelt Lösungen für die Zukunft. Sie ist damit weder als Ex-post-Analyse noch als begleitende Forschung zu verstehen; vielmehr ist sie vornehmlich durch ihre Ex-ante-Perspektive gekennzeichnet.[2]

Ex-ante-Perspektive

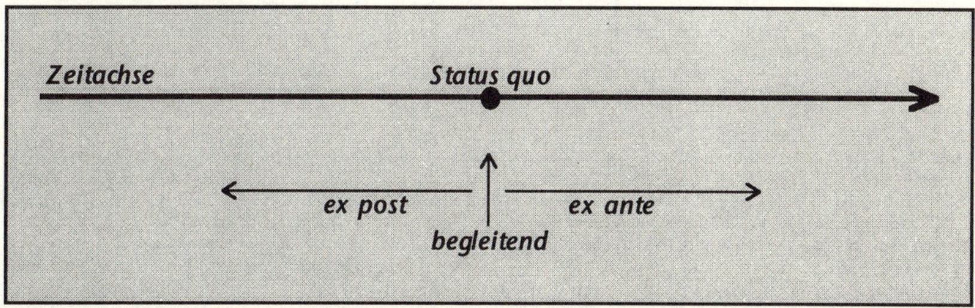

Da von einer mindestens 15jährigen Umsetzungszeit ausgegangen werden muß, wird das Konzept der Flächenbahn für das Zieljahr 2015 dargestellt. Das Umsetzungsprogramm bezieht sich infolgedessen auf den Zeitraum von 2000 bis 2015. Vergleiche zwischen Alternativen müssen daher in die Zukunft projiziert werden. Innerhalb des Eisenbahnbereichs, der zur Veränderung ansteht, wird der Zielzustand ausgehend vom Status quo entwickelt. Dort, wo die Flächenbahn dem Autoverkehr gegenübergestellt wird, ist für letzteren ein optimierter Trendzustand (zum Beispiel das Fünf-Liter-Auto) zugrundegelegt.

Allein aufgrund der unterschiedlichen Wissenschaftsgebiete, die in der Untersuchung berücksichtigt werden, ist ein Methodenmix unvermeidbar. Um die Probleme und vor allem die Lösungen ermitteln zu können, kommen der jeweiligen Fragestellung angemessene Methoden und Techniken zum Einsatz, die je nach Aufgabe quantitativ oder qualitativ sind.

Die erforderlichen Daten werden auf mehreren Wegen erfaßt. Zum einen wird auf das bestehende Wissen der empirischen Forschung in Form anderer Untersuchungen zum Thema und auf statistische Quellen zugegriffen. Zum anderen finden eigene Erhebungen statt. Dazu werden Feldforschungen betrieben, die im wesentlichen verschiedene Arten der Messung und der Beobachtung umfassen, und leitfadengestützte Experteninterviews durchgeführt.

Um eine möglichst hohe Zuverlässigkeit der Daten zu gewährleisten, werden erstens weitgehend Primärquellen verwendet und zweitens, sofern vorhanden, meh-

[1] Darauf weist unter anderem Jasper (1998) hin.

[2] Zur zeitlichen Einordnung von wissenschaftlichen Forschungsprojekten siehe Windhoff-Héritier (1987), von Rohr (1990) und Schubert (1991).

rere Quellen miteinander verglichen. Ergebnisse aus Sekundäranalysen gewinnen durch die Verknüpfung mehrerer Datenquellen an Wert.

An dieser Stelle noch ein paar formale Anmerkungen: Für das Flächenbahngebiet wird generell die Bevölkerungszahl zum 31.12.1994 zugrundegelegt. Prognosen haben keinen Eingang gefunden, da sie lediglich die gesamte Bundesrepublik betreffen, nicht aber die ausgewählten Regionen. Über die Verteilung der Einwohner innerhalb Deutschlands kann daher keine verläßliche Aussage getroffen werden.

Sämtliche Kosten und Preise sind auf der Basis von 1998 und in Euro ausgewiesen. Um eine leichtere Zurückführung der Zahlen in Deutsche Mark zu ermöglichen, ist eins zu zwei umgerechnet worden. Beim derzeitigen Umrechnungskurs von 1,97 DM pro Euro liegen die angegebenen Beträge um 2,5 Prozent über den tatsächlichen.

Die Forschungen des Autors zur Flächenbahn erstrecken sich im wesentlichen auf die Zeit von 1994 bis 1998. Auf viele Erkenntnisse dieser Periode greift die vorliegende Untersuchung zurück. Seit 1994 sind eine Reihe von Studien zu diesem Thema entstanden, die im Auftrag der Deutschen Bahn AG, des Verkehrsministeriums des Landes Sachsen-Anhalt, der NASA GmbH, der Stadt Münster sowie der Länder Berlin und Brandenburg erstellt wurden. Sie bilden die Grundlage für die Entwicklung der Beispiele aus Kapitel 7.

Die Untersuchungen, die unter Wuppertal Institut von 1996 bis 1998 vermerkt sind, wurden maßgeblich oder ausschließlich vom Autor der vorliegenden Studie verfaßt, ebenso die gemeinsame Studie von Planersocietät und Wuppertal Institut. Auch das Konzept für eine Neue Bahn (Wuppertal Institut/IÖW 1994 und 1995) ist unter seiner Mitwirkung entstanden. Sämtliche nicht mit Quellenangaben versehenen Ergebnisse basieren auf eigenen Berechnungen.

Das Flächenbahnkonzept richtet sich erstens an die staatlichen Institutionen, die für Verkehrspolitik zuständig sind, und jene politischen Akteure, die über entsprechenden Einfluß auf die Entscheidungsträger verfügen; zweitens sollen die wissenschaftlichen Experten der Verkehrsforschung im weitesten Sinn angesprochen werden und drittens alle verkehrspolitisch Interessierten, die einen Wandel für angebracht halten. Um von allen Lesern verstanden zu werden, ist eine durchweg anschauliche Sprache gewählt worden, die zwar nicht frei von Fachausdrücken ist, diese aber so gut es geht erklärt.

Ein kurzer Leitfaden soll dazu dienen, einzelne Themenkomplexe gezielt aufspüren und in den Gesamtzusammenhang einordnen zu können; denn die Kapitelstruktur stimmt aufgrund der zahlreichen Wechselbeziehungen nicht völlig mit dem methodischen Ablauf überein. Die Motivation und Begründung für die Entwicklung der Flächenbahn findet sich in Kapitel 2; seinen Ausgangspunkt hat das Konzept in Kapitel 2.3 (Probleme und Lösungsansätze). Betrieblich-technisch wird es in Kapitel 4 entwickelt und in Kapitel 7 auf einzelne Regionen anhand von theoretischen Fallstudien übertragen.

Wie die Flächenbahn organisiert werden kann, ist in Kapitel 6 beschrieben, wie sie verwirklicht werden kann, steht in Kapitel 8. Über ihre Wirkungen hinsichtlich der Nachfrage, der Umwelt- und Beschäftigungseffekte sowie der Kosten wird direkt im Anschluß an die betrieblich-technische Ausarbeitung in Kapitel 5 berichtet. Mit der Flächenbahn direkt korrespondierende Bereiche des Verkehrssystems werden vor Beginn des Hauptteils in Kapitel 3 näher beleuchtet.

Die Untersuchung kreist im wesentlichen um drei zentrale Thesen, die auf dem aktuellen Forschungsstand aufbauen. Sie lauten:

1. Die Flächenbahn verursacht weniger Umwelt- und Gesundheitsbelastungen als vergleichbare Pkw-Fahrten.
2. Ausreichende Verlagerungseffekte von der Straße auf die Schiene können durch Qualitätssteigerungen im Bahnangebot des ländlichen Raums erzielt werden.
3. Diese Qualitätssteigerungen lassen sich durch effizienzsteigernde Maßnahmen ohne Mehrkosten erreichen.

1.2 Forschungsstand

Als Idee wurde die Flächenbahn zunächst in den achtziger Jahren vorgetragen; sie wird seither in der kritischen Verkehrsforschung diskutiert. Zunehmend konkretere Vorstellungen sind unter diesem Titel in den neunziger Jahren von Monheim und Schallaböck entwickelt worden.[1] Sie gehen von einem gegenüber heute räumlich und zeitlich erheblich dichteren Bahnangebot im ländlichen Raum aus.

Als Vorreiter sind vielfach schweizerische Entwicklungen anzusehen. Mit dem Konzept Bahn 2000 sind etliche Grundgedanken einer Flächenbahn bereits verwirklicht oder stehen zur Verwirklichung an. Sowohl die schweizerischen Bahnen als auch die dortige Verkehrspolitik haben hinsichtlich der ÖPNV-Versorgung in ländlichen Gebieten oftmals einen Vorsprung. Gleichwohl kann nicht behauptet werden, die Schweiz verfüge über eine Flächenbahn. Dahingehende konzeptionelle Ansätze finden sich unter anderem in einer Veröffentlichung des Verkehrsclubs der Schweiz.[2]

Verschiedene deutsche Konzepte, die in eine ähnliche Richtung gehen, sind vor der Bahnreform entstanden und daher, zumindest was die Bereiche Organisation und Finanzierung angeht, veraltet. Als Beispiel sei die Gehrmann-Studie aus den achtziger Jahren genannt.[3]

Bereits im Vorfeld der anstehenden Regionalisierung entstand eine Fülle von Untersuchungen zu den einzelnen Teilbereichen des Bahnverkehrs. Dabei handelt es sich vielfach um Auftragsforschung für die Industrie, Bahnunternehmen und Ministerien und infolgedessen um graue Literatur, die der Forschergemeinde teils gut bekannt, teils weniger bekannt ist.

Wie in allen Wissenschaftsbereichen üblich, ist der aktuelle Forschungsstand in der Regel auf Fachtagungen und in den einschlägigen Fachzeitschriften sichtbar. Exemplarisch genannt seien die Reihen: Der Nahverkehr, Internationales Verkehrswesen, Verkehrszeichen, Politische Ökologie, Sozialwissenschaftliche Informationen, Zeitschrift für Umweltrecht und der DIW-Wochenbericht.

Relativ gut bearbeitet ist der zwar korrespondierende aber außerhalb des Kernthemas liegende Bereich des Busverkehrs in Klein- und Mittelstädten (Hüsler, Lüers) sowie die flexible Bedienung (Fiedler).[4] Wichtige Untersuchungen zum Modal Split und über Einstellungen zum Verkehr liefert seit mehreren Jahren Socialdata.[5] Zur Verkehrsökologie forscht in erster Linie Becker.[6] Aktuell erfährt der Bereich der rechtlich-organisatorischen Gestaltung eine intensive Bearbeitung. Neben den Grün- und Weißbüchern der Europäischen Union, die umweltverträglichen Verkehr

[1] Siehe zum Beispiel Wuppertal Institut/IÖW (1995), Petersen/Schallaböck (1995) sowie Monheim (1995 und 1996), Monheim/Monheim-Dandorfer (1990) und Monheim-Dandorfer/Monheim (1992).

[2] Siehe VCS (1991).

[3] Siehe Gehrmann (1983).

[4] Siehe zum Beispiel Lüers (1994), Ingenieurbüro für Verkehrsplanung (1994) und Fiedler (1984).

[5] Siehe zum Beispiel Socialdata (o.J.a, o.J.b, 1991 und 1994).

[6] Siehe zum Beispiel Becker (1997 und 1998).

über gesteuerten Wettbewerb propagieren, hat sich vor allem Werner mit Vorschlägen zur Ausgestaltung und Weiterentwicklung der Reformen hervorgetan.[1] In einer Reihe von beauftragten Studien findet die Betrachtung von externen Kosten des Verkehrs ihren Niederschlag (IWW/Rothengatter, Infras, Prognos, Planco, UBA).[2] Diese wie auch andere Elemente des öffentlichen Verkehrs werden jedoch zumeist nicht mit konkretem Bezug zur Flächenbahn untersucht, sondern mit Blick auf den gesamten Bahn- beziehungsweise Nahverkehr.

Vergleichsweise umfassende Beschreibungen eines verbesserten Bahnverkehrs im ländlichen Raum finden sich in Texten, die von Interessenverbänden (VCD, BUND, Pro Bahn) oder Parteien (vor allem Bündnis 90/Die Grünen und PDS) herausgegeben werden. Sie richten sich jedoch oft, wie auch ein Band der Akademie für Technikfolgenabschätzung in Baden-Württemberg[3], an die Kommunalpolitik und bleiben in der Zusammenführung der Elemente relativ oberflächlich.

Daneben gibt es eine ganze Reihe interessanter regionaler Studien. Sie entwickeln oft sehr brauchbare Verbesserungsvorschläge, haben aber den Nachteil, notwendige Veränderungen, die nur auf Landes- oder Bundesebene verwirklicht werden können, außen vor lassen zu müssen.

Da die Flächenbahn in eine allgemeine Verkehrswende einzubetten ist, sei auf Veröffentlichungen auch zu diesem Thema hingewiesen. In erster Linie zu nennen sind die Bände Mobilität für morgen (Petersen/Schallaböck)[4] und Verkehrswende (Hesse)[5]; mit mehreren Aufsätzen meldet sich immer wieder Monheim zu Wort.[6] Von offizieller Seite wird im Bundesverkehrswegeplan und in den Berichten der Klima-Enquete-Kommission des Bundestages eine entsprechende Trendwende gefordert. Auch das Umweltbundesamt tut sich in dieser Richtung hervor. Vergleichsweise extreme Positionen werden von Wolf und Vester eingenommen.[7]

Die wissenschaftlich am besten ausgearbeitete Grundlage für die vorliegende Untersuchung bildet ohne Zweifel das am Wuppertal Institut für Klima, Umwelt, Energie entstandene Konzept für eine Neue Bahn.[8] Dieses Konzept bezieht sich allerdings auf den gesamten Bahnverkehr und behandelt die Flächenbahn daher nur in begrenztem Umfang. Es zeichnet sich vor allem durch grundlegende Erkenntnisse über die räumliche und zeitliche Verteilung eines optimierten Bahnangebots aus. Damit ist eine ausreichende Basis für die Entwicklung eines Flächenbahnkonzepts gegeben.

[1] Siehe Werner (1996 und 1998).

[2] Siehe Planco Consulting (1991), IWW/Infras (1994), Infras et al (1996) und Huckestein/Verron (1996).

[3] Siehe Herrmann et al (1997).

[4] Siehe Petersen/Schallaböck (1995).

[5] Siehe Hesse (1993).

[6] Siehe Monheim (1995, 1996 und 1998)

[7] Siehe Wolf (1992) und Vester (1995).

[8] Siehe Wuppertal Institut/IÖW (1995).

1.3 Überblick

In einem kurzen Überblick sollen die wichtigsten Überlegungen und Erkenntnisse der Untersuchung vorweggenommen werden, um einen Eindruck von dem zu erhalten, was in den folgenden Kapiteln ausführlich beschrieben ist. Als zentrales Ergebnis zeigt sich, daß die Flächenbahn für etwa 100 ländliche Regionen mit jeweils knapp 2.000 Quadratkilometern und 300.000 Einwohnern ein geeignetes Verkehrsmittel ist, um die verkehrsbedingten Umwelt- und Gesundheitsbelastungen zu vermindern. Mehr als ein Drittel der Bevölkerung und über die Hälfte der Fläche Deutschlands können damit von der Flächenbahn versorgt werden.

Das erscheint notwendig, weil Unfallschäden, Ressourcenverbrauch, Lärm-, Schadstoff- und Kohlendioxidemissionen bisher keine Verkehrspolitik hervorgebracht haben, die diese auch im ländlichen Raum gravierenden Probleme adäquat lösen könnte. Es stellt sich heraus, daß für diese Gebiete ein Bahnangebot zielführender ist als eine Strategie, die hauptsächlich auf den Bus setzt. Allerdings muß die Flächenbahn in ein Gesamtkonzept eingebunden werden, das den Straßen-ÖPNV und den Individualverkehr ebenso einbezieht wie überregionale Züge und den Schienenverkehr in städtischen Regionen.

Das Flächenbahnkonzept ruht auf zwei Pfeilern: dem Prinzip der Kundenorientierung und dem Prinzip der Effizienzsteigerung. Denn genau dort liegen die entscheidenden Mängel des heutigen öffentlichen Verkehrs. Die zu geringe Verfügbarkeit und die niedrigen Geschwindigkeiten führen zu einer Strategie, die in erster Linie Verlustzeiten abbaut.

Daraus werden die folgenden Angebotselemente abgeleitet: Auf einer Netzlänge von rund 30.000 Kilometern werden 7.500 Haltepunkte im Halbstundentakt von 4.700 leichten, modularen Dieseltriebwagen bedient. Bei einer Höchstgeschwindigkeit von 100 Kilometern pro Stunde werden Reisegeschwindigkeiten von 60 Kilometern pro Stunde erreicht. Die mittlere maximale Entfernung zur nächsten Zugangsstelle liegt bei 2.900 Metern.

Durch ein gehobeneres Ambiente, mehr Zuverlässigkeit und bessere Information unterscheidet sich das Angebot deutlich vom heute üblichen Bild. Mobilkarten tragen zur vereinfachten Benutzung des ÖPNV bei. Mit diesen elektronischen Fahrkarten erübrigen sich alle Kauf- und Entwertungsvorgänge; der Fahrpreis wird automatisch vom Konto abgebucht. Damit verbundene, einfache Tarife senken die Fahrpreise unter die variablen Pkw-Kosten einer vergleichbaren Fahrt.

Ein Flächenbahnangebot dieser Qualität kann Nachfragepotentiale in der Größenordnung von mindestens zwei Kilometern je Einwohner und Tag erschließen. Jährlich ergeben sich daraus 21,9 Milliarden Personenkilometer. Damit sitzen in einem Flächenbahnzug durchschnittlich 25 Fahrgäste.

Der finanzielle Aufwand für die Bereitstellung des Angebots liegt mit 1,8 Milliarden Euro pro Jahr nicht höher als heute. Die jährlichen Ausgaben der öffentlichen Hand für den gesamten ÖPNV werden derzeit mit über 15 Milliarden Euro angegeben. Die vergleichsweise geringen Kosten der Flächenbahn resultieren aus der Nutzung zahlreicher Effizienzsteigerungspotentiale, die in der umfassenden Marktorientierung und in Synergieeffekten liegen. Preiswertere Technik, wie eine funkbasierte Steuerung des Betriebs, die auf Streckenkabel und ortsfeste Signale weitgehend verzichtet, und ein effektiverer Einsatz des Personals sind konkrete Beispiele.

Gleichwohl schafft die Flächenbahn durch die Ausweitung des Angebots etwa 30.000 neue Arbeitsplätze; hinzu kommen indirekte Beschäftigungseffekte. Allerdings stehen diesem Zuwachs Arbeitsplatzverluste in ähnlichem Umfang bei der Automobilindustrie gegenüber, denn das Konzept ist so angelegt, daß Autofahrten auf die Flächenbahn verlagert werden.

Nur dadurch sind die positiven Umwelteffekte zu erreichen, die sich nach einem Jahrzehnt unter anderem in rund zehn Millionen Tonnen weniger Kohlendioxid-Emissionen und in 4,5 Milliarden Litern eingespartem Treibstoff manifestieren. Ob wirtschaftliche, ökologische oder soziale Effekte bilanziert werden, die Flächenbahn zeichnet sich rundherum durch eine hohe Verträglichkeit aus.

Damit diese Ergebnisse erreicht werden können, ist ein organisatorischer Rahmen zu schaffen, der den Absichten der Europäischen Union entsprechend auf den Wettbewerb setzt. Wird das Bestellerprinzip um Konzessionen auch im Schienenverkehr erweitert, sind wichtige Voraussetzungen für einen funktionierenden Markt erfüllt, der Vertragsabschlüsse mit drei bis fünf Jahren Laufzeit interessant werden läßt. Hinzukommen muß eine weitgehende Aufgabentrennung, die einerseits zwischen Verkehrsangebot und Fahrweg unterscheidet und andererseits zwischen politischer, Management- und Erstellungsebene. Dazu ist eine Übertragung des Fahrwegs von der Deutschen Bahn auf landeseigene Gesellschaften notwendig.

Umsetzbar erscheint das Konzept in etwa 15 bis 20 Jahren, wenn einflußreiche Initiatoren auf einen praktischen Pilotversuch in einer Region hinarbeiten, der Vorbild für eine bundesweite Einführung der Flächenbahn ist. Werden anschließend die notwendigen rechtlichen Regelungen getroffen, können alle 100 Regionen nach und nach mit der Umsetzung starten.

Ein Schlüssel zur erfolgreichen Implementation wird vor allem das Einsetzen eines kleinen Teams sein, das sich auf hochrangiger politischer Ebene mit dieser Aufgabe befaßt. Außerdem sind unkonventionelle Allianzen zu bilden, die Mehrheiten über Parteigrenzen hinweg schaffen. Wird der Prozeß des weiteren mit großer Tranzparenz seitens der Initiatoren angegangen, lassen sich möglicherweise genügend Politik-Fenster öffnen, die zu einer Einführung der Flächenbahn führen und damit zu einem nennenswerten Abbau der verkehrsbedingten Umwelt- und Gesundheitsbelastungen beitragen.

Diesen kurzen Einblick in die Ergebnisse des Konzepts gewährten ein paar große Sprünge an verschiedene Stellen des Gedankengebäudes. Auf den folgenden Seiten wird die Flächenbahn in kleineren Schritten ausführlich zur verkehrspolitischen Alternative entwickelt.

Teil A

Der konzeptionelle Rahmen

2. Grundlagen

2.1 Verkehrspolitische Prämissen

Am Anfang steht eine Vision, die Vision von einer Bahn für den ländlichen Raum. Eine Bahn, die zu den Menschen führt und sie dort abholt - im Wortsinn wie im übertragenen Sinn. Eine Bahn, die so interessant und nützlich ist, daß die meisten gerne mitfahren und das Auto stattdessen öfter stehenlassen.

Diese Vision trägt den Namen Flächenbahn. Dahinter steht vor allem das Interesse, Risiken der Umweltzerstörung abzubauen und damit die volkswirtschaftliche Effizienz des Landes zu verbessern. In dieser Richtung vorzugehen, beugt sozialen Nachteilen einzelner Gruppen ebenso vor wie gesamtgesellschaftlichen Wohlstandsverlusten.

Um die Flächenbahn Wirklichkeit werden zu lassen, ist sowohl ein technisches als auch ein politisches Konzept zu erarbeiten, das als Anleitung zum Handeln dienen kann. Beides versucht die vorliegende Studie zu leisten. Zuvor ist zu prüfen, ob das Prinzip einer Flächenbahn überhaupt geeignet ist, beziehungsweise unter welchen Bedingungen es geeignet ist, das ökologische und ökonomische Ziel zu erreichen.

Positive und negative Effekte des Verkehrs

Im Mittelpunkt der Politik steht der Mensch - und stört, möchte man manchmal ergänzen, wenn verkehrspolitische Entscheidungen nicht an den Belastungen für die Menschen gemessen werden. Unbestritten ist der Nutzen, der uns aus dem Verkehr erwächst, eminent hoch, doch auf der anderen Seite der Medaille stehen Kosten, die viele in dieser Höhe nicht mehr tragen wollen und die wir aus ökologischer Sicht vielleicht gar nicht tragen können.[1]

Verkehr bringt positive und negative Effekte. Erst wenn beide hinreichend beleuchtet werden, ist eine den Bedürfnissen der Menschen entsprechende Verkehrspolitik denkbar, erst dann sind angemessene Lösungen der Verkehrsprobleme möglich. Wer das Verkehrssystem in Deutschland zukunftsfähig gestalten möchte, kommt zudem nicht darum herum, kurzfristige genauso wie langfristige Folgen zu berücksichtigen und dabei den Blick sowohl auf die lokale als auch auf die globale Ebene zu richten.

Als erstes interessiert der Nutzen des Verkehrs beziehungsweise seiner Segmente. Grundsätzlich kann die Erreichbarkeit von räumlich entfernten Orten angeführt werden. In einer modernen Gesellschaft ist Verkehr eine Voraussetzung für Kommunikation, soziale Teilhabe und wirtschaftliche Austauschprozesse. Zwei Stufen sind dabei zu unterscheiden: Erstens das Ermöglichen der Daseinsgrundfunktionen und zweitens das darüber hinausgehende Erreichen von Wohlstand. Diese Unter-

---

[1] Forschungen zur modernen Verkehrsökologie finden sich bei Becker; als Überblick eignet sich Becker (1997).

teilung wird analog zu einer Differenzierung der räumlichen Mobilität gebildet, die zwischen einer Zwangsmobilität und einer Bedürfnismobilität unterscheidet.[1]
Auch wenn in der sozialwissenschaftlichen Forschung bisweilen das Gegenteil behauptet wird, ist der Verkehr selbst keine Daseinsgrundfunktion, wie Maier erläutert.[2] Verkehr ist zur Ausübung der Grundfunktionen notwendig und erbringt damit einen wichtigen Nutzen. Als solche Funktionen gelten zum Beispiel: wohnen, sich versorgen, arbeiten, in Gemeinschaft leben, sich bilden, sich erholen, sich bewegen.[3]
Werden die Daseinsgrundfunktionen durch ein besseres Verkehrsangebot schneller und bequemer ermöglicht und können außerdem weitere Tätigkeiten ausgeübt werden, ist ein gewisser Wohlstand erreichbar. Sein Ausmaß ist damit auch von der Qualität des Verkehrssystems abhängig.

Positive Effekte des Verkehrs

1. Daseinsgrundfunktionen ermöglichen
2. Wohlstand erreichen

Wieviel Verkehr es gibt, also die Quantität, kann ermittelt werden und wird auch regelmäßig ermittelt. Getrennt nach Güter- und Personenverkehr, aufgeschlüsselt nach Wegezahl und zurückgelegten Kilometern, ist das Verkehrsaufkommen und die sogenannte Verkehrsleistung den Statistiken zu entnehmen.[4] Auch wenn es der Begriff suggeriert, kann aus der Leistung nicht der Nutzen abgelesen werden, denn die mathematische Formel[5] gibt lediglich an, wie weit Personen und Güter transportiert werden.
Den Nutzen zu quantifizieren oder gar zu monetarisieren ist daher nicht ohne weiteres möglich. Gleichwohl gibt die Verkehrsmenge einen Hinweis auf die Qualität des Angebots und damit auf den Nutzen. 1996 wurden in Deutschland 914 Milliarden Personenkilometer zurückgelegt und 426 Milliarden Tonnenkilometer.[6]
Für den Nutzen eine Zahl zu nennen, ist allerdings im Rahmen der vorliegenden Arbeit entbehrlich, da es nicht darum geht, die Verkehrsmenge und den Nutzen des gesamten Verkehrs zu verändern, sondern die Belastungen zu vermindern; ökonomisch ausgedrückt heißt das, die Kosten zu senken.

---

[1] Unterscheidung der Mobilitätsarten in Anlehnung an Beckmann (1988a), S. 34f. Zur Definition von Mobilität siehe zum Beispiel Endruweit (1989), S. 446ff., Selz (1993), S. 3, und Kalwitzki (1994), S. 12.

[2] Zu den Daseinsgrundfunktionen hat zum Beispiel Partzsch (1970), S. 428, den Verkehr gerechnet. Maier et al (1977), S. 100, verstehen den Verkehr als „Voraussetzung für die Entfaltung der Grundfunktionen".

[3] Es besteht keine einheitliche Definition von Daseinsgrundfunktionen. Die hier genannten finden sich so oder sinngemäß in mehreren Arbeiten, zum Beispiel bei Leser (1989).

[4] Siehe zum Beispiel Bundesverkehrsministerium (1997) oder Statistisches Bundesamt (1997). Es sei an dieser Stelle auf die unvollständige Berücksichtigung des Luftverkehrs in den deutschen Statistiken hingewiesen, die lediglich im deutschen Luftraum stattfindende Flugbewegungen verzeichnen. Insbesondere bei Interkontinentalflügen, die in großem Maße über nicht hoheitliches Gebiet führen, entsteht eine Verfälschung, da weder die Verkehrsleistung noch die Emissionen einem Staat zugerechnet werden. Diese Erkenntnis geht auf Schallaböck (1993) zurück.

[5] Verkehrsleistung = Güter oder Personen multipliziert mit der Länge des Weges.

[6] Siehe Bundesverkehrsministerium (1997), S. 217 und S. 233.

Damit sind wir bei den negativen Effekten des Verkehrs. Belastungen, die vom Verkehr verursacht werden, erzeugen kurz- oder langfristig Gesundheitsschäden beim Menschen, auch psychischer Art. Unfälle oder Lärmemissionen sind Beispiele für direkte Auswirkungen auf die Gesundheit; in anderen Fällen, wie beim Treibhauseffekt oder der Gewässerbelastung, werden zunächst Umweltschäden hervorgerufen, die indirekt negative Auswirkungen auf den Menschen haben, da auch er Teil des Ökosystems ist. Die entstehenden Gesundheitsschäden beziehungsweise Krankheiten, die als solche bereits ein Gegenlenken erfordern, haben zudem soziale und wirtschaftliche Folgen, die ebenfalls unerwünscht sind.

Negative Effekte des Verkehrs

1. Umweltschäden
2. Gesundheitsschäden

Umwelt- und Gesundheitsschäden haben viele Ursachen, hier interessieren die verkehrsbedingten. Der Verkehr, vor allem der motorisierte, trägt mit einer ganzen Reihe von Auswirkungen zu den unterschiedlichsten Schädigungen bei und ist in manchen Fällen sogar allein verantwortlich, zum Beispiel bei Unfällen.

Mit 9.826 Getöteten und 513.916 Verletzten im Jahr 1995 sind die Zahlen zwar rückläufig, dennoch sollte jeder einzelne Getötete Anlaß genug sein, sich über sicherheitssteigernde Maßnahmen Gedanken zu machen. Mit einem Anteil von 96,2 Prozent an den getöteten und 99,7 Prozent an den verletzten Verkehrsteilnehmern nimmt der Straßenverkehr eine makabere Spitzenstellung ein.[1] Auch unter Berücksichtigung seines Anteils an der gesamten Verkehrsleistung, die im Personenverkehr bei 81,7 Prozent und im Güterverkehr bei 65,2 Prozent liegt, steht er mit Abstand vorne.[2]

Lange Zeit unterbewertet wurden die Lärmemissionen.[3] Immissionsgrenzwerte sind in der Verkehrslärmschutzverordnung (16. BImSchV) festgelegt, doch gelten diese nur für den Neubau und Ausbau von Verkehrswegen.[4] An bestehenden Wegen - dort gibt es keinen Rechtsanspruch auf Lärmschutz - ist die Bevölkerung vielfach Lärmbelastungen ausgesetzt, die deutlich über diesen Grenzwerten liegen. Welche Auswirkungen der Verkehrslärm vor allem über längere Zeit hat, wurde erst in den letzten Jahren erkannt. Straßenverkehrslärm - lange Zeit nicht als krankheitsrelevante Größe betrachtet - steigert das Herzinfarktrisiko und verursacht nach aktuellen Schätzungen mehr Todesfälle als Krebserkrankungen, die durch Autoabgase

[1] Die Angaben zu Verkehrsunfällen beziehen sich auf Deutschland 1995. Eigene Berechnungen nach Statistisches Bundesamt (1997b), S. 339. Andere Quellen, wie Statistisches Bundesamt (1997) oder Bundesverkehrsministerium (1997) weisen geringfügig abweichende Zahlen aus, was vermutlich erfassungsbedingt ist. Für die im Text getroffenen Aussagen sind die Unterschiede nicht relevant, sodaß die umfassendste Quelle als Grundlage herangezogen wird.

[2] Siehe Bundesverkehrsministerium (1997), S. 219 und S. 235.

[3] Über die Auswirkungen von Lärm berichtet zum Beispiel Lorentzen (1990).

[4] Die Immissionsgrenzwerte für Wohngebiete liegen nach der 16. BImSchV vom 12.6.1990 (BGBl. I S. 1036) tags bei 59 und nachts bei 49 dB(A). Siehe Beck-Texte (1994), S. 478f.

hervorgerufen werden.[1] Neben erhöhten Risiken für Herz-Kreislauf-Erkrankungen sind vornehmlich Schlafstörungen auf Belastungen durch Verkehrslärm zurückzuführen. Von Bedeutung ist weiterhin ein subjektiv unterschiedliches Empfinden der Lärmbelastung, die vom Straßenverkehr ausgeht, und derjenigen des Schienenverkehrs. Bei gleicher Lautstärke (Dezibel) wird der Straßenverkehrslärm meist als unangenehmer eingestuft - ein Beispiel dafür, daß Auswirkungen auf die Psyche nicht vernachlässigt werden dürfen, auch wenn sie nur schwer meßbar sind.[2] Selbst ohne Messungen dürfte einleuchten, daß beispielsweise die Arbeitsfähigkeit eines Menschen, der auf Dauer einer Lärmquelle ausgesetzt ist, aus diesem Grunde sinkt, ohne daß anhand der Dezibel-Angabe der exakte Grad der Beeinträchtigung angegeben werden könnte.

Circa 16 Prozent der Bevölkerung sind durch den Straßenverkehr, der die dominierende Lärmquelle darstellt, tags Lärmpegeln von gesundheitsgefährdenden 65 dB(A) und mehr ausgesetzt. Nachts sind etwa 32 Prozent von schlafstörenden Pegeln über 50 dB(A) durch den Straßenverkehr betroffen.[3] Hinzuzufügen ist noch, daß Verkehrslärm auch unterhalb der Grenzwerte als störend empfunden wird.

Umfangreich ist die Liste der Luftschadstoffe, die der motorisierte Verkehr emittiert. Die gesundheitlich relevanten Emissionen sind Stickoxide, Kohlenwasserstoffe, Kohlenmonoxid und Partikel. Im einzelnen:[4]

Stickoxide (NO_x), die bei Verbrennungsvorgängen in Motoren durch Oxidation des in der Umgebungsluft enthaltenen Stickstoffs entstehen, führen einerseits zur Reizung der Atemwege und andererseits zur Eutrophierung von Boden, Wald und Wasser. Mit 1.282 Kilotonnen schlagen die verkehrsbedingten NO_x-Emissionen 1994 zu Buche. Bei leicht rückläufigen Werten ist der Anteil an den gesamten NO_x-Emissionen jedoch auf 58 Prozent gestiegen. Hauptverursacher im Verkehrsbereich ist der Straßenverkehr, der auch verkehrsleistungsgewichtet ungünstiger abschneidet als der übrige Verkehr.

Kohlenwasserstoffe (flüchtige organische Verbindungen), die von Kraftfahrzeugen als unverbrannte oder teilverbrannte Bestandteile des Kraftstoffs emittiert werden, sind als Ozonvorläufersubstanzen für den Sommersmog verantwortlich und schädigen zudem die Pflanzen (Wald, Getreide). Mit 742 Kilotonnen ist der Verkehrsbereich zu 35 Prozent an diesen Emissionen beteiligt.[5] Der Beitrag des Straßenverkehrs ist wiederum überproportional hoch.

Die seit Jahren rückläufigen Kohlenmonoxid-Emissionen treten bei Verbrennungsvorgängen auf. Für den menschlichen Organismus gefährlich ist Kohlenmonoxid

[1] Zu diesem Schluß kommt das Umweltbundesamt. Siehe Babisch et al (1992), Neus et al (1994), Neus et al (1995), Ising et al (1997) und Neus (1998).

[2] Über die Auswirkungen von und gesetzliche Regelungen zum Verkehrslärm berichtet jährlich das Umweltbundesamt. Siehe Umweltbundesamt (1997).

[3] Siehe Umweltbundesamt (1997), S. 469.

[4] Die folgenden Ausführungen zu Luftschadstoffen und CO_2 enthalten, sofern nicht anders vermerkt, Angaben aus Umweltbundesamt (1997) und darauf basierende eigene Berechnungen. Alle Angaben beziehen sich auf Deutschland 1994. Die beschriebenen Wirkungen sind bei Baumbach (1992) dargestellt.

[5] Ohne Methan.

durch seine Eigenschaft, die Sauerstofftransportkapazität des Blutes zu vermindern. Der Verkehr nimmt 1994 mit 4.136 Kilotonnen CO und einem Anteil von 61 Prozent als Verursacher eine dominierende Stellung ein, wenngleich diese Menge keine unmittelbare Gefahr darstellt. Unter den Verkehrsträgern ist der Straßenverkehr fast alleiniger Verursacher (96 Prozent).

Die Partikel, die im Verkehrsbereich vornehmlich als Dieselruß anfallen, sind aufgrund ihrer karzinogenen Wirkung bedrohlich. In den letzten Jahren ist allerdings eine deutliche Reduzierung gelungen, von 1970 bis 1994 um etwa vier Fünftel. Mengenmäßige Veränderungen hat es im Verkehrsbereich nicht gegeben; er blieb mit 64 Kilotonnen relativ konstant, wodurch sein Anteil auf acht Prozent anwuchs. Entscheidend für das Gefährdungspotential ist jedoch die Lungengängigkeit der Partikel und diese hat in letzter Zeit erheblich zugenommen, weil die Teilchen immer kleiner und zahlreicher geworden sind. Verläßliche Daten liegen hierzu bisher nicht vor.

Als klimaverändernd (Treibhauseffekt) und damit global wirksam haben sich die Kohlendioxid-Emissionen erwiesen. Verbrennungsvorgänge, bei denen der im Brennstoff enthaltene Kohlenstoffanteil oxidiert, haben seit Beginn der Industrialisierung weltweit zu einem CO_2-Anstieg geführt. Zwar ist der Ausstoß in Deutschland durch geeignete Maßnahmen rückläufig, doch für den Verkehrsbereich gilt das nicht. Zunehmend motorisiert zurückgelegte Wege, die im übrigen immer länger werden, lassen den Anteil des Verkehrssektors steigen, 1994 mit 180 Megatonnen CO_2 auf 20 Prozent. Überproportional hoch ist auch hier das Gewicht des Straßenverkehrs.

Die Kohlendioxid-Emissionen verhalten sich analog zur Nutzung fossiler Brennstoffe, womit das Problem des Ressourcenverbrauchs angesprochen ist. Solange in großem Umfang nicht-regenerative Energien genutzt werden, bestehen neben den Emissionsproblemen bei der Verbrennung wirtschaftliche Gefahren durch einseitige Abhängigkeiten von Förderstaaten. Langfristig relevant ist zudem die Begrenztheit der Vorkommen sowie ihre Zugänglichkeit. 1994 lag der Endenergieverbrauch des Verkehrssektors bei 2.555 Petajoule, was einem Anteil von 28,3 Prozent entspricht. Bezogen auf Mineralöl ergibt sich ein Anteil von 56,8 Prozent. Am Endenergieverbrauch des Verkehrssektors ist der Straßenverkehr mit 86,5 Prozent beteiligt.

Die Energieträger sind aber nicht die einzige Ressource, auf die der Verkehr in kritischer Weise zugreift; es kommt vor allem der Landschaftsverbrauch als wesentliche Größe hinzu. Versiegelte Flächen verändern das Mikroklima und greifen in den Wasserhaushalt ein. Mindestens ebenso problematisch ist die Einschränkung des Lebensraumes und damit der Lebensqualität, weil Verkehrsflächen durch motorisierte Verkehrsmittel in Anspruch genommen werden und somit als Aufenthaltsraum für Fußgänger nur sehr beschränkt attraktiv sind. Entwicklungspsychologische

Schäden bei Kindern, die daraus resultieren, werden vermutlich zu gesellschaftlichen Problemen führen, deren Ausmaß beträchtlich sein dürfte.[1]
Zusammenfassend lassen sich fünf Kategorien verkehrsbedingter Ursachen für Umwelt- und Gesundheitsschäden bilden: Unfälle, Lärm-Emissionen, Schadstoff-Emissionen, Kohlendioxid-Emissionen und der Ressourcenverbrauch. Die geschilderten negativen Effekte, zu denen der motorisierte Verkehr einen hohen Beitrag leistet, haben weitere, vor allem soziale Folgen.[2]

Ursachen für negative Effekte des Verkehrs

- *Unfälle*
- *Lärm-Emissionen*
- *Schadstoff-Emissionen*
- *Kohlendioxid-Emissionen*
- *Ressourcenverbrauch*

Jeder Verkehrsteilnehmer stellt ein potentielles Unfallopfer dar, insofern ist die Gefahr allgegenwärtig. Betroffen im engeren Sinn sind die tatsächlichen Opfer und ihre unmittelbare Umgebung. Einschränkungen zum Beispiel der Arbeitsfähigkeit können erhebliche soziale Verwerfungen auslösen. Volkswirtschaftlich betrachtet tritt allerdings wiederum eine Belastung der Allgemeinheit auf. Für Lärm, Luftschadstoffe und Landschaftsverbrauch gilt diesbezüglich dasselbe.
Direkte persönliche Betroffenheit kann in diesen Bereichen räumlich abgegrenzt werden, indem der Aufenthaltsort der Person und die jeweilige Schadwirkung miteinander in Beziehung gestellt werden. An dieser Stelle zeigt sich ein soziales Gefälle, da unattraktive, hochbelastete Straßenzüge beziehungsweise Quartiere meist von Personen bewohnt werden, die den unteren sozialen Schichten zuzurechnen sind. Wer es sich leisten kann, zieht um. Besonders betroffen sind vor allem Kinder und alte Menschen, da ihre Teilnahmefähigkeit am motorisierten Verkehr eingeschränkt ist und mehr nichtmotorisierte Wege zurückgelegt werden.
Landesweite beziehungsweise globale Effekte resultieren aus der Nutzung importierter Energieträger und der Emission von Kohlendioxid und Schadstoffen. Hier sind auch bei nicht-volkswirtschaftlicher Betrachtungsweise alle Einwohner gleichermaßen betroffen.[3] Um all diese Effekte in den Griff zu bekommen, wird die Lösungsstrategie auf fundamentalen Zielen aufgebaut.

[1] Auf entwicklungspsychologische Folgen der Verkehrspolitik, insbesondere der Autozentriertheit, weist unter anderem Kalwitzki (1994) hin.

[2] Auf diesen Zusammenhang hat unter anderem Holzapfel (1992) aufmerksam gemacht.

[3] Auf die an Gebietsgrenzen nicht haltmachenden Umweltbelastungen und die daraus resultierenden Folgen hat Beck (1986) mit dem Begriff der Risikogesellschaft hingewiesen.

Ziele

Über politische Oberziele nachdenkend, stößt man unweigerlich auf grundlegende Forderungen - auch auf philosophische. Basierend auf Geboten wie der Handlungsmaxime des kategorischen Imperativs oder dem Streben nach „Einigkeit und Recht und Freiheit" können in Anbetracht des gesellschaftlichen Wohlstands einerseits und seiner negativen Folgen andererseits zwei grundsätzliche Ziele formuliert werden: erstens Rahmenbedingungen zu schaffen, unter denen die Bevölkerung in der Lage ist, ihre Lebensqualität zu steigern, und zweitens dafür zu sorgen, daß dies auf nachhaltige Weise geschieht.[1] Daß beides möglich ist, steht als zentrale Aussage im Brundtland-Bericht[2], dessen Erkenntnisse 1992 zur Konferenz von Rio de Janeiro[3] führten, dem sogenannten Erdgipfel. Dort stand die Frage im Mittelpunkt, wie sich die Ziele von Bedürfnisbefriedigung und Wohlstand für alle erreichen lassen, ohne die natürlichen Lebensgrundlagen zu gefährden. Als politische Oberziele haben die Steigerung der Lebensqualität und die Nachhaltigkeit in vielen demokratischen Gesellschaften inzwischen eine Allgemeingültigkeit erreicht.

Politische Oberziele

- *Steigerung der Lebensqualität*
- *Nachhaltigkeit*

Welche Verkehrspolitik läßt sich aus diesen Zielen ableiten? Wie gezeigt, ist der Nutzen unseres Verkehrssystems enorm hoch - für die Kosten gilt leider dasselbe.[4] Da eine Quantifizierung beziehungsweise Monetarisierung beider Seiten - wenn überhaupt - nur mit großen Toleranzbreiten möglich ist, kann lediglich als qualitative Ableitung festgestellt werden: Positive und negative Effekte halten sich etwa die Waage. Wer daraus allerdings folgert, daß alles in Ordnung sei, verkennt den Widerspruch zu den genannten Oberzielen oder macht sie sich nicht zu eigen. Denn die aufgezeigten Umwelt- und Gesundheitsrisiken, die dem Verkehr zuzurechnen sind, vermindern die Lebensqualität und sind nicht geeignet, dem Verkehrssystem eine Nachhaltigkeit zu bescheinigen.

Sind positive und negative Effekte sehr hoch, besteht auf der Nutzenseite zunächst kein Anlaß, sich über eine Steigerung Gedanken zu machen; der Blick ist vielmehr auf die Kostenseite zu richten. Das Ziel lautet: Belastungen abbauen. Dazu hat sich auch die Bundesregierung mehrfach bekannt. Die Einführung und Verschärfung von Abgasnormen für Kraftfahrzeuge, Minderungsbeschlüsse zum

[1] Der Begriff „nachhaltig" ist hier als Übersetzung des inzwischen zu einer Standardformel avancierten „sustainable development" zu verstehen. Im Deutschen finden sich wechselweise die Formulierungen „zukunftsfähige", „dauerhafte" oder „nachhaltige Entwicklung".

[2] Siehe Hauff (1987).

[3] Konferenz der Vereinten Nationen für Umwelt und Entwicklung.

[4] Nutzen und Kosten meinen hier jeweils interne und externe zusammengenommen (Gesamtnutzen und -kosten).

Kohlendioxid-Ausstoß und die Bereitststellung finanzieller Mittel für den Ausbau von Schienenwegen sind Beispiele dafür. Die Bevölkerung denkt ähnlich: Viele Menschen kritisieren die verkehrsbedingten Belastungen und nicht etwa einen zu geringen Nutzen des Verkehrssystems.[1] Gleichwohl verhalten sich die meisten Menschen nicht entsprechend ihrer Kritik, was im wesentlichen zwei Gründe hat: Teilweise stehen Alternativen wie der öffentliche Verkehr nicht mehr in ausreichendem Umfang zur Verfügung und außerdem ist eine Entlastung für den einzelnen erst spürbar, wenn die jeweils anderen ihr Verhalten ändern (das „Sankt-Florians-Prinzip" kommt hier voll zum Tragen). Aus ökologischer Sicht ist anzumerken, daß möglicherweise der Zeitpunkt gekommen ist, ab dem für den Menschen lebensbedrohliche Veränderungen - hervorgerufen durch langfristig wirksame Schädigungen des Naturhaushalts - gar nicht mehr abwendbar sind. Vielleicht ist es daher an manchen Stellen sogar geboten, leichte Verminderungen des Nutzens hinzunehmen, um die Kosten auf ein verträgliches Maß absenken zu können. Dennoch wird hier aus den vorangegangenen Überlegungen die Anwendung des ökonomischen Minimalprinzips im Verkehrssektor abgeleitet. Das heißt: Absenkung der Kosten des Verkehrs ohne den Nutzen zu beinträchtigen.

Minimalprinzip im Verkehrssektor

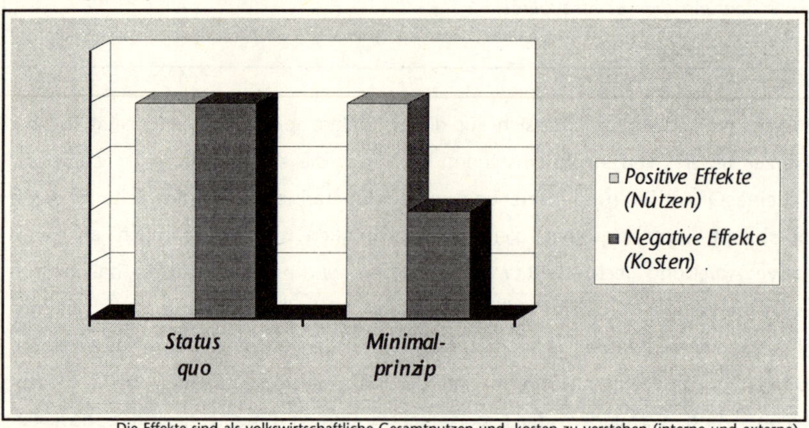

Die Effekte sind als volkswirtschaftliche Gesamtnutzen und -kosten zu verstehen (interne und externe).

Aus dem Ziel, verkehrsbedingte Belastungen zu reduzieren, wird gemeinhin eine Drei-Punkte-Strategie abgeleitet, bezeichnet mit den Begriffen Vermeiden, Verlagern und Verbessern.[2] Vermeiden meint, durch siedlungsstrukturelle und funktionsräumliche Veränderungen motorisiert zurückgelegte Wege in ihrer Länge zu verkürzen beziehungsweise komplett zu eliminieren. Indem beispielsweise Versorgungseinrichtungen in fußläufiger Entfernung zur Wohnung angeboten werden, können Autofahrten vermieden werden. Verlagern heißt in erster Linie, Straßenverkehr auf Busse und Bahnen zu verlagern, also die Nachfrage zwischen den Verkehrsträgern

[1] Dies zeigen unter anderem verschiedene Socialdata-Untersuchungen. Siehe Socialdata (1991, 1994, o.J.a und o.J.b).

[2] Manche Autoren ergänzen diese drei Punkte um weitere. Zum Beispiel nimmt Voigt (1993) die Verbesserung der Fahrzeugauslastung hinzu, Petersen/Schallaböck (1995) ergänzen Verhaltensänderungen.

so umzuschichten, daß sich der Modal Split zugunsten des öffentlichen Verkehrs verändert. Verbessern ist im Sinne von technischen Verbesserungen des Systems zu verstehen. Der Abgaskatalysator ist ebenso ein Beispiel dafür wie die Einführung von gasbetriebenen Bussen.

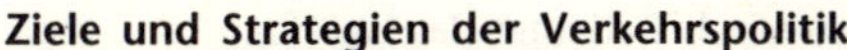

Ziele und Strategien der Verkehrspolitik

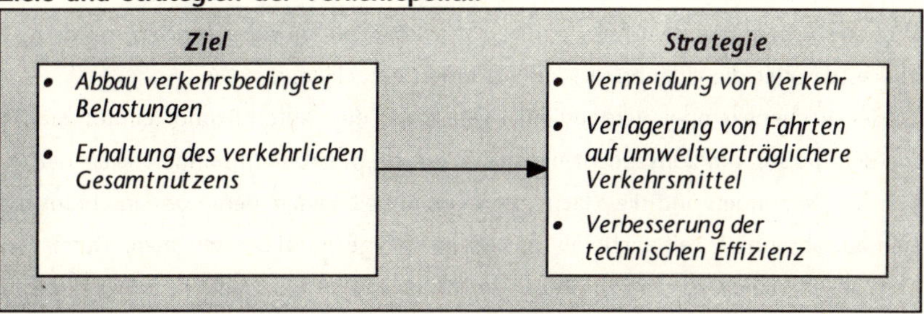

Ausreichende Belastungsreduzierungen werden vermutlich nur zu erreichen sein, wenn alle Teile der Drei-Punkte-Strategie gemeinsam angewandt werden. Im Rahmen der vorliegenden Studie wird vor allem der Punkt Verlagerung herausgegriffen und tiefergehend untersucht.

Die Belastungen sind im einzelnen genannt worden. Nachfolgende Tabelle belegt, daß der Straßenverkehr mit einem überdurchschnittlich hohen Anteil dazu beiträgt. Verlagerungen der Verkehrsleistung von der Straße auf öffentliche Verkehrsmittel als Teil einer Strategie zum Abbau von Belastungen zu verankern, ist damit als zielführend bestätigt. Denn es ist davon auszugehen, daß die spezifische Belastung durch die Bahn bei zunehmender Übernahme von Verkehrsleistungen sinkt.

Bedeutung des Straßenverkehrs bei den Belastungen

Kategorie		*Verkehrssektor*	*Straßenverkehr*[1]
Verkehrsmenge	*Leistung*	*894 Mrd. Pkm (PV)*	*81,8 % (PV)*
		421 Mrd. tkm (GV)	*64,9 % (GV)*
Unfälle	*Getötete*	*10.199*	*96,2 %*
	Verletzte	*517.952*	*99,7 %*
Schadstoffe	*NO_x-Emissionen*	*1.282 kt*	*81,6 %*
	NMVOC-Emissionen	*742 kt*	*91,2 %*
	CO-Emissionen	*4.136 kt*	*95,6 %*
Klima	*CO_2-Emissionen*	*180 Mt*	*88,3 %*

Alle Angaben beziehen sich auf Deutschland 1994. Datengrundlagen: Bundesverkehrsministerium (1997), Umweltbundesamt (1997) und Statistisches Bundesamt (1997b). Für Lärmemissionen und Ressourcenverbrauch stehen, zum Teil aufgrund fehlender Abgrenzungsmöglichkeiten, keine aussagekräftigen Daten zur Verfügung.

[1] Motorisierter Individualverkehr und Straßengüterverkehr.

Auf der Grundlage des Energieverbrauchs zeigt eine niederländische Studie anschaulich, wie drastisch die Verkehrsverlagerungen ausfallen müßten, wenn die Umweltbelastungen vermindert werden sollen und die gesamte Bevölkerung der Erde in gleichem Maße an den Ressourcen partizipieren dürfte: Pro Person und Tag stünde dann genau ein Liter Kraftstoff zur Verfügung.[1] Für niederländische Verhältnisse, die den deutschen nicht unähnlich sind, bedeutet das: Wer den täglichen Weg zur Arbeit mit dem Auto zurücklegt, müßte alle übrigen Fahrten, sei es zum Einkaufen oder die Urlaubsreise, unmotorisiert zurücklegen.

Dieses Rechenexempel verdeutlicht, wie stark die Autonutzung eingeschränkt werden müßte, um konsequent nachhaltig zu leben. Große Imponderabilien bezüglich der Wirkungen und die Macht der Gewohnheit lassen derartige Einschränkungen auf absehbare Zeit nicht als umsetzungsfähige Politik erscheinen. Dermaßen rigorose Szenarien zu denken und öffentlich zu machen, ist jedoch notwendig, um den Raum des Machbaren in diese Richtung auszudehnen. Trotz langfristiger Festlegungen durch Entscheidungen über die Gestaltung der Infrastruktur sollte die Verkehrspolitik für die kommenden Jahrzehnte nicht den fünften Schritt vor dem ersten tun wollen. Soll der Modal Split geändert werden, müssen zuerst die Voraussetzungen dafür geschaffen werden. Unter Beibehaltung freiheitlicher und marktwirtschaftlicher Prinzipien bedeutet das: Dort, wo die Verkehrsleistung in zunehmendem Maße erbracht werden soll, also bei Bahn und Bus, ist ein attraktives Angebot zu unterbreiten beziehungsweise das bestehende zu verbessern. Ein gutes öffentliches Verkehrssystem ist Voraussetzung für Verhaltensänderungen der Menschen auf dem Verkehrsmarkt, die volkswirtschaftlich notwendig sind. Ausreichende Qualität vor allem hinsichtlich Komfort, Geschwindigkeit und Übersichtlichkeit kann im ÖPNV weitgehend nur die Bahn bieten - ein attraktives Bahnsystem wird aber nur dann erfolgreich sein, wenn es im Bereich des Personenverkehrs von einem darauf ausgerichteten Bussystem unterstützt wird.[2]

Eine Bahn, die eine überzeugende Alternative zum Auto werden möchte, muß ein umfassendes Angebot bereitstellen. Ihre Präsenz ist im Personen- und im Güterverkehr erforderlich, außerdem sind Nahverkehrsleistungen ebenso zu erbringen wie Fernverkehrsleistungen, und schließlich muß sie sich auf städtische wie auf ländliche Regionen erstrecken. Erst dann sind Verkehrsverlagerungen in einem Umfang vorstellbar, der zu nennenswertem Abbau von Belastungen beitragen kann. In den letzten Jahren sind viele Angebotssegmente untersucht worden, auch umfassende Betrachtungen des Bahnangebots haben stattgefunden. Gegenstand des folgenden Untersuchungsabschnitts, der den Kern der Studie darstellt, ist ein bisher nur unvollständig beleuchtetes Segment: der Personennahverkehr der Bahn im ländlichen Raum.

Mit dem Herausgreifen dieses Ausschnitts ist nicht die Einschätzung verbunden, es handele sich dabei um den wichtigsten oder effektivsten Bereich. Verbesserun-

[1] Siehe Buitenkamp et al (1992).

[2] Zur Frage „Bahn oder Bus" siehe Kapitel 3.2.

gen in städtischen Regionen können die Belastungen vergleichsweise stärker absenken, weil die verlagerbare Verkehrsmenge dort viel größer ist. Entsprechendes politisches Handeln in den Ballungsräumen wird vorausgesetzt. Der ländliche ÖPNV wird untersucht, weil Modal-Split-Veränderungen in den Städten allein voraussichtlich nicht ausreichen, um die erforderliche Belastungsreduzierung zu erreichen.

Untersuchungsgegenstand

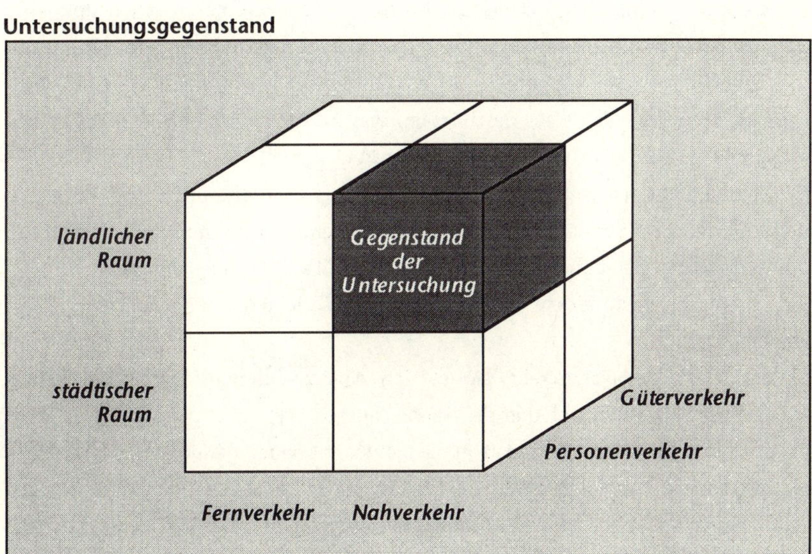

Leitender Gedanke ist, ein Modell für den Bahnverkehr im ländlichen Raum zu entwickeln, das sich in ein umfassendes Bahnkonzept integrieren läßt, mit dessen Umsetzung die genannten Ziele erreicht werden können. Grundsätze eines übergreifenden Modells sind in Kapitel 3.1 skizziert. Der ländliche Raum soll dazu einen Beitrag leisten, der sich letzten Endes für alle auszahlt.

2.2 Verkehr im ländlichen Raum

Jede Bewertung ist abhängig vom Blickwinkel. Aus skandinavischer Sicht könnte man der Behauptung zuneigen, in Deutschland gäbe es gar keine ländlichen Räume, sondern nur einen riesigen Ballungsraum - ein Blick aus dem Ruhrgebiet dagegen sieht womöglich südlich der Ruhr ausschließlich ländlichen Raum.
Die Bezeichnung ländlich ist aus dem Gegensatz zu städtischen Strukturen zu verstehen und in Verbindung mit der Landwirtschaft zu sehen. Kennzeichen sind eine geringe Bevölkerungsdichte und eine disperse Siedlungsstruktur. Abgrenzungskriterien sind oft negativ formuliert - als nicht städtisch. Denn meist wird der ländliche Raum von der Stadt aus beschrieben, was in Titulierungen wie peripher, zurückgeblieben oder strukturschwach zum Ausdruck kommt.[1]
Eine einheitliche Definition des ländlichen Raums besteht nicht; die Kriterien, die ergänzend zur Besiedlungsdichte genannt werden, differieren.[2] Verbreitet ist die Typisierung der Bundesforschungsanstalt für Landeskunde und Raumordnung, die unter anderem Kriterien wie Ortsgrößen und die Entfernung zu Zentren verwendet.[3]
Für das Thema des Nahverkehrs eignet sich eine zweidimensionale Abgrenzung anhand der Einwohnerzahl und der Fläche, ausgedrückt als Dichte. Denn es kann davon ausgegangen werden, daß in Gebieten mit einer geringen Bevölkerungsdichte kleinere Nahverkehrsströme existieren als in dicht besiedelten Regionen. Daß ländliche Gebiete teilweise touristisch interessant sind und daher saisonal größere Fremdenverkehrsströme aufweisen, bleibt zunächst unberücksichtigt.[4]
Ausgehend von der Einteilung Deutschlands in drei Flächen gleicher Größe, die nach der Dichte gestuft sind, werden die beiden dünn besiedelten Drittel als ländlicher Raum im engeren Sinn definiert.[5] Das sind all jene Gemeinden mit einer Bevölkerungsdichte von bis zu 150 Einwohnern pro Quadratkilometer oder - positiv ausgedrückt - mit mehr als 2/3 Hektar je Einwohner. Dieses Gebiet hat eine ähnliche Ausdehnung wie die von der Bundesforschungsanstalt als ländlich typisierten Regionen und Kreise.[6]
Davon zu unterscheiden ist das sogenannte Flächenbahngebiet, das in Kapitel 4.1 entwickelt wird. Es umfaßt alle Gemeinden mit 1/4 bis 5/3 Hektar je Einwohner beziehungsweise 60 bis 400 Einwohnern pro Quadratkilometer und stellt den dichteren Teil des ländlichen Raums im weiteren Sinn dar. Bevor dieses Gebiet in seiner heutigen Struktur beschrieben wird, zeigt ein kurzer historischer Abriß einige Ansatzpunkte für die Entwicklung der zukünftigen Bahn auf dem Land.

---

[1] Siehe Heinze et al (1982), S. 25, und Henkel (1995), S. 25.

[2] Einen ausführlichen Überblick gängiger Definitionen liefert Henkel (1995), S. 25ff.

[3] Siehe Bundesforschungsanstalt für Landeskunde und Raumordnung (1995). Nach einer Umstrukturierung ist die BfLR in das Bundesamt für Bauwesen und Raumordnung (BBR) eingegliedert worden.

[4] Die Frage der touristischen Nutzung wird anhand von zwei Beispielregionen ausführlich in Kapitel 7.3 behandelt.

[5] Siehe auch Kapitel 3.1. Dort findet sich eine entsprechende Karte.

[6] Siehe Bundesforschungsanstalt für Landeskunde und Raumordnung (1995), S. 8 (Karte III).

Historische Entwicklung

Dominierende Verkehrsinfrastruktur im ländlichen Raum ist heute das Straßennetz für die Kraftfahrzeuge. Es entstand in beiden Teilen Deutschlands sukzessive überwiegend nach dem Zweiten Weltkrieg. Das Eisenbahnnetz hatte seinen Höhepunkt dagegen vor dem Ersten Weltkrieg, als es eine Ausdehnung von 63.000 Kilometern erreichte.[1] Heute ist es nur noch 45.000 Kilometer lang.[2] Der auf den ländlichen Raum entfallende Anteil kann aufgrund unterschiedlicher Abgrenzungskriterien nicht genau ermittelt werden; anhand eines Beispiels läßt sich jedoch anschaulich zeigen, daß ein Flächenbahnnetz in der ersten Hälfte des 20. Jahrhunderts bereits bestand.

Rheinland-Pfalz, ein fast ausschließlich aus ländlichen Regionen bestehendes Bundesland, besitzt heute ein Streckennetz, das relativ genau demjenigen von 1880 entspricht und ausgedehnte Gebiete nicht erschließt. 1920 dagegen wurde ein Netz vorgehalten, das als flächenbahnartig bezeichnet werden kann.[3]

Streckennetzentwicklung in Rheinland-Pfalz

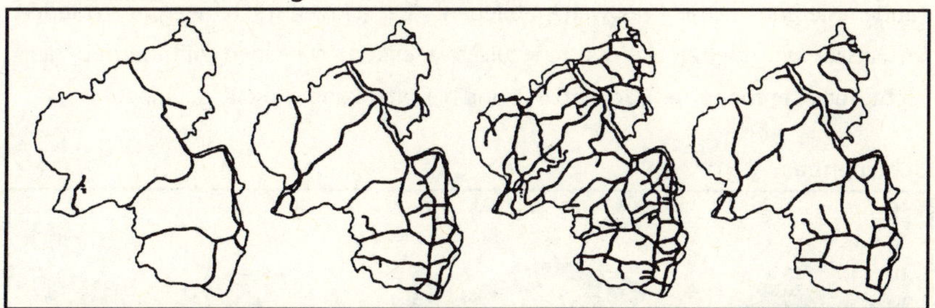

Ausdehnung des Eisenbahnnetzes in Rheinland-Pfalz 1840, 1880, 1920 und 1993 (von links nach rechts). Entnommen bei Monheim (1995), S. 11.

Der Rückzug begann mit dem Ende des Zweiten Weltkriegs, dessen Zerstörungen manche Strecke nicht überlebte. In der Bundesrepublik ersetzten neue Straßen nach und nach die Eisenbahn auf dem Land. Von der Flächennutzungs- und Bebauungsplanung wurde die Eisenbahn zunehmend ignoriert.[4] Die DDR dagegen betrieb den Straßenbau nicht in derselben Intensität wie ihr westdeutsches Gegenüber und verstand ihn als *Ergänzung* zur Bahn, nicht als Ersatz. Nach dem Ende der deutschen Teilung wandelte sich die Verkehrspolitik sowohl im Osten als auch im Westen. Seit der Bahnreform ist der Streckenabbau in den westlichen Bundesländern zurückgegangen; gleichzeitig wurden mehrere Strecken reaktiviert. In den östlichen Bundesländern wurden in den letzten Jahren große Teile des Netzes stillgelegt.

In der zweiten Hälfte des 19. Jahrhunderts, als der Eisenbahnbau seinen großen Boom erlebte, war Deutschland längst nicht so dicht besiedelt wie heute; ländli-

[1] Siehe Schäfers (1997), S. 108.

[2] Berechnung nach Bundesverkehrsministerium (1997), S. 53 und S. 65.

[3] Siehe Monheim (1995), S. 10.

[4] Siehe Wolf (1992), S. 162ff., und Naumann (1995), S. 9.

che Regionen waren viel dominierender. Monheim weist darauf hin, daß Deutschland zu dieser Zeit wesentlich ärmer war als heute und stellt damit das Argument in Frage, wir könnten uns die Flächenbahn finanziell nicht leisten.[1]

Für die Bundesrepublik ist ein Prozeß kennzeichnend, der die gesetzlich angestrebte Gleichwertigkeit aller Regionen als Aufforderung zum Straßenausbau interpretiert, obwohl im Raumordnungsgesetz nur die Versorgung mit öffentlichen Verkehrseinrichtungen genannt wird.[2] In der Folge fand und findet eine Verstädterung der ländlichen Regionen statt - vor allem derjenigen, die an Verdichtungsräume angrenzen (Suburbanisierung). Unterschiede zwischen Stadt und Land werden zunehmend weggeplant. Der Motorisierungsgrad der Landkreise erreichte mit dieser Politik etwa 1970 die Werte der Verdichtungsräume und liegt seitdem deutlich darüber.[3]

Für die Eisenbahn begann der Start in die Nachkriegszeit mit Dampflokomotiven, doch bald darauf prägten auf Strecken im ländlichen Raum die Schienenbusse das Bild, die besonders in Ostdeutschland noch heute im Einsatz sind.[4] Sie galten einst als Nebenbahnretter und offenbaren aus heutiger Sicht die ausgebliebene Modernisierung. Diese Triebwagen blieben über Jahrzehnte hinweg unverändert im Einsatz und hielten im Westen zuletzt vielfach nur einen Alibibetrieb aufrecht; für eine moderne Flächenbahn sind sie offenkundig nicht geeignet.

Schienenbus

Schienenbusse der Baureihe 798/998 1985 im Bahnhof Bullay.

[1] Siehe Monheim (1995), S. 10.

[2] ROG, insbesondere § 2, Abs. 1, Nr. 6, i.d.F. vom 28.4.1993 (BGBl. I S. 630; Änderungen bis 23.11.1994). Siehe Sartorius I (1996) und Kapitel 6.2.

[3] Siehe Heinze et al (1982), S. 41, und Maier/Atzkern (1992), S. 177f.

[4] Siehe Kapitel 4.3.

Status quo und Trends

Heute sind nicht nur die meisten Schienenbusse, sondern auch die meisten Bahnstrecken des ländlichen Raums verschwunden. Deshalb interessiert hier der gesamte Verkehr in diesen Regionen.

Für die Gestaltung der Flächenbahn wird zwar eine Abgrenzung anhand der Bevölkerungsdichte vorgenommen, zur Auswertung des Ist-Zustands wird jedoch auf die BfLR-Typisierung zurückgegriffen, da zahlreiche Daten auf diese Ebenen aggregiert vorliegen. Die Bundesforschungsanstalt unterscheidet Regions- und Kreistypen, die in drei beziehungsweise vier Stufen die Spannweite der Siedlungsstruktur von städtisch bis ländlich abbilden. In Kombination entstehen neun Raumtypen, die von den Kernstädten der Agglomerationen bis zu den ländlichen Kreisen in ländlichen Regionen reichen.

Siedlungsstrukturtypen

	Regionstyp 1: Agglomeration	*Regionstyp 2: Verstädtert*	*Regionstyp 3: Ländlich*
Kreistyp 1: Kernstädte	*A-K*	*V-K*	
Kreistyp 2: Hochverdichtet	*A-H*		
Kreistyp 3: Verdichtet	*A-V*	*V-V*	*L-V*
Kreistyp 4: Ländlich	*A-L*	*V-L*	*L-L*

Der ländliche Raum im engeren Sinn, der anhand der Bevölkerungsdichte definiert ist, umfaßt relativ genau die ländlichen Regionen und Kreise des BfLR-Schemas (in der Tabelle dunkelgrau dargestellt). Der ländliche Raum im weiteren Sinn dehnt dieses Gebiet auf die verdichteten Kreise aus (in der Tabelle hellgrau dargestellt). Das Flächenbahngebiet lehnt sich an das letztgenannte Gebiet an, klammert aber gleichzeitig die ländlichen Kreise der ländlichen Regionen aus.[1] Auch hier ist keine trennscharfe Übereinstimmung mit dem definierten Gebiet vorhanden, sondern nur eine ungefähre.

Es hat sich gezeigt, daß der Umfang des Eisenbahnnetzes vor allem in den ländlichen Regionen in der zweiten Hälfte des 20. Jahrhunderts drastisch geschrumpft ist. Damit kann auf vielen Relationen heute kein Bahnangebot mehr bereitgestellt werden. Daß ein reduziertes Angebot die Nachfrage schrumpfen läßt, ist der konsequente Effekt.

Deutlich wird dies anhand der motorisierten Verkehrswege im Vergleich zu städtischen Regionen. Dazu sind beispielhaft acht ländliche und vier städtische Musterregionen ausgewählt worden. Sie liegen allesamt in Westdeutschland, da die Entwicklung in den neuen Bundesländern eine Angleichung zeigt, die erst in einigen Jahren vollständig vollzogen sein wird.

[1] Siehe dazu Kapitel 4.1.

Aufgrund der vorhandenen Datenbasis liegen den Musterregionen Planungsregionen zugrunde. Als typisch für den ländlichen Raum sind ausgewählt: Braunschweig, Bremervoerde, Garmisch-Partenkirchen, Heidenheim, Lingen, Marburg, Trier und Tübingen. Die städtischen Gebiete repräsentieren die Regionen Darmstadt, Essen, Saarland und Stuttgart.

Ein Vergleich der Fahrten, die im motorisierten Individualverkehr zurückgelegt werden, zeigt nur geringe Unterschiede: Mit 501 Fahrten pro Einwohner und Jahr liegen die ländlichen Musterregionen gerade zwei Prozent über den städtischen. Die Diskrepanz zeigt sich im Modal Split. Mit 11,3 Prozent hat der öffentliche Verkehr auf dem Land nur einen etwa halb so großen Anteil an den motorisierten Fahrten wie in der Stadt - dort sind es 20,3 Prozent.[1]

Ebenfalls deutliche Unterschiede treten beim Raumtypen-Vergleich zu Tage. Die Abbildung zum Motorisierungsgrad offenbart, daß die Pkw-Verfügbarkeit von den städtischen zu den ländlichen Kreisen prägnant ansteigt.[2]

Motorisierungsgrad

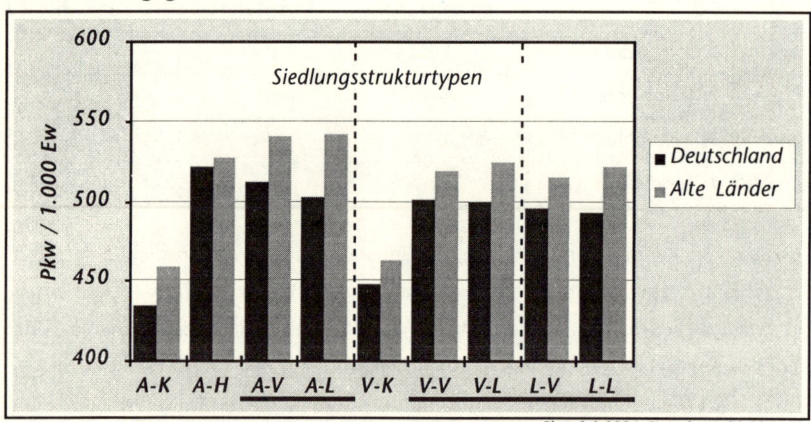

Pkw: 1.1.1994, Einwohner: 31.12.1992

Als weiterer Unterschied läßt sich festhalten: Die täglichen Wege auf dem Land sind mit 22 Kilometern um drei Kilometer länger als in städtischen Gebieten, werden aber mit größerer Geschwindigkeit zurückgelegt. 56 Minuten im ländlichen stehen 63 Minuten im städtischen Raum gegenüber.[3]

Aus den Ergebnissen ist klar ersichtlich, daß der ländliche Raum nicht als verkehrsarm eingestuft werden kann. Die Nutzung des öffentlichen Verkehrs ist allerdings sehr viel geringer als in städtischen Regionen. Ein Verlagerungspotential vom Auto auf die Bahn ist damit abzusehen. Man muß sich dazu allerdings von städtischen Richtwerten bezüglich der Auslastung verabschieden, so daß sich andere Lösungsansätze abzeichnen, als die üblicherweise gewählten.

[1] Die Auswertung nach Musterregionen basiert auf den Daten von Intraplan et al (1995).

[2] Abweichungen bestehen in den neuen Bundesländern. Die Datengrundlage bildet Bundesforschungsanstalt für Landeskunde und Raumordnung (1995).

[3] Siehe Socialdata (1994).

2.3 Probleme und Lösungsansätze

Wurde eingangs das gesamte Verkehrssystem betrachtet, richtet sich der Blick nunmehr auf den Bahnverkehr im ländlichen Raum. Die Absicht, verkehrsbedingte Belastungen abzubauen, führt zu einer Strategie, die unter anderem eine Veränderung des Modal Splits zugunsten der Bahn vorsieht. Autofahrer sollen dazu animiert werden, verstärkt die Bahn zu nutzen.

Damit ist ein weiteres Ziel angesprochen: Die Nachfrage nach Leistungen der Bahn im ländlichen Raum soll gesteigert werden. Ein Konzept zu entwickeln, durch dessen Umsetzung dieses Ziel erreicht werden kann, ist das Hauptanliegen.

Da die Nachfrage derzeit nur in geringem Umfang besteht[1], ist zunächst nach den Gründen dafür zu fragen. Am Anfang steht folglich eine Mängelanalyse, die im daran anschließenden Schritt zu richtungsweisenden Leitbildern führt. Konkrete Einzelelemente des Konzepts sowie seine Wirkungen und Bedingungen werden in Teil B ausgeführt.

Mängelanalyse

Die Kritik an der Bahn ist seit langem vielfältig, massiv und vor allem meist negativ. In der Bundesrepublik der siebziger und achtziger Jahre nahmen die von den Medien gern aufgegriffenen Hinweise auf das steigende Defizit der Bundesbahn immer mehr zu. Schließlich waren die Zahlen trotz umfangreicher Streckenstillegungen so rot, daß eine Bahnreform unausweichlich wurde. Anders die Situation in Ostdeutschland: Ein ausgedehntes, weitgehend aus staatlichen Mitteln finanziertes Bahnangebot war in der DDR selbstverständlich. Erst nach der Wende, als sich die Autoverfügbarkeit rasch den westdeutschen Verhältnissen annäherte, kamen Forderungen nach Einstellung der staatlichen Bahn-Subventionen auf. Für Ost- wie für Westdeutschland gilt allerdings heute: Ein ausreichendes Bahnangebot ist allein mit Fahrpreis-Einnahmen nicht finanzierbar und bedarf daher staatlicher Zuschüsse.

Anlaß für Tadel sind überdies seit jeher Verspätungen. So zuverlässig das System auch ist - wenn Züge nicht pünktlich fahren und besonders, wenn dadurch Anschlüsse versäumt werden, ist die Kritik nicht nur verständlich sondern auch berechtigt.

Verspätungen und Subventionen sind zwei Schlaglichter, die in der Öffentlichkeit bekannt sind und diskutiert werden. Wirksame Verbesserungen setzen jedoch eine systematische Mängelanalyse voraus. Als häufigster Grund für die Nichtbenutzung öffentlicher Verkehrsmittel wird die fehlende Verfügbarkeit angegeben. Entweder ist der Ausgangs- oder der Endpunkt einer Reise nicht an das ÖPNV-Netz angebunden oder es besteht zum gewünschten Zeitpunkt keine Verbindung. Zu fast jeder zweiten Pkw-Fahrt innerhalb des ländlichen Raumes gibt es keine akzepta-

[1] Siehe Kapitel 2.2.

ble Alternative.[1] Interessanterweise steht diese Form der Nutzungsverhinderung auch in Ballungsräumen an der Spitze der Mängelliste - allerdings mit einem geringeren Anteil.[2]

Gravierendstes Problem ist damit die räumliche Verfügbarkeit, denn der Bevölkerung in den Gebieten, die nicht von der Bahn erschlossen sind, nützen alle Verbesserungen nichts, solange das Netz nicht dorthin erweitert wird.[3] Hinsichtlich einer Nutzensteigerung gehen die als „Rückzug aus der Fläche"[4] betitelten Streckenstillegungen demzufolge in der Regel in die falsche Richtung. Auffällig ist beim Blick auf die Streckenkarte Deutschlands der Ost-West-Unterschied. Trotz erheblicher Rückzugsbestrebungen in den letzten Jahren ist die Netzdichte im dünner besiedelten Ostdeutschland wesentlich höher als im Westen.

Für den Fall, daß ein Angebot vorhanden ist, muß zwischen dem Imagemangel und tatsächlichen Angebotsmängeln unterschieden werden. Beide sind für die geringe Nachfrage und das entsprechend niedrige Erlös-Niveau verantwortlich. Image und Angebotsmängel tragen somit zu einem hohen Zuschußbedarf bei - sie sind es jedoch nicht allein, denn ein weiterer Grund ist in den hohen spezifischen Kosten zu sehen, die der oftmals wenig effiziente Bahnbetrieb verursacht.

Im folgenden sollen die für die Nachfrage entscheidenden Mängel betrachtet werden, wozu die Sicht der Kunden beziehungsweise die Sicht der potentiellen Kunden eingenommen werden muß. Die Fragen lauten: Warum wird die Bahn nicht genutzt und wenn sie genutzt wird, was wird dann bemängelt?

Ist die räumliche Verfügbarkeit gegeben, das heißt, liegt eine Bahnstrecke und eine Zugangsstelle an Quell- und Zielort, richtet sich die Kritik in erster Linie an die nicht ausreichende zeitliche Verfügbarkeit.[5] Letztere könnte vergleichsweise problemlos hergestellt werden, wenn erstere besteht. Große Zeitlücken sind in den meisten Fällen nachts und am Wochenende vorzufinden.

Offenkundig ist ein ÖPNV-Angebot im ländlichen Raum selten vorhanden, so daß der Pkw oft gezwungenermaßen eingesetzt wird. Da die Verkehrsmittelwahl anscheinend stark von Routinen geprägt ist, kommt das Auto aber auch dann zum Einsatz, wenn eine Alternative besteht - das Autofahren wird zur Gewohnheit.[6] Vor diesem Hintergrund erscheint es verständlich, wenn ein vorhandenes Alternativangebot im öffentlichen Nahverkehr hauptsächlich deshalb nicht genutzt wird, weil den potentiellen Nutzern keine Informationen darüber vorliegen. Abgesehen davon, daß die Nahverkehrsunternehmen die Bevölkerung nicht ausrei-

---

[1] Dies gilt für 49 Prozent der Pkw-Fahrten. Siehe Socialdata (1994), S. 27.

[2] Im Ruhrgebiet werden 31 Prozent der Fahrten mit anderen Verkehrsmitteln zurückgelegt, weil keine ÖPNV-Erschließung oder -Verbindung besteht. Siehe Socialdata (o.J.a), S. 35.

[3] Monheim weist auf zu große „Maschenweiten" des Streckennetzes hin, wodurch vor allem die häufig auftretenden Kurzstrecken nicht mit der Bahn gefahren werden können. Siehe Monheim/Monheim-Dandorfer (1990), S. 349 ff.

[4] Monheim/Monheim-Dandorfer (1990), S. 349.

[5] Das ILS vermerkt dazu: „Die Qualität der raumzeitlichen Verfügbarkeit ist in besonderem Maße in Ballungsrandzonen und ländlichen Zonen von Interesse." Institut für Landes- und Stadtentwicklungsforschung des Landes Nordrhein-Westfalen (1991), S. 46.

[6] Mehrere Wissenschaftler gehen davon aus, daß das Mobilitätsverhalten einschließlich der Wahl des Verkehrsmittels von gewohnheitsmäßigem Handeln geprägt ist. Siehe zum Beispiel Beckmann (1988b) und Wilke (1998).

chend informieren, besteht offenbar kaum die Neigung, sich diese Informationen zu beschaffen, da die Fahrt mit dem Auto zur nicht hinterfragten Selbstverständlichkeit geworden ist. In 74 Prozent der Fälle, in denen eine ÖPNV-Alternative existiert, wird sie wegen fehlender Wahrnehmung nicht in Anspruch genommen. Dieser Wegeanteil ist doppelt so groß wie die existierende Nachfrage.[1]

Wird das Angebot wahrgenommen, sprechen weitere Gründe gegen eine Nutzung. Exemplarische Untersuchungen von Nebenbahnnetzen in West- und Ostdeutschland weisen auf fehlende Vertaktung hin und Reisegeschwindigkeiten, die unterhalb des Vorkriegsniveaus liegen. Heute werden etwa 40 Kilometer pro Stunde erreicht, in den dreißiger Jahren immerhin 20 bis 30 Prozent mehr.[2] Geht man davon aus, daß die Fahrgäste möglichst schnell von A nach B kommen wollen, und stellt dieser Absicht den Zeitaufwand gegenüber, der für die Fahrt und das Warten auf die nächste Verbindung kalkuliert werden muß, wird deutlich, wie unattraktiv das System für viele ist.

Doch selbst wenn ein Zug zur gewünschten Zeit zum Zielort fährt und den Weg ausreichend schnell zurücklegt, all dies dem Kunden zudem bekannt ist, gibt es Abneigungen gegen eine Fahrt mit dem Zug. Als Argumente für eine Bevorzugung des Automobils werden oft der Preis und der Komfort ins Feld geführt. Bahnfahren gilt als teuer und unkomfortabel; die Freundlichkeit des Personals, die Sicherheit und die Sauberkeit lassen obendrein oft zu wünschen übrig. Fehlende Gemeinschaftstarife und die mangelhafte Fahrplanabstimmung von Bus und Bahn, die nicht selten miteinander konkurrierenden Parallelverkehr anbieten, erschweren die Benutzung des ÖPNV mehr als sie Reisen ermöglichen.[3]

Gründe gegen die ÖPNV-Nutzung

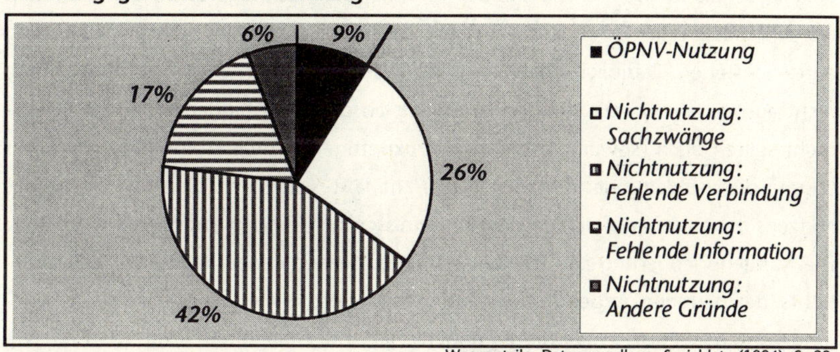

Wegeanteile. Datengrundlage: Socialdata (1994), S. 29.

Leider ist die negative Kritik in vielen Fällen berechtigt, dennoch wird teilweise übertrieben. Fahrpreise werden oft höher eingeschätzt als sie tatsächlich sind, das

[1] Zu diesen Ergebnissen kommt eine vom VDV in Auftrag gegebene Untersuchung über den öffentlichen Personennahverkehr im ländlichen Raum. Siehe Socialdata (1994), S. 29.

[2] Es wird Bezug genommen auf Untersuchungen in Mecklenburg und im Dreiländereck Hessen - Nordrhein-Westfalen - Rheinland-Pfalz. Siehe Wuppertal Institut (1996), S. 20 und S. 56.

[3] Diese Kritikpunkte finden sich in mehreren Studien zum ÖPNV, unter anderem bei Monheim/Monheim-Dandorfer (1990), Institut für Landes- und Stadtentwicklungsforschung des Landes Nordrhein-Westfalen (1991), Wuppertal Institut (1996), Hüsing/Schallaböck (1997) und Socialdata (o.J.a).

gleiche gilt für die Reisezeiten. Dauert die ÖPNV-Reise im ländlichen Raum durchschnittlich 34 Minuten, liegen die Schätzungen im Durchschnitt bei 54 Minuten.[1] Ein schlechtes Image und mangelnde Informationsflüsse können als Erklärung herangezogen werden.

Zusammenfassend lassen sich folgende Angebotsmängel benennen:

- fehlende Erschließung
- fehlende Verbindung
- hoher Zeitaufwand
- fehlende Information
- geringer Komfort
- ungenügende Sauberkeit
- unzureichende Sicherheit
- unfreundliches Personal
- mangelnde Pünktlichkeit
- hohe Preise

Diese Liste macht deutlich, wie umfassend und gravierend die Versäumnisse sind; man neigt sogar zu der Frage, ob das System Bahn überhaupt in der Lage ist, in all diesen Punkten hinreichende Verbesserungen zu realisieren. Mit Hilfe mehrerer Leitbilder wird im folgenden markiert, daß und wie die notwendigen Veränderungen möglich sind.

Leitbilder für die Flächenbahn

Wer Antworten sucht muß Fragen stellen, so lautete die Motivation für eine Mängelanalyse aus Kundensicht. Denn soll das Ziel, die Nachfrage zu steigern, erreicht werden, müssen die Hindernisse aus dem Weg geräumt werden, die einer Nutzung entgegenstehen. Lediglich die Mängel zu beseitigen, wird jedoch voraussichtlich nicht ausreichen, um die Kunden langfristig an die Bahn binden zu können, vielmehr sollten auch (soweit abschätzbar) zukünftige Ansprüche erfüllt werden. Als Lösung des Problems der geringen Nachfrage läßt sich somit eine Steigerung des Nutzens benennen, die sich an den Bedürfnissen der Kunden orientiert.

Die Kundenorientierung ist - das bestätigt eine teilnehmende Beobachtung - angesichts des heutigen Angebots zwar dringend erforderlich, als *ausschließlich* handlungsleitendes Prinzip allerdings ungeeignet. Über einen 60-Sekunden-Takt wie bei der Berliner U-Bahn würde sich die Bevölkerung im ländlichen Raum sicher freuen, bezahlbar wäre das nicht. Limitierend wirken sich also die verfügbaren finanziellen Mittel auf die Angebotsgestaltung aus. Um die Kosten für eine Zugfahrt zu senken ohne die Qualität zu beeinträchtigen, sind effizientere Betriebsweisen unerläßlich.

[1] Siehe Socialdata (1994), S. 28.

Nutzensteigerung einerseits und die Absenkung spezifischer Kosten andererseits sind dann kein Widerspruch, wenn neben das Prinzip der Kundenorientierung das der Effizienzorientierung tritt. Funktionsfähig im Sinne einer Zielerfüllung ist daher nur ein Bahnangebot oberhalb des entsprechenden Break-even-points.

Lösungsstrategie

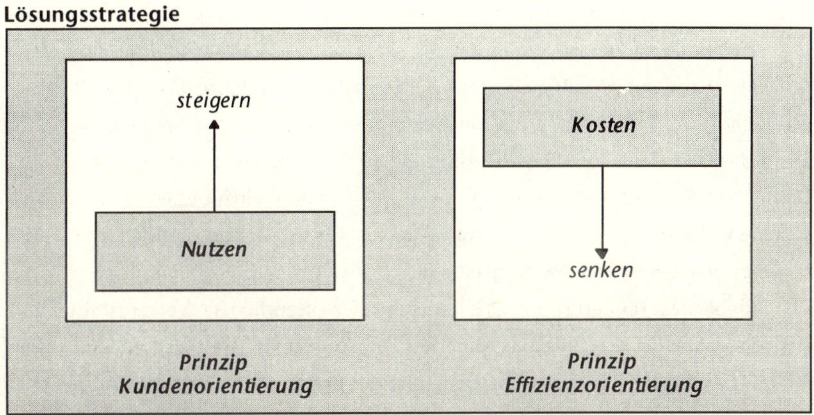

Die Flächenbahn steht demnach vor der Aufgabe, der kombinierten Strategie aus Nutzensteigerung und Kostensenkung zu folgen. Sich im ersten Schritt Gedanken über Angebotsverbesserungen zu machen, liegt auf der Hand; denn erst nachdem bekannt ist, mit welchem Angebot die Autofahrer zum Umsteigen veranlaßt werden können, ist es möglich, über eine kostengünstige Gestaltung dieses Angebots zu diskutieren.

Zur Kundenorientierung: Das Prinzip an sich ist für eine Dienstleistungsgesellschaft nichts Neues. In anderen Staaten sicher weiter verbreitet als in Deutschland und bei anderen Anbietern stärker ausgeprägt als bei der Bahn, setzt sich diese Erkenntnis gleichwohl seit einigen Jahren zunehmend im deutschen ÖPNV-Gewerbe durch. Verbesserungsvorschläge gibt es mittlerweile zuhauf, den meisten ist jedoch eines gemein: sie sind noch etwas ungeordnet und können daher den notwendigen Qualitätssprung nicht erreichen. Einzeln stehende Fortschritte sind zwar nicht verkehrt, bleiben aber insgesamt oft ineffizient und erreichen die gesteckten Ziele nicht. Umfassende Umgestaltungen benötigen Schwerpunkte und dürfen sich nicht in Details verzetteln.

In der Fachliteratur finden sich Dutzende sinnvoller Vorschläge in unterschiedlicher Differenzierung; sie hier aufzuführen, würde mehrere Seiten füllen.[1] In der Stoßrichtung besteht weitgehend Einigkeit, Unterschiede sind bei den angestrebten Größenordnungen festzustellen. Die im folgenden formulierten Leitbilder verzichten auf Quantifizierungen, denn sie wollen in erster Linie ordnen und zusammenfassen.

---

[1] Maßnahmenkataloge finden sich unter anderem bei Ministerium für Wirtschaft und Verkehr (o.J.), Gehrmann (1983), Roth et al (1987), Forschungsgesellschaft für Straßen- und Verkehrswesen (1990), Monheim/Monheim-Dandorfer (1990), Institut für Landes- und Stadtentwicklungsforschung des Landes Nordrhein-Westfalen (1991), Wuppertal Institut/IÖW (1995) und Petersen/Schallaböck (1995).

Zur Präzisierung der Strategie wird neben der Berücksichtigung der Maßnahmenvorschläge aus anderen Quellen auf die Ergebnisse der Mängelanalyse zurückgegriffen. Die Lösung des größten Problems ist trivial: Wenn die Menschen deshalb nicht mit der Bahn fahren, weil sie nicht fährt, dann sollte dafür gesorgt werden, daß sie fährt. Dann wird sie genutzt werden. Damit sie von vielen genutzt wird, müssen weitere Qualitätsmerkmale erfüllt sein, doch zuallererst ist der räumliche und zeitliche Zugang zum System herzustellen; er ist Voraussetzung für alles Weitere. Als erstes Leibild läßt sich somit die umfassende Verfügbarkeit formulieren.

Mit dem Auto kann die Bahn nur dann erfolgreich konkurrieren, wenn sie in einer ausreichenden Zahl von Quell-Ziel-Beziehungen mindestens ebenso schnell ist. Dabei sind Zu- und Abgangszeiten sowie Wartezeiten einzubeziehen, denn entscheidend ist der gesamte Zeitaufwand für die Fahrt. Wichtig ist also eine wettbewerbsfähige Reisegeschwindigkeit, die als zweites Leitbild benannt wird.[1]

Als erhebliches Hindernis für eine Nutzung .der öffentlichen Verkehrsmittel hat sich die fehlende Kenntnis des Angebots herausgestellt. Das Werben und Informieren der Kunden ist daher ein bedeutendes strategisches Element. Angesichts der verwirrend großen Zahl von unterschiedlichen Angeboten wird es schwer sein, die nötigen Informationen verständlich zu gestalten. Deshalb ist vom dritten Leitbild, der verständlichen Kundeninformation, auch eine bessere Übersichtlichkeit des gesamten Systems abzuleiten. Eine oft erzählte Anekdote berichtet über den ehemaligen DB-Chef Heinz Dürr, daß er nicht in der Lage war, einen Fahrkartenautomaten korrekt zu bedienen, weil die benötigten Informationen im Tarifzonenchaos bis zur Unverständlichkeit versanken.[2] Kundenorientierung heißt: Das Angebot muß nicht nur vorhanden, sondern auch gut sein. Aber selbst das reicht nicht aus, denn darüber hinaus müssen die Kunden es

- wahrnehmen,
- verstehen und
- positiv beurteilen.

Das vierte Leitbild versucht, die Beseitigung einer ganzen Reihe von Mängeln zusammenzufassen. Beklagt wird geringer Komfort, ungenügende Sauberkeit, unfreundliches Personal und - besonders wichtig - fehlende Sicherheit. Von Überfällen in Zügen wird häufig berichtet, so daß die gegenüber dem Auto größere Unfallsicherheit nachrangig wird. Denn die Angst vor einem Überfall - so gering die Wahrscheinlichkeit auch sein mag - bewirkt oft einen Umstieg auf den Pkw. Alle diese Mängel können beseitigt werden, indem das Gegenteil angeboten wird: ein einladendes Ambiente.

Ob es die Pünktlichkeit ist, die Verläßlichkeit der Haltestellenansage oder die Funktionsfähigkeit der Türen, immer wenn Erwartungen enttäuscht werden, leidet die Anziehungskraft der Bahn. Mit einer ihrer alten Tugenden steht es nicht zum besten: der permanenten Zuverlässigkeit, die daher als fünftes Leitbild dient.

[1] Reisegeschwindigkeit $v_R = t_{zq} / s_{qz}$ (t = Zeit, s = Weg, q = Quelle, z = Ziel).

[2] Über dieses Ereignis berichtet unter anderem Polatschek (1993).

Fünf Leitbilder zur Nutzensteigerung

- *Umfassende Verfügbarkeit*
- *Wettbewerbsfähige Reisegeschwindigkeit*
- *Verständliche Kundeninformation*
- *Einladendes Ambiente*
- *Permanente Zuverlässigkeit*

Zweiter Teil der Strategie ist die Effizienzorientierung. Vorschläge zu diesem Thema finden sich seltener, sofern nicht eine Reduzierung der Leistungen gemeint ist. Hier geht es darum, den Leitbildern zur Nutzensteigerung zu folgen und trotzdem effizient zu sein. Ist die Qualitätsanhebung vergleichsweise einfach zu bewerkstelligen, stellt die Aufgabe der Effizienzsteigerung eine größere, wenngleich überwindbare Hürde dar.

Kostensenkende Effekte ergeben sich zum einen durch die Wahl entsprechender Hardware, zum anderen durch eine zielgerichtete Organisation von Betrieb und Beschaffung. Fünf weitere Leitbilder sollen dies verdeutlichen.

Die Fahrzeuge sind ein nicht unerheblicher Kostenfaktor. Leichte und modulare Triebwagen für den Nahverkehr außerhalb der Ballungsräume sind in den letzten Jahren von mehreren Herstellern auf den Markt gebracht worden. Sie bieten mehr Qualität und Gestaltungsspielräume bei gleichzeitig geringeren Kosten. Leitbild eins lautet daher: Modulare Triebwagen.

An den Bahnstrecken sind heute tausende von Kilometern Kabel verlegt, die der Steuerung von Signalanlagen dienen. Daß Material und Wartung nicht kostenlos zu haben sind, braucht nicht betont zu werden. Auf einigen Nebenbahnen, die nicht von der DB betrieben werden (NE-Bahnen[1]), werden die Informationen dagegen per Funk übertragen. Manche Steuerungssysteme erlauben sogar den Verzicht auf ortsfeste Signale und verlegen die Informationen direkt in den Führerstand der Fahrzeuge; in ihren Cockpits erscheinen den Lokführern auf einer Anzeige die Fahr- und Haltbefehle. Eine funkgestützte Steuerungstechnik kann deshalb als zweites Leitbild benannt werden.

Die Bahn hat nicht, wie oft zu hören ist, zuviel Personal, sie setzt es nur nicht richtig ein. Effizient eingesetzt könnte mit der heutigen Personalstärke mindestens ein doppelt so großes Angebot bereitgestellt werden. Jede Straßenbahn kommt ohne Schaffner aus, kontrolliert wird stichprobenartig. Warum soll das im ländlichen Raum nicht auch funktionieren? Handgekurbelte Schranken sind heute noch Realität - das kann eine Maschine billiger erledigen. Die Rationalisierungspotentiale sind, wie diese Beispiele erahnen lassen, enorm. Dem hier geforderten Arbeitsplatzabbau wird von den Gewerkschaften in der Regel Protest entgegengebracht; eine Flächenbahn schafft jedoch in erster Linie Arbeitsplätze, da das An-

[1] NE = Nichtbundeseigene Eisenbahnen.

gebot erheblich ausgedehnt werden soll. Aber mit Schrankenwärtern wird es eine Flächenbahn nicht geben - sie wäre zu teuer. Wer der vorgeschlagenen Rationalisierung widerspricht, redet dem weiteren Rückzug der Bahn aus den ländlichen Regionen das Wort - und damit dem vollständigen Wegfall der Arbeitsplätze. Zukunft haben unter den Bedingungen sich ausweitender Märkte allein wettbewerbsfähige Arbeitsplätze. Das dritte Leitbild lautet demzufolge: Effizienter Personaleinsatz.

Bundesbahn und Reichsbahn waren für ihren aufgeblähten Verwaltungsapparat bekannt. Daß die DB AG diesen nicht von einem auf den anderen Tag so umstrukturieren und verkleinern konnte, daß er effizienter arbeitet, ist einleuchtend. Viele Beispiele regionaler Bahnen zeigen, daß mit kleineren Teams mehr erreicht werden kann. Struktur und Größe der Organisation sollte deshalb stärker auf die Ziele ausgerichtet werden - das gilt für die Bahnen ebenso wie für die zuständigen Stellen der Bundesländer. Als viertes Leitbild ergibt sich somit ein zielgerichteter Organisationsaufbau.

Mit der Änderung des Grundgesetzes zur Privatisierung der Staatsbahnen folgten Bundestag und Bundesrat den Vorgaben der Europäischen Gemeinschaft zur Erweiterung des Marktes. Auch im Bereich des Schienenverkehrs sollten die Monopole fallen. Heute können Nahverkehrsleistungen von den Aufgabenträgern - für den Schienenverkehr im ländlichen Raum sind in der Regel die Bundesländer zuständig - frei vergeben werden. Neben der Deutschen Bahn strömen zunehmend weitere Unternehmen auf den im Entstehen befindlichen Markt des Schienen-ÖPNV. Eine umfassende Marktnutzung, die als fünftes Leitbild dient, führt durch den aufkommenden Wettbewerb zu sinkenden Preisen.

Fünf Leitbilder zur Kostensenkung

- *Modulare Triebwagen*
- *Funkgestützte Steuerungstechnik*
- *Effizienter Personaleinsatz*
- *Zielgerichteter Organisationsaufbau*
- *Umfassende Marktnutzung*

Gleichzeitig den Nutzen zu steigern und die Kosten zu senken, geht das überhaupt? Ist es nicht ein Widerspruch, mehr Züge zu fordern und sinkende Kosten zu erwarten? Anhand eines Gedankenexperiments soll gezeigt werden, wie gut sich die Leitbilder zur Nutzensteigerung mit denen zur Kostensenkung vertragen. Dazu sei eine Bahnstrecke von 60 Kilometern Länge gedacht, auf der ein Zug mit einer durchschnittlichen Geschwindigkeit von 30 Kilometern pro Stunde fährt, der mit zwei Personalen (Lokführer und Schaffner) besetzt ist. Mithin eine Situation, die im ländlichen Raum für heutige Verhältnisse nicht untypisch ist. Die Fahrzeit beträgt zwei Stunden; bei üblichen Kostensätzen und Arbeitszeiten ergeben sich für die Ausgangssituation Personalkosten von 120 Euro.[1]

Fährt der Zug schneller, verringert sich die Fahrzeit und damit auch die Einsatzzeit des Personals. Wird die Geschwindigkeit durch geeignete Maßnahmen auf beispielsweise 60 Kilometer pro Stunde erhöht, halbiert sich die Fahrzeit - sie beträgt dann nur noch eine Stunde. Folglich halbieren sich auch die Personalkosten. Kommt ferner statt eines lokbespannten Zuges ein Triebwagen zum Einsatz, kann auf das zweite Personal verzichtet werden. Effekt: Die Personalkosten halbieren sich nocheinmal und betragen nun statt der ursprünglichen 120 nur noch 30 Euro.

Nutzensteigerung trotz Kostensenkung

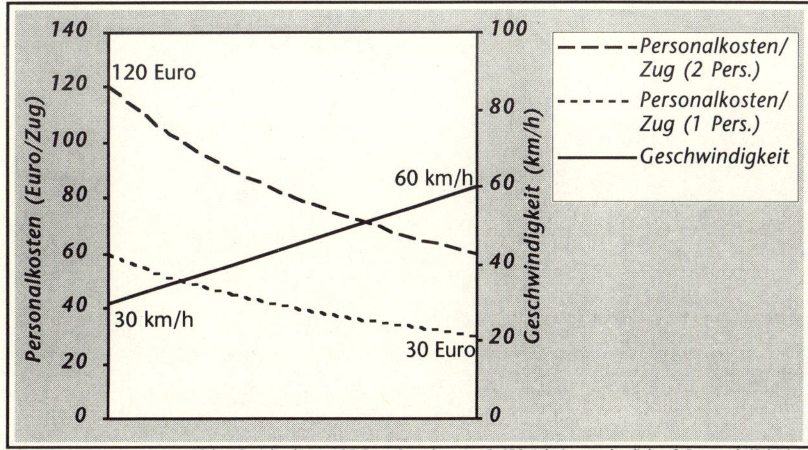

60 km Streckenlänge, 15 Euro Stundensatz, 1.650 Arbeitsstunden/Jahr, 2 Personale/Schicht.

Ein weiterer Punkt, der in der Mängelanalyse bereits angesprochen wird und der eine direkte Verbindung zwischen Nutzen und Kosten herstellt, ist die Preisgestaltung. Die Kundenforderung nach niedrigeren Preisen kann umso eher erfüllt werden, je effizienter der Betrieb ist und je mehr Kunden gewonnen werden können. Allerdings ist nicht die absolute Höhe der Fahrpreise ausschlaggebend, sondern ihr Verhältnis zu den Preisen für eine Autofahrt. Die derzeitige politische Situation läßt erkennen, daß in Zukunft mit steigender Mineralölsteuer zu rechnen ist, was dem Eindruck hoher ÖPNV-Preise entgegenwirkt. Auf jeden Fall braucht die Preisgestaltung im gesamten öffentlichen Verkehr mehr Nachvollziehbarkeit und Übersichtlichkeit - dem Leitbild der verständlichen Kundeninformation entsprechend.

Ständiges begleitendes Element der Untersuchung sind daher die Beziehungen zwischen der Flächenbahn und dem übrigen Verkehrssystem. Daß die Flächenbahn nur einen Teilbereich des öffentlichen Verkehrsmarkts abdeckt, kommt in der folgenden Zukunftsskizze des gesamten Bahnangebots zum Ausdruck.

[1] Dieser Fall ist auf der Abbildung „Nutzensteigerung trotz Kostensenkung" ganz links dargestellt.

3. Die Flächenbahn als Teil des Verkehrssystems

3.1 Ein Bahnkonzept für Deutschland

Eine ausreichende Nachfrage im gesamten öffentlichen Verkehrssystem kann erst sichergestellt werden, wenn ein verbessertes Bahnangebot in den Agglomerationsräumen eine Ergänzung im ländlichen Raum findet. Funktionsfähig und unter den genannten verkehrspolitischen Prämissen tauglich ist die Flächenbahn daher nur als ein Part eines umfassenden Bahnkonzepts.[1]

Zusammen mit zielgerichteten flankierenden Maßnahmen kann die Einführung der Flächenbahn zu einem grundlegenden Wandel der Verkehrsmittelwahl führen. Die Bahn muß dazu mit dem Straßen-ÖPNV ein gemeinsames, nicht in sich konkurrierendes, Angebot schaffen. Dem gegenüber steht der motorisierte Individualverkehr, dessen Marktanteil gesenkt werden soll.

Wichtiges begleitendes Element einer erfolgreichen Flächenbahn ist die angepaßte Siedlungsentwicklung. Künftig sollten Bebauungsflächen nur noch im direkten Einzugsbereich von Bahnlinien ausgewiesen werden, wodurch ein guter Anschluß an öffentliche Verkehrsmittel sichergestellt wird.[2] Darauf aufbauend trägt eine übersichtliche Angebotspalette zur Nutzbarkeit der Bahn bei.

Angebotspalette

Zwei Aufgaben sind es, die der öffentliche Personennahverkehr zu erfüllen hat: er muß für die alltäglichen kurzen Wege ein geeignetes Verkehrsmittel sein, und er muß als Zubringer für die Züge des Fernverkehrs attraktiv sein.[3] Raum und Zeit sind wesentliche Ausgangspunkte nicht nur für die Flächenbahn, sondern für das gesamte Bahnsystem. Solange die Zugänglichkeit nicht gegeben ist, wird auch die Nachfrage ausbleiben.

Das bedeutet, der öffentliche Nahverkehr muß an *den* Orten präsent sein, an denen die Reisen beginnen und enden, und nicht zehn Kilometer entfernt. Da die Eisenbahn aber nicht an jeder der in diesem Zusammenhang gern zitierten Milchkannen halten kann, ist eine Abstimmung notwendig: mit den Bussen und selbstverständlich auch mit dem motorisierten Individualverkehr, denn das Flächenbahnmodell verzichtet nicht auf das Auto, es beschränkt nur seine Bedeutung. Ein komplexes Gesamtverkehrssystem, in dem die Bahn das Rückgrat bildet, muß daher großen Wert auf die intelligente Gestaltung der verschiedenen Verknüpfungspunkte legen.

---

[1] Die verkehrspolitischen Prämissen sind in Kapitel 2.1 dargestellt.

[2] Auf die Wechselwirkungen zwischen Siedlungsstruktur und Verkehrsstruktur hat unter anderem die Klima-Enquete-Kommission des Bundestages hingewiesen. Siehe Enquete-Kommission „Schutz der Erdatmosphäre" des Deutschen Bundestages (1995), S.1273ff.

[3] 95 Prozent aller zurückgelegten Wege in der BRD sind nicht länger als zehn Kilometer. Siehe Technische Universität Dresden (1990), S. 5.

Als die Bahn noch etwas jünger war, gab es drei verschiedene Zuggattungen: Den Schnellzug, den Eilzug und den Nahverkehrszug.[1] Für jeden sofort verständlich war das eine Stufung, die mehrere Merkmale umfaßte: Am oberen Ende der Skala waren Geschwindigkeit und Komfort am größten, die Zahl der Halte am geringsten. Längere Reisen verbrachte man in der Regel in einem Schnellzug. Nannte sich das Verkehrsmittel Nahverkehrszug, wußte man, daß der an jedem Bahnhof hält und nicht so schnell wie die anderen Züge ist.

Von diesem Optimum an Übersichtlichkeit ist die Bahn heute weit entfernt. Nach mehreren experimentellen Zwischenschritten gibt es heute die S-Bahn, die Regionalbahn, den Regionalexpreß, den Stadtexpreß, den Schnellzug, den Interregio, den Intercity, den Eurocity, den Intercity-Expreß, zusätzlich drei verschiedene Arten von Nachtzügen sowie den Thalys, den Urlaubsexpreß und den CIS.[2]

1950 legte der bundesrepublikanische Durchschnittsbürger 30 Fahrten mit der Eisenbahn zurück - in drei verschiedenen Zuggattungen. Heute sind es jährlich 21 Fahrten und neun Zuggattungen (die exotischen nicht mitgerechnet).[3] Ob diese Inflation der Sorten übersichtlicher ist?

Zuggattungen

	1950	*1996*
Eisenbahnfahrten je Einwohner	*30*	*21*
Zuggattungen	*3+2*	*9+6**

Bezugsraum ist die Bundesrepublik Deutschland. *1998

Werbewirksame Namen und zusätzliche Sonderangebote sind sicher geeignet, mehr Kunden für die Bahn zu interessieren. Der besseren Verständlichkeit halber sollten sie sich jedoch einem einfachen, übersichtlichen System unterordnen.[4] Die drei Ebenen aus den fünfziger Jahren drängen sich zur Wiedereinführung geradezu auf. Auch heute ist eine Trennung in Fern- und Nahverkehr zweckmäßig, womit bereits zwei Ebenen benannt sind. Dazwischen ist ein Angebot für mittlere Reiseweiten angebracht - eine interregionale Ebene.[5] Im Gegensatz zu früher ist allerdings eine bessere Qualität vonnöten, die sich unter anderem durch Einheitlichkeit wichtiger Merkmale innerhalb einer Ebene manifestiert. Zu nennen sind die Geschwindigkeit, der Takt, die Haltestellendichte und der Komfort. Auf der Nahverkehrsebene sollte den unterschiedlichen Erfordernissen in ländlichen und in Agglomerations-

[1] Das DB-Kursbuch für 1950 weist hauptsächlich diese Zuggattungen auf, wobei die Nahverkehrszüge als „Personenzüge" bezeichnet sind. Zusätzlich sind zwei Typen von Fernschnellzügen vermerkt (FD und L). Siehe Eisenbahndirektion Wuppertal (1949), S. 4.

[2] Die verschiedenen Zuggattungen sind im DB-Kursbuch 98/99 aufgeführt. Siehe Deutsche Bahn (1998b), S. 4ff.

[3] Die Zahl der jährlich zurückgelegten Bahnfahrten läßt sich aus den Statistiken ermitteln. Siehe Bundeverkehrsministerium (1991), S. 304, und (1997), S. 215, sowie Statistisches Bundesamt (1997b), S. 46.

[4] Schallaböck bemerkt dazu: „Die Abgrenzung von einem Dutzend Zuggattungen mag betriebsintern sinnvoll sein, (...) ein durchschnittlicher Kunde jedoch ist schlicht überfordert, soll er eine derartige Zahl verschiedener Zugarten begrifflich und verkehrlich differenzieren und sich angemessen dazu verhalten." Wuppertal Institut/IÖW (1995), S. 75.

[5] Zu diesem Ergebnis kommt auch Schallaböck, der allerdings ausschließlich zukunftsbezogen argumentiert und die historische Parallele außer acht läßt. Siehe Wuppertal Institut/IÖW (1995), S. 75ff.

räumen Rechnung getragen werden, so daß sich an dieser Stelle eine Trennung anbietet. Im „Konzept für eine Neue Bahn" wurde eine Struktur entwickelt, die sowohl die drei genannten Ebenen als auch die Unterteilung der Nahverkehrsebene in zwei Segmente aufweist. Es benennt als oberste Ebene den „Fernverkehr", als mittlere Ebene den „Interregionalverkehr" und teilt die untere Ebene in „ländlichen Nahverkehr" und „Nahverkehr im Ballungsraum" auf.[1] Daraus kann eine konkrete Angebotspalette abgeleitet werden, die auf den oberen beiden Ebenen den Intercity und den Interregio enthält und auf der Nahverkehrsebene die Flächenbahn und die Stadtbahn.

Angebotspalette

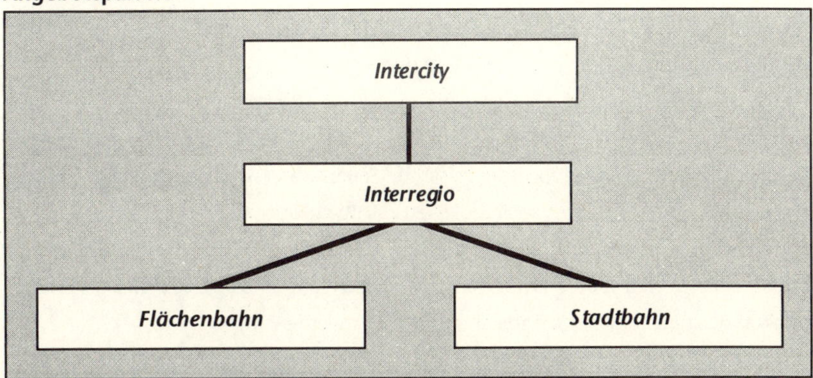

Gemeinsam mit einem ergänzenden Bussystem decken diese vier Elemente die nationalen Wegebeziehungen und Reiseweiten des motorisiertem Verkehrs sehr weitgehend ab. Unter Verzicht auf eines der Elemente ließe sich die angestrebte Verlagerung von Autofahrten auf die Bahn nicht realisieren, denn es müssen neue Routinen im Verkehrsverhalten entstehen, die das Bahnfahren zum Normalfall machen und es nicht wie heute zur Ausnahme degradieren. Werden größere Teile der nachgefragten Wege per se von der Bahn ausgeschlossen, weil ein Segment für sich betrachtet nicht lukrativ erscheint, steht am Ende ein amputiertes System, das keine generelle Alternative zum Auto mehr bieten kann. Anders beim vollständigen System: Werden die wesentlichen Parameter einheitlich auf ein hohes Qualitätsniveau gebracht, auf das sich die Kunden verlassen können, kann das Bahnfahren wieder zur angenehmen Gewohnheit werden.

Spätestens seit dem Konzept Bahn 2000, das die Schweiz vor einigen Jahren entwickelt und in wesentlichen Teilen umgesetzt hat, sind die Vorteile des Taktfahrplans allgemein bekannt, der in seiner optimierten Form als ITF, als integraler Taktfahrplan, firmiert.[2] Grundsätzliche Überlegungen zur Taktzeit zeigen eine besondere Merkfähigkeit der Abfahrtszeiten bei 30, 60 und 120 Minuten Zugab-

[1] Wuppertal Institut/IÖW (1995), S. 77. Siehe auch Petersen/Schallaböck (1995), S. 343.

[2] Das Konzept Bahn 2000 mit seinem integralen Taktfahrplan beschreiben unter anderem Durrer et al (1985) und Meiner (1991).

stand. Zwar sind auch 20- und 15-Minuten-Takte sinnvoller als gar keine, doch sie liegen so nah an der Schwelle zum quasi ständigen Angebot, daß sie konzeptionell entbehrlich und nur in betriebsbedingten Ausnahmefällen begründet sind. Bei einer Zugfolge von zehn Minuten und weniger ist für die Kunden lediglich die Taktzeit und nicht mehr der genaue Fahrplan von Belang, da die im Mittel auftretende Wartezeit von weniger als fünf Minuten kaum als hindernd empfunden wird. Da sich die Wartezeiten bis zu einer Taktzeit von 30 Minuten in vertretbaren Größenordnungen bewegen, sollte auf längere Abstände verzichtet werden. In Relation zur Menge der zu befördernden Fahrgäste - einschließlich der künftig zu verlagernden Autofahrten - sowie zu den entstehenden Kosten erweist sich die generelle Einführung des Halbstundentakts als zielführender Kompromiß. Eine Ausnahme bilden die Stadtbahnsysteme, für die Zugfolgen von zehn Minuten und weniger teilweise schon heute Realität sind.[1]

Die Systemelemente sind auch im Hinblick auf die Reisezeit zu optimieren, so daß auf extreme Höchstgeschwindigkeiten verzichtet werden kann. Da im direkten Vergleich mit dem Pkw jedoch der gesamte Zeitaufwand entscheidend ist, müssen die zugbezogenen Reisegeschwindigkeiten der Bahn über denen des Autos liegen. Die geforderte Übersichtlichkeit wird durch Einpassung in die vorgestellte Angebotsstruktur gewährleistet. Dies kann, wie auch die Einzugsbereiche der Haltepunkte, der nachfolgenden Tabelle entnommen werden.

Merkmale der Zuggattungen

	Takt	*Reise-geschwindigkeit*	*Haltepunkt-Einzugsbereich*
Intercity	*30 Minuten*	*140 km/h*	*1 Mio. Ew*
Interregio	*30 Minuten*	*100 km/h*	*64.000 Ew*
Flächenbahn	*30 Minuten*	*60 km/h*	*4.000 Ew*
Stadtbahn	*10 Minuten*	*50 km/h*	*4.000 Ew*

Angaben in Anlehnung an Wuppertal Institut/IÖW (1995), S. 78, S. 80 und S. 95.

Raumstruktur

Für die gesamte Bahn gilt: Wo sie nicht fährt, kann sie nicht genutzt werden. Einerseits muß sie künftig überall fahren, wenn sie von allen genutzt werden soll; andererseits muß sie bezahlbar bleiben und kann deshalb *nicht* überall fahren. Dieser Widerspruch von Nutzen- und Kostensicht läßt sich, wie eine Analyse der Siedlungsstruktur zeigt, auflösen.

Zuvor offenbart ein kleiner mathematischer Exkurs, daß die Verfügbarkeit einer Bahnverbindung als zentrale Nutzungsvoraussetzung von einer hohen Erschließungsdichte abhängt. Je mehr Einwohner über einen Bahnanschluß verfügen, desto

[1] Die Einführung des Halbstundentakts auf allen drei Ebenen und der Zehnminutentakt für die Stadtbahn sind im Konzept für eine Neue Bahn entwickelt worden. Siehe Wuppertal Institut/IÖW (1995), S. 67ff.

mehr Verbindungen können per Zug realisiert werden - das ist soweit trivial. Häufig unberücksichtigt bleibt aber, daß es sich nicht um eine lineare Abhängigkeit des Verbindungsgrads vom Anschlußgrad handelt, sondern um eine überproportional ansteigende. Denn die Anzahl der möglichen Verbindungen ergibt sich aus der Anzahl der angeschlossenen Einwohner nach der Formel $V=[(A/2)-1]\cdot A+(A/2)$.[1] Das heißt, bei höherem Anschlußgrad steigt der Verbindungsgrad stärker an.[2]

Verbindungsgrad

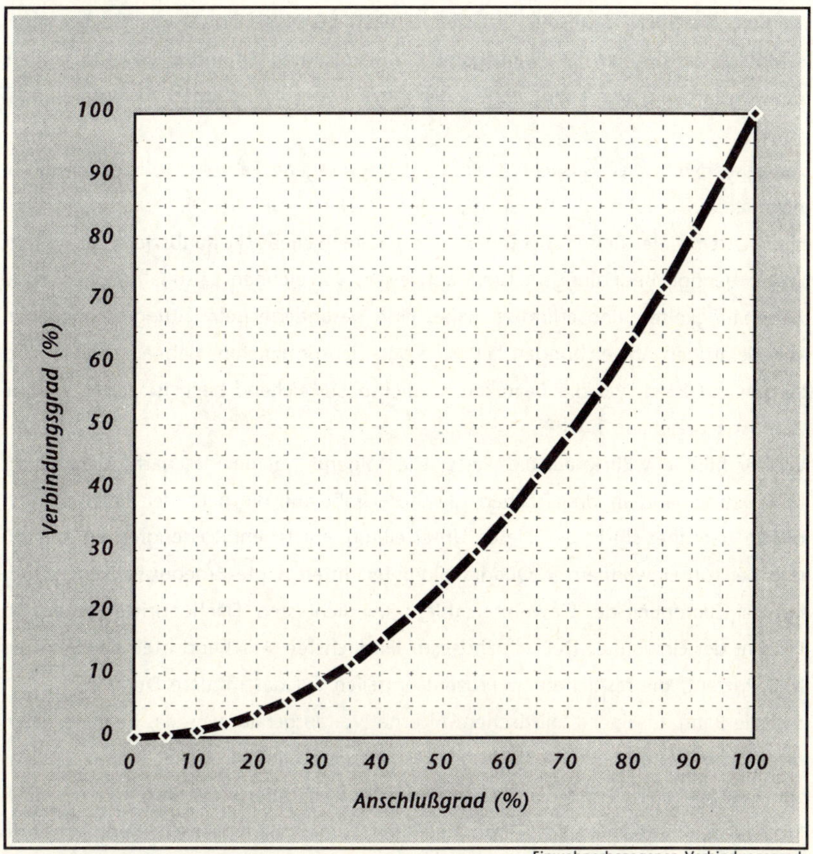

Einwohnerbezogener Verbindungsgrad.

Macht man sich diesen Zusammenhang nicht klar, könnte man leicht der Versuchung erliegen, den Anschluß von 50 Prozent der Einwohner als Lösung des Verfügbarkeitsproblems anzusehen. Die Kurve verrät den Trugschluß: Ist die Hälfte der Bevölkerung angeschlossen, kann gerade ein Viertel der möglichen Verbindungen hergestellt werden. Das heißt, für drei von vier Verbindungen kann die Bahn kein Angebot bereitstellen. Ist ein Drittel der Einwohner mit einem Bahnanschluß versorgt, ist sogar nur noch jede zehnte Verbindung möglich.

[1] A=Anschlüsse, V=Verbindungen.

[2] Auf diesen zentralen Zusammenhang verweist auch das Konzept für eine Neue Bahn. Siehe Wuppertal Institut/IÖW (1995), S. 52.

Da das dominante Zugangshemmnis der Nichtverfügbarkeit nur durch die Herstellung der entsprechenden Verbindungen beseitigt werden kann, ist ein möglichst hoher Verbindungsgrad anzustreben. Um 90 Prozent aller möglichen Verbindungen anbieten zu können - das heißt, erst jeder zehnte Weg ist per se ausgeschlossen - müssen 95 Prozent der Bevölkerung an die Bahn angeschlossen werden.

Daß diese Forderung keine unüberwindbare Hürde darstellt, hängt mit der Siedlungsstruktur Deutschlands zusammen. Es kommt nämlich darauf an, die 95 Prozent der Bevölkerung, die angeschlossen werden sollen, raumbezogen überlegt auszuwählen. Geschickt angestellt, müssen nämlich nur zwei Drittel der Fläche angeschlossen werden, um 19 Zwanzigstel der Bevölkerung anbinden zu können. Wie das vonstatten gehen kann, zeigen die folgenden Überlegungen zur Besiedlungsdichte.

Ausgehend von der Tatsache, daß die raumbezogene Fahrtenhäufigkeit mit zunehmender Einwohnerdichte steigt, zeigt ein Blick auf die Dichtekarte, an welchen Orten viele Reisen beginnen und enden. Beliebte Urlaubsziele, die nicht selten geringe Besiedlungsdichten aufweisen, verzeichnen saisonal abweichende Reisehäufigkeiten und erfordern daher eine gesonderte Betrachtung.[1] Abgesehen von derartigen Abweichungen läßt sich das Ziel formulieren, Bahnanschlüsse dort zu gewährleisten, wo die Bevölkerungsdichte ausreichend hoch ist. Aber welche Zahl ist ausreichend hoch?

Wieder hilft ein Blick auf die Karte. Die folgende gemeindescharfe Darstellung teilt Deutschland in drei Flächen gleicher Größe auf, die nach der Bevölkerungsdichte geordnet sind.[2] Bei dieser Unterteilung entstehen Klassengrenzen bei 60 und bei 150 Einwohnern je Quadratkilometer. Interessante Ergebnisse zeigen sich bei der Zuordnung der Einwohnerzahlen: Im dichtesten Flächendrittel leben 80 Prozent der Einwohner Deutschlands, im ländlichsten Flächendrittel dagegen nur fünf Prozent; die restlichen 15 Prozent entfallen auf das mittlere Drittel.

Soll die Bahn zu einer realistischen Alternative ausgebaut werden, liegt es nahe, das dichtbesiedelte Drittel flächendeckend zu erschließen. Damit wären 80 Prozent der Bevölkerung an das System angeschlossen. Allerdings könnten nur 63,8 Prozent der möglichen Wege mit der Bahn zurückgelegt werden; denn um eine Fahrt unternehmen zu können, müssen sowohl der Ausgangspunkt als auch der Endpunkt angeschlossen sein.[3] Wichtig ist es daher, den Anteil der *beidseitig* angeschlossenen Verbindungen möglichst hoch anzusetzen, denn in allen anderen Fällen ist die Bahn nicht nutzbar.

---

[1] Die praxisnahe Entwicklung regionaler Beispiele bezieht aus diesem Grunde zwei touristisch orientierte Regionen ein (siehe Kapitel 7.3). Kartographische Darstellungen der Einwohnerdichte und der Ausgangspunkte von Fahrten weisen jedoch eine hohe Übereinstimmung auf.

[2] Siehe auch Kapitel 2.2.

[3] Siehe Abbildung Verbindungsgrad.

Bevölkerungsdichte Deutschland: Drei Flächen gleicher Größe

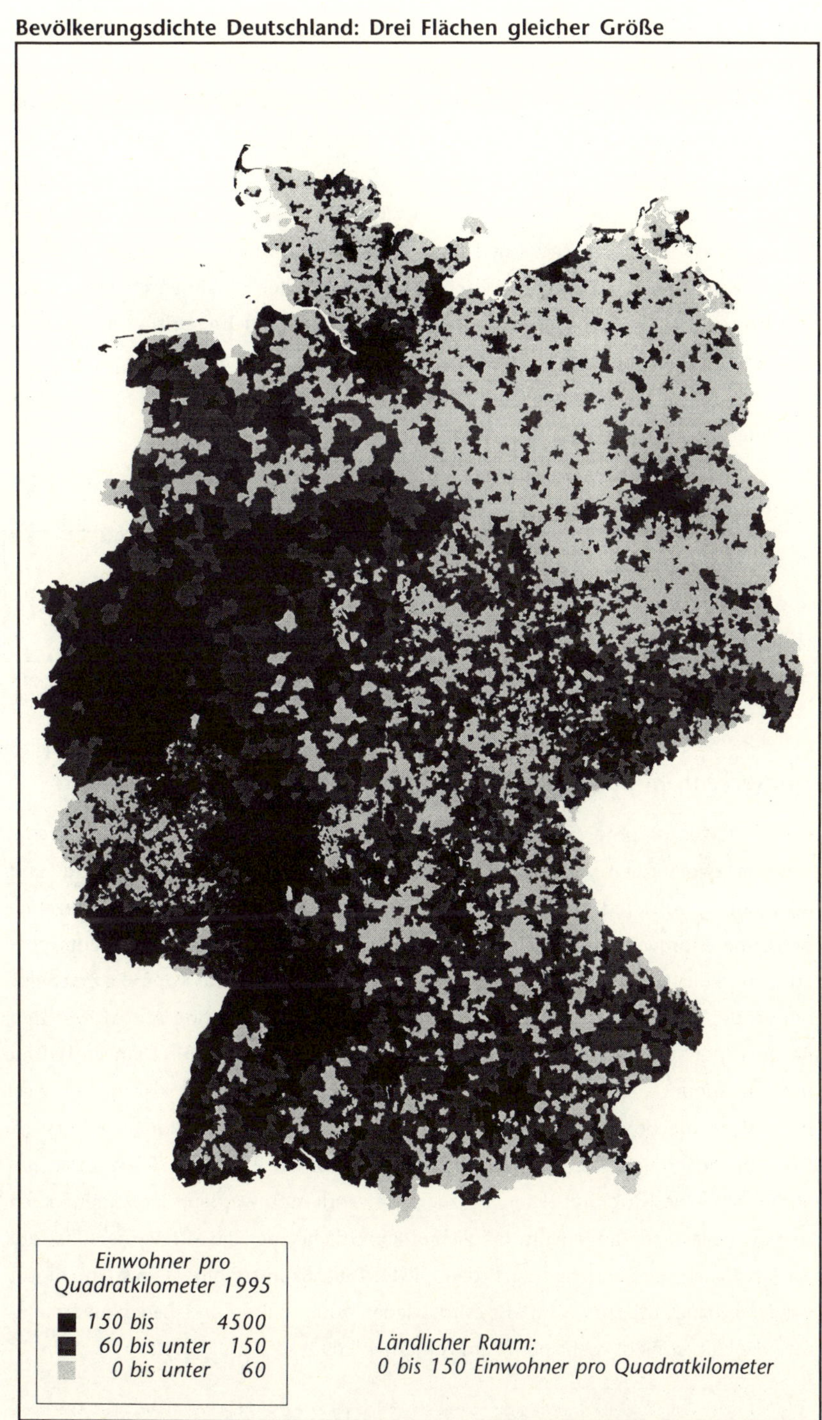

Maßstab ca. 1 : 6 Mio. Datengrundlage: Statistisches Bundesamt (1996b).
Darstellung in Anlehnung an Wuppertal Institut/IÖW (1995), S. 55.

Eine Erschließung nur des dichtesten Flächendrittels würde bedeuten, daß 36,2 Prozent der möglichen Verbindungen nicht mit der Bahn zurückgelegt werden können. Anders sieht es aus, wenn das mittlere Flächendrittel ebenfalls angeschlossen wird. Dann sind die oben genannten 95 Prozent der Bevölkerung mit einem Bahnanschluß versorgt und 90 Prozent aller möglichen Verbindungen realisierbar. Bei dieser Größenordnung wird das meistgenannte Nutzungshemmnis - die fehlende Verbindung - fast vollständig eliminiert.
Werden die beiden dichteren Flächendrittel angeschlossen, ist ein hoher Nutzen festzustellen - gleichzeitig werden aber die Kosten dadurch in Grenzen gehalten, daß es eben nur zwei Drittel der Fläche sind, die mit einem Bahnanschluß versorgt werden müssen. Darüber hinaus das am geringsten besiedelte Drittel anzuschließen, erscheint entbehrlich, da lediglich fünf Prozent der Bevölkerung betroffen sind und die Verkehrsströme dort entsprechend ungebündelt auftreten. Für diese Regionen ist ein attraktives Bussystem angemessen.

Erschließungsziel

Anschlußgrad Fläche	*67 %*
Anschlußgrad Bevölkerung	*95 %*
Verbindungsgrad	*90 %*

Der Anteil der angeschlossenen Einwohner und der angeschlossenen Flächen wird als Anschlußgrad bezeichnet, der Anteil der möglichen Verbindungen als Verbindungsgrad.

Nahverkehr im Ballungsraum und am Stadtrand

Für die Ballungsräume sind andere Lösungen gefragt als auf dem Land. Grenzwertüberschreitungen verkehrsbedingter Emissionen legen die Entwicklung und Anwendung von städtischen Alternativkonzepten nahe. Die immensen Verkehrsprobleme erfordern substantielle Lösungen, so daß der Verkehr der Großstädte völlig neu gedacht werden muß - ohne die berühmte Schere im Kopf. Es erscheint notwendig, das quasi Undenkbare zu denken: die Großstadt ohne Autos. Wer zum Beispiel die vom Umweltbundesamt unterstützten Richtwerte für Lärm einhalten möchte, kommt an diesem Gedanken nicht vorbei.[1] Es soll ganz klar gesagt werden: Wenn die notwendige Reduzierung des motorisierten Individualverkehrs in Deutschland erreicht werden soll, sind große autofreie Zonen in den Städten unabdingbar.[2] Die Mobilität kann trotzdem gewährleistet werden. Zum einen durch dann wieder relativ angenehm möglichen Radverkehr oder das oft vernachlässigte Zu-Fuß-Gehen, zum anderen durch den ÖPNV. Die zukunftsfähige Großstadt bietet wieder urbanes Leben; die Straße wird wieder Aufenthalts- und Begegnungsraum, und die Luft ist nicht mehr nur „zum Ausatmen" da.

[1] Die DIN 18005 sieht für allgemeine Wohngebiete tags maximal 55 dB(A) und nachts 45 dB(A) vor. 50 dB(A) entsprechen etwa zehn Kraftfahrzeugen pro Stunde. Siehe Lärm-Kontor (1991), S. 20f.

[2] Zur Schaffung autofreier Stadtquartiere haben Reutter und Reutter Chancen und Bedingungen untersucht. Die steigende Zahl interessierter Städte zeigt die Aktualität des Themas. Siehe Reutter/Reutter (1996).

Überall dort, wo sich die Bevölkerung in großer Zahl auf vergleichsweise kleiner Fläche angesiedelt hat, sind die Chancen für den öffentlichen Verkehr besonders gut. Wenn die Züge gut besetzt sind, bietet die Bahn ein besonders hohes Maß an Umweltverträglichkeit. Ökonomisch liegen die Vorteile gleichfalls auf der Hand: Werden die Züge voller, steigen Aufwand und Kosten unterproportional.

Die großen Ballungsräume bieten hervorragende Möglichkeiten für eine umweltverträgliche Verkehrsgestaltung. Busse bilden zweckmäßige Ergänzungen der Bahn. Ausgehend von der beschriebenen Angebotspalette ist in den Agglomerationsräumen ein eigenes, gestuftes und integriertes ÖPNV-Modell anzuwenden. Entsprechend der Bedeutung der Verkehrsströme können die Aufgaben auf Stadtbahn und Bus verteilt werden, wobei die Stadtbahn als Sammelbegriff für all diejenigen Züge zu verstehen ist, die heute als S-Bahn, U-Bahn, Straßenbahn oder bereits als Stadtbahn fahren. Je kleinräumiger die Struktur und je differenzierter die Nachfrage, desto eher eignet sich ein Verkehrsmittel vom unteren Ende der Skala. Sollen die öffentlichen Verkehrsmittel angemessen verknüpft werden, sind kombinierte Haltepunkte für Busse und Stadtbahnen erforderlich, die kurze und vom Autoverkehr ungehinderte Umsteigewege gewährleisten. Für ständigen Anschluß auch ohne integrierten Taktfahrplan sorgen kurze Taktzeiten von maximal zehn Minuten.

Das Schöne an theoretischen Modellen ist meist, daß sie von einer mehr oder weniger abstrahierten Umwelt ausgehen - gerade deshalb erscheinen sie oft so passend. Eine Übertragung in die reale Welt ist aber nicht selten unmöglich, weil die Realität eben doch anders aussieht als das Modell. Aus diesem Grunde sind generalisierende Abgrenzungen immer auf ihre Praxistauglichkeit zu prüfen.

Um adäquate Lösungen für den Nahverkehr zu finden, wird zwischen Ballungsräumen und ländlichen Räumen unterschieden; denn so unterschiedlich die Bedingungen sind, so unterschiedlich müssen auch die Angebote ausfallen. Aber genau an dieser Übergangsstelle zwischen Agglomeration und ruralen Gebieten ist es wichtig, die Umwelt nicht zu sehr zu generalisieren. Die Einteilung in zwei charakteristische Raumstrukturtypen ist sicher angemessen, doch ebenso sicher sind dort, wo diese unterschiedlichen Gebiete aneinanderstoßen, keine scharfen Brüche vorzufinden, sondern fließende Übergänge. Schon deshalb, aber auch weil manche Städte für Stadtbahnsysteme zu klein sind, ist es notwendig, sich diesen Übergangsräumen zu widmen.

Angemessen erscheint der Einsatz sowohl städtischer als auch ländlicher Elemente des Nahverkehrs. Angemessen erscheint ebenso, für diese Übergangsräume nicht eine 08/15-Lösung zu präsentieren, sondern aufgrund der unterschiedlichen Gegebenheiten vor Ort nur eine Art Setzkasten zur Verfügung zu stellen, aus dem je nach Bedarf die richtige Type ausgewählt werden kann.

In manchen Regionen kann es schon aus umlauftechnischen Gründen zweckmäßig sein, eine Stadtbahn-Linie noch ein paar Kilometer weiter ins Ländliche zu führen; in der Regel wird der umgekehrte Fall die richtige Alternative sein, nämlich die

Fortführung der Flächenbahn in das verdichtete Gebiet hinein. Zusätzlich sind Stadtbahnen denkbar, die in kurzen Abständen halten, während die Flächenbahn im städtischen Bereich nur einmal am Rand und einmal im Zentrum hält.

Gerade in Übergangsräumen können auch technische Mehrsystem-Lösungen interessant sein, wie sie in Karlsruhe entwickelt wurden. Dort fahren die Stadtbahnen aus dem Umland direkt in die Innenstadt. Den äußeren Teil der Strecke legen sie dabei auf Eisenbahngleisen zurück, den inneren auf Straßenbahngleisen (daß dies nur bei identischer Spurweite funktioniert, liegt auf der Hand).[1]

Daneben wird der Bus mitunter eine größere Bedeutung erlangen, besonders in Form von kleinen Fahrzeugen und Schnellbussen. Nicht zielführend ist mit Sicherheit, das gesamte Spektrum von Einzelelementen des Nahverkehrs in einem Übergangsraum einzuführen; das wäre eine falsch verstandene Förderung des ÖPNV. Für jeden dieser Übergangsräume wird sich eine spezifische Lösung herauskristallisieren, die mit keiner anderen völlig identisch sein wird. Sofern bei der Gestaltung dem Leitbild der Übersichtlichkeit gefolgt wird, sind kleinere Unterschiede kein Problem.

In größerem Umfang als heute werden Busse vor allem in den eindeutig ländlichen Gebieten einzusetzen sein. Gleichwohl wird ihre Rolle dort weniger dominierend sein. Wie diese beiden Aussagen zusammenpassen, zeigt das nächste Kapitel.

[1] Die als „Karlsruher Modell" bezeichnete Lösung ist mehrfach von Ludwig beschrieben worden. Siehe zum Beispiel Ludwig/Drechsler (o.J.).

3.2 Straßen-ÖPNV

Bus oder Bahn?

Soll der Bus die Bedienung des ländlichen Raums übernehmen oder die Bahn? Diese oft zu hörende Frage ist falsch gestellt, denn ein attraktives ÖPNV-System kann weder auf das eine noch auf das andere verzichten. Bahn *und* Bus heißt die Devise. Da auch sehr kleine Siedlungspunkte mit entsprechend minimalem Verkehrsaufkommen angeschlossen werden müssen, ist der ländliche Nahverkehr ohne Busse nicht vorstellbar. Mit dieser Feststellung korrespondiert die vorgetragene Überlegung, Orte mit einer Bevölkerungsdichte von weniger als 60 Einwohnern pro Quadratkilometer im Nahverkehr nicht per Bahn zu versorgen.[1]

Sämtliche anstehenden Aufgaben des ländlichen ÖPNV kann der Bus dagegen nicht bewältigen. Aufgrund mehrerer systemimmanenter Nachteile gegenüber der Bahn wird der Bus nur Teilaufgaben übernehmen, nicht aber die Hauptlast des öffentlichen Personennahverkehrs tragen können.

Es ist der geringere Nutzen, der den Bus in seiner Anziehungskraft für die Kunden hinter die Bahn zurückfallen läßt. Differenziert betrachtet wirken sich im wesentlichen fünf Punkte negativ aus, die abhängig von der konkreten örtlichen Situation unterschiedlich gravierend ausfallen. Neben dem geringeren Fassungsvermögen sind es die aus Kundensicht relevanten Merkmale: der Komfort, die Übersichtlichkeit, die Schnelligkeit und die Zuverlässigkeit.[2]

Die Laufruhe sowie das Federungs- und Beschleunigungsverhalten sind beim Bus zwar stark abhängig von der Verkehrssituation, dem Fahrer und der Straßengestaltung, aber dennoch generell ungünstiger als bei der Bahn. Zudem finden die für das körperliche Wohlbefinden der Fahrgäste meist unangenehmen Anfahr- und Bremsvorgänge beim Bus um ein Mehrfaches häufiger statt als bei der Bahn. Das läßt sich auch bei einem sehr modernen Gefährt allenfalls in der Wirkung abschwächen aber nicht verhindern. Wirkungsvolle Belüftungs- und Klimaanlagen lassen sich dagegen realisieren.

Zu den Abstrichen beim Komfort kommt im Regelfall die fehlende Übersichtlichkeit des Systems hinzu. Linien- und Fahrpläne sind oft schon für Einheimische verwirrend, so daß sich ortsfremde Passagiere nur selten in einen Bus verirren. Durch vereinfachte Laufwege und verständliche Fahrpläne läßt sich dieser Mangel bis zu einem gewissen Grad beheben - was bleibt, ist jedoch die gegenüber der Bahn weit geringere Gewißheit, schnell und streßfrei zum Ziel zu kommen. Diese Ungewißheit ergibt sich aus der fehlenden Visualisierung des Fahrwegs[3], fehlen-

---

[1] Zu raumstrukturellen Überlegungen hinsichtlich der Versorgung mit Bahnanschlüssen siehe Kapitel 3.1.

[2] Diese Nachteile werden unabhängig von der Argumentationslinie in vielen Bahn-Bus-Vergleichen aufgegriffen und sind offenbar allgemein anerkannt. Siehe zum Beispiel Gehrmann (1983), S. 44ff., Leuthardt (1996) oder Wichser (1998).

[3] Zwar ist die Straße als solche erkennbar, doch sind das Abzweigen auf Nebenstraßen und damit verbundene Umwege nicht ausgeschlossen. Ein Fahrgast der Bahn kann dagegen sicher sein, auf dem kürzesten Weg zum Ziel gebracht zu werden.

den Ansagen an den Haltestellen und der Tatsache, daß ein Bus nicht an jeder Haltestelle hält.

In der Stadt stärker als in ländlichen Gebieten wirkt sich der Geschwindigkeitsnachteil der Busse aus. Der Vergleich der Flächenbahn mit einem modernen Bus zeigt dennoch nennenswerte Unterschiede, da die Behinderung durch den übrigen Kraftfahrzeugverkehr insbesondere in Ortsdurchfahrten Verzögerungen mit sich bringt.

Damit ist bereits die Zuverlässigkeit angesprochen. Überall auftretende Verkehrsschwankungen auf der Straße und unvorhergesehene Behinderungen durch Baustellen, Unfälle und ähnliches lassen den Bus zumindest subjektiv als nicht so verläßlich wie die Bahn erscheinen.

Angesichts dieser Nachteile erstaunt das Ergebnis eines Vergleichs zwischen Bus und Bahn nicht, den die Karlsruher Verkehrsbetriebe durchgeführt haben:[1] Es wurde ermittelt, wieviele Fahrgäste während der Fahrt mit öffentlichen Verkehrsmitteln alternativ die Möglichkeit haben, einen privaten Pkw zu nutzen. Die Befragung ergab, daß im Bus nur drei Prozent der Reisenden tatsächlich die Wahl hatten, während es in der Straßenbahn schon 18 Prozent waren. In der Stadtbahn hatten sogar 40 Prozent der Fahrgäste die Möglichkeit, die Fahrt auch mit dem Auto zurückzulegen. Die Autofahrer, die zum Umsteigen animiert werden sollen, können folglich am besten mit einer imageträchtigen Bahn gelockt werden.

Nun kann berechtigterweise eingewandt werden, daß Karlsruhe nicht unbedingt ein typischer ländlicher Raum ist. Den hochwertigen ländlichen Schienen-ÖPNV, den man zu Vergleichszwecken heranziehen müßte, gibt es nur bisher nicht (ein Grund mehr, endlich den ersten praktischen Versuch zu starten). Attraktive, erfolgreiche Buskonzepte, die mit den hier vorgestellten Ansprüchen korrelieren, gibt es in Kleinstädten - also dort, wo sie unbestritten zu empfehlen sind - aber ebenfalls nicht auf dem Land.

Vorteile können Busse hauptsächlich auf der Kostenseite verbuchen. Da sie für die Fahrwegkosten nicht allein aufkommen müssen, sondern das bestehende Straßennetz mitbenutzen können, führen betriebswirtschaftliche Rechnungen nicht selten zu Kostenvorteilen. Volkswirtschaftlich betrachtet wirkt sich dieser Vorteil oft nicht aus, da geringere Fahrgastzahlen mehr Autoverkehr bedeuten, der mit all seinen externen Kosten in die Rechnung einfließt.[2]

Den Hauptkapiteln (Teil B) etwas vorgreifend sei hier das angestrebte und realisierbare Mengengerüst in Teilen aufgefächert. Gegenüber der heutigen Verkehrsleistung von 68,2 Milliarden Personenkilometern[3] ist der Bus im Flächenbahnkonzept mit einem Plus von 39 Prozent vorgesehen; nur auf den Linienverkehr bezogen sind es sogar 50 Prozent mehr. Zur Unterfütterung der Flächenbahn ist demnach nicht eine Verringerung der Busleistungen notwendig, sondern eine Umstruk-

[1] Siehe Hüsing (1994), S. 86.

[2] Siehe hierzu auch Leuthardt (1996).

[3] Bezogen auf 1996. Siehe Bundesverkehrsministerium (1997), S. 217.

turierung, die letztendlich zu einer Ausdehnung des Angebots führt. Ein massives, ergänzendes Busangebot ist also unerläßlich. Gemeinsam können beide Angebote zum Ziel gelangen - ein Gegeneinander schadet Bahn und Bus.

Aufgaben

Alle Potentiale durch Schienenverkehrsmittel zu erschließen, ist nicht zuletzt aus wirtschaftlichen Gründen unpraktikabel. Um sowohl die Anbindung der ländlichen Regionen an den öffentlichen Verkehr über die unmittelbar an den Bahnstrecken gelegenen Orte hinaus zu erweitern, als auch die Bahn über zusätzliche Verkehre zu stärken, ist ein integriertes Gesamtsystem aus Haupt- und Nebenachsen angebracht.

Hierarchische Strukturen, wie sie für die entwickelte Angebotspalette der Bahn charakteristisch sind, erfordern die Anpassung der unteren an die jeweils darüberliegenden Ebenen. So werden zum Beispiel die Knotenzeiten des integralen Taktfahrplans in erster Linie vom Fernverkehr bestimmt; die Flächenbahn hat sich diesen Vorgaben anzupassen. Analog ist die Flächenbahn gegenüber dem eine Hierarchiestufe tiefer angesiedelten Bus das bestimmende Element. Abfahrtszeiten und Linienverläufe der Busse sind auf die Bahn auszurichten.

Soweit die Theorie. Gängige Praxis ist meist ein unkoordiniertes Nebeneinander von Bus und Bahn oder im gar nicht so seltenen Extremfall eine gegenseitige Konkurrenz, die in Parallelverkehren gipfelt. Solange Nahverkehrspläne genehmigt und umgesetzt werden, in denen derartig selbstzerstörerische ÖPNV-Planungen festgeschrieben sind, werden die Autofahrer kaum zum Umsteigen animiert. Ziel ist daher, ein kundenorientiertes Angebot aus einem Guß zu schaffen, in das Bus und Bahn integriert sind.

Ausgehend von der Flächenbahn, wie sie in Teil B beschrieben ist, kommen dem Bus im ländlichen Raum jene Aufgaben zu, die von der Bahn systembedingt nicht übernommen werden können. Dem Leitbild einer angemessenen Geschwindigkeit folgend, kann die Flächenbahn nicht in allen Fällen die unterste Stufe der Verteilung bilden. Für die weitere Feinverteilung ist der Bus zuständig. Zulaufverkehre zur beziehungsweise Ablaufverkehre von der Flächenbahn sind damit als erste Aufgabe des Straßen-ÖPNV benannt.

Den Hauptverkehrsströmen einer Region folgend wird die Flächenbahn, kleinräumig betrachtet und gezwungen durch ihren Liniencharakter, immer nur zwei Richtungen bedienen können. Schwächer ausgeprägte Nachfrageströme, die quer zu diesen Richtungen liegen, können als zweite Aufgabe vom Bus übernommen werden. Daß sich die beiden Aufgabenbereiche Feinverteilung und Querverbindungen bisweilen überschneiden, ist eher vorteilhaft, da sie in diesem Fall mit einer Fahrt erledigt werden können.

Dritte Aufgabe des Busverkehrs ist der Ersatz der Flächenbahn auf Relationen, für die das theoretische Modell zwar die Bahn vorsieht, sie de facto aber nicht geeignet ist. Das kann beispielsweise in topographisch ungünstigem Gelände sein oder auf sehr kurzen Abschnitten. Solcher Schienenersatzverkehr sollte die Ausnahme bilden, denn als Regelfall ist der Busersatzverkehr mit der Flächenbahn anzunehmen. In Teilbereichen heute schon gut realisiert ist die vierte Aufgabe, der Stadtverkehr in Klein- und Mittelzentren.

Grundfunktionen des Straßen-ÖPNV

- *Feinverteilung des Flächenbahnverkehrs*
- *Querverbindungen*
- *Flächenbahnersatz*
- *Stadtverkehr in Kleinzentren*

Als Vorzeigeobjekt für ein funktionierendes Bussystem in Kleinstädten dient häufig das Stadtbuskonzept Lemgo.[1] Zum Teil übernimmt der Bus dort Aufgaben, die in Zukunft der Stadtbahn obliegen sollten, denn Lemgo ist Teil des Verdichtungsraums.[2] Dennoch ist die Qualität und das Prinzip des Stadtbussystems auf ähnlich strukturierte Städte des ländlichen Raums übertragbar. Bislang ohne Vorbild sind städtische Linienbuskonzepte in Kleinzentren von 10.000 und weniger Einwohnern.

Für eine Neuausrichtung des straßengebundenen öffentlichen Verkehrs muß in der Regel ein gegenüber dem heutigen Angebot grundsätzlich gewandelter Qualitätsanspruch Planungsmaxime sein. Derzeit generell auftretende Schwachpunkte sind die komplizierten Linienverläufe, weder zeitliche noch räumliche Abstimmungen mit dem Bahnverkehr, geringe Fahrtenhäufigkeiten (insbesondere abends und am Wochenende) und das Fehlen eines Taktfahrplans.[3]

Diese bereits in der bahnbezogenen Kritik angeführten Mängel sind im Straßen-ÖPNV meist viel krasser ausgeprägt. In manchen ländlichen Regionen führen derartige Angebote zu einem Schülerverkehrsanteil in den Bussen, der bei 80 Prozent liegt.[4] Somit besteht der begründete Verdacht, fast ausschließlich Fahrgäste zu befördern, denen alternativ kein anderes Verkehrsmittel zur Verfügung steht. Im Umkehrschluß bedeutet das: wahlfreie Verkehrsteilnehmer sitzen im Auto. Monheim bemerkt dazu trocken: „Wer keine Autofahrer in seinen Bussen hat, macht etwas falsch."[5]

Weitere Schwachpunkte gehen über die genannten Verfügbarkeitsmängel hinaus und betreffen Komfort und Service in den Fahrzeugen und an den Haltestellen. Besonders gering ausgeprägt ist oft die Verknüpfung mit der Bahn; den wenigen

[1] Siehe Ingenieurbüro für Verkehrsplanung (1994).

[2] Nach dem in Kapitel 3.1 entwickelten Schema fehlen der Bahn in Lemgo sechs bis sieben Haltepunkte, so daß mindestens eine zusätzliche Strecke nötig ist.

[3] Exemplarisch herausgearbeitet sind diese Mängel des Straßen-ÖPNV in der Region Bad Bibra bei Wuppertal Institut (1997b), Teil F.

[4] Dieser Effekt ist unter anderem bei Leuthardt (1996) und Giehler et al (1997) beschrieben.

[5] Zitiert nach Internationales Verkehrswesen (48) 5/96, S. 39.

vorhandenen Verknüpfungspunkten fehlen die notwendigen Umsteigehinweise. Wenn weitere Informationen bekannt gemacht werden, stehen sie im diametralen Gegensatz zu einer anzustrebenden Einheitlichkeit. Tarifgemeinschaften, die Bahn und Bus einschließen, sind in vielen Regionen unbekannt - zum Teil gilt selbst für zwei Buslinien nicht derselbe Tarif, weil sie von verschiedenen Betreibern bedient werden. Teilweise vollzogen, aber vielerorts noch immer ein Problem ist die Modernisierung des Fahrzeugparks. Statt von modernen Niederflurbussen ist das Bild von unkomfortablem Altgerät geprägt.

Aus dieser nutzenorientierten Aufzählung eklatanter Mißstände läßt sich ein Forderungskatalog an die Aufgabenträger und Betreiber ableiten, der fünf Punkte umfaßt:

1. Schaffung einer übersichtlichen Linien- und Angebotsstruktur
2. Bildung einer Tarifgemeinschaft
3. Standardisierung von Information und Erscheinungsbild
4. Verbesserung von Komfort und Service
5. Modernisierung des Fahrzeugparks

Werden diesbezügliche Maßnahmen unter der Prämisse einer Ausrichtung auf die Bahn angegangen, wird der gesamte ÖPNV erheblich gewinnen.

Angebotsstruktur

Stärker als eine bundesweite Flächenbahn hat sich der Busverkehr zwar den örtlichen Gegebenheiten anzupassen, da er in hohem Maße Aufgaben des Kurzstrekkenverkehrs übernimmt, bisweilen können kommunale Bedürfnisse der geforderten Standardisierung jedoch zuwiderlaufen. Beide Pole unter einen Hut zu bringen, ist nicht unbedingt einfach; gelingen kann das, wenn sich die Vorgaben zur Einheitlichkeit auf unverzichtbare Grundsätze beziehen, nicht aber, wenn sie die Farbe der Sitzbezüge oder die Wellenlänge des Lichts für die Innenbeleuchtung vorschreiben.

Unter der Prämisse, die Standardisierung nicht zu übertreiben, bietet sich für die vier genannten Aufgaben (Feinverteilung, Querverbindung, Bahnersatz, Stadtverkehr) die Gestaltung passender Angebotselemente an. Evident ist die Schaffung eines eigenen Angebots als Ersatz der Flächenbahn dort, wo sie aus topographischen oder ähnlich gravierenden Gründen nicht fahren kann. Da die zu erledigende Aufgabe mit derjenigen der Flächenbahn im Prinzip identisch ist, sollte dies auch für die Zuständigkeit gelten, wodurch die zweckmäßige Ähnlichkeit von Flächenbahn und Ersatzsystem sichergestellt werden kann. Schließlich ist diese Form der „Gummieisenbahn“ als seltene Ausnahme gedacht. Dieser Bus soll so weit es geht die Qualität der Flächenbahn erreichen, bei der Schnelligkeit genauso wie beim Komfort. Ist eine Äquivalenz auch nicht vollständig erreichbar, so kann doch die Differenz durch den Einsatz von Schnellbussen gemildert werden. In wichtigen Punkten kann er mit der Flächenbahn mithalten: bei der Zahl der

Halte, beim Takt und beim Bedienungszeitraum. Für den Schnellbus gilt gleichermaßen: Halbstundentakt, maximal fünfstündige Nachtlücke, keine Einschränkung am Wochenende und ein Halt für je 4.000 Einwohner.[1] Um das Geschwindigkeitsniveau der Flächenbahn nicht allzusehr zu unterschreiten, sollten Reisegeschwindigkeiten von bis zu 50 Kilometern pro Stunde erreicht werden. Dadurch verbietet sich ein Abweichen von ausgebauten Hauptstraßen, was den Verzicht auf Ortsschleifen nach sich zieht. Die Priorität liegt eindeutig bei der Geschwindigkeit und nicht bei der Haltestellennähe (was zu verschmerzen ist, weil die Haltepunkt-Dichte der Flächenbahn relativ hoch ist).

Nicht komplett auf Flächenbahn-Niveau können sich die Komfortmerkmale bewegen. Niederflurigkeit, breite Einstiege und gepolsterte Sitze können zwar ebenso realisiert werden wie optische Haltestellenanzeiger, ein bahnähnlicher Fahrkomfort wird dagegen eine Illusion bleiben. Abstriche bei der Gestaltung der Haltestellen sind vor allem durch störende Einflüsse des Straßenverkehrs unvermeidlich; die bauliche Gestaltung kann den Flächenbahn-Haltepunkten im wesentlichen angeglichen werden, da sich die herzurichtende Meterzahl auf die Länge eines Reisebusses beschränkt. Auch funkgesteuerte Fahrplandisplays sind realisierbar. Sofern der Ausnahmecharakter der Schnellbusse erhalten bleibt, erscheint es vertretbar, sie in den Kursbüchern mit Streckennummern der Bahnsystematik zu versehen. Den Kunden wird so die hohe Qualität signalisiert, gleichwohl brauchen sie nicht zu befürchten, in jedem dritten Fall nur mit dem Bus transportiert zu werden.

Schnellbus-Merkmale

Typ	*Betriebsform*	*Funktion*	*Takt*	*Reisegeschwindigkeit*	*Haltestellenabstand*
Schnellbus	*Linie*	*Flächenbahnersatz*	*30 Minuten*	*50 km/h*	*wie Flächenbahn*

Als nächstes soll die Funktion des Stadtverkehrs in Kleinzentren interessieren. Viele Kleinstädte haben in den letzten Jahren mit unterschiedlichem Erfolg Stadtbussysteme eingeführt. Das Thema ist also aktuell. Ernüchternd wirkt allerdings ein Blick auf die Strukturdaten dieser Städte, denn von vereinzelten Ausnahmen abgesehen gehören sie zum verdichteten Teil des Landes.[2]

Städte, um die es hier zuvorderst geht, haben eine Bevölkerungsdichte von weniger als 150 Einwohner pro Quadratkilometer, in der Regel übersteigt ihre Größe 15.000 Einwohner nicht. Bussysteme für derart kleine Städte einzurichten, ist ein neuer Gedanke. Fußend auf der aktionsräumlichen Ausrichtung der lokalen Bevöl-

[1] Mit diesen Angaben wird ein Vorgriff auf das Flächenbahnmodell gemacht, das in Teil B ausführlich vorgestellt wird (siehe vor allem Kapitel 4).

[2] Eine Liste von Städten, die ein Stadtbussystem eingeführt haben, findet sich unter anderem bei Lüers (1994) und Burmeister (1996). Wie eine Strukturdatenanalyse zeigt, zählt von allen korrekt zuordenbaren Beispielen in Deutschland nur eines zum ländlichen Raum. Alle anderen weisen Bevölkerungsdichten von über 150 Einwohnern pro Quadratkilometer auf.

kerung, die sich zu einem großen Teil nicht über die Ortsgrenzen hinaus erstreckt, und der Tatsache, daß viele kurze Wege mit dem Pkw zurückgelegt werden, ist ein Busangebot, das genau diese Fahrten abdeckt, zur Verbesserung des Modal Splits prinzipiell geeignet.

Midibusse, die im Halbstundentakt die Hauptstraße entlang fahren, zudem entferntere Ortsteile anschließen und obendrein am Bahnhof einen Anschluß zur Flächenbahn gewährleisten, scheinen bei entsprechender Vermarktung erfolgversprechend. Wie bei allen Bussystemen gilt auch hier die Maxime einer lokalen Verankerung - im Fall der Stadtbusse vielleicht sogar in besonderem Maße, da eine identitätsstiftende Wirkung ausschlaggebendes Element für den Erfolg sein kann. Ohne die wesentlichen Parameter zu verändern, kann eine Buslinie für den jeweiligen Ort maßgeschneidert werden.

Ein Mindesttakt von 30 Minuten, der Bahnanschluß, eine Reisegeschwindigkeit von mindestens 20 Kilometern pro Stunde sowie eine übersichtliche Linienführung und die bereits erwähnten Komfortmerkmale wie zum Beispiel die Niederflurigkeit sind Voraussetzung für das Funktionieren des Gesamtsystems. Ob der Haltestellenabstand aber eher 100 oder 500 Meter beträgt, die Busse blau oder grün lackiert sind und die Fahrer Mützen tragen oder nicht, das bleibt den örtlichen Gegebenheiten und Wünschen anzupassen und steht hier nicht zur Debatte.

Die Grundgedanken des Stadtbussystems für kleine Städte sind - obwohl eher für dichter besiedelte Orte gedacht - bei Lüers beschrieben.[1] Auf die riesigen Nachfragepotentiale weist insbesondere Monheim immer wieder mit Nachdruck hin.[2] Erhöht werden die Potentiale für den Stadtbus - und genauso für die Flächenbahn - durch die Verknüpfung der beiden Verkehrsmittel am Bahnhof. Aufgabe ist neben der Übernahme des Stadtverkehrs somit auch die Feinverteilung. Da für die meisten kleinen Städte eine Buslinie oder höchstens zwei ausreichen, ist die Ausführung eines integralen Taktfahrplans besonders einfach. In den etwas größeren Städten ist die Fahrplanabstimmung mehrerer Linien, die sich am Bahnhof treffen, naturgemäß komplizierter. Bei Umstellung auf den Zehnminutentakt reicht es allerdings aus, die Linien räumlich zu verknüpfen. Die zeitliche Verknüpfung ist durch den gewählten Takt praktisch ständig gegeben.

Stadtbus-Merkmale

Typ	*Betriebsform*	*Funktion*	*Takt*	*Reisegeschwindigkeit*	*Haltestellenabstand*
Stadtbus	*Linien*	*Stadtverkehr*	*10 oder 30 Minuten*	*20 km/h*	*100 bis 500 Meter*

[1] Siehe Lüers (1994), S. 11ff. In diesem Abschnitt wird auch die oben angesprochene Diskussion der kleinräumigen Mobilität aufgegriffen.

[2] Siehe zum Beispiel Internationales Verkehrswesen (48) 5/96, S. 40.

Mit den Systemen Schnellbus und Stadtbus sind zwei Aufgaben komplett abgedeckt: der Bahnersatz und der Stadtverkehr. Die Kernaufgaben des Straßen-ÖPNV im ländlichen Raum sind indes die Feinverteilung von Flächenbahnverkehren und die Übernahme von quer zu den Bahnlinien laufenden Verbindungen.

Vor zwanzig Jahren hätte man vermutlich *ein* System als ausreichend angesehen, um diese Aufgaben zu bewältigen: den klassischen Linienbus. Inzwischen hat man erkannt, daß erstens zur Gewinnung von Kunden mehr Kreativität gefragt ist als früher und daß zweitens auch flexible Bedienungsformen praktikabel sind.[1] Im ländlichen Raum sollen nicht nur Angebote für Verkehrsströme geschaffen werden, die eine Stufe unterhalb der Bahntauglichkeit liegen, sondern zusätzlich für noch geringer ausgeprägte Nachfragepotentiale. Um auch sehr kleine Ströme abfangen zu können, bietet sich eine Aufteilung in feste Linien und flexible Formen an.

Das heißt, dort wo ausreichende Nachfragepotentiale bestehen, können regelmäßig verkehrende Linienangebote eingeführt werden. Als Titel bietet sich der Regionalbus an, da er den Fahrgästen das vermittelt, was er ist: ein Nahverkehrsmittel für die Region. Um die auch hier wichtige Identifizierung der regionalen Bevölkerung mit ihrem Bus zu erreichen, sind dahingehende „Untertitel" nicht nur möglich, sondern generell zielführend. An originellen Namen mangelt es in der Regel nicht.[2]

Was der Regionalbus leisten muß, unterscheidet sich funktional betrachtet nicht essentiell vom klassischen ländlichen Linienbus; der Unterschied liegt im Qualitätsanspruch. Übersichtlichkeit und attraktive Reisezeiten sind ohne einfach und schleifenlos verlaufende Linien sowie einen kurzen Takt nicht erreichbar. Zur Feinverteilung des Flächenbahnverkehrs ist die Ausrichtung der Linien auf die Haltepunkte unerläßlich - insbesondere auf diejenigen mit nah beieinander liegenden Abfahrtszeiten der Züge beider Richtungen. In der Praxis zu prüfen ist die These, nach der optimierte Umsteigevorgänge Bahn-Bus durch die Verkürzung der Gesamtreisezeit die generellen Umsteigenachteile überkompensieren. Anhand eines Beispiels soll das verdeutlicht werden:

Der Startpunkt S einer Fahrt liege 18 Kilometer vom Zielort Z entfernt. Während das Ziel an die Flächenbahn angeschlossen sei, sei dies für den Start nicht gegeben; allerdings liege in fünf Kilometer Entfernung vom Startort ein Bahnhaltepunkt U. Den Überlegungen zur Flächenbahn und zum Regionalbus folgend, würde ein Fahrgast mit dem Regionalbus vom Start S zwecks Umstieg zum Haltepunkt U fahren, von dort ginge die Reise mit der Flächenbahn zum Zielort Z weiter. Die mit der Bahn zurückzulegende Strecke sei 15 Kilometer lang.

Berücksichtigt man nun die Reisegeschwindigkeit des Regionalbusses von 30 Kilometern pro Stunde und der Flächenbahn von 60 Kilometern pro Stunde, ferner

[1] In Deutschland begann die intensive Forschung über flexible Bedienungsformen mit der Entwicklung des Anruf-Sammel-Taxis in den achtziger Jahren. Siehe Fiedler (1984).

[2] Als Beispiele für imageträchtige Namensgebungen sind im Internationalen Verkehrswesen (48) 5/96, S. 39, die „Marpinger Schees", der „Spargelblitz" in Schwetzingen und der „Vilbus" in Bad Vilbel aufgeführt. Auch der gratis fahrende Templiner Ortsbus „TempO" ist in diesem Zusammenhang zu nennen. Siehe Schneewolf/Stein (1998), S. 55.

drei Minuten für das optimierte Umsteigen, ergibt sich ein Zeitaufwand für die gesamte Reise von 28 Minuten.

Wird dieses Ergebnis mit einer direkten Busverbindung verglichen, wie sie heute vielfach als Parallelverkehr existiert, zeigt sich ein interessanter Befund: Ein direkt verkehrender Bus, dessen Fahrweg 18 Kilometer beträgt, würde bei identischer Bus-Reisegeschwindigkeit (30 Kilometer pro Stunde) für die gesamte Strecke 36 Minuten benötigen. Obwohl diese Verbindung umsteigefrei ist, dauert sie acht Minuten länger. Zieht man in Betracht, daß heute - sofern überhaupt ein Angebot besteht - vielleicht alle zwei Stunden ein Bus verkehrt, die Flächenbahn und der angeschlossene Regionalbus aber im Halbstundentakt fahren, reduziert sich die Gesamtreisezeit um satte 55 Prozent.[1] Für eine Straßenverbindung von 18 Kilometern Länge erscheinen 28 Minuten Unterwegszeit mit dem ÖPNV gegenüber dem Auto durchaus interessant, das mit einer Durchschnittsgeschwindigkeit von 45 Kilometern pro Stunde immerhin 24 Minuten brauchen würde.

Umsteigen

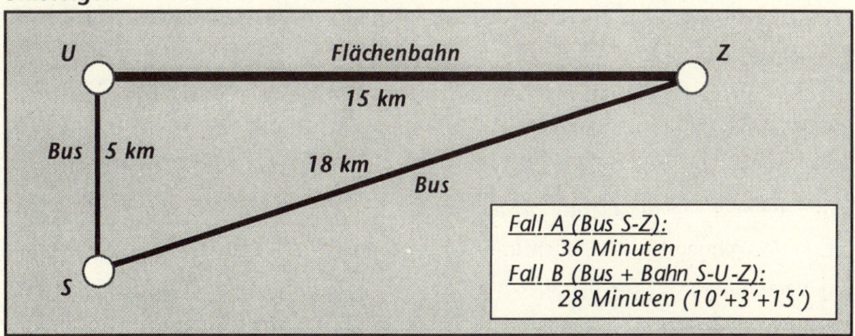

Die für den Regionalbus angenommene Reisegeschwindigkeit resultiert aus der straßenverkehrsbedingt geringeren Höchstgeschwindigkeit und den häufigeren Halten. Zwischen 500 und 2.000 Metern differierende Haltestellenabstände werden den verschiedenen örtlichen Gegebenheiten gerecht und schließen in größeren Orten auch mehrmaliges Halten ein. Hauptsächlich der Feinverteilung dienende Linien sollten bei ausreichenden Nachfragepotentialen dieselbe Taktzeit wie die Flächenbahn aufweisen, nämlich 30 Minuten. Für die weniger stark nachgefragten Querverbindungen erscheinen dagegen 60 Minuten angemessener. Daß ein integraler Taktfahrplan generell, also auch dort, zweckmäßig ist, braucht nicht noch einmal betont zu werden.

Neben einer Verbesserung der Verfügbarkeit sind es wiederum die Komfortmerkmale, die den modernen Regionalbus von aktuellen Angeboten unterscheiden. Je mehr Verkehr auf den ÖPNV verlagert wird, desto mehr Umsteigevorgänge, das heißt Ein- und Ausstiege, spielen sich fahrgastbezogen ab. Leicht zugängliche Fahrzeuge mit breiten Türen und niedrigem Boden sind aus diesem Grunde um so

[1] Auf weitere Erläuterungen zur Gesamtreisezeit wird an dieser Stelle verzichtet, da diese Thematik im Hauptteil eingehend diskutiert wird. Siehe Kapitel 4.2.

mehr vonnöten. Aber auch gepolsterte Sitze und zuverlässige optische Haltestellenanzeiger sind wichtige Merkmale eines attraktiven Regionalbusses.

Regionalbus-Merkmale

Typ	*Betriebsform*	*Funktion*	*Takt*	*Reise-geschwin-digkeit*	*Halte-stellen-abstand*
Regionalbus	*Linie*	*Feinvertei-lung, Quer-verbindung*	*30 oder 60 Minuten*	*30 km/h*	*500 bis 2.000 Meter*

Bei geringerem Nachfragepotential stehen flexible Angebotsformen zur Debatte, die durch eine ganze Palette neuer Wortschöpfungen unvermittelt den Weg zu den Kernfragen verstellen: AST, ALF, ALT, ANDI, Taxibus, Rufbus, Anrufbus, Linien-Ruf-Taxi, R-Bus, Nacht-Bus, Theatertaxi, Discobus, Ortsbus, Quartiersbus, Bürgerbus.[1] Das ist nur eine Auswahl von Bezeichnungen für Verkehrsangebote, die sich irgendwo zwischen Bus und Taxi bewegen. Das sprachlich originellste Wortgebilde ist vielleicht das aus diesen beiden Elementen zusammengesetzte und in der Schweiz erfundene Buxi.

Um der Verwirrung Einhalt zu gebieten, sollte der Blick auf das charakteristische Kriterium des Angebots gelenkt werden, die Betriebsform. Da der Linienbetrieb bereits durch den Regionalbus abgedeckt ist und es nun um kleinere Verkehrsströme geht, stehen noch der Richtungsbandbetrieb und der Korridorbetrieb zur Diskussion. Kennzeichnend für das Richtungsband ist eine festgelegte Linie, die regelmäßig befahren wird, von der aber bei Bedarf - nach vorheriger Anmeldung - abgezweigt wird, um sehr dispers liegende Siedlungspunkte anzufahren. In der Fahrzeitenplanung für die Hauptlinie sind folglich entsprechende Reserven einzukalkulieren, so daß die zugesicherten Zeiten recht großzügig bemessen sind. Verfügt ein Richtungsbandangebot in der Regel über feste Haltestellen, weist sich ein Korridorbetrieb meist durch einen Haustürservice aus. Dieser sehr individuelle Betrieb unterscheidet sich vom gewöhnlichen Taxi hauptsächlich durch das begrenzte Bedienungsgebiet und die gleichzeitige Nutzung durch mehrere Fahrgäste mit verschiedenen Zielen.

Diese Kombination aus Richtungsbandbetrieb mit festen Halten und Korridorbetrieb mit Haustürservice dürfte ausreichen, um adäquate Angebote bereitzustellen. Gängige und verständliche, weil treffende, Begriffe für diese Formen des ÖPNV sind einerseits der Rufbus, andererseits das Anruf-Sammel-Taxi AST. Alle weiteren Mischformen, die sich teils auf die Betriebsweise, teils nur auf den Namen beziehen, sind ihrer Verwirrung stiftenden Wirkung wegen eher als kontraproduktiv anzusehen, wollte man sie deutschlandweit einführen.[2] Verläßlichkeit bietet erst die konsequente Durchsetzung bestimmter Standards, die allerdings genügend

[1] Die meisten dieser Bezeichnungen sind bei Hoopmann (1997b) erwähnt.

[2] Ausführliche Vergleiche und Beschreibungen finden sich zum Beispiel bei Walder (1995) und Hoopmann (1997b).

breiten Raum für lokale Sonderwünsche beinhalten sollten. Als einheitliche Mindestwerte sollten Reisegeschwindigkeiten von 30 Kilometern pro Stunde und der Stundentakt gelten.

Im Unterschied zur heute praktizierten flexiblen Bedienung versteht das Flächenbahn-Modell solche Formen des öffentlichen Nahverkehrs nicht als kostensparenden Ersatz, sondern als Ergänzung der Linienbus-Verkehre. Ihren Platz finden zudem von ehrenamtlichen Fahrern gesteuerte Bürgerbusse, die inzwischen in mehreren Regionen eingesetzt werden.[1]

Merkmale flexibler Angebotsformen: Rufbus und AST

Typ	*Betriebsform*	*Funktion*	*Takt*	*Reisegeschwindigkeit*	*Haltestellenabstand*
Rufbus	*Richtungsband*	*Feinverteilung, Querverbindung*	*60 Minuten*	*30 km/h*	*500 bis 2.000 Meter*
AST	*Korridorbetrieb*	*Feinverteilung, Querverbindung*	*60 Minuten*	*30 km/h*	*Haustürservice*

Zusammenfassend können die anstehenden vier Aufgaben (Feinverteilung, Querverbindung, Bahnersatz, Stadtverkehr) von fünf Systemen gut bewältigt werden. Schnellbus und Stadtbus übernehmen spezifische Parts, während die Hauptaufgaben nachfragegestuft von Regionalbussen, Rufbussen und Anruf-Sammel-Taxis bewältigt werden.

Aufgabenverteilung

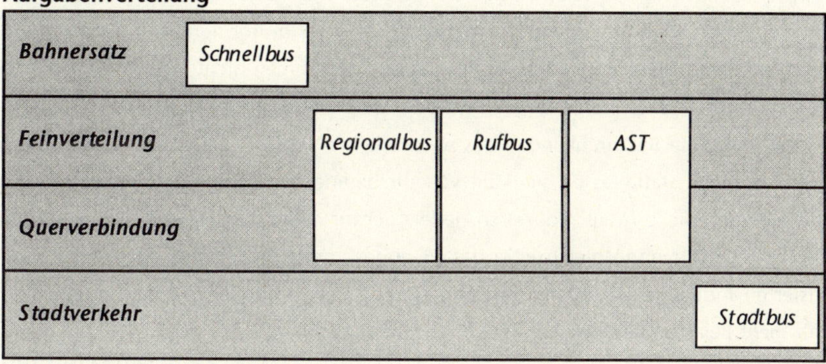

Mit dieser Aufgabenverteilung ergänzen die Systeme des Busverkehrs das Bahnangebot in idealer Weise. Eine Steigerung der Nachfrage kann so für den gesamten öffentlichen Nahverkehr des ländlichen Raums erwartet werden.

[1] Bürgerbusse werden zum Beispiel bei Ministerium für Wirtschaft und Mittelstand, Technologie und Verkehr des Landes Nordrhein-Westfalen (1996) beschrieben.

3.3 Individualverkehr und Güterverkehr

Neben dem Straßen-ÖPNV existieren weitere Bereiche des Verkehrs, die nicht schienengebunden sind, aber dennoch in direkter Wechselwirkung zur Flächenbahn stehen. Ohne die Integration des Fußgänger-, Fahrrad- und Autoverkehrs ist die Eisenbahn im ländlichen Raum nicht funktionsfähig. Da außerdem die Wegeinfrastruktur keine Trennung zwischen Personen- und Güterverkehr vornimmt, muß auch die Beziehung der Flächenbahn zum Gütertransport beleuchtet werden.

Motorisierter Individualverkehr und nichtmotorisierter Verkehr

Das Auto hat im ländlichen Raum oft nahezu ideale Bedingungen. Die Straßen sind meist frei und gut ausgebaut, man kommt schnell voran; auch Parkplätze stehen zielnah zur Verfügung. So zu tun, als verursache der motorisierte Individualverkehr dort keine Probleme, ist jedoch höchst unangemessen.

Pro Kopf werden mit dem Auto mehr Kilometer zurückgelegt als in der Stadt, entsprechend höher sind die Belastungen. Sie verteilen sich allerdings auf ein größeres Gebiet, was aber bezogen auf den Klimaschutz oder auf Unfallopfer absolut belanglos ist. Auch auf dem Land ist die häufigste Todesursache bei Kindern und Jugendlichen das Auto.[1] Auf vielen Straßen, die kleine Städte, Dörfer und Erholungsgebiete durchschneiden, fahren täglich weit mehr als 5.000 Kraftfahrzeuge - ein DTV von 10.000 und 20.000 ist vielerorts die Regel. Es braucht daher nicht zu verwundern, daß die Folgewirkungen des Straßenverkehrs von den Bewohnern der ländlichen Regionen mit großer Mehrheit (74 Prozent) als weniger gut oder nicht mehr erträglich bezeichnet werden.[2]

Eine Flächenbahn, die zum Abbau von Belastungen beitragen soll, kann ihren Zweck nur in Verbindung mit Restriktionen für den motorisierten Individualverkehr erfüllen. Diese Erkenntnis ist im Grunde genommen nicht neu, muß aber oft zwischen den Zeilen herausgelesen werden, da der Aufschrei der Medien groß ist, wenn wirksame Beschränkungen des Autoverkehrs explizit gefordert werden. Finden sie nicht statt, lassen sich die verkehrsbedingten Belastungen jedoch nicht auf ein erträgliches Maß reduzieren. Jeder, der für einen verbesserten öffentlichen Verkehr eintritt ohne gleichzeitig darauf abgestimmte Einschränkungen des motorisierten Individualverkehrs zu fordern, spricht sich - möglicherweise ungewollt - für *mehr* Belastungen aus.

Mehr ÖPNV-Verbindungen und mehr Radwege befürworten die meisten, aber die notwendige Umkehr in der Verkehrspolitik wird nicht vollzogen.[3] Wollen wir die Probleme in den Griff bekommen, müssen Autofahrten auch im ländlichen Raum so weit wie möglich auf die Bahn verlagert werden. Dazu ist die meist habituali-

---

[1] Siehe Monheim-Dandorfer/Monheim (1992), S. 68.

[2] Siehe Socialdata (1994), S. 17.

[3] Zu verkehrpolitischen Blockaden siehe auch Kapitel 8.2.

sierte Nutzung des Autos generell in Frage zu stellen. Daß damit an einem Statussymbol gerüttelt wird, macht eine neue Verkehrspolitik nicht leichter.
Das Argument, ohne Auto ließe sich in der heutigen Gesellschaft nicht auskommen, wird oft mit dem Hinweis auf den ländlichen Raum untermauert. Auch das Flächenbahnkonzept propagiert nicht die Abschaffung des Autos, sondern nur seine Begrenzung, aber: bei Pkw-Reisegeschwindigkeiten, die im ländlichen Raum von Tür zu Tür gemessen bei gerade mal 30 Kilometern pro Stunde liegen[1], fällt es schwer, eine generelle Notwendigkeit des Autos zu erkennen.
Um den motorisierten Individualverkehr einzudämmen, führen - neben der Schaffung der Flächenbahn als Alternative - in erster Linie nicht punktuelle Rücknahmen überdimensionierten Straßenbaus zum Ziel; der Blick ist vielmehr auf die Ursachen der autofixierten Politik zu richten, die im Planungs-, Bau-, Steuer- und Verkehrsrecht zu finden sind. Aus dem im Grundgesetz festgeschriebenen Recht auf Freizügigkeit[2] sind zahlreiche Regelungen abgeleitet worden, die einer Verkehrswende entgegenstehen. Im Ergebnis haben sie die Freizügigkeit in vielen Bereichen eingeschränkt.
Als Beispiel sei die Kilometerpauschale genannt, die den Pkw einseitig bevorzugt. Für die Erschließung eines Grundstücks mit einer Straße werden automatisch Abgaben zur Finanzierung fällig, während der ÖPNV-Anschluß für die Anlieger kostenlos bereitgestellt wird und sich daher andere Finanzquellen suchen muß. Eine Straßenerschließung ist im übrigen Voraussetzung für die Bebauung eines Grundstücks - ohne Autozufahrt keine Genehmigung. Ob das Gelände mit öffentlichen Verkehrsmitteln erreichbar ist, interessiert dagegen nicht. Entsprechend schwierig ist es, eine bestehende Straße so umzugestalten, daß mehr Fläche für den Umweltverbund und weniger für die Kraftfahrzeuge zur Verfügung steht. Die Stilllegung einer Bahnstrecke ist vergleichsweise einfach. Gelder aus den ÖPNV-Töpfen müssen für den Bau von Straßenunterführungen an Bahnstrecken verwendet werden - obwohl die Züge an Bahnübergängen ohnehin Vorfahrt haben.[3] Erst wenn diese rechtlichen Anachronismen beseitigt werden, ist der Durchbruch für eine neue Verkehrspolitik in Sicht.
Welche Prinzipien entsprechen den Zielen einer zukunftsfähigen Verkehrspolitik? Da das Hauptproblem der Verkehrsverlagerung ihre politische Durchsetzbarkeit ist, eignet sich eine Förderpolitik, die nicht einzelne Maßnahmen, sondern Ziele unterstützt. Nach dem Motto „belohnen statt bestrafen" können den Kommunen Qualitätsziele bezüglich verkehrlicher Belastungen vorgegeben werden. Sämtliche verkehrsbezogenen Landes- und Bundesmittel werden dann solange zurückbehalten, bis diese Ziele erreicht sind.

[1] Von Socialdata (1994), S. 22, ermittelter Durchschnittswert.

[2] GG, Art. 11, i.d.F. vom 3.11.1995 (BGBl. S. 1). Siehe Sartorius I (1996).

[3] Die meisten der genannten Beispiele lehnen sich an eine Aufzählung bei Monheim-Dandorfer/Monheim (1992), S. 85, an.

Vorstellbar sind Immissionsgrenzen für Lärm oder Luftschadstoffe genauso wie Grenzwerte für Unfallzahlen. Eine interessante Lösung stellen auch Modal-Split-Ziele dar. Finanzmittel würden erst ausgeschüttet, wenn der Umweltverbund einen Anteil von zum Beispiel 60 Prozent erreicht hat. Diese Mittel sind dann nicht mehr maßnahmengebunden, sondern stehen der Kommune frei zur Verfügung. Damit wird die lokale Kreativität gefördert und zielgerichtet genutzt. Auf diese Weise werden die Probleme dort gelöst, wo sie sichtbar werden. Da keine Kommune gezwungen wird, die Ziele zu erreichen, dürfte die Akzeptanz solcher Regelungen relativ hoch sein.

Es bleibt zwar den Kommunen vorbehalten, wie sie die Ziele erreichen, Konzepte können dennoch übergeordnet entwickelt werden. Als konkrete Maßnahme ist beispielsweise eine Förderung des Autoteilens denkbar. Car-sharing kann auch in Klein- und Mittelstädten auf dem Land funktionieren und unterstützt zudem das Wohnen ohne eigenes Auto. Daß man ohne Auto auf dem Land nicht auskommen kann, widerlegt bereits der Motorisierungsgrad: nur etwa jeder zweite Einwohner des ländlichen Raums besitzt einen Pkw.

In vielen Fällen erfolgt der Zugang zum ÖPNV unmotorisiert. Wenn der Fußgänger- und Fahrradverkehr erleichtert wird, nützt das in gleichem Maße der Bahn, wie es den Autoverkehr reduziert. Wer nämlich erst einmal im Auto sitzt, fährt meist bis zum Ziel und nicht zur nächsten Haltestelle. Dennoch werden die Bedürfnisse derjenigen, denen kein Auto zur Verfügung steht, konsequent vernachlässigt. Die Flächenbahn zielt ebenso wie ein Ausbau des Wegenetzes für den nichtmotorisierten Verkehr auf zwei Zielgruppen: zum einen auf die Autofahrer, die zum Umsteigen animiert werden sollen, zum anderen auf die ohne eigenen Wagen auskommende Hälfte der Bevölkerung.

Als zentrales Element zur Förderung des Umweltverbunds erweist sich die Straßenraumgestaltung. Dazu müssen die Planer ihre Windschutzscheibenperspektive durch die eines Fußgängers oder Radfahrers ersetzen. Erst dann kann mit einer Aufenthaltsqualität im öffentlichen Straßenraum gerechnet werden, die nicht zur Flucht auf private Flächen beziehungsweise ins Auto anregt.

Güterverkehr

Wenn über die Folgen des Verkehrs diskutiert wird, steht oftmals der Personenverkehr im Vordergrund. Die ebenso großen Probleme im Bereich des Gütertransports liegen, ähnlich wie beim Personentransport, in der Zunahme des Straßenverkehrs. Während der Anteil der Eisenbahn an der Transportleistung zwischen 1950 und 1996 kontinuierlich von 56 auf 16 Prozent zurückging, legte der Straßengüterfernverkehr von zehn auf 50 Prozent zu. Der Anteil des Straßengüternahverkehrs veränderte sich von zehn auf 16 Prozent dagegen kaum.[1]

[1] Alle Angaben beziehen sich auf die Bundesrepublik Deutschland. Die Berechnungsbasis bildet Bundesverkehrsministerium (1991), S. 344, und Bundesverkehrsministerium (1997), S. 235.

Das Ausmaß der Belastungszunahme wird allerdings erst sichtbar, wenn die absoluten Mengen betrachtet werden. Im Straßengüternahverkehr versiebenfachten sich die Tonnenkilometer zwischen 1950 und 1990, im Straßengüterfernverkehr lag die Steigerung im selben Zeitraum bei 1.696 Prozent. Die Eisenbahn, die ihren Höhepunkt 1970 erreichte, übernahm 1990 57 Prozent mehr Tonnenkilometer als 40 Jahre zuvor.[1]

Auch ohne genau abgegrenzte Zahlen läßt sich schließen, daß die im ländlichen Raum transportierten Gütermengen ebenfalls kräftig angestiegen sind. Damit scheint ein enormes Potential für die Bahn vorzuliegen, das vor allem hinsichtlich der Ströme zu untersuchen ist. Dies ist jedoch nicht Aufgabe der vorliegenden Untersuchung.

Als problematisch zeichnet sich eine Verlagerung der Güter auf die Nebenstrecken der Bahn ab, weil die Kosten weit über denen für eine Flächenbahn liegen dürften. Der in Teil B entwickelte Streckenstandard, der für den Personenverkehr benötigt wird, läßt einen Güterzugverkehr nicht zu. Eine entsprechende Zusatzausstattung ist zwar technisch machbar - um beurteilen zu können, ob sie auch zweckmäßig ist, muß allerdings ihre Bezahlbarkeit geprüft werden.

Nennenswerte Gütermengen können auf die Bahn verlagert werden, wenn Logistikkonzepte entwickelt und umgesetzt werden, die insbesondere den Umschlag drastisch vereinfachen. Große Containerkräne haben genausowenig wie der Rangierbetrieb eine längerfristige Zukunft, weil die Umschlagvorgänge zu lange dauern und zu viele Kosten verursachen. Neue Entwicklungen zeigen, daß ein unaufwendiger Querverschub zeitlich und finanziell den erforderlichen Qualitätssprung bringen kann.[2]

Wird unter den gegenwärtigen Bedingungen in den meisten Fällen der Lkw bevorzugt, ist ein bahnorientiertes Güterverkehrssystem nur mit mehrfach gebrochenem Verkehr vorstellbar. Mit neuer Umschlagtechnik stellt das Umladen im Gegensatz zu heute kein blockierendes Hindernis mehr dar. Sowohl zwischen Zügen als auch zwischen Zug und Lkw kann dann ohne nennenswerte Verluste umgeschlagen werden.

Mit einem derartigen Konzept ist es voraussichtlich möglich, große Gütermengen auch zu Umschlagpunkten in die Mittelzentren des ländlichen Raums zu befördern. Die Frage, inwieweit der Weitertransport per Bahn zweckmäßig ist, kann an dieser Stelle nicht beantwortet werden und bleibt weiteren Studien vorbehalten.

Beantwortet werden soll dagegen die Frage, wie denn die Flächenbahn konkret funktionieren soll. Im folgenden Teil B wird das komplette Modell mitsamt seinen Wirkungen und organisatorischen Bedingungen entwickelt.

---

[1] Aus Gründen der Vergleichbarkeit wird nur auf Westdeutschland bezug genommen; der Trend hat sich jedoch auch nach der Wiedervereinigung fortgesetzt. Berechnungsgrundlage ist Bundesverkehrsministerium (1991), S. 340ff.

[2] An dieser Stelle sei auf die in der Praxiserprobung befindliche Technik des Entwicklungsteams Kölker-Thiele hingewiesen, die es ermöglicht, einen kompletten Zug innerhalb von fünf Minuten zu ent- und beladen. Das sogenannte Automatic-Loading-System (ALS) verschiebt die Sattelauflieger von Lkw mittels Lafetten. Siehe Entwicklungsteam Kölker-Thiele et al (o.J.).

Teil B

Das Modell

4. Betrieblich-technisches Konzept

4.1 Zugang

Die Motivation für die Entwicklung einer Flächenbahn ist erläutert, Probleme und Lösungsansätze sind ebenso geschildert wie die notwendige Einbettung in ein übergreifendes System für den gesamten öffentlichen Verkehr. Nun wird es Zeit, diffuse Vorstellungen von einer zukunftsfähigen Bahn im ländlichen Raum zu konkretisieren. Im folgenden soll das Konzept vollständig entfaltet werden. Da es aufgrund der weitreichenden Veränderungen nicht von heute auf morgen realisiert werden kann, sondern mit mindestens 15 Jahren Umsetzungszeit zu rechnen ist, beziehen sich alle Parameter auf das Zieljahr 2015. Für die aus dem Modell abgeleiteten Effekte gilt dasselbe.

Entlang der Vorstellungen zur Kundenorientierung werden Schritt für Schritt einzelne Bausteine des Konzepts entworfen, ohne das Ansinnen der Kostensenkung außer Acht zu lassen. Zur Erinnerung hier noch einmal die Liste der Leitbilder in Kurzform:[1]

Die fünf Leitbilder zur Steigerung des Nutzens lauten stichwortartig: Verfügbarkeit, Reisegeschwindigkeit, Kundeninformation, Ambiente, Zuverlässigkeit. Für die Steigerung der Effizienz stehen fünf weitere Leitbilder zu den Stichworten Triebwagen, Steuerungstechnik, Personaleinsatz, Organisationsaufbau und Marktnutzung.

Räumliche Erschließung

Heute wird das Bahnfahren hauptsächlich dadurch verhindert, daß zwischen den Orten zwar Straßen existieren, aber keine Schienenstrecken. In den meisten ländlichen Gebieten ist ein Gleichgewicht von Kosten und Nutzen hergestellt - beide liegen bei null, denn ein Bahnangebot gibt es nicht. Dieses Manko soll in Zukunft abgebaut werden, da die Verfügbarkeit wichtigste Voraussetzung ist.

Für eine umweltfreundliche Verkehrspolitik dürfte die Versorgung der Agglomerationsräume mit günstigen Bahnanschlüssen kein Problem sein, schwieriger wird es in dünn besiedelten Gemeinden. Dort liegt die eigentliche Herausforderung für die Verkehrsforschung.

In ländlichen Gebieten ist der Eisenbahnanschluß nicht immer zu rechtfertigen. Als praktikable Untergrenze ist in Kapitel 3.1 eine Bevölkerungsdichte von etwa 60 Einwohnern pro Quadratkilometer benannt, die etwa zwei Dritteln der Fläche Deutschlands einen Bahnanschluß zubilligt. Damit hätte die große Mehrheit der Bevölkerung (95 Prozent) einen direkten Zugang zur Bahn.

Zu fragen ist deshalb: Wie kann die Bahn in ländlichen Regionen so gestaltet werden, daß sie genutzt wird und die Kosten akzeptabel sind? Der Gegenvorschlag

[1] Ausführlich sind die Leitbilder in Kapitel 2.3 dargestellt.

zum Null-Angebot heißt Flächenbahn. Sie ist prädestiniert für mehr als die Hälfte der Fläche Deutschlands und kann 30 Millionen Einwohner an die Bahn anschließen.

Zu diesem Ergebnis gelangt man auf der Basis jenes sogenannten mittleren Flächendrittels, in dem die Bevölkerungsdichte zwischen 150 und 60 Einwohnern pro Quadratkilometer liegt.[1] Unmittelbar darüber ist die Siedlungsstruktur aber in der Regel noch nicht für städtische Bahnsysteme geeignet, so daß dort weitere Einsatzfelder für die Flächenbahn liegen. Als realistische Grenze zwischen Stadtbahn und Flächenbahn erweist sich eine Dichte von etwa 400 Einwohnern pro Quadratkilometer. In Gemeinden oberhalb dieser Linie leben drei Fünftel der Einwohner, unterhalb zwei Fünftel.

Das gesamte Flächenbahnangebot erstreckt sich somit auf alle Orte mit einer Dichte zwischen 60 und 400 Einwohnern pro Quadratkilometer, die zusammen über die Hälfte der bundesrepublikanischen Fläche ausmachen (54 Prozent).[2] Dieses Gebiet reicht von den eisenbahnverkehrlichen Grenzertragsflächen bis an den Rand der Ballungsräume heran. Unmittelbar von der Flächenbahn versorgt ist damit ein gutes Drittel der Einwohner auf einer Fläche von rund 192.000 Quadratkilometern, deren durchschnittliche Dichte bei 156 Einwohnern pro Quadratkilometer liegt. Das Flächenbahngebiet umfaßt somit den dichteren Teil des ländlichen Raums im weiteren Sinn.

Das Flächenbahngebiet

Bevölkerungsdichte		*Fläche*		*Bevölkerung*	
Ew/km²	*∅*	*km²*	*%*	*Ew*	*%*
60 - 400	*156*	*192.000*	*54*	*30 Mio.*	*35*

Die Stadtbahn kommt folglich oberhalb einer Dichte von 400 Einwohnern pro Quadratkilometer zum Einsatz. Das entspricht einer Fläche von 48.000 Quadratkilometern (13 Prozent) mit 48 Millionen Einwohnern (60 Prozent), so daß die durchschnittliche Dichte bei 1.000 Einwohnern pro Quadratkilometer liegt.

Nicht an den Schienenpersonennahverkehr angeschlossen bleiben Gemeinden mit weniger als 60 Einwohnern pro Quadratkilometer. Sie machen zusammen eine Fläche von 120.000 Quadratkilometern aus (33 Prozent) und verfügen über vier Millionen Einwohner (fünf Prozent); die durchschnittliche Dichte dieser Gebiete liegt bei 33 Einwohnern pro Quadratkilometer.

Wie schlüssig die gewählte Abgrenzung des Flächenbahngebietes ist, vermittelt anschaulich die nachfolgende Karte. Überzeugend wirkt jedoch erst das Mengengerüst, das aus den Anforderungen der Benutzer abgeleitet wird, und vor allem die anschließende Kostenrechnung.

---

[1] Zum mittleren Flächendrittel siehe Kapitel 3.1.

[2] Regionale Beispiele zeigen sogar, daß auch einige noch dünner besiedelte Gebiete mit leicht verminderter Qualität angeschlossen werden können. Siehe Kapitel 7.

Bevölkerungsdichte Deutschland: Flächenbahngebiet

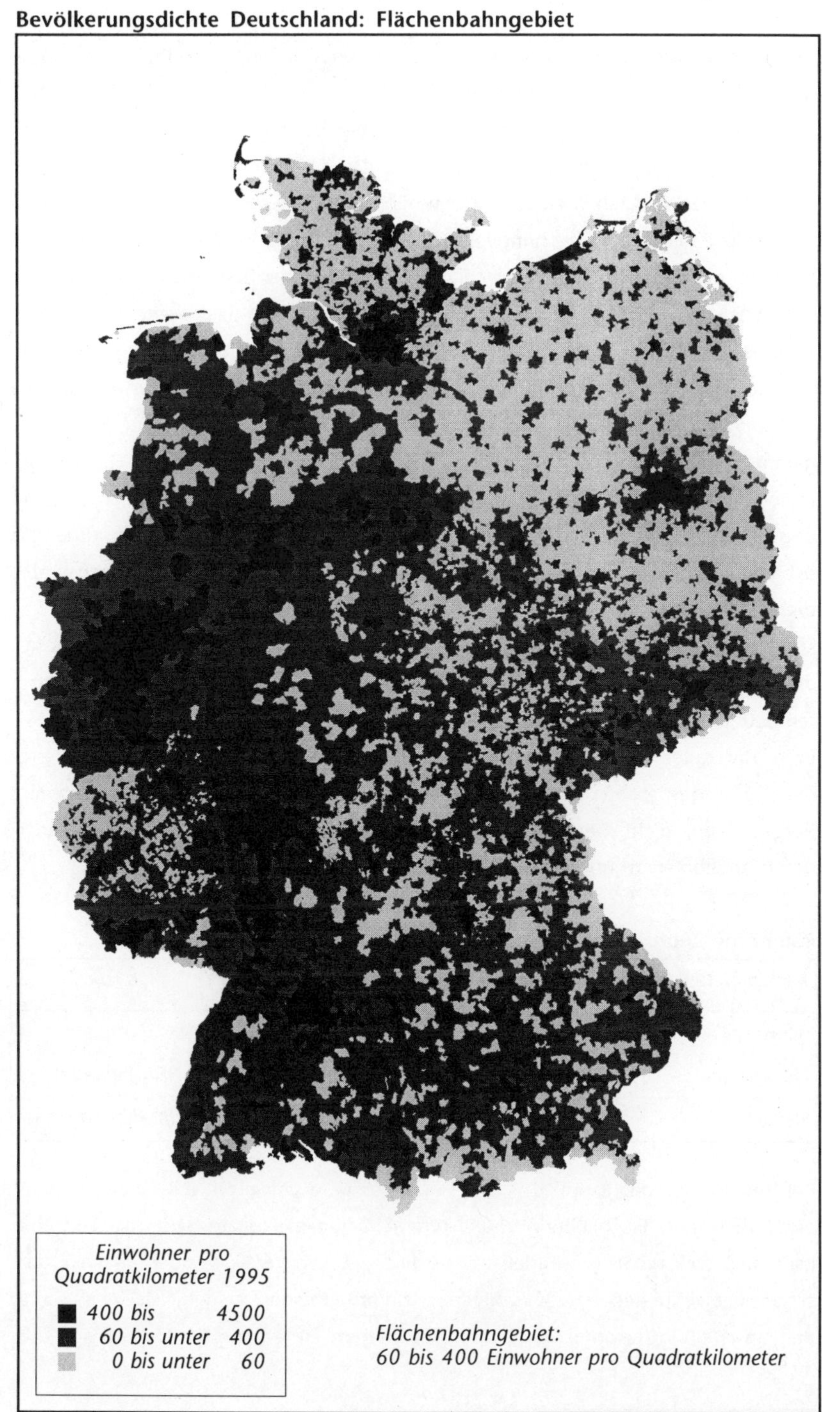

Maßstab ca. 1 : 6 Mio. Datengrundlage: Statistisches Bundesamt (1996b).

Bleiben wir zunächst auf dem kartographischen Flickenteppich der Flächenbahnregionen. Neben *geschlossen* dunkelgrauen Flächen sind andere mit einer Reihe von hellen und schwarzen Einsprengseln nur aus großem Abstand als durchgehend dunkelgrau zu identifizieren. Andersherum finden sich eine Vielzahl dunkelgrauer Kleckse im vorwiegend hellen Bereich.
Übersetzt ins Verkehrschinesisch ist diese eher künstlerisch orientierte Bildbeschreibung folgendermaßen zu interpretieren: Das in der Karte dargestellte rechnerische Flächenbahngebiet ist nur eine Annäherung an eine praxisgerechte Ausdehnung. Überwiegend als bahnungeeignet, weil zu dünn besiedelt, zeigen sich große Teile des nordöstlichen Deutschlands, vor allem der Bundesländer Schleswig-Holstein, Mecklenburg-Vorpommern und Brandenburg, aber auch weite Landstriche Bayerns, Rheinland-Pfalz' und Niedersachsens. Daraus sollte nicht geschlossen werden, daß die genannten Bundesländer in Zukunft auf die Eisenbahn verzichten sollten, im Gegenteil. Diese Länder weisen eine Reihe von Orten auf, die dicht genug besiedelt sind und damit einen Bahnanschluß rechtfertigen. Da ein gemeindeeigener Inselbetrieb für das Gesamtsystem wenig wirkungsvoll ist, müssen diese Orte verbunden werden (beziehungsweise bleiben, denn insbesondere die östlichen Bundesländer weisen trotz Stillegungswelle noch ein vergleichsweise dichtes Bahnnetz auf). Um das rechnerische Flächenbahngebiet erschließen zu können, müssen durchaus nicht wenige Kilometer Strecke auch durch dünner besiedelte Gegenden führen. Inwieweit dort auch gehalten wird, bleibt kleinräumigeren Betrachtungen vorbehalten.[1]
In relativ guter Übereinstimmung mit den im Raumordnungsbericht der Bundesregierung ausgewiesenen Verdichtungsräumen zeigen sich die in der Karte schwarz dargestellten, dicht besiedelten Gebiete.[2] Daß der Nahverkehr dort von städtischen Angeboten zu übernehmen ist, bedarf keiner weiteren Erläuterung.

Räumliche Zuordnung der Angebote

Kartendarstellung	*Fernverkehr*	*Interregionalverkehr*	*Nahverkehr*
schwarz	*Intercity*	*Interregio*	*Stadtbahn*
dunkelgrau	*Intercity*	*Interregio*	*Flächenbahn*
hellgrau	*Intercity*	*kein Bahnangebot*	*kein Bahnangebot*

Bekannt ist nun der Raum, den die Flächenbahn erschließen soll - aber was ist eigentlich unter Erschließung zu verstehen? Garagenadäquate Nähe zur Wohnung kann und soll nicht gewährleistet werden, ein kürzerer Fuß- oder Radweg darf schon dazwischenliegen. Verschiedene Untersuchungen zeigen, daß ein guter Bahnanschluß in maximal 1.000 bis 1.500 Metern Entfernung liegt, da Wege die-

[1] An dieser Stelle sei wiederum auf die regionalen Beispiele des Kapitels 7 verwiesen.

[2] Siehe Bundesministerium für Raumordnung, Bauwesen und Städtebau (1994), S. 233.

ser Länge noch als fußläufig gelten. Entsprechende per Fahrrad überbrückte Entfernungen liegen bei etwa 3.000 Metern.[1]

Werden diese Werte zugrunde gelegt und wird in Rechnung gestellt, daß auch in relativ zersiedelten Regionen mehr oder weniger stark ausgeprägte kompakte Ortskerne bestehen, kann ein Großteil der Einwohner bei kernnaher Lage der Haltepunkte gut angeschlossen werden.[2] Als generell geeignet erweist es sich, Zugangsstellen für jeweils etwa 4.000 Einwohner vorzusehen, die sich im Mittel auf einer Fläche von ungefähr fünf mal fünf Kilometern verteilen. Anders ausgedrückt beträgt die mittlere maximale Entfernung zum nächsten Flächenbahnhaltepunkt knapp 3.000 Meter. Da die Stationen aber in Zukunft nicht mehr irgendwo unmotiviert in der Gegend herum liegen sollen, sondern dort, wo die Menschen wohnen, ist davon auszugehen, daß die allermeisten Bewohner in deutlich weniger als 1.500 Meter Entfernung zum nächsten Haltepunkt ansässig sind.

Bezogen auf alle Flächenbahnregionen sind in Deutschland somit insgesamt 7.500 Zugangsstellen zur Flächenbahn erforderlich. Führt eine Strecke am Ort vorbei und nicht hindurch, kann die Entfernung zum Haltepunkt hin und wieder größer sein als erwünscht. Mit Hilfe des Karlsruher Modells läßt sich dieses Problem lösen. Nach badischem Vorbild können die Gleise in der Straße verlegt werden, so daß die Flächenbahn bei Ortsdurchfahrten quasi zur Straßenbahn wird.[3]

Kennzahlen zur Haltepunktverteilung

*Einwohner pro Haltepunkt**	*ca. 4.000*
*Fläche pro Haltepunkt**	*ca. 26 km²*
*Maximale Entfernung zum nächsten Haltepunkt**	*ca. 2.900 m*
Zugangsstellen zur Flächenbahn in Deutschland	*ca. 7.500*

* Durchschnittswerte.

Netzkonfiguration

Über die Netzkonfiguration ist damit noch nicht sehr viel ausgesagt; um zu zweckmäßigen Verbindungen zu kommen, ist ein Blick auf die Mobilitätsmuster hilfreich. Als grundlegend erweist sich die von der Landesplanung gesteuerte zentralörtliche Gliederung, denn aus jeder Verkehrsdichtenkarte lassen sich auf den Radialen in der Regel höhere Ströme als auf den Tangentialen ablesen. Bezogen auf die Flächenbahn sind es hauptsächlich die Mittel- und Grundzentren, die sich zur Ausrichtung des Netzes anbieten. Da sie als eine der beiden Hauptaufga-

[1] Nichtmotorisierte Erreichbarkeiten des Bahnhofs sind unter anderem bei Wuppertal Institut/IÖW (1995), S. 62, und Bäumer/Scholle (1997) beschrieben. Bei für den ländlichen Raum realistischen Geschwindigkeiten von 5 km/h für den Fuß- und 15 km/h für den Radverkehr ergeben sich bei 15 Minuten Unterwegszeit reale Wegelängen von 1.250 und 3.750 Metern. Die Luftlinienentfernung ist je nach Lage der nutzbaren Wege entsprechend geringer.

[2] An mehreren Stellen wird der Begriff Haltepunkt als generelle Bezeichnung der Zugangsstellen verwendet. Der Haltepunkt ist in diesem Zusammenhang nicht in bahntechnischer Definition im Unterschied zum Bahnhof zu verstehen. Die aus sprachlichen Gründen gewählte umfassende Anwendung des Begriffs schließt also alle mit Weichen ausgestatteten Zugangsstellen, auch die großen Eisenbahnknoten, ein.

[3] In Karlsruhe nutzen dieselben Fahrzeuge Straßenbahn- und Eisenbahngleise. Beschrieben wird das Karlsruher Modell zum Beispiel bei Ludwig/Drechsler (o.J.). Siehe auch Kapitel 3.1.

ben den Zulauf zum Fern- beziehungsweise Interregionalverkehr übernimmt, spielen die IR-Haltepunkte eine wichtige Rolle. Der Zugang zum Interregio ist für jeweils 64.000 Einwohner vorgesehen, was etwa 1.250 Halten entspricht.[1] Diese rechnerische Größe liegt von der Zahl der Mittelzentren - derzeit 939 - nicht weit entfernt, so daß real von einem Zwischenwert ausgegangen werden kann.[2]
Verbindungen von Nah- und Fernverkehr herzustellen, ist eine wesentliche Rechtfertigung der Flächenbahn und die Begründung für Eisenbahnknoten in Mittelzentren. Idealtypisch wird jedes Mittelzentrum von einer Interregio-Strecke durchquert, auf der die Aufgaben des Nahverkehrs von der Flächenbahn übernommen werden (im Ballungsraum von der Stadtbahn). Ist das Mittelzentrum Bestandteil des ländlichen Raums oder wird es von diesem umschlossen, übernimmt die Flächenbahn weitere Aufgaben der Erschließung, indem reine Nahverkehrsstrecken vom Zentrum weggeführt werden. Die Funktion der erwähnten Grundzentren liegt auch im eisenbahnverkehrlichen Sinn eine Stufe tiefer. Verzweigungen oder Kreuzungen sind dort als reine Nahverkehrsknoten vorgesehen.
Damit ist eine musterhafte Netzkonfiguration der Flächenbahn bereits beschrieben. Radialströme werden von der Bahn, die schwächeren Tangentialströme vom Bus abgedeckt.

Idealtypisches Netzelement der Flächenbahn

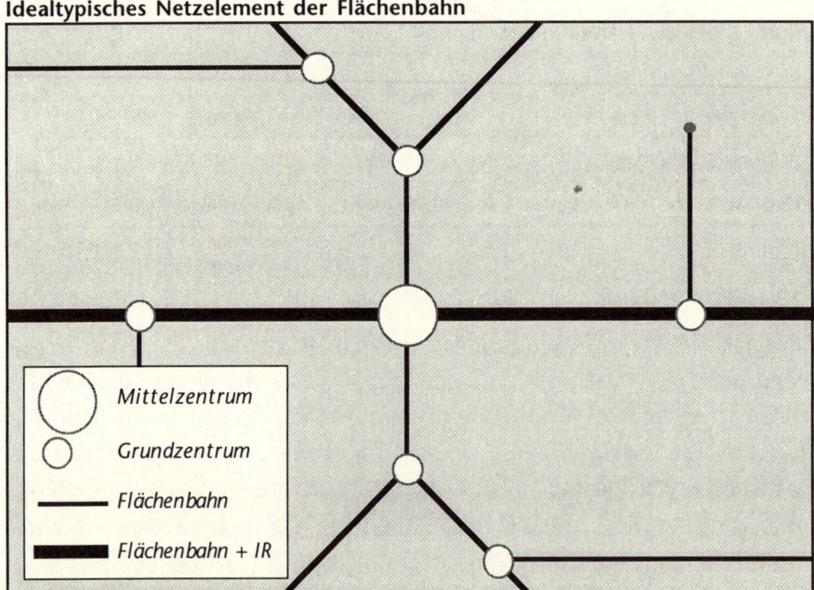

Das theoretische Netz mit den genannten Größen kann nun auf das gesamte für die Flächenbahn geeignete Gebiet hochgerechnet werden - also auf 54 Prozent der Fläche Deutschlands. Inklusive der auch vom Interregionalverkehr genutzen Strek-

[1] Siehe Kapitel 3.1.

[2] Eine Statistik über die zentralen Orte führt das BBR (vormals BfLR). Siehe Bundesforschungsanstalt für Landeskunde und Raumordnung (1995), S.13.

kenteile entsteht, um 7.500 Flächenbahn-Haltepunkte zu verbinden, ein Netz von ungefähr 30.000 Kilometern Länge. Zwei benachbarte Haltepunkte sind durchschnittlich knapp vier Kilometer voneinander entfernt; die Streuung kann allerdings erheblich sein.[1]

Flächenbahnnetz in Deutschland

Streckenlänge	*ca. 31.500 km*
davon Mitbenutzung durch IR-Verkehr	*ca. 42 %*
Haltepunktabstand (Durchschnitt)	*ca. 3.800 m*

Steht die Netzkonfiguration in einer konkreten Region an, ist ein Muster hilfreich, kann aber die Planung vor Ort nicht ersetzen. Ob eine Strecke tatsächlich befahren werden soll, hängt von mehreren Punkten ab, für die keine spezifischen Grenzwerte genannt werden können. Denn wie so oft gilt auch hier: das Ganze ist mehr als die Summe seiner Teile. Was zweckmäßig ist, bleibt letzten Endes immer einer qualitativen Einschätzung überlassen, die sich allerdings auf quantifizierte Einzelaussagen stützen sollte.

Als erstes wird man sich die Nachfragepotentiale vornehmen, die eine ausreichende Größe erreichen sollten. Dabei darf man sich nicht von heutigen Modal-Split-Annahmen leiten lassen, sondern muß sich in die Anziehungskraft eines umfassenden, attraktiven Bahnangebots des Jahres 2015 hineindenken.[2] Umgekehrt ist auch die Entlastungswirkung im Straßenverkehr in die Überlegungen einzubeziehen.

Neben der Nachfrage ist aber auch die Erschließungswirkung zu berücksichtigen. Eine Siedlungsfläche mit 300 Einwohnern ist normalerweise kein Grund für einen Bahnanschluß. Ist die Bebauung jedoch kompakt und in unmittelbarer Nähe einer Strecke gelegen, kann eine derart gute Erschließung zum Beispiel die Einführung eines Bedarfshalts rechtfertigen.

Oft vernachlässigt werden bei Entscheidungen über Streckenbau oder -stillegung die Netzwirkung und die damit verbundenen Synergieeffekte. Einzeln liegende Strecken können sich nur endogener Potentiale bedienen und nicht von weiter laufenden oder Durchgangsverkehren profitieren.

Schon bei einer einzelnen Stichstrecke zeigt sich, wie absurd es sein kann, ausschließlich in Besetzungszahlen pro Streckenkilometer zu denken. Liegt die Besetzung der Züge auf dem letzten Streckenabschnitt unterhalb eines gewählten Limits, kann es vorkommen, daß aufgrund dieses Befunds der Betrieb auf dem entsprechenden Abschnitt eingestellt wird.

---

[1] Die angegebenen Werte ergeben sich unter Zugrundelegung eines Verknüpfungsfaktors von 1,10 (Kanten pro Haltepunkt) und eines Umwegabschlags von 33,3 Prozent. Letzterer versucht, die ortsnahe Lage der Strecken abzubilden, die extrem zersiedeltes Gelände auch im rechnerisch flächenbahngeeigneten Raum nur bei ansonsten zu großer Erschließungsferne berücksichtigen. Beide Werte wurden anhand realer Situationen überprüft.

[2] Erläuterungen zum Nachfragepotential finden sich in Kapitel 5.1.

Erhofftes Ergebnis: der vermeintlich unrentable Abschnitt erzeugt keine Verluste mehr, der übrige Abschnitt bringt die gleichen Einnahmen wie vorher - unter dem Strich also eine Verbesserung. Tatsächliches Ergebnis: Auf dem weiterhin befahrenen Abschnitt gehen die Fahrgastzahlen zurück, denn die Einsteiger des stillgelegten Abschnitts fahren nun gar nicht mehr mit, auch nicht auf dem sonst von ihnen mitbenutzten ersten Teil der Strecke. Unter dem Strich oft eine Verschlechterung, denn nun fällt unter Umständen auch der erhaltene Abschnitt unter das Besetzungslimit. Daß ein solches Denken schlußendlich zur völligen Stillegung führt, ist nur konsequent und im übrigen jahrelange Praxis der Bundesbahn gewesen.[1]

In einem fortgeschritteneren Stadium der Überlegungen können Fahrzeugumläufe und Einsatzpläne als Kriterium herangezogen werden. Vor allem dann, wenn über Haltepunkte und Streckenabschnitte entschieden werden muß, deren Bewertung anhand der anderen Kriterien nicht eindeutig ist, können interne fahrplanabhängige Verfügbarkeiten ausschlaggebend sein. Zeigt sich beispielsweise, daß die Verlängerung einer Stichstrecke weder zusätzliches Personal noch weitere Fahrzeuge erfordern würde, weil lediglich Standzeiten vermieden werden, kann das ein entscheidendes Kriterium für den Betrieb sein.

Als wirklich limitierend sind die Kosten anzusehen, da nicht mehr ausgegeben werden kann, als zur Verfügung steht. So einfach, wie man es sich wünschen würde, ist es aber auch wieder nicht, denn mit zunehmenden Erlösen steigt die Kostendeckung und wenn eine Bahnstrecke nicht befahren wird, können höhere Kosten für die Infrastruktur des Autoverkehrs entstehen. Unter Berücksichtigung dieser wechselseitigen Abhängigkeiten sind die Kosten gleichwohl ein wesentliches Entscheidungskriterium.

Leitparameter zur Netzkonfiguration

- *Nachfragepotentiale*
- *Erschließungswirkung*
- *Netzwirkung und Synergieeffekte*
- *Fahrzeugumläufe und Einsatzpläne*
- *Kosten*

Bis hierhin wurde allein dem ersten Leitbild gefolgt, das eine umfassende Verfügbarkeit zum Inhalt hat. Mit der Beschreibung einer Netzkonfiguration zur Verbindung der Haltepunkte ist der anvisierten Zugänglichkeit zum System allerdings erst zur Hälfte entsprochen, denn noch fährt im Modell kein einziger Zug. Der räumlichen Verfügbarkeit ist die zeitliche zur Seite zu stellen. Zunächst sollen

[1] Genügend Fälle findet man bei systematischem Auswerten der Kursbücher. Als Beispiel seien die Strecken Langenlonsheim - Simmern - Hermeskeil und Schweinfurt - Kitzingen angeführt, deren Bedienung abschnittsweise eingestellt wurde.

jedoch die Haltepunkte in ihrer Gestaltung näher betrachtet werden, denn zugänglich ist das System nur dann, wenn die Zugangstellen dies wirklich ermöglichen.

Ausstattung der Zugangsstellen

Die Haltepunkte des Nahverkehrs sind nicht weniger wichtig als die Fernverkehrsbahnhöfe, im Gegenteil: Die Fahrgäste werden *dort* zuerst empfangen und nicht an den großen Knotenpunkten. An die Ausstattung dieser nicht vom Fernverkehr bedienten Zugangsstellen sind daher besondere Ansprüche zu richten. Das meint nicht das Vergraben besonders vieler finanzieller Mittel - auch sparsame Lösungen können qualitativ hochwertig sein - sondern das Erfüllen essentieller Funktionen.
Die Gestaltung muß dabei die Nutzung der Flächenbahn nicht nur ermöglichen, sondern in ansprechender Weise dazu auffordern. Eine hinreichende Standardisierung spart Kosten und schafft zugleich einen Wiedererkennungseffekt. Zu vermeiden ist ein zu enges Festlegen optischer Standards, da sonst leicht eine gewisse Eintönigkeit und Langeweile vermittelt wird.
Diese gestalterischen Überlegungen dürfen nicht über die Hauptfunktion der Zugangsstellen hinwegtäuschen: die Verknüpfung der verschiedenen Verkehrsträger. Um die Reisegeschwindigkeit zu erhöhen, ist es geboten, das Umsteigen nicht nur an sich, sondern auch genügend schnell zu ermöglichen. Ist diese Gebrauchsfähigkeit nicht gegeben, braucht über alles andere gar nicht nachgedacht zu werden.
Mit der Verfügbarkeit allein ist es allerdings auch nicht getan, sie muß den potentiellen Kunden zudem bekannt sein. Gerade das Informieren über Anschlüsse und andere Angebote spielt deshalb eine ebenso große Rolle.
Unter dem Stichwort Ambiente wird ein möglichst weitgehendes Wohlbefinden der Fahrgäste zusammengefaßt, das zu einer besonderen Schutzfunktion verpflichtet. Neben dem Wetterschutz ist die Sicherheit vor Überfällen ein explizit zu nennendes Kriterium.
Übertragen auf die Ausstattung der Haltepunkte führen die Leitbilder zur Kundenorientierung demnach zu vier Funktionen, die es zu erfüllen gilt: Erstens ist eine schnelle Verknüpfung zu gewährleisten, zweitens eine umfassende Information bereitzustellen, drittens ein sicherer Schutz zu bieten und viertens sollte jeder Haltepunkt ein einladendes Ambiente ausstrahlen.[1]

Funktionen der Haltepunktausstattung

- *Schnelle Verknüpfung gewährleisten*
- *Umfassende Information bereitstellen*
- *Sicheren Schutz bieten*
- *Einladendes Ambiente ausstrahlen*

[1] In ähnlicher Weise wurde die Ausstattung der Haltepunkte im Flächenbahnkonzept Sachsen-Anhalt Süd entwickelt. Siehe Hüsing/Schallaböck (1997), S. 15, und Wuppertal Institut (1997a), S. 45ff.

Nicht alle Zugangsstellen zur Flächenbahn sind in ihrer Bedeutung identisch. Zwei Gruppen sind zu unterscheiden: die einfachen Haltepunkte, für die eine Grundausstattung ausreicht, und qualifizierte Halte, die über eine Verzweigung Umstiege zwischen den Zügen ermöglichen oder größere Ortschaften mit zentralörtlichen Einrichtungen anschließen. Für diese höherwertigen Haltepunkte ist eine Zusatzausstattung möglich und angemessen.

Nicht vertieft betrachtet werden die Knoten der Mittelzentren, an denen neben der Flächenbahn auch der Interregio hält. Diese Bahnhöfe müssen zwar dieselben Funktionen erfüllen wie ein einfacher Haltepunkt auf dem Land, dazu in ihrer Ausstattung aber umfassender sein. Ähnlich wie die großen IC-Knotenpunkte schon heute, bieten sich auch die Verknüpfungsbahnhöfe der Mittelzentren zum Ausbau als Einkaufszentren an. Aufgrund ihrer Lage können sie hervorragend per Zug angesteuert und durch ihre Nähe zur Innenstadt in der Regel städtebaulich gut integriert werden.

Mit welcher Ausstattung im einzelnen kann nun den Leitbildern am besten entsprochen werden? Viele sinnvolle Ausstattungsmerkmale werden, wenn auch in anderer oder ohne funktionale Zuordnung, in mehreren Quellen aufgeführt.[1] Um die angestrebte Qualität sicherzustellen, sind alle in Frage kommenden Verkehrsträger mit der Bahn zu verknüpfen, in erster Linie der nichtmotorisierte Verkehr und der Straßen-ÖPNV, aber auch das Auto.

Besonders Bike-and-Ride-Potentiale werden im ländlichen Raum häufig unterschätzt.[2] Sichere Fahrradständer können bei ausreichendem Platz sogar auf dem Bahnsteig montiert werden, andernfalls in unmittelbarer Nähe. Gerade an kleinen Haltepunkten ist es baulich oft problemlos möglich, die Bushaltestelle direkt an den Bahnsteig zu legen, was die Umsteigezeit erheblich verkürzt.

Pkw-Abstellplätze sind auf dem Land oft in genügender Zahl vorhanden, lassen aber bisweilen in ihrer baulichen Gestaltung zu wünschen übrig. Nicht selten reicht allerdings das Aufstellen des P+R-Schildes, um einen Park-and-Ride-Platz zu schaffen.

Der unmittelbare Zugang zum Zug erfolgt auch bei vorheriger Benutzung eines fahrbaren Untersatzes zu Fuß. Dieses eigentliche Umsteigen, die letzten Meter zum Zug, arten aber hin und wieder, zumal bei schlechtem Wetter, in einen Hindernislauf aus. Pfützen, Treppen und verdreckte Unterführungen wirken nicht besonders förderlich. Treppenlose, saubere und sichere Zugangswege bieten dagegen die gewollte Attraktivität.

Der Bahnsteig selbst kann ohne allzugroßen Aufwand befestigt werden, da er für neue Niederflurtriebwagen nur 20 bis 30 Zentimeter hoch zu sein braucht und eine Länge von zwei bis vier Wagen ausreicht.[3] Zusätzlich zur Grundausstattung eignen

---

[1] Siehe zum Beispiel Ministerium für Wohnungswesen, Städtebau und Verkehr des Landes Sachsen-Anhalt (1997), Apel et al (1998) und Wuppertal Institut (1997a).

[2] Auf die B+R-Potentiale hat Hoopmann (1997a) hingewiesen.

[3] Die Fahrzeuge werden eingehend in Kapitel 4.3 beschrieben.

sich an qualifizierten Haltepunkten neben überdachten Fahrradständern auch abschließbare Boxen und gegebenenfalls ein Fahrradverleih sowie ein Taxistand.
Über all diese Verknüpfungsmöglichkeiten müssen die Kunden informiert werden, da ihre Nutzbarkeit andernfalls sehr eingeschränkt wäre. Abfahrtspläne sind daher für Bahn und Bus direkt nebeneinander aufzuhängen, ebenso wie Linienpläne und die Abfahrtszeiten der nächsten Knoten. Daneben gehört eine verständliche Tarifinformation, aber kein Fahrkartenautomat, denn der ist besser im Zug aufgehoben, da etwa 2.800 mehr Haltepunkte als Flächenbahn-Fahrzeuge erforderlich sind und so erhebliche Automatenkosten eingespart werden können.[1]
Das Zurechtfinden bei der Zugbenutzung erleichtern neben gut sichtbaren Bahnhofsschildern zentral gesteuerte elektronische Anzeigetafeln. Wechselnde optische Informationen ersetzen so die aufwendigen Durchsagen. Ein Display kann wechselweise die Uhrzeit, die Zugfolge und Hinweise auf Betriebsstörungen anzeigen. Wird zusätzlich Reklame eingeblendet, finanzieren sich diese Einrichtungen mehr oder weniger von selbst. Zu den Benennungen der Haltepunkte bleibt noch anzumerken, daß Namen mit hohem Identifikationspotential der örtlichen Bevölkerung einer Nutzung förderlich sind.
Um das Abholen vom Bahnhof zu gewährleisten, ob privat oder per Ruf-ÖPNV, ist ein Telefon unabdingbar. Der geschaffene Telekommunikationsmarkt dürfte für preiswerte Lösungen offen sein. An qualifizierten Haltepunkten bietet sich eine persönliche Mobilitätsberatung an und die Möglichkeit, Beschwerden aufzunehmen und kompetent weiterzuleiten. Eine derartige Betreuung macht allerdings nur dann Sinn, wenn sie nicht als Alibi mißbraucht wird, sondern hohe Qualität gewährleistet.
Wetterschutz gegen Regen und Wind bieten Wartehäuschen mit Sitzgelegenheiten. Können diese rundum eingesehen werden, ist ein unnötiges Gefährdungspotential ausgeschaltet. Generell bietet die Flächenbahn durch die angestrebte Verlagerung von Autofahrten eine belebtere Umgebung als heute üblich ist. Dadurch ensteht eine verstärkte soziale Kontrolle, die Gewaltverbrechen vorbeugt.[2] Dennoch ist eine Videoüberwachung alternativ zu Notrufsäulen an manchen Zugangsstellen erforderlich. Schließfächer und beheizte Wartegelegenheiten können die Schutz-Ausstattung an den qualifizierten Halten ergänzen.
Damit die Zugangsstellen von den Fahrgästen nicht nur gefahrlos sondern auch gerne genutzt werden, ist ein ansprechendes Ambiente unerläßlich. Mit einfachen Mitteln kann eine Menge erreicht werden. Selbstverständlichkeiten wie Begrünung, Beleuchtung, Abfallbehälter und Briefkasten sind dazu als Grundausstattung festzuschreiben und in ansprechender Weise zu plazieren beziehungsweise zu gestalten. An qualifizierten Zugangsstellen kann ein Kiosk zur Belebtheit des Platzes beitragen und die Zentralität des Haltepunkts hervorheben. Auch der örtliche

[1] 7.500 Haltepunkten stehen 4.710 Flächenbahn-Triebwagen gegenüber. Siehe auch Kapitel 4.3. Weitere Aspekte der Automatengestaltung sind im Tarifkapitel (6.1) beschrieben.

[2] Die zentrale Bedeutung der Belebtheit stellt auch Jeschke in den Vordergrund. Zur Sicherheit im öffentlichen Nahverkehr siehe Jeschke (1997).

Tante-Emma-Laden kann die Bahn genauso wie ein Bürgerbüro durch seine Nähe zum Haltepunkt aufwerten.

Ausstattungskatalog für Haltepunkte

Funktion	*Einfache Haltepunkte Klasse 1 (Grundausstattung)*	*Qualifizierte Haltepunkte Klasse 2 (Zusatzausstattung)*
Verknüpfung	• *Bushaltestelle* • *Fahrradständer* • *P+R-Platz* • *Bahnsteig (befestigt)* • *Zugänge (treppenlos)*	• *Fahrradboxen* • *ggfs. Fahrradverleih* • *ggfs. Taxistand*
Information	• *Aushänge (Angebots-information)* • *Telefon (Karte)* • *Display* • *Beschilderung*	• *Mobilitätsberatung* • *Beschwerdeannahme* • *Touristeninformationstafel*
Schutz	• *Wartehäuschen* • *Querungshilfen* • *Videoüberwachung/Notrufsäule*	• *Schließfächer* • *Wartegelegenheit (beheizt)*
Ambiente	• *Begrünung* • *Beleuchtung* • *Sitzgelegenheiten* • *Abfallbehälter* • *Briefkasten*	• *Kiosk* • *Toiletten* • *ggfs. Gaststätte*

Ausstattungen der Klasse 1 sind an 85 Prozent der Zugangsstellen vorgesehen. Für Verknüpfungspunkte mit dem Interregionalverkehr oder anderen Flächenbahn-Linien sowie größeren Ortschaften ohne Streckenverzweigung wird die Klasse-2-Ausstattung zugrundegelegt. Als qualifizierter Haltepunkt ist somit fast jede siebte Station einzustufen; insgesamt sind es 1.125 von 7.500. Mit dem skizzierten Angebot wird an den Zugangsstellen ein Service geboten, der heute auch an städtischen Haltepunkten nur in Ausnahmefällen zu finden ist.

Service

Als ein wesentliches Element eines attraktiven öffentlichen Nahverkehrs hat guter Service einen hohen Stellenwert bei der Gestaltung kundenorientierter Angebote. Mit diesem Begriff sollen zwei Dinge angesprochen werden: zum einen die generelle Information über die Beförderungsmöglichkeiten und zum anderen jene Angebote, die über die reine Beförderungsleistung hinausgehen.

Standardmäßig können als derartige Zusatzangebote in der Flächenbahn und an ihren Zugangsstellen Zeitungen, Getränke und kleine Mahlzeiten verkauft werden. Dafür gibt es bereits etliche Beispiele aus der Praxis, die sich aber in der Regel auf den Nahverkehr in den Großstädten beziehen oder auf die Züge des Fernverkehrs. Dort geht das Angebot sogar deutlich über die Erfordernisse der Flächenbahn hinaus. Bei größerer Nachfrage als heute - und nur dann wird die Flächenbahn dauerhaft verkehren - ist jedoch nicht einzusehen, warum auf dem Land kein ausreichender Markt für Zusatzleistungen vorhanden sein soll. Auch eine kostenlose Tageszeitung wie sie in der Stockholmer U-Bahn verteilt wird, ist in der Flächenbahn denkbar.[1]

Über Standardangebote hinausgehend sind der unternehmerischen Phantasie zunächst keine Grenzen gesetzt. Es geht darum, für Serviceleistungen einen Markt zu schaffen, der von den für die Flächenbahn zuständigen Stellen gezielt zu fördern ist.[2] Dabei ist es wichtig, die sich wechselseitig verstärkenden Nachfrageeffekte von Nahverkehrsleistungen und Serviceangeboten einzukalkulieren; denn gerade in der Anfangsphase, wenn die Fahrgastpotentiale erst nach und nach erschlossen werden, dürfte sich der Servicemarkt noch nicht selbst tragen.

Bei solchen Angeboten ist ebenso wie bei der Informierung der Kunden zwischen persönlicher Kommunikation und technischer Übermittlung zu unterscheiden. Freundliches und kompetentes Personal ist überall dort notwendig, wo individuelle Beratung gefragt ist. Die Deutsche Bahn setzt an dieser Stelle mit ihrem Umschulungsprogramm zum Kundenbetreuer im Nahverkehr (KIN) an.

Ein anderes Tätigkeitsfeld liegt in den Mobilitätszentralen, die in wesentlich größerer Zahl als heute zu oft besuchten Orten werden sollen. Dort muß es möglich sein, für jede Reise schnelle, kompetente und kostenlose Auskünfte zu allen relevanten Fragen zu erhalten. Das fängt bei der Platzreservierung an und hört bei der Hotelbuchung auf. Eine Rundum-Betreuung der Kunden schließt auch sämtliche Informationen zu Tarifen und Tickets ein, für die aufgrund der vollständigen Umstellung von Papier-Fahrkarten auf elektronische Mobilkarten ein größerer Beratungsbedarf entstehen dürfte.[3] Als Standorte der Mobilitätszentralen eignen sich die Grundzentren, die auch auf dem Land schnell erreicht werden können.

Auf technischem Wege können an vielen Stellen Standardinformationen übermittelt werden. Im einfachsten Fall ist das ein auf Papier gedruckter Fahrplan, der jeden Haushalt mit den wichtigsten Informationen versorgt. In Form von Info-Displays können auch wechselnde Informationen weitergeleitet werden. Solche Einrichtungen gehören an jeden Haltepunkt und in jedes Fahrzeug.

---

[1] An den U-Bahn-Stationen in Stockholm liegt seit einigen Jahren eine professionell gemachte Tageszeitung aus, die sich ausschließlich aus Werbeeinnahmen finanziert. Siehe Storbeck (1998).

[2] Organisatorisch ist in erster Linie eine Landesnahverkehrsgesellschaft für diesen Bereich verantwortlich. Ein entsprechendes Modell wird in Kapitel 6.4 entwickelt.

[3] Zum Tarifsystem mit Mobilkarten siehe Kapitel 6.1.

4.2 Fahrplan

Tür-zu-Tür-Zeit

Zentrales Element eines Bahnkonzepts ist immer der Fahrplan, bündelt er letztendlich doch die verschiedenen Einzelkomponenten zu einem Gesamtangebot, das dadurch den potentiellen Fahrgästen zugänglich gemacht wird. Als Schnittstelle zwischen Angebot und Nutzern informiert er über Linienführung, Zugangsstellen und zeitlichen Aufwand. Bezogen auf eine beliebige Reise ist der Fahrplan Ausdruck des zeitlichen Angebots und stellt zugleich eben diese Information zur Verfügung. Zeit und Information lauten damit die Schlagworte dieses Kapitels.

Manches deutet darauf hin, daß die Zeit nur ein Konstrukt ist, notwendig um sich in der Welt zurechtzufinden. Ohne derartige psychologisch-philosophische Betrachtungen vertiefen zu wollen, kann festgestellt werden: Dieses Konstrukt hat uns in eine sehr schnellebige Epoche geführt, in der Geschwindigkeit und Tempo positiv besetzte Begriffe sind und in der an allen Ecken und Enden versucht wird, Zeit zu sparen. Nicht erst seit Heinrich Bölls „Anekdote zur Senkung der Arbeitsmoral" oder Michael Endes Geschichte des Mädchens „Momo" besteht der begründete Verdacht, daß Zeitsparen vielfach zum Selbstzweck verkommen ist und eine Kultur der Langsamkeit das Leben lebenswerter machen könnte.[1] Wolfgang Sachs entwickelte das Ziel der „Entschleunigung".[2]

Neue Lebensstile eines betulicheren Daseins zu finden, kann jedoch nicht Aufgabe der Flächenbahn sein. Sie muß sich dem Geschwindigkeitswettbewerb stellen, in erster Linie gegenüber dem Auto.[3] Welche Zeiten verglichen werden müssen, wenn eine Reise untersucht wird, ist offenkundig: der gesamte Zeitaufwand von Tür zu Tür ist in die Rechnung einzustellen und nicht etwa nur die reine Fahrzeit. Die als zugbezogen definierte Reisegeschwindigkeit ist somit nur ein Element einer ganzen Kette von Einzelzeiten.[4] Die Reisezeit (von Tür zu Tür) umfaßt neben der Fahrzeit auch alle Nebenzeiten, die durch Umsteigen, Warten oder den Weg zum Bahnhof entstehen.

Soll die Bahn für Autofahrer interessant werden, muß sie mit den Reisezeiten des Autos konkurrieren können. Eine überschlägige Abschätzung zeigt für eine durchschnittliche Autofahrt ein Verhältnis von Fahrzeit zu Nebenzeit in der Größenordnung vier zu eins. Ganz anders die Situation einer Bahnfahrt. Die Nebenzeiten erreichen oft das doppelte der Fahrzeit. Zwar müssen beide verkürzt werden, wenn autoadäquate Reisezeiten erreicht werden sollen, doch klar wird, daß das Hauptaugenmerk schon allein aus Kostengründen auf die Verringerung der Nebenzeiten zu richten ist. Als Zielvorstellung sei ein Verhältnis von eins zu eins genannt.

---

[1] Siehe Böll (1967), S. 464ff., und Ende (1977).

[2] Sachs (1993), S. 69.

[3] Scholz hat das Verlagerungspotential von Reisezeitveränderungen untersucht und stellt fest, daß "die Zeit nicht der einzige, aber sicher ein entscheidender Faktor" der Verkehrsmittelwahl ist. Scholz (1993), S. 36.

[4] Die Reisegeschwindigkeit wird als durchschnittliche Geschwindigkeit eines Zuges inklusive der Haltezeiten definiert. Siehe zum Beispiel Adler (1990), S. 618.

Fahrzeit und Nebenzeit

	Pkw	*Bahn heute*	*Flächenbahn*
Fahrzeit : Nebenzeit	*4:1*	*1:2*	*1:1*

Grundlage: Typische Fahrtenbeispiele im ländlichen Raum.

Zur Lösung des Problems zu langer Reisezeiten der Bahn gegenüber dem Pkw bietet sich die Untersuchung konkreter Beispiele an, die für den ländlichen Raum typisch sind. Eine Reise soll von zu Hause zu einem 25 Kilometer entfernten Ort, nehmen wir das nächste Mittelzentrum, führen. Mit dem Auto, das vor der Haustür steht, fährt man los, sobald die Entscheidung für die Fahrt gefallen ist und benötigt dazu 33 Minuten reine Fahrzeit. Mit einer Reisegeschwindigkeit von 45 Kilometern pro Stunde sind diverse rote Ampeln und etwas zähflüssiger Verkehr im Zielort ebenso abgebildet wie die Parkplatzsuche. Hinzu kommt eine Nebenzeit von fünf Minuten, die den Fußweg vom Parkplatz zum Ziel enthält. Die Reisezeit beträgt mithin 38 Minuten.

Deutlich mehr Nebenzeiten entstehen auf derselben Reise, wenn die Bahn benutzt wird. Als erste Nebenzeit (N1) tritt eine Wartezeit auf, da die Züge nur zu bestimmten Zeitpunkten verkehren und meist nicht in dem Moment, in dem man gerne losfahren möchte. Die Zeit, die man für den Weg von der Wohnung zum Haltepunkt braucht, schlägt als zweite Nebenzeit (N2) zu Buche. Besteht ein Taktfahrplan, betragen diese Zeiten maximal den vollen Taktabstand, nämlich dann, wenn der Zug gerade verpaßt wird. Für beide Nebenzeiten zusammen (N1+N2) wird als Durchschnittswert der halbe Taktabstand eingesetzt, da die Entscheidung, die Reise zu unternehmen, im Falle der Autoverfügbarkeit nicht fahrplanabhängig schwankt, sondern gleichverteilt ist.

Zum Problem wird diese Vorgehensweise in den Fahrplanpausen. Nachtlücken und Wochenendlücken finden sich noch immer in erheblichem Umfang und erhöhen die Wartezeit im ungünstigsten Fall auf zwei volle Tage (wenn die Betriebszeit von montags bis freitags dauert). Wird die Wartezeit N1 zu Hause verbracht, kann sie mit verschiedenen ohnehin zu erledigenden Tätigkeiten ausgefüllt werden, so daß es nicht als einseitige Bevorzugung der Bahn bezeichnet werden kann, wenn dafür ein Abschlag von 20 Prozent eingerechnet wird.

An die Nebenzeiten schließt sich dann die Fahrzeit (F) des Zuges an, die wiederum für Tätigkeiten genutzt werden kann, die der Autofahrer nicht oder weniger gut ausführen kann. Lesen, eine Unterhaltung führen oder sich entspannen sind Beispiele dafür und lassen einen fahrzeitbezogenen Abschlag von 20 Prozent als gerechtfertigt erscheinen. Eine dritte Nebenzeit (N3) entseht am Zielort, und zwar für den Weg vom Bahnhof zum Ziel. Damit ist die Reise beendet.

Wird die eingeschränkte Betriebsdauer ausgeblendet, ergibt sich für die Bahnfahrt folgendes Bild: Die Taktzeit kann heute mit zwei Stunden für viele Nebenstrecken als optimistische Größe angesetzt werden. Für die beiden ersten Nebenzeiten ist demnach zunächst von zusammen 60 Minuten auszugehen, die sich auf die Zugangszeit N2 - hier mit zehn Minuten angesetzt - und die Wartezeit N1 verteilen. Wird von N1 der genannte Abschlag abgezogen, vergehen bis zum Einsteigen in den Zug insgesamt 50 Minuten ((50'-10')+10').

Als Fahrgeschwindigkeit werden für den ländlichen Raum längst nicht überall erreichte 40 Kilometer pro Stunde veranschlagt.[1] Den Abschlag bereits eingerechnet, entsteht so eine halbe Stunde Fahrzeit. Hinzu kommt noch die Abgangszeit, die analog zur Zugangszeit mit zehn Minuten kalkuliert wird.

Die gesamte Reise dauert somit exakt anderthalb Stunden und folglich 52 Minuten länger als mit dem Pkw. Daß diese Diskrepanz keine Werbung für die Bahn ist, braucht nicht betont zu werden. Wer in diesem Beispiel die Wahl hat, fährt mit dem Auto.

Was kann nun getan werden, um dieser Bredouille zu entkommen? Als erstes bietet sich die Halbierung des Takts auf eine Stunde an, wodurch sich auch die Nebenzeiten N1+N2 etwa halbieren. Werden gemäß dem vorgestellten Ansatz der räumlichen Erschließung mehr schnell zu erreichende Haltepunkte eröffnet, ist es legitim, die Zu- und Abgangszeiten (N2 und N3) auf jeweils fünf Minuten zu verkürzen. Alle drei Nebenzeiten zusammen reduzieren sich so auf eine halbe Stunde. Wird zudem die Fahrzeit durch eine Geschwindigkeitsanhebung auf 60 Kilometer pro Stunde verringert, ergibt sich insgesamt eine Reisezeit von nur noch 50 Minuten. Gegenüber ursprünglich 90 Minuten eine sehenswerte Verbesserung, gegenüber den 38 Minuten für den Pkw aber nach wie vor inakzeptabel.

Da eine weitere Erhöhung der Reisegeschwindigkeit zu vertretbaren Kosten kaum möglich ist und eine weitere Verkürzung der Zu- und Abgangszeiten ebenfalls nicht realistisch erscheint, bleibt nur eine weitere Halbierung des Takts. Erst die Einführung des Halbstundentakts bringt den erforderlichen Gleichstand mit dem Auto. Mit acht Minuten Wartezeit (N1), je fünf Minuten Zu- und Abgangszeit (N2 und N3) und einer Fahrzeit von 20 Minuten werden genau die 38 Minuten Reisezeit des motorisierten Individualverkehrs erreicht.

Solche Ergebnisse lassen den massenhaften Umstieg vom Auto in die Flächenbahn als realistisches Szenario erscheinen. Wie die Nebenzeiten gekürzt werden können, ist erläutert worden, zur Fahrzeitverkürzung ist bisher nur angemerkt worden, daß die Reisegeschwindigkeit zu erhöhen ist. Wie soll das vonstatten gehen?

Die Fahrzeit setzt sich aus unterschiedlichen Geschwindigkeiten zusammen, die zwischen null (beim Halt) und der zulässigen Höchstgeschwindigkeit liegen. Weichen die zulässigen Geschwindigkeiten von Strecke und Fahrzeug voneinander ab, bildet der jeweils niedrigere Wert die Obergrenze. An Steigungen kann es zudem vorkommen, daß die technische Maximalgeschwindigkeit des Fahrzeugs unterhalb der zulässigen liegt und die Obergrenze somit weiter absinkt. Sowohl strecken- als auch fahrzeugseitig sind daher Maßnahmen erforderlich, die eine

[1] Reine Nebenstrecken, auf denen kein Expreßverkehr (RE) abläuft, weisen nicht selten Reisegeschwindigkeiten auf, die deutlich unterhalb von 40 km/h liegen. Drei zufällig aus dem Kursbuch herausgegriffene Nebenstrecken belegen das: Auf der KBS 709 (Seckach - Miltenberg) werden 39 km/h herreicht, auf der KBS 519 (Flöha - Neuhausen) 33 km/h und auf der KBS 675 (Budenthal - Hinterweiden) 25 km/h. Siehe Deutsche Bahn (1998b).

möglichst ständige Höchstgeschwindigkeit von 100 Kilometern pro Stunde ermöglichen.[1] Neben der Anhebung der Höchstgeschwindigkeiten lassen sich vor allem mit verkürzten Beschleunigungs- und Verzögerungszeiten Fahrzeitgewinne erzielen, aber auch durch minimierte Haltezeiten an den Zugangsstellen.

Reisezeitvergleich

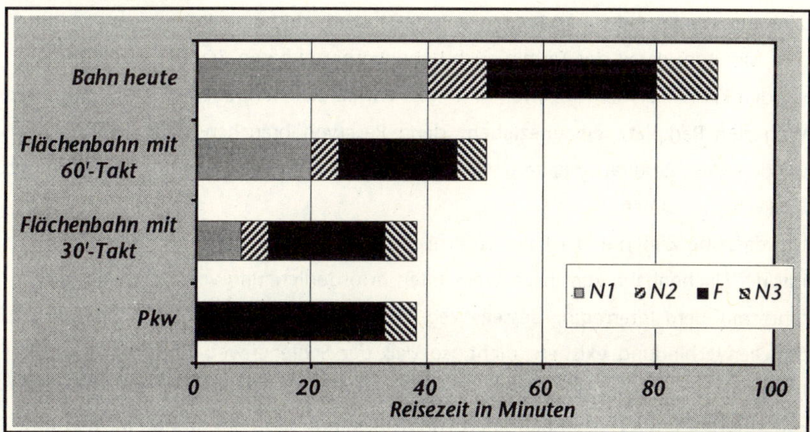

Fahrtstrecke: 25 km.

Festgehalten werden kann folgendes: Reisezeiten auf Pkw-Niveau kann die Bahn nur erreichen, wenn sie in erster Linie die Nebenzeiten drastisch absenkt. Wie das beschriebene Beispiel zeigt, wäre die Reisezeit weder mit Transrapid- noch mit Space-Shuttle-Geschwindigkeit auf das notwendige Maß zu bringen, da allein die Nebenzeiten der Bahnreise größer sind als die gesamte Pkw-Reisezeit. Unverzichtbar ist eine Verkürzung der Zu- und Abgangszeiten durch eine bessere räumliche Erschließung und die Einführung des Halbstundentakts. Der Stundentakt hingegen bringt zwar erhebliche Verbesserungen, reicht für die angestrebten Modal-Split-Veränderungen aber nicht aus. Er kann nur als Zwischenstufe dienen.[2]

Anschlüsse

Führt man sich als weiteres Beispiel eine Reise vor Augen, bei der zwischen zwei Zügen umgestiegen werden muß, wird klar, daß zu den genannten Angebotsverbesserungen weitere hinzukommen müssen. Denn erst wenn der Halbstundentakt zu einem integralen Taktfahrplan komplettiert wird, können generell konkurrenzfähige Reisezeiten entstehen. Einfache Halbstundentakte sind ebenso ungeeignet wie ein ITF im Stundentakt. Zur Verdeutlichung sei eine weitere typische Reise vorgestellt, die vom Wohnort zu einem 25 Kilometer Luftlinie entfernt stattfin-

[1] Zu strecken- und fahrzeugseitigen Maßnahmen siehe Kapitel 4.3 und 4.4.

[2] Forderungen nach einer „mindestens stündlichen Bedienung", wie sie zum Beispiel von Speck (1996), S.33, vorgetragen werden, weisen zwar somit in die richtige Richtung, können aber ohne Einstufung als Zwischenschritt nur im Licht der kurzfristigen politischen Durchsetzbarkeit als angemessen bezeichnet werden. Völlig richtig ist Specks Hinweis auf die Unbrauchbarkeit des Zweistundentakts als Mittel zur Modal-Split-Verbesserung. Anstelle eines Zuges im Zwei-Stunden-Takt ist, wie bei Wuppertal Institut (1997a), S. 48, ausgeführt, ein Bus im Stundentakt angebrachter, wenn die Nachfrage einen kürzeren Bahn-Takt nicht rechtfertigt.

denden Termin angetreten wird und anschließend wieder zurück führt. Vorgegebene Zeiten, die sich nicht nach irgendwelchen Fahrplänen richten, bestehen also am Ende der Hinfahrt und zu Beginn der Rückfahrt.

Mit dem Pkw sei eine Straßenverbindung von 28 Kilometern Länge möglich, die zu Fahrzeiten von jeweils 37 Minuten für Hin- und Rückweg führt.[1] Hinzu kommt ein zeitlicher Nachlauf am Ende der Hinfahrt durch den Weg vom Parkplatz zum Ziel, der wieder mit fünf Minuten angesetzt wird, und eine Reserve von weiteren fünf Minuten, damit der Termin auch bei unvorhersehbaren Stauungen eingehalten werden kann. Für den Rückweg sind als Vorlaufzeit hingegen nur fünf Minuten Weg zum Parkplatz einzubeziehen, denn Reserven brauchen nicht kalkuliert zu werden. Als Resultat erhalten wir eine Reisezeit von 89 Minuten für Hin- und Rückweg zusammen.

Um dasselbe Ziel mit der Bahn zu erreichen, seien zunächst zehn Kilometer Fahrt mit der Flächenbahn zum nächsten Knoten erforderlich und von dort eine Weiterfahrt mit dem Interregio, dessen Weg 20 Kilometer betragen soll. Eine direkte Streckenverbindung existiere nicht, so daß der Schienenweg um zwei Kilometer länger als der des Autos ausfällt. Bei Reisegeschwindigkeiten von 60 Kilometern pro Stunde für die Flächenbahn und von 100 Kilometern pro Stunde für den Interregionalverkehr zeigt sich das folgende Bild:[2]

Die Summe der Fahrzeiten für Hin- und Rückweg beträgt unter Einrechnung der oben erläuterten Abschläge 36 Minuten. Da nur am Terminort zeitliche Zwänge vorliegen, nicht aber am Wohnort, treten zu Beginn der Hinfahrt und am Ende der Rückfahrt keine Wartezeiten auf. Als Vor- und Nachlauf sind nur jeweils fünf Minuten Weg zum beziehungsweise vom Bahnhof einzubeziehen. Die fehlende Wartezeit zu Hause ermöglicht allerdings auch keinerlei Abschläge. An den beiden anderen Enden, also vor und nach Wahrnehmung des Termins, treten dagegen unvermeidlich Nach- und Vorlaufzeiten von im Durchschnitt jeweils halber Taktzeit auf, die einerseits als Wartezeit anfallen und andererseits für den Weg zwischen Bahnhof und Terminort genutzt werden können.

Weitere Nebenzeiten ergeben sich durch das Umsteigen. Solange kein integraler Taktfahrplan besteht, ist dafür wieder jeweils die halbe Taktzeit anzusetzen. Anders sieht es aus, wenn die Anschlüsse optimiert sind. Ist der Umsteigebahnhof als ITF-Knoten ausgebildet, reduziert sich die benötigte Zeit taktunabhängig auf fünf Minuten.

Die resultierende Reisezeit spricht eine eindeutige Sprache. Im Vergleich zu den 89 Auto-Minuten liegt die stündlich fahrende Bahn bei 166 Minuten ohne und 116 Minuten mit ITF weit abgeschlagen. Selbst der im ersten Beispiel für autoadäquate Reisezeiten sorgende Halbstundentakt bringt ohne Anschlußoptimierung wenig; die Fahrt würde 17 Minuten länger als mit dem Pkw dauern. Erst als ITF kann er sich nennenswert auf den Modal Split auswirken, denn im 30-Minuten-

---

[1] Die Pkw-Reisegeschwindigkeit wird wie beim vorherigen Beispiel mit 45 km/h angesetzt.

[2] Diese Reisegeschwindigkeiten werden in Kapitel 3.1 vorgestellt.

Abstand verkehrende Flächenbahnen und Interregios, die an den Knoten zeitlich optimal verknüpft sind, erreichen in unserem Beispiel eine Reisezeit von 86 Minuten und unterbieten das Auto damit sogar um drei Minuten.

Reisezeitvergleich mit Umsteigen

	Bahn				*Pkw*
	60'-Takt	*60'-ITF*	*30'-Takt*	*30'-ITF*	
Vorlauf Hinfahrt	*5'*	*5'*	*5'*	*5'*	*0'*
Flächenbahn-Fahrt 10 km	*8'*	*8'*	*8'*	*8'*	*Fahrt 28 km 37'*
Umsteigen	*30'*	*5'*	*15'*	*5'*	-
Interregio-Fahrt 20 km	*10'*	*10'*	*10'*	*10'*	-
Nachlauf	*30'*	*30'*	*15'*	*15'*	*10'*
Vorlauf Rückfahrt	*30'*	*30'*	*15'*	*15'*	*5'*
Rückfahrt IR 20 km	*10'*	*10'*	*10'*	*10'*	*Fahrt 28 km 37'*
Umsteigen	*30'*	*5'*	*15'*	*5'*	-
Rückfahrt FB 10 km	*8'*	*8'*	*8'*	*8'*	-
Nachlauf	*5'*	*5'*	*5'*	*5'*	*0'*
Summe Fahrzeit	*36'*	*36'*	*36'*	*36'*	*74'*
Summe Nebenzeit	*130'*	*80'*	*70'*	*50'*	*15'*
Reisezeit	*166'*	*116'*	*106'*	*86'*	*89'*

Die in der Schweiz gesammelten Erfahrungen mit dem integralen Taktfahrplan, die im deutschen Nahverkehr zuerst in Rheinland-Pfalz in größerem Umfang genutzt wurden, bestätigt dieses Beispiel.[1] Daß es solange gedauert hat, bis sich diese Erkenntnis auf der Nahverkehrsebene durchzusetzen beginnt, erscheint angesichts der jahrelangen erfolgreichen Praxis desselben Modells im deutschen Intercity-Netz unverständlich.

Beide vorgestellten Beispiele verdeutlichen, wie notwendig der Halbstunden-ITF für die angestrebte Verlagerung des Autoverkehrs auf die Bahn ist.[2] Zusammen mit angehobenen Reisegeschwindigkeiten und zielnahen Haltepunkten wirkt das Angebot überzeugend. Die ersten beiden Leitbilder - die umfassende Verfügbarkeit

[1] Bekannt geworden als „Rheinland-Pfalz-Takt", ist der ITF als erstes in diesem Bundesland im Nahverkehr flächendeckend umgesetzt worden. Siehe zum Beispiel Kolz/Walter (1996).

[2] Zu diesem Ergebnis kommt auch das „Konzept für eine Neue Bahn". Siehe Wuppertal Institut/IÖW (1995), S. 67ff.

und die wettbewerbsfähige Reisegeschwindigkeit - sind somit ausreichend quantifiziert.

Auch dem Leitbild der Zuverlässigkeit ist durch den Halbstundentakt Rechnung getragen, da Anschlußzüge bei Verspätungen nicht mehr warten müssen. Heute bringt ein einziger verspäteter Zug oft den Fahrplan des gesamten Tages durcheinander, weil Anschlußzüge warten und diese dann ebenfalls verspätet sind und abermals Anschlußzüge warten lassen. Hat jeder Zug nur einen Anschluß pro Halt, sind vier Halte später schon 16 Abfahrten nicht mehr pünktlich, da sich jeder weitere Anschluß als Verdopplungsschritt auswirkt. Nach sechs Bahnhöfen sind es 64 und nach acht bereits 256 verspätete Abfahrten und so weiter.

Das Warten auf verspätete Züge ist beim Halbstunden-ITF nicht mehr notwendig, weil die Wartezeit der betroffenen Fahrgäste dieses Zuges (das sind all jene, die noch umsteigen müssen) weniger als 30 Minuten beträgt. Angesichts der Folgen durch wartende Anschlußzüge im Gesamtnetz erscheinen einmalig 30 Minuten Verlustzeit vertretbar.

Verspätete Abfahrten

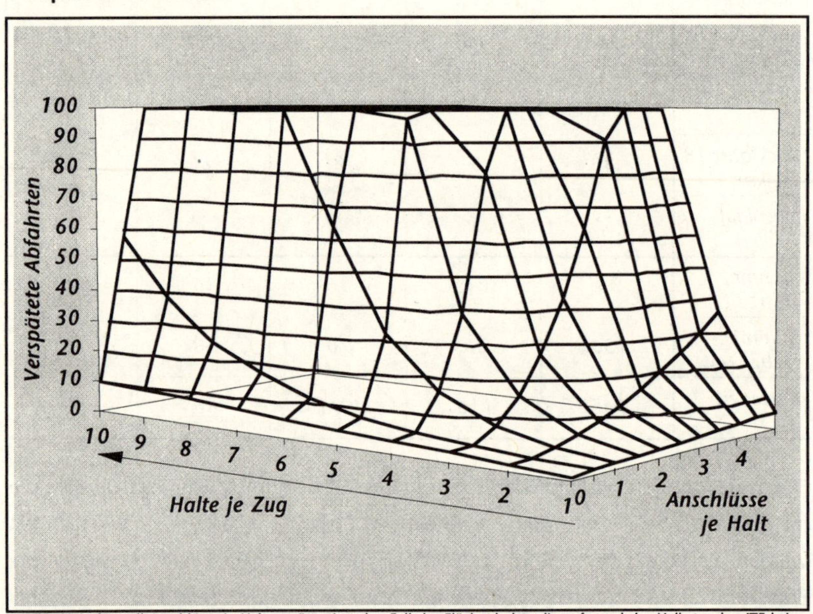

Die Linie für null Anschlüsse je Halt repräsentiert den Fall der Flächenbahn, die aufgrund des Halbstunden-ITF keine Anschlüsse abwarten muß; bei zehn Halten können daher maximal zehn verspätete Abfahrten entstehen. Würden, wie heute üblich, Anschlüsse abgewartet, stiege die Zahl der verspäteten Abfahrten steil an. Wären zwei Anschlüsse je Halt zu berücksichtigen, entstünden bereits nach vier Halten 81 verspätete Abfahrten.

Bis hierher haben die Betrachtungen zur Reisezeit eine nicht unterbrochene Bedienungszeit unterstellt. Soweit es um das Wochenende geht, sind Lücken, wie sie heute oft vorhanden sind, aufgrund des zunehmenden Anteils an Fahrten im Freizeitverkehr nicht mehr zeitgemäß. Identisches Sieben-Tage-Angebot lautet deshalb die Devise. Ähnliches gilt für die späten Abendstunden. Vor 24 Uhr sollte nirgendwo Betriebsschluß sein.[1]

Zwischen null und fünf Uhr morgens erscheint eine Nachtlücke einerseits aus Kostengründen unvermeidlich, in Anbetracht der Nachfrage zu diesen Stunden andererseits erträglich. Mit täglich 38 Zugpaaren - das entspricht einem durchgängigen Halbstundentakt an achtzehn Stunden und einem Ein- und Ausklingen im Stundenabstand an zwei weiteren Stunden, insgesamt also einer 20-stündigen Betriebszeit - kann die Bahn der Nachfrage in genügendem Maße gerecht werden.

Zieht die Bahn bei der Reisezeit mit dem Auto gleich, gibt es immer noch einige Punkte, die für den Individualverkehr sprechen. Schwierig sind nach wie vor größere Wegeketten, da dann die Wartezeiten mehr und mehr ansteigen. Im Vergleich zu heute sind solche Wege mit der Flächenbahn aber immerhin zu bewältigen - zwar nicht so schnell wie mit dem Pkw, aber auch nicht so langsam, daß man sich unbedingt ein Auto kaufen müßte.

Wegeketten beinhalten häufig nur Zwischenstopps, um eine Zeitung zu kaufen oder ein paar Brötchen zu holen, lassen das Pendel aber deutlich in Richtung Autofahrt ausschlagen. Diesen vermeintlichen Nachteil kann die Bahn in einen handfesten Vorteil ummünzen, indem Zeitungen und Brötchen direkt im Zug und an ausreichend frequentierten Haltepunkten verkauft werden.[2]

Ein weiterer Punkt ist das Ambiente - Leitbild vier. Hier hat die Bahn in letzter Zeit mächtig aufgeholt, allerdings hauptsächlich für Verbesserungen im Fernverkehr gesorgt. Haltepunkte und Fahrzeuge im ländlichen Raum bedürfen meist eines Ersatzes; Kosmetik ist allenfalls in der Übergangsphase angebracht. In den entsprechenden Kapiteln finden sich Hinweise zur Schaffung eines einladenden Ambientes, so daß der Vorsprung des motorisierten Individualverkehrs gewaltig schmilzt.

Wird das skizzierte Fahrplanangebot umgesetzt, können diejenigen, die das Auto nur nutzen, weil die Reisezeit der Bahn in den jeweiligen Fällen heute „gegen unendlich" geht, als ÖPNV-Kunden gewonnen werden. Das betrifft immerhin 42 Prozent aller Fahrten.[3]

Dieser Anteil und weitere 17 Prozent der Fahrten können verlagert werden, wenn über das neue Angebot auch informiert wird. Damit die Kunden es nicht nur wahrnehmen, sondern auch verstehen und positiv einschätzen, müssen sie umfassend, verständlich und werbend informiert werden. In alle Haushalte gehören daher auf den jeweiligen Ort zugeschnittene Fahrplaninformationen; dasselbe gilt für öffentliche Gebäude und natürlich die Zugangsstellen selbst. Diese Informationen können per Bildschirm angeboten werden oder in Papierform vorliegen, Hauptsa-

[1] Auf die Vermeidung von Wochenendlücken und zu großer Nachtlücken weisen Schallaböck und Speck hin. Siehe Wuppertal Institut/IÖW (1995), S. 71ff., und Speck (1996).

[2] Auf die Bedeutung eines Serviceangebots, das über die reine Beförderungsleistung hinausgeht, weist Kapitel 4.1 hin.

[3] Über die Gründe der Nichtnutzung des ÖPNV wird in Kapitel 2.3 berichtet.

che sie sind verständlich und vor allem kostenlos, denn wer zahlt schon gerne für Werbung.[1]

Das skizzierte Angebot im Halbstundentakt bietet bei der in Kapitel 4.1 entwikkelten Zahl von 7.500 Haltepunkten täglich 570.000 Haltepunktabfahren an, was alles in allem zu 2,4 Millionen Flächenbahn-Zugkilometern führt, die auf den 31.500 Kilometern Strecke erbracht werden. Aufs Jahr hochgerechnet ergeben sich 876 Millionen Zugkilometer für die Flächenbahn. Zum Vergleich: 1993 haben die deutschen Staatsbahnen zusammen nur rund 1,2 Milliarden Kilometer im gesamten Fern-, Nah-, Personen- und Güterverkehr angeboten, also nicht einmal das Anderthalbfache des anvisierten Flächenbahn-Angebots.[2]

Leistungen der Flächenbahn

Streckenkilometer	*ca. 31.500*
Haltepunkte	*ca. 7.500*
Zugkilometer pro Jahr	*ca. 876 Mio.*
Haltestellenabfahrten pro Tag	*ca. 570.000*

Um diese Leistungen zu angemessenen Kosten erbringen zu können, muß die Infrastruktur umfassend modernisiert werden. Dazu gehört neben dem Ausbau der Strekken vor allem neues Rollmaterial.

[1] Auf die Informationsdefizite und mögliche Lösungen weisen Speck (1996) und Schär (1998) hin.

[2] Fahrleistung der Bundesbahn und Reichsbahn als Triebfahrzeugkilometer. Berechnung nach Bundesverkehrsministerium (1997), S. 287.

4.3 Fahrzeuge

In den fünfziger Jahren standen Bundesbahn und Reichsbahn vor der Aufgabe, auf den zahlreichen Nebenbahnen einen modernen, kostengünstigen Ersatz für die veralteten Dampfzüge zu schaffen. Es entstanden die Schienenbusse: im Westen die Baureihen 795/798, im Osten die Baureihen 771/772.[1] Dieses liebevoll als „Ferkeltaxi" bezeichnete Gefährt wurde, als erster in großen Stückzahlen gebauter Leichttriebwagen mit Dieselmotor, zum Nebenbahnretter.[2]
Bereits in den siebziger Jahren der Bundesrepublik wirkte die Ausstattung dieser einfachen Fahrzeuge nicht mehr zeitgemäß und daher wenig anziehend. Die Bundesbahn entschloß sich zur Anschaffung des überdimensionierten und zugleich fatalerweise untermotorisierten 628. Zwar besaß diese Baureihe wieder ein modernes Design, glich aber einer lahmen Ente - man hatte den Eindruck, als habe sich ein Käfer-Motor in einen Mercedes verirrt. Die Nebenstrecken, für die der Triebwagen eigentlich gedacht war, wurden während der rund ein Jahrzehnt dauernden Erprobungszeit zum überwiegenden Teil stillgelegt. Am Ende konnte man sagen, es war das falsche Fahrzeug zur falschen Zeit.
Erst 1995 wurde wieder ein kleines, leichtes Nebenbahnfahrzeug gefertigt, der sogenannte Regio-Sprinter. Dieser in fast allen Belangen wegweisende Triebwagen schickt sich an, die Nebenbahnen wieder auferstehen zu lassen. Auf der Rurtalbahn ist ihm das bereits gelungen.[3] Es drängt sich deshalb die Frage auf, ob er auch für die Flächenbahn geeignet ist.
Zunächst sollen systematisch die Leitbilder in Bezug auf ein ideales Flächenbahn-Fahrzeug analysiert und den Anforderungen angemessene Ausführungsvorschläge entwickelt werden. Die ersten beiden Leitbilder (Verfügbarkeit und Reisegeschwindigkeit) können gemeinsam betrachtet werden. Viele Halte - räumliche Verfügbarkeit heißt nichts anderes - stehen leider im Widerspruch zu hohen Reisegeschwindigkeiten. Da die Bahn im ländlichen Raum heute aber so offenkundig wenig durchdacht betrieben wird, bestehen immense Effektivitätspotentiale; klassische Win-win-Situationen sind möglich.
Wie die Nebenzeiten verkürzt werden können, wurde im vorhergehenden Kapitel gezeigt, hier geht es um die Fahrzeit. Es stellt sich heraus, daß zugleich mehr Halte und höhere Reisegeschwindigkeiten möglich sind. Dazu müssen die Standzeiten reduziert, das positive und negative Beschleunigungsvermögen verbessert und die Höchstgeschwindigkeit angehoben werden.
Leitbild drei und vier (Information und Ambiente) können auf das Fahrzeug bezogen wiederum zusammen analysiert werden, denn beide betreffen die Ausstattung.

[1] Ein Foto des Schienenbusses findet sich in Kapitel 2.2.

[2] Für die Bundesbahn wurden insgesamt 2.137, für die Reichsbahn 314 Exemplare des Schienenbusses gebaut (jeweils inklusive Steuer- und Beiwagen). Siehe Obermayer (1980), S.89, und Koschinski (1994), S. 74. Die Bezeichnung „Ferkeltaxi" findet sich zum Beispiel bei Seyferth (1987), S. 28, und bei Koschinski (1994), S. 70.

[3] Nachdem auf der Strecke Düren - Heimbach nach schrittweiser Angebotsausdünnung die Stillegung diskutiert wurde, erfolgte 1993 die Übernahme der Rurtalbahn von der Bundesbahn durch die Dürener Kreisbahn, die ab 1995 den Regio-Sprinter einsetzt. Siehe Fiedler/Schraudt (1997), S. 4.

Linien, Knoten und die nächsten Halte anzuzeigen, sind Mindestanforderungen, die einerseits in heutigen Nahverkehrszügen Seltenheitswert haben, andererseits leicht zu erfüllen sind. Fahr- und Sitzkomfort sind heute sehr unterschiedlich, ebenso das gesamte Design. Genügend gute Beispiele lassen das Auftreten technischer Probleme nicht erwarten.

Das fünfte Leitbild (Zuverlässigkeit) erfordert fahrzeugbezogen vor allem den Einsatz erprobter Massenartikel und nicht so sehr ausgeklügelte Einzelanfertigungen, die nur auf dem Papier einwandfrei funktionieren. Besonderer Wert ist dabei auf wartungsarme beziehungsweise wartungsfreie Technik zu legen.

Den genannten Anforderungen gerecht zu werden, ist sogar mit geringerem Einsatz finanzieller Mittel möglich, wenn den Leitbildern zur Kostensenkung gefolgt wird. Modular aufgebaute Fahrzeuge erlauben eine preiswerte Massenfertigung, konsequenter Leichtbau wirkt sich energiesparend aus. Wird das Rollmaterial für funkgesteuerte Signalübertragung ausgerüstet, lassen sich entlang der Strecken beträchtliche Kosten für bautechnische Anlagen einsparen.[1] Personalkosten können effektiver eingesetzt werden, indem sie vom zweiten Zugpersonal auf zusätzliche Züge umgeschichtet werden; denn wie jeder Bus und manche S-Bahn kann auch ein Flächenbahnzug im Ein-Personen-Betrieb gefahren werden. Beschaffungskosten können durch die Nutzung des Marktes gesenkt werden. Zur Zeit kämpft die Schienenfahrzeug-Industrie vehement um Marktanteile im Geschäft mit neuen Triebzügen für den Regionalverkehr; geschickte Verhandlungsstrategien können daher die Preise purzeln lassen.

Raum und Zeit

Drei unterschiedliche Streckentypen muß das Flächenbahnfahrzeug bewältigen. Aus dem vorgestellten Prinzip der Netzkonfiguration lassen sich als Haupteinsatzgebiet die Nebenstrecken ableiten, ein Teil der Leistungen ist aber auf den Hauptstrecken im Mischbetrieb mit dem Interregionalverkehr und dem Güterverkehr zu erbringen. Da die Nachfrage nicht von der Klassifikation der Strecke abhängt und ein Abzweigen von der Hauptstrecke generell möglich sein sollte, spricht vieles für ein einheitliches Fahrzeug anstelle von unterschiedlichen Varianten. Hauptstreckentauglichkeit bedeutet EBO-Zulassung und schließt einen alleinigen BOStrab-Betrieb aus; auf den Nebenstrecken ist bei ausschließlicher Befahrung durch Flächenbahn-Fahrzeuge ein Betrieb nach BOStrab dennoch denkbar. Um die Haltepunkte möglichst nah an die Quell- und Zielorte heranzubringen, kann es an bestimmten Stellen zweckmäßig sein, die Strecken kurzzeitig im Straßenraum zu führen. In diesem Fall ist das Halten am Bordstein erforderlich und die Fähigkeit, sehr enge Radien zu fahren, bei Bedarf bis zu 20 Metern (mit dann allerdings deutlich verminderter Geschwindigkeit). Zugangsstellen im Straßenraum

[1] Zur Streckeninfrastruktur siehe Kapitel 4.4.

verbieten hohe Bahnsteige - aus Platzgründen ebenso wie unter ästhetischen Gesichtspunkten beurteilt - und erfordern daher Niederflurfahrzeuge.
Fahrzeitbezogen sind ebenfalls drei Abschnitte zu unterscheiden. Neben der Fahrt mit Höchstgeschwindigkeit und dem Halten treten Beschleunigungszeiten auf (bei negativer Beschleunigung als Bremsvorgang). Soll die Reisegeschwindigkeit, wie in Kapitel 4.2 hergeleitet, auf 60 Kilometer pro Stunde erhöht werden, bietet sich eine Untersuchung der Optimierungspotentiale aller drei Fahrzustände an.
Daß die Höchstgeschwindigkeit generell auf 100 Kilometer pro Stunde angehoben werden muß, ergibt sich aus entsprechenden Simulationsrechnungen. Im Vergleich zu den oft nur bei 50 Kilometer pro Stunde liegenden Status-quo-Werten können in jeder Sekunde 14 Meter mehr zurückgelegt werden.
Noch effektiver ist jedoch die Verkürzung der Haltezeiten. Jede eingesparte Haltesekunde bringt 28 Meter Weg.[1] Denselben Effekt hat die Verkürzung der Anfahr- und Bremszeiten um eine Sekunde. Auf einem repräsentativen Streckenabschnitt von 40 Kilometern Länge würde die Verkürzung der Brems-, Halte- und Anfahrvorgänge um jeweils nur zehn Sekunden bedeuten, daß der Zug in derselben Zeit bereits 8,3 Kilometer weiter fahren könnte. Für die Fahrzeugentwicklung läßt sich daraus eine stärkere Motorisierung bei gleichzeitiger Gewichtsreduzierung ableiten, denn nur so kann die notwendige Spurtstärke erreicht werden.
Lange Standzeiten an den Haltepunkten sind die Folge langsamer Fahrgastwechsel und Abfertigungen. Zerlegt in einzelne Phasen, erweisen sich bei tiefgehender Analyse fünf Punkte als relevant für Verlustzeiten beim Fahrgastwechsel. Wer jemals das Ein- und Aussteigen mit kritischem Blick beobachtet hat, wird erschreckt bis amüsiert festgestellt haben, daß Planer und Konstrukteure in geradezu haarsträubender Weise die falschen Prioritäten setzen.
Anlaß für zeitraubende Stauungen sind zuwenige Türen und zuwenig breite Türöffnungen. Für einen Triebwagen sind als Mindestanforderung zwei Türen je Seite schon deshalb notwendig, weil bei Störungen sonst auf Handbetrieb umgestellt werden müßte. Damit auch Kinderwagen, Krankenfahrstühle und Fahrräder die Ein- und Ausstiegszeit nicht über Gebühr verlängern, sind Türbreiten von zwei Metern erforderlich, die zwei ungehinderte Wechselvorgänge gleichzeitig erlauben.
In Anbetracht der Zeit, die mitunter vergeht, bis sich eine Tür öffnet, könnte man den Eindruck gewinnen, die Bahn wolle ihre Fahrgäste am Mitfahren hindern. Erst muß ein in jedem Wagen anders aussehender Schalter gefunden und betätigt werden, dann braucht der Schiebe- oder Schwenkmechanismus etliche Zeit, bis der Weg freigegeben ist. Besser wäre es, würden wie bei der Wuppertaler Schwebebahn automatisch bei jedem planmäßigen Halt alle Türen innerhalb von einer Sekunde geöffnet (und wieder geschlossen).
Für die Aussteiger nicht so spannend wie für die Einsteiger ist die Frage, an welcher Stelle des Bahnsteigs der Zug und vor allem eine Tür zu stehen kommt. Wie

[1] Bei einer zulässigen Höchstgeschwindigkeit von 100 km/h.

an einigen ICE-Stationen bereits geschehen, kann auch an Flächenbahn-Haltepunkten die Ein- und Ausstiegsstelle markiert und präzise angesteuert werden.
Zum gefährlichen Abenteuer wird das Ein- und Aussteigen, wenn alte Waggons an Stationen halten, die nur über eine Andeutung von Bahnsteig verfügen, so daß zwischen Fahrzeugfußboden und Bahnsteigkante eine Lücke von fast einem Meter Höhenunterschied klafft. Trotz Stufen und Haltestangen können hier alpine Schwierigkeitsgrade vergeben werden; Stürze sind immer wieder zu beobachten. Neben diesem extrem unabgestimmten Höhenverhältnis gibt es abgeschwächte Formen des täglichen Stolperns, denn neben einer Vielzahl von Bahnsteighöhen sieht vor allem jeder Türbereich anders aus (wohingegen in Gebäuden nur die normierte Einheitstreppe zulässig ist). Mit anderen Worten: die kuriosesten Stufenformen finden sich dort, wo gar keine notwendig sind, denn bei der Bahn sind niveaugleiche Einstiege ohne weiteres machbar.
Praktiziert wird das Erhöhen der Bahnsteige - mit großem Aufwand und gestalterisch wenig überzeugend. Besser machen sich niederflurige Einstiege, zumal das vorhandene Rollmaterial ohnehin eher heute als morgen durch neues ersetzt werden muß.[1] Um Halte auch an der Bordsteinkante bequem und zeitsparend zu ermöglichen, ist als Obergrenze für die Fußböden im Einstiegsbereich ein Wert von 30 Zentimetern anzusetzen. Darüber hinaus ist das Verringern des horizontalen Abstands zwischen Bahnsteig und Fahrzeug wichtig, um das Ein- und Aussteigen zu erleichtern und damit zu beschleunigen. Würde das Lückenmaß der Londoner Untergrundbahn erreicht, in der die Fahrgäste an jeder Station per Lautsprecherdurchsage auf die Gefahr hingewiesen werden („Mind the gap!"), wäre schon einiges gewonnen.

Einflußfaktoren auf die Verlustzeiten beim Fahrgastwechsel

- *Anzahl der Türen*
- *Breite der Türen*
- *Öffnungs- und Schließmechanismus der Türen*
- *Entfernung der Türen von wartenden Einsteigern*
- *Abstand zwischen Bahnsteigkante und Fahrzeugfußboden*

Besondere Situationen entstehen an Stationen, an denen sich die Fahrtrichtung des Zuges ändert. Meist am Ende von Stichstrecken oder wenn eine Verzweigung entgegen der Fahrtrichtung erfolgt, ist neben der Zeit für den Fahrgastwechsel zusätzliche Wendezeit einzuplanen.
Kurz können diese Zusatzzeiten gehalten werden, wenn Zweirichtungstriebwagen anstelle lokbespannter Züge eingesetzt werden. Kann der Führerstandswechsel durch einfaches Ver- und Entriegeln der Steuereinrichtungen per Schlüssel vorge-

[1] Die Forderung, ein einheitliches Höhenniveau von Bahnsteig und Fahrzeugboden sehr niedrig anzusetzten, wird auch von Girnau erhoben und mit den jeweils entstehenden Kosten begründet. Siehe Girnau (1997), S. 16.

nommen werden, brauchen für diesen Vorgang kaum mehr als 30 Sekunden aufgeschlagen zu werden.

Verlustzeiten zu reduzieren, bringt den Fahrgästen schnellere Verbindungen; vom Auto auf den Zug werden sie aber nur dann umsteigen, wenn sie sich während der Bahnfahrt auch wohlfühlen. Einen wichtigen Beitrag stellt bereits die beschriebene Optimierung der Einstiegssituation dar. Weniger nervenforderndes Aussteigen kann neben fahrzeugbaulichen Verbesserungen durch audiovisuelle Ankündigungen der nächsten Haltestellen erreicht werden. Komplettiert wird der gute Eindruck, wenn zudem über die Ausstiegsseite informiert wird.

Ein weiteres Kriterium für angenehmes Reisen ist der Sitzkomfort. Sitze sollten nicht nur in genügender Anzahl vorhanden, sondern auch bequem gepolstert und mit Stoff bezogen sein, um jeglichen Sardinenbüchseneindruck zu vermeiden. Auch für Kinderwagen, Krankenfahrstühle, Fahrräder und Gepäck muß genügend Platz zur Verfügung gestellt werden.

Zum Fahrkomfort zählen vor allem ruckfreies Beschleunigen (besonders alte Menschen liegen sich sonst schnell ungewollt in den Armen oder verletzt am Boden), eine gute Federung und möglichst wenig Lärm. Motoren- und Bremsgeräusche müssen ebenso wie der Radschall und weitere Lärmquellen soweit reduziert werden, daß sie weder für die Reisenden noch für die Bewohner in der Nähe der Strecken störend wirken.[1]

Zu einem einladenden Ambiente kann das gesamte Design des Fahrzeugs beitragen. Zusätzliche Angebote zur reinen Beförderungsofferte können ein positives Empfinden ebenfalls steigern. Dazu gehören Serviceautomaten zur gastronomischen Versorgung und der Zeitungsverkauf - bei ausreichender Nachfrage durch entsprechendes Personal.[2]

Als ein wichtiger Bestandteil des Angebots ist auf die Sicherheit hingewiesen worden. Überfällen in den Zügen kann zum einen durch Zuglängen, die der Nachfrage angepaßt sind, und eine verstärkte Nutzung vorgebeugt werden, zum anderen durch helle Beleuchtung, große Fensterflächen und Durchsicht zum Fahrer.[3]

Unfallschäden lassen sich auf zwei Ebenen reduzieren. Erstens durch die Verminderung der Unfallzahlen und zweitens durch einen intelligenten Verformungsablauf der Fahrzeugteile beim Zusammenstoß in Verbindung mit ausreichender Verformungsfestigkeit an den notwendigen Stellen.[4] Dies bedeutet eine Abkehr von starren Anforderungen an die Stoßfestigkeit, die in der EBO mit 1.500 Kilonewton vorgeschrieben ist. Neuere Leichtfahrzeuge mit geringerer Stoßfestigkeit wurden entlang dieser Argumentationslinie in letzter Zeit vom Eisenbahnbundesamt

[1] Die Forschungen der Fahrzeugindustrie offenbaren erstaunliche Minderungspotentiale im Bereich Lärmemissionen. Siehe zum Beispiel Hecht/Zogg (1989), Zogg et al (1993) und Hecht (1995).

[2] Siehe auch Kapitel 4.1. Mittlerweile werden sogar Straßenbahnen erfolgreich mit Bistroabteilen ausgerüstet. Siehe Landesinitiative Bahntechnik NRW 6/1998, S. 22.

[3] Auf diese Anforderungen zur Erhöhung der Sicherheit weist zum Beispiel Jeschke (1997), S.169, hin.

[4] Auf diese Reihenfolge weist unter anderem Voß hin. Siehe Girnau (1997), S. 12.

zum Betrieb zugelassen.[1] Stark wirkende Bremsen sind als Kollisionsverhinderer zentrales Sicherheitselement dieser Fahrzeuge. Einen weiteren Beitrag kann die streckenseitige Steuerungstechnik leisten, um Unfälle zu vermeiden. Computersimulierte Crashtests liefern für die Fahrzeugkonstruktion Hinweise über die Anordnung von Knautschzonen und die Gestaltung des Innenraums. Höhere Sicherheit steht dann nicht im Widerspruch zum notwendigen Leichtbau. Die Automobilindustrie hat bewiesen, daß Crashsicherheit auch bei kleinen und leichten Wagen möglich ist.

Aus diesen Erkenntnissen läßt sich ein Anforderungsprofil für die Fahrzeuge der Flächenbahn ableiten. Als Lastenheft ausgestaltet enthält es alle wesentlichen Eckwerte, die erfüllt werden müssen, um dem Konzept gerecht zu werden.

Lastenheft

Von ersten Vorstellungen bis zu einem konkreten Fahrzeug ist es ein weiter Weg, auf dem manche schöne Idee unter den Tisch fallen wird, weil unweigerlich Kompromisse geschlossen werden müssen. Allein allen Leitbildern zur Nutzensteigerung Rechnung zu tragen, ist nicht ohne Abstriche möglich, da sich mitunter Widersprüche auftun. Im folgenden werden die aus der Kundenorientierung abgeleiteten Erfordernisse mit dem Prinzip der Effizienzorientierung verknüpft, da andernfalls der Kostenrahmen gesprengt würde.

Welche Art von Rollmaterial für die Flächenbahn geeignet ist, lassen die genannten Anforderungen bereits erahnen. Ein leichter Zweirichtungstriebwagen scheint den Ansprüchen am nächsten zu kommen; dies bestätigen auch die Überlegungen zur Nachfrage.[2]

Wird nicht der Takt sondern die Kapazität der Züge an die Nachfrage angepaßt, erweist sich das Flügelzugprinzip als zweckmäßig. Denn die gebündelten Verkehrsströme nehmen in ihrer Stärke vom Zentrum zur Peripherie ab. Ist auf abgelegenen Stichstrecken ein kleiner Wagen mit 50 Plätzen ausreichend, sind in der Nähe des Verbindungsknotens mit dem Fernverkehr erheblich mehr Kapazitäten vorzuhalten. Ausgehend von dem in Kapitel 4.1 vorgestellten Prinzip der Netzkonfiguration kann der Nachfrage durch mehrfaches Verflügeln gut entsprochen werden. Wird eine Flügelung an beiden Seiten des Knotens angestrebt, kann durch Übergänge zwischen den Triebwagen-Einheiten das Umsteigen im Zug erfolgen. Um den meisten Situationen gerecht zu werden, können als Größe für einen Triebwagen 80 Sitzplätze angegeben werden.

Den genannten Anforderungen steht die Notwendigkeit der Kostenreduktion gegenüber, die durch eine zielgerichtete Konstruktion des Fahrzeugs erreicht werden kann. Sie bezieht sich auf fünf Teilbereiche: die Kosten für Energie, Personal, Steuerung, Herstellung und Instandhaltung.

[1] Siehe Bus & Bahn 1/97, S. 8, und GRV-Nachrichten April 97, S. 11.

[2] Siehe Kapitel 5.1.

Fünf Bereiche der Kostenreduktion beim Fahrzeug

- *Energie*
- *Personal*
- *Steuerung*
- *Herstellung*
- *Instandhaltung*

Modulbauweise und Massenfertigung sind die Stichworte im Bereich der Herstellungskosten.[1] Sie erlauben drastische Preissenkungen bei zugleich höherer Zuverlässigkeit, was angesichts üblicher Fabrikationsmethoden besonders augenfällig wird; denn statt maschineller Fertigung wird in manchen Betrieben heute noch auf Handarbeit gesetzt.

Die vielfach rechnergestützten Steuerungsprozesse erfordern ebenso wie die schnell wachsenden Ansprüche der Kunden eine Verkürzung der Einsatzzeit des Rollmaterials. Statt 25 Jahren ist eher eine Nutzungsdauer von zwölf Jahren zielführend. Auch aus Gründen der Energieeinsparung ist Leichtbau das Gebot der Stunde.[2] Im Automobilbau werden problemlos Fahrzeuggewichte von weniger als 200 Kilogramm pro Sitzplatz erreicht, ähnliche Größenordnungen sollten auch im Schienenfahrzeugbau möglich sein. Gefordert wird daher eine Orientierung am Busbau.

Als Antriebsquelle eignet sich der Dieselmotor, der im Vergleich mit elektrischen Antrieben in der Herstellung kostengünstiger und im Emissionsverhalten nicht schlechter abschneidet. Analog zu den Versuchen im Busbereich könnte das weniger Schadstoffe erzeugende Erdgas testweise eingesetzt werden und sich bis 2015 durchgesetzt haben.[3] Als eine weitere Entwicklung der Automobilindustrie eignet sich die Schwungnutzautomatik zur Übernahme in die Fahrzeuge der Flächenbahn. Diese Technik schaltet den Dieselmotor ab, sobald er nicht mehr zur Beschleunigung oder zum Halten der Geschwindigkeit benötigt wird. Beim Rollen, Bremsen oder im Stand sinkt der Verbrauch somit auf Null. Zudem kann mittels Bremsenergiespeicherung zur Verbrauchsminderung beigetragen werden.

Auf Toiletten und Raucherabteile kann guten Gewissens verzichtet werden, da sich die Aufenthaltszeit in den Triebwagen aufgrund der erhöhten Reisegeschwindigkeiten deutlich verkürzt (der nächste Interregio-Bahnhof ist im Mittel höchstens 11,5 Kilometer entfernt). Der Aufenthalt ist daher in der Regel nicht länger als heute in der S-Bahn oder im Linienbus, die beide ohne diese Extras auskommen. Gepflegte Toiletten auch an den kleinen Bahnhöfen zu installieren, ist

---

[1] Auf die kostensenkenden Effekte weist unter anderem Müller-Hellmann (1996), S. 12, hin.

[2] Über die Notwendigkeit des Leichtbaus besteht in Forschung und Praxis weitgehend Einigkeit. Siehe zum Beispiel Dompke (1994), Wuppertal Institut/IÖW (1995), Müller-Hellmann (1996) und Girnau (1997).

[3] Vergleiche von Erdgas- und Dieselmotoren in schweren Nutzfahrzeugen zeigen durch ihr unterschiedliches Emissionsverhalten insbesondere beim Krebsrisiko deutliche Vorteile für den Gasantrieb, wie Untersuchungen des Umweltbundesamts belegen. Siehe dazu Mönch (o.J.). Über erste Praxiserfahrungen mit Erdgasbussen berichtet Eberwein (1996). Siehe auch Nahverkehrspraxis 7/8/1995, S. 234ff.

unter Kosten-Nutzen-Gesichtspunkten sicher günstiger. Fahrkartenautomaten hingegen gehören aus diesem Grund in die Triebwagen.[1]

Lastenheft für den Flächenbahn-Triebwagen

Antrieb	*Diesel oder Erdgas*
Zulässige Höchstgeschwindigkeit	*min. 100 km/h*
Beschleunigung 0 - 1000 m	*max. 60 s*
Beschleunigung 0 - 100 km/h	*max. 50 s*
Verzögerung Betriebsbremse	*bis 1,0 m/s²*
Verzögerung Notbremse	*min. 3,0 m/s²*
Treibstoffverbrauch	*20 - 30 l Diesel / 100 km*
Emissionsverhalten	*Automobilbau-Standard*
Achslast	*max. 10 t*
Leergewicht	*max. 25 t*
Leergewicht pro Sitzplatz	*ca. 250 kg*
Sitzplätze	*ca. 80*
Stehplätze (4 Pers./m²)	*ca. 80*
Fahrradplätze	*min. 8*
Einstiege	*min. 2 / Seite*
Lichte Türbreite	*min. 2 m*
Fußbodenhöhe im Türbereich	*20 - 30 cm ü. SOK*
Wagenkastenhöhe	*max. 3,0 m ü. SOK*
Wagenkastenlänge	*max. 30 m (LüK)*
Wagenkastenbreite	*3,0 m*
Mindestkurvenradius	*20 m*
Mehrfachsteuerung	*min. 5 Einheiten*
Übergang zwischen den Einheiten	*ja*
Kupplung	*automatische Schnellkupplung*
Personalbedarf	*1 Triebwagenführer*
Sonderausstattung Fahrgastraum	*Fahrkartenautomat, Multifunktionsraum, optische Stationsanzeige, Türautomatik*
Sonderausstattung Technik	*Schwungnutzautomatik, automatische Bremsprobe, Signalisierung im Führerstand*
Zulassung	*EBO, BOStrab*
Stückpreis	*0,5 - 1,0 Mio. Euro*

[1] Siehe Kapitel 4.1.

Im einzelnen zeigt das entwickelte Lastenheft, welche Größenordnungen die wichtigsten Parameter erreichen sollten und können. Sie sind unter Abwägung von Nutzen und Kosten gewählt und werden in Teilbereichen von diversen Fahrzeugen bereits heute erreicht. Bisher gebaute Triebwagen erfüllen jedoch in keinem Fall *alle* Vorgaben, sondern jeweils nur einen Teil, so daß die technische Herausforderung in der Kombination der positiven Einzelelemente liegt.

Triebwagen, die diesem Lastenheft genügen, werden für die Flächenbahn in einer Stückzahl von rund 4.700 Einheiten benötigt. Sie sind erforderlich, wenn von durchschnittlich 1,5 Einheiten pro Zug ausgegangen wird und unter Zugrundelegung jener Größen, die zur Verlagerung von Autoverkehr auf die Flächenbahn erreicht werden müssen: einer Erschließungsdichte von 4.000 Einwohnern je Haltepunkt im definierten Flächenbahngebiet, einer Reisegeschwindigkeit von 60 Kilometern pro Stunde und täglich 38 Zugpaaren auf jeder Strecke.

Benötigtes Rollmaterial

Züge	*ca. 3.140*
Einheiten pro Zug	*∅ 1,5*
Triebwagen-Einheiten	*ca. 4.710*

Dem Anforderungsprofil sollen im folgenden einige aktuelle Entwicklungen gegenübergestellt werden. Sie deuten zum einen die Erfüllbarkeit des Lastenhefts an, belegen aber auch, daß noch etliche Mängel auszumerzen sind, bis ein rundherum flächenbahntaugliches Fahrzeug auf den Schienen steht.

Übersicht aktueller Entwicklungen

Seitdem sich die Regionalisierung des Nahverkehrs abzeichnete, begann eine Welle von Fahrzeug-Neuentwicklungen. Alle bedeutenden Unternehmen der Schienenfahrzeugbranche stellten Konzepte vor, die zum großen Teil in den Bau von Serien mündeten.

Für die Flächenbahn relevante Entwicklungen werden im folgenden ebenso analysiert wie der Entwurf aus dem Konzept für eine Neue Bahn, der am radikalsten mit bis dato gängigen Standards brach und daher am weitesten in die Zukunft gerichtet ist.[1] Für diesen Entwurf sind extremer Leichtbau (Leergewicht unter 20 Tonnen), hohe Flexibilität und sehr niedrige Einstiege (20 Zentimeter) kennzeichnend. Daraus resultiert eine hohe Endgeschwindigkeit (120 Kilometer pro Stunde) bei geringem Verbrauch (20 Liter auf 100 Kilometer).

Gewählt wurde das Format (Länge und Breite) eines Reisezugwagens, der mittig mit einem Gelenk versehen ist. Durch den identischen Aufbau beider Hälften ergibt sich der Eindruck zweier rückseitig miteinander verbundener Busse. Sitzplätze

[1] Grundzüge des Schallaböck-Entwurfs sind erstmals im Mai 1994 schriftlich fixiert worden. Siehe Wuppertal Institut/IÖW (1994a), S. 5. Eine ausführliche Darstellung findet sich bei Wuppertal Institut/IÖW (1995), S. 93.

in großer Zahl (100) werden trotz geräumiger Eingangsbereiche durch die auch in anderen Konzepten anzutreffende Zwei-plus-Drei-Bestuhlung erreicht. Völlig neu ist die versetzte Anordnung der Türen. Gegenüber befindet sich nicht wie gewohnt der Ausstiegsbereich der anderen Fahrzeugseite sondern ein Mehrzweckraum. Bei insgesamt vier Türen sind somit vier Mehrzweckräume vorhanden. Ein weiteres ungewöhnliches Merkmal sind die Durchgänge an den Wagenenden, die beim Zusammenkuppeln mehrerer Einheiten das Umsteigen ermöglichen.

Idealfahrzeug

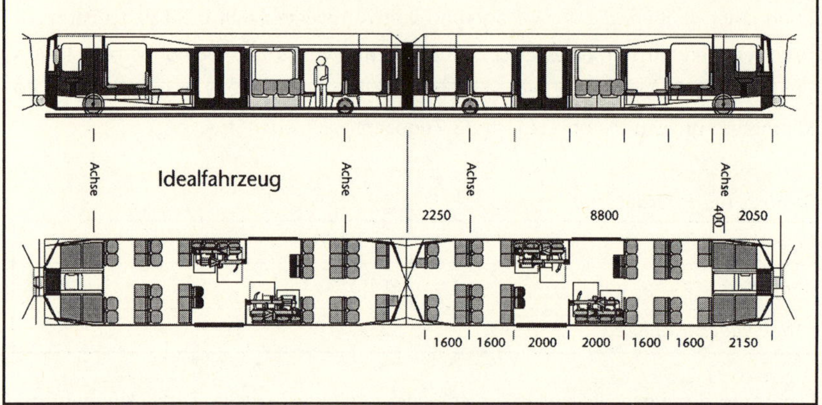

Abbildung entnommen bei Hüsing/Schallaböck (1997), S. 16.

Zwei sehr gegensätzliche Fahrzeuge belegen die technische Machbarkeit von Konstruktionselementen, die überaus wichtig sind. Bestaunt wegen seiner ästhetisch sicher nicht optimalen Kopfform wird der Flexliner der Dänischen Staatsbahn, weil er die Übergänge an den Wagenenden realisiert. Die Führerstandseinrichtungen werden bei Bedarf zur Seite geschwenkt. Wegen ihrer extrem geringen Fußbodenhöhe ist die österreichische ULF-Straßenbahn bekannt geworden. Ihr Eingangsbereich liegt mit einer Höhe von 15 Zentimetern exakt auf Bordsteinniveau.

Triebwagen, die in ihrer gesamten Ausführung den Bedürfnissen der Flächenbahn deutlich näher kommen als die Angebote zu Bundesbahn- beziehungsweise Reichsbahnzeiten, sind der sogenannte Regio-Shuttle von ADtranz und der Talent von Talbot (Bombadier Eurorail).[1] Von den meisten im Flächenbahn-Lastenheft verzeichneten Werten sind jedoch beide Fahrzeuge noch eine ganze Stufe entfernt. Das gilt sowohl für die Maße als auch für die Fahrleistungen. Geeignet erscheinen diese Baureihen aufgrund ihres Platzangebots; wegen ihrer vergleichsweise geringen Effizienz und vor allem der inakzeptablen Fußbodenhöhe (57 und 59 Zentimeter) werden sie dennoch auch als Übergangslösung in den meisten Fällen kaum in Betracht kommen.

[1] Diese und die im folgenden angesprochenen Leichttriebwagen sind in den Fachzeitschriften ausführlich vorgestellt worden. Siehe zum Beispiel Schulz (1998) und Bus & Bahn 4/97, S. 10f. Die Analysen stützen sich auf die offiziellen Herstellerangaben, Erkenntnisse der jeweiligen Betreiber aus dem Alltagsbetrieb sowie eigene Inspizierungen bei der Fertigung und im Betrieb.

Zu wenig durchdacht sind auch die von DWA konzipierten Schienenbusse, die gleichwohl einen erkennbaren Fortschritt darstellen. Der Doppelstock-Schienenbus eignet sich allenfalls für besondere Anwendungen, im Normalbetrieb sprechen vor allem die Treppen und der hohe Schwerpunkt gegen das Fahrzeug. Eine weitere Schwäche ist die auch für die einfache Variante LVT/S kennzeichnende Eintürigkeit. Die dadurch unnötig langwierigen Fahrgastwechsel erschwert der LVT/S zusätzlich durch seine Fußbodenhöhe von 60 Zentimetern.

Um nicht mißverstanden zu werden, sei an dieser Stelle aber betont, daß sowohl die DWA-Schienenbusse als auch die Talbot- und ADtranz-Fahrzeuge eine erhebliche Attraktivitätssteigerung bedeuten und zur Verlagerung des Autoverkehrs auf die Bahn einen nicht zu unterschätzenden Beitrag leisten können. Für das Konzept einer deutschlandweiten Flächenbahn sind sie dennoch nicht geeignet.

Von allen in Serie gegangenen Triebwagen stellt der Regio-Sprinter von Duewag (Siemens) nach wie vor den für den ländlichen Raum am besten geeigneten Entwurf dar.[1] Dieses Fahrzeug ist bis zur Realisierung einer neuen Generation von Leichttriebwagen, die dem Lastenheft entsprechen, sicher das ideale Rollmaterial für den schrittweisen Aufbau der Flächenbahn. Im Vergleich zu seinen Konkurrenten kommt der Regio-Sprinter dem Lastenheft in den allermeisten Punkten am nächsten und wirkt auch im Gesamteindruck sehr gelungen.

Regio-Sprinter

Foto entnommen bei Siemens (o.J.), o.S.

Als letzte Beispiele seien noch zwei Entwürfe genannt, deren Umsetzung den entwickelnden Firmen nicht gelang. Zum einen ist es der LINT in seiner Ursprungsfassung von Linke-Hoffmann-Busch, dessen Zielgrößen dem Flächenbahn-Lastenheft sehr nahe kommen. Zum anderen ist es der Eurail-Bus von De Dietrich/ Neoplan-Auwärter. Dieser Entwurf eines Leichttriebwagens ist vor allem deshalb

[1] Der Regio-Sprinter ist ausführlich bei Fiedler/Schraut (1997) beschrieben.

bemerkenswert, weil er von einem Bushersteller stammt und die Übertragung von Erkenntnissen aus dem Busbau für das Flächenbahn-Fahrzeug eine wichtige Rolle spielt. Hätten diese beiden Entwürfe zur Herstellung eines Fahrzeugs geführt, wären die Vorgaben des Lastenhefts voraussichtlich besser erfüllt worden als vom Regio-Sprinter.

Nach langem Entwicklungsstillstand haben sich seit der Bahnreform geradezu revolutionäre Dinge im Bau von Nahverkehrsdieseltriebwagen ereignet. Es bleibt abzuwarten, ob in den kommenden Jahren der notwendige weitere Qualitätssprung erreicht wird. Die Aussichten sind keinesfalls schlecht.

Aufeinander abzustimmen sind der bewegliche Teil der Infrastruktur und die ortsfesten Anlagen. Voll entfalten können sich die Vorteile eines Flächenbahn-Triebwagens daher nur, wenn die Streckentechnik darauf eingeht. Wie entsprechende Synergieeffekte erreicht werden können, wird im folgenden geschildert.

4.4 Streckeninfrastruktur

Hohe Reisegeschwindigkeiten mit geringen Kosten zu erreichen, ist eine generelle Zielvorstellung, zu der auch der Fahrweg seinen Teil beitragen muß. Die Leitbilder der funkgestützten Steuerungstechnik und des effizienten Personaleinsatzes deuten an, wie kurze Fahrzeiten netzseitig ohne spezifische Mehrkosten realisiert werden können. Sowohl die Trassierung als auch die Betriebstechnik nehmen diese Überlegungen auf und werden so gestaltet, daß sie zusammen mit den Fahrzeugen für beachtliche Effektivitätssteigerungen sorgen.

Netz und Trassierung

Als Ergebnis der Überlegungen zur Haltepunktdichte und zur Netzkonfiguration kann für die Flächenbahn eine benötigte Streckenlänge von etwa 31.500 Kilometern festgehalten werden.[1] Auf gut zwei Fünfteln dieses Netzes ist von einer Mischnutzung auszugehen, die den ebenfalls halbstündlichen Interregionalverkehr einbezieht. Reine Nebenstrecken, auf denen ausschließlich Nahverkehr stattfindet, machen daher nur einen Umfang von ungefähr 18.000 Kilometern aus; die übrigen 13.500 Kilometer können als Hauptstrecken klassifiziert werden.

Für die Flächenbahn reicht eine weitgehend eingleisige Trassierung, da sich bei einem Halbstundentakt alle Züge nur im Viertelstundenabstand begegnen. In den meisten Fällen kann die Zugkreuzung daher in einen Bahnhof gelegt werden. Es wurde allerdings gezeigt, wie wichtig das Eliminieren von Wartezeiten ist, so daß die Kreuzungsstellen auf größerer Länge zweigleisig ausgebaut werden sollten.[2] Rechnet man nach 15 Minuten Fahrzeit - bei einer Reisegeschwindigkeit von 60 Kilometern pro Stunde also nach 15 Kilometern - einen fünf Kilometer langen zweigleisigen Abschnitt ein, ist auf einem Viertel des Netzes das zweite Gleis zu verlegen. Ausreichende Reserven für nicht immer vermeidbare Verspätungen dürften somit vorhanden sein.

Diese Rechnung zeigt, wie bedeutend die Planung der Knoten ist (ITF!), um die Kreuzungspunkte an den richtigen Stellen bauen zu können. Das System funktioniert nur dann, wenn ein dauerhafter Zielzustand verbindlich entwickelt wird und die Planung nicht bei jedem Fahrplanwechsel wieder umgeworfen wird. Derartige Vorgaben zu machen, obliegt aufgrund der Hierarchie des Gesamtsystems dem Fernverkehr.[3] Der Nahverkehr hat sich solchen Knotenvorgaben anzupassen und seine Planung darauf auszurichten, muß sich dafür aber auf die Zeiten verlassen können.

Der Interregionalverkehr benötigt aufgrund seiner höheren Geschwindigkeiten und den größeren Haltepunkt-Abständen grundsätzlich zweigleisige Strecken. Von den

---

[1] Siehe Kapitel 4.1.

[2] Siehe Kapitel 4.2.

[3] Die fehlenden rechtlichen Vorgaben für eine zielgerichtete Fernverkehrsplanung sollen hier nicht zum Thema gemacht werden. Sie stellen gleichwohl ein gravierendes Problem dar, für das eine Lösung gefunden werden muß.

Interregios wird im ländlichen Raum ein Netz von 13.500 Kilometern Länge beansprucht, das bei doppelgleisiger Ausführung komplett von der Flächenbahn mitbenutzt werden kann. Die Gleislänge von 27.000 Kilometern ist jedoch nur für den IR-Betrieb notwendig; die Flächenbahn beansprucht davon lediglich 16.500. Rund ein Drittel dieser Hauptstrecken unterliegt zusätzlich der Nutzung durch Fernverkehrszüge (IC/ICE), die jedoch zumindest teilweise auf separaten Gleisen für höhere Geschwindigkeiten fahren.

Streckenlänge

	Gesamtlänge	*eingleisig*	*zweigleisig*
Flächenbahn-Bedarf Nebenstrecken	*18.191 km*	*13.643 km*	*4.548 km*
Flächenbahn-Bedarf Hauptstrecken	*13.392 km*	*10.044 km*	*3.348 km*
Interregional-verkehrs-Bedarf im ländlichen Raum	*13.392 km*	*0 km*	*13.392 km*
Flächenbahnbedarf Neben- und Haupt-strecken	*31.583 km*	*23.687 km*	*7.896 km*

Für den gesamten Personenverkehr ist auf Grundlage der notwendigen räumlichen Erschließung ein Streckennetz von etwa 55.000 Kilometern Länge erforderlich.[1] Dem stehen heute circa 40.000 vorhandene Streckenkilometer gegenüber.[2]

Folgende Ausgangssituationen sind möglich: Im besten Fall ist an der entsprechenden Stelle eine Strecke vorhanden und wird im Personenverkehr betrieben. Je nach Zustand ist möglicherweise eine Modernisierung oder sogar ein Ausbau notwendig.

Im zweiten Fall ist eine Strecke zwar vorhanden, wird aber nicht mehr im Personenverkehr bedient. Sie kann gleichwohl von Güterzügen genutzt oder aber vollständig stillgelegt sein. Ist letzteres der Fall, kann bereits ein Rückbau oder sogar die Entwidmung erfolgt sein. Wurde entwidmet, ist ein Planfeststellungsverfahren unumgänglich, in den anderen Fällen reicht es aus, den Oberbau neu zu errichten. Findet noch Güterverkehr statt oder liegt die Stillegung noch nicht lange zurück, genügt unter Umständen eine Modernisierung. Vor dem Hintergrund zunehmender Streckenreaktivierungen hat die Deutsche Bahn als Eigentümerin der meisten Strecken beschlossen, stillgelegte Abschnitte grundsätzlich nicht mehr zurückzubauen. Eine Wiederinbetriebnahme ist dann erheblich kostengünstiger möglich.[3]

---

[1] Siehe Kapitel 3.1.

[2] Siehe Bundesverkehrsministerium (1997), S. 53.

[3] Siehe Eisenbahnkurier 5/98, S. 5.

Als dritte Möglichkeit ist davon auszugehen, daß keine Strecke vorhanden ist. Unter dieser Voraussetzung ist ein Planfeststellungsverfahren unvermeidbar, bevor anschließend mit dem Neubau begonnen werden kann.

Ausgangsbasis Fahrweg

1	*2*	*3*
Strecke vorhanden	*Strecke vorhanden*	*Strecke nicht vorhanden*
im Personenverkehr betrieben	*nicht im Personenverkehr betrieben*	
	• *betrieben im Güterverkehr (a)* • *stillgelegt (b)* • *zurückgebaut (c)* • *entwidmet (d)*	
Maßnahmen: *(je nach Zustand)* • *keine* • *Modernisierung* • *Ausbau*	*Maßnahmen:* • *Reaktivierung* • *Ausbau* • *Neuerrichtung des Oberbaus (bei c, d, eventuell b)* • *Planfeststellungsverfahren (bei d)*	*Maßnahmen:* • *Planfeststellungs-verfahren* • *Neubau*

Für die Flächenbahn-Fahrzeuge ist im Lastenheft eine Höchstgeschwindigkeit von mindestens 100 Kilometern pro Stunde angegeben, weil ansonsten die erforderliche Reisegeschwindigkeit von 60 Kilometern pro Stunde nicht erreicht werden kann. Analog müssen folglich auch die Strecken für diese Geschwindigkeit hergerichtet werden.

Die mitunter kurvenreich gebauten Trassen benötigen deshalb bei engen Radien eine Überhöhung der Gleise. Auf den Einbau von Neigetechnik in die Triebwagen kann dann verzichtet werden, was im übrigen dem Fahrkomfort spürbar zugute kommt und die geforderte Niederflurigkeit ermöglicht.

Bei zulässigen Höchstgeschwindigkeiten, die heute auf vielen Nebenstrecken deutlich unter 60 Kilometern pro Stunde liegen, kommt der Aufwand für eine Renovierung bisweilen einem Neubau gleich. Da aber ausschließlich mit Leichtbau-Triebwagen gefahren werden soll und somit Achslasten von zehn Tonnen ausreichen, ist ein Neubau verglichen mit heutigen Standards unaufwendig.

Viel problematischer ist es, die durch Bahnübergänge und Brückenbauwerke bedingten und meist zahlreich vorhandenen Langsamfahrstellen zu beseitigen. Der vollständige Verzicht auf Langsamfahrstellen bringt jedoch eine enorme Nutzensteigerung durch Fahrzeitgewinne. Nur bei Ortsdurchfahrten, wenn das Gleis im Straßenraum liegt, ist eine Beschränkung der Geschwindigkeit unvermeidbar. Brükken können saniert und Bahnübergänge in vielen Fällen ersatzlos gestrichen werden, weil Ausweichmöglichkeiten oft in unmittelbarer Nähe vorhanden sind.[1] Wo das nicht möglich ist, sind technische Sicherungen durch Schranken oder Lichtzeichen vorzusehen. Investitionen in Über- und Unterführungen erübrigen sich; denn dadurch würde nur der Autoverkehr beschleunigt, was gerade nicht beabsichtigt ist.[2]

Ob die Nebenstrecken nach BOStrab oder nach EBO befahren werden, spielt für die Fahrgäste keine Rolle. Einige Ausführungsvorschläge sind jedoch nicht ohne weiteres mit der einen oder der anderen Betriebsordnung vereinbar. Wenn es rechtlich möglich erscheint, sollte der kostengünstigeren Variante der Vorzug gegeben werden.

Im Fahrzeugkapitel ist durch den geforderten Dieselantrieb bereits das Resultat aus Überlegungen zur Elektrifizierung der Strecken vorweggenommen. Für einen elektrischen Betrieb auf Nebenstrecken sprechen laut einer Expertise die Erkenntnisse über das Emissionsverhalten, das im Vergleich zum Dieselbetrieb günstiger sei.[3] Der Vorteil besteht jedoch nur bezogen auf den heutigen Betrieb. Unter anderem unterstellt die Studie fälschlicherweise eine pauschale Mitbenutzung der Oberleitung durch den Güterverkehr und berücksichtigt nicht, daß die dort empfohlene Elektro-Flächenbahn einen zusätzlichen Strombedarf erzeugt.[4] Außerdem wird beim Dieselbetrieb von Euro-II-Motoren ausgegangen, was zwar im Triebwagenbau aktueller Stand, im Zieljahr 2015 jedoch als veraltet anzusehen ist.

Ein Fahrzeug, das dem Flächenbahn-Lastenheft entspricht, kann voraussichtlich mit einem Elektrofahrzeug emissionsseitig gleichziehen. Anders sieht es aus, wenn ein Strommix zugrunde gelegt wird, der stärker durch die Nutzung von regenerativen Energien oder Kernenergie geprägt ist. Mit einer Verringerung des Anteils fossiler Energieträger würde sich die Emissionsbilanz der Elektrofahrzeuge erheblich verbessern - im umgekehrten Fall allerdings verschlechtern.

Bezogen auf den Bau und die Instandhaltung der Strecken sowie die Herstellung des Fahrzeugs weisen die elektrischen Varianten generell eine schlechtere Bilanz auf.[5] Das letztlich schlagende Argument für eine dieselbetriebene Flächenbahn ist jedoch der Aufwand, der für die elektrische Variante getrieben werden muß und sich entsprechend in den Kosten niederschlägt.[6]

---

[1] Eine diesbezügliche Untersuchung zu Bahnübergängen hat in Sachsen-Anhalt stattgefunden. Siehe Wuppertal Institut (1997b).

[2] Die gegenteilige Vorschrift des Eisenbahnkreuzungsgesetzes ist daher kontraproduktiv und sollte mit dem Argument der gleichwertigen Sicherheit gestrichen werden. EKrG, §2, i.d.F. vom 21.3.1971 (BGBl. III S. 910-1; Änderungen bis 27.12.1993). Siehe Freise (1994), S. 408.

[3] Als erster umfassender Vergleich der Gesamtemissionen von Fahrwegbereitstellung und von Herstellung und Betrieb aktueller Fahrzeuge liegt eine Studie vor, die Pkw, Busse sowie Diesel- und Elektrotriebwagen der Bahn einbezieht, und die für einen umfassenden Elektroantrieb plädiert. Siehe Institut für Regional-Ökonomie (1997).

[4] Auf die fehlende Berücksichtigung der Gesamtkapazitäten bei der Stromerzeugung weist Ilgmann (1998), 59ff., hin.

[5] Diesen Vorteil einer dieselbetriebenen Flächenbahn unterstreicht auch die genannte Studie. Siehe Institut für Regional-Ökonomie (1997), S.20ff. und 39ff.

[6] Die veranschlagten Kosten (siehe Kapitel 5.3) können bei Einsatz elektrischer Fahrzeuge nicht eingehalten werden.

Ausbauparameter der Nebenstrecken

Gleise pro Streckenkilometer	*Ø 1,25*
Zulässige Höchstgeschwindigkeit	*100 km/h*
Achslast	*10 t*
Elektrifizierung	*0 %*

Bei Anwendung der genannten Ausbauparameter ist auf den Nebenstrecken kein Güterverkehr mehr möglich. Weder die Achslasten noch die Zahl der Gleise geben gewöhnlichen Güterzügen Fahrmöglichkeiten in diesem Netz. Daraus kann nicht gefolgert werden, daß der Güterverkehr diese Strecken nicht mehr nutzen sollte. Die aufgeführten Parameter konstruieren lediglich einen Mindestausbauzustand, um genau berechnen zu können, welcher Aufwand zur Realisierung der Flächenbahn notwendig ist. Alle darüber hinausgehenden Anforderungen des Güterverkehrs können berücksichtigt werden, wenn dieser die dadurch entstehenden Mehrkosten trägt. Die verursacherbezogene Anlastung güterverkehrsbedingter Zusatzkosten ist auf die Erneuerung der Strecken ebenso anzuwenden wie auf die Instandhaltung. Vor dem Hintergrund von Erfahrungswerten, die dem Güterverkehr zwischen 50 und 90 Prozent der Abnutzung des Oberbaus zuschreiben, ist dies besonders hervorzuheben.[1]

Eine ähnliche Unterscheidung ist auf den Hauptstrecken notwendig, die im Interregionalverkehr befahren werden (und voraussichtlich auch im Güterverkehr). Die Abgrenzung der Gleislängen nach Flächenbahn- und übrigem Bedarf geschieht, um auch hier den Aufwand verursacherbezogen errechnen zu können. Auf den zwangsläufig mit höheren Standards zu versehenden Interregio-Strecken können der Flächenbahn auf diese Weise nur jene Kosten angelastet werden, die anfallen würden, wenn sie allein dort führe. Der generelle zweigleisige Ausbau der Hauptstrekken und ihre abschnittsweise Elektrifizierung sind für den Nahverkehr nicht erforderlich und diesem daher auch nicht anzurechnen. Umgekehrt werden dem IR-Verkehr keine Kosten für die Nahverkehrshaltepunkte angelastet. Unabhängig von zusätzlichem Betrieb bildet die Basis für die Flächenbahnberechnungen nur deren spezifischer Bedarf.

Daß bei einer Mischnutzung mit Grenzkosten gerechnet werden kann, liegt auf der Hand. Der Flächenbahnbetrieb würde dann entsprechend billiger ausfallen. Um insbesondere auf den Güterverkehr nicht angewiesen zu sein, wird hier dennoch generell eine Vollkostenrechnung durchgeführt.[2]

Hohe Kosten verursacht heute nicht nur der Streckenbau, sondern auch die Steuerung des Betriebs. Veränderungen, die gleichzeitig zur Kostensenkung und zur Nut-

[1] Der hohe Anteil des Güterverkehrs an der Abnutzung erklärt sich durch die hohen Achslasten. Er wird auch dann als angemessen eingeschätzt, wenn einem langsam und mit hoher Achslast fahrenden Güterzugpaar pro Tag ein Personenverkehrsbetrieb mit Leichtbautriebwagen im Halbstundentakt gegenüber steht.

[2] Siehe Kapitel 5.3.

zensteigerung beitragen, finden daher auch Eingang in den Bereich der Betriebstechnik.

Betriebstechnik

In Anbetracht heute noch im Einsatz befindlicher mechanischer Stellwerke und handbedienter Schranken eröffnen sich nennenswerte Potentiale in den Bereichen der Betriebsoptimierung und Kosteneinsparung durch elektronische Steuerungen. Die Vorteile der Elektronik liegen in der größeren Leistungsfähigkeit und Flexibilität bei gleichzeitig größerer Zuverlässigkeit. Zwar ist diese Technik nicht kostenlos zu haben, doch rechnet sich ihre Nutzung langfristig, weil kostenintensives Personal nur noch in geringem Umfang benötigt wird. Sowohl die Bedienung als auch Wartungsarbeiten erfordern wenig Aufwand. Mit Hilfe eines elektronisch gesteuerten Betriebsablaufs können umfangreiche Verbesserungen erzielt werden, die sich auf fünf Bereiche erstrecken.

Gerade im ländlichen Raum ist ein Sicherheitszuwachs möglich: zum einen, indem Kollisionen mit dem Straßenverkehr durch die technische Sicherung der Bahnübergänge vermieden werden, und zum anderen, indem Zusammenstöße zwischen Zügen dadurch verhindert werden, daß jeder Gleisabschnitt nur für einen Zug freigegeben werden kann.

Neben dem Sicherheitsplus sind im normalen Betrieb bei elektronischer Steuerung höhere Reisegeschwindigkeiten möglich. Zum einen kann die Fahrgeschwindigkeit angehoben werden, wenn technisch gesicherte Bahnübergänge den Verzicht auf Langsamfahrstellen erlauben oder wenn eine automatische Geschwindigkeitsüberwachung zum Auffahren auf einen Flügelzug in kürzerer Zeit verhilft. Zum anderen können Wartezeiten abgebaut werden, die bei Zugkreuzungen und Kupplungsvorgängen zwischen Flügelzügen entstehen.

Ein weiterer Vorteil ist durch den permaneten Gesamtüberblick gegeben, den die Elektronik gestattet. Verspätungen können vermindert werden, wenn der Fahrzeugführer bei Abweichungen von der Fahrplanzeit unmittelbar einen entsprechenden Hinweis erhält. Außerdem kann bei geringfügigen Verspätungen die Sicherung von Anschlüssen gewährleistet werden - zwischen Zügen ebenso wie zwischen Zug und Bus.

Störungen lassen sich dennoch nicht immer verhindern. Ihre Auswirkungen kann die Technik aber begrenzen, wenn Kommunikationsmöglichkeiten mit allen relevanten Stellen gegeben sind. Ein Rechner kann die Zweckmäßigkeit von Umdisponierungen prüfen und infolgedessen geeignete Varianten vorschlagen.

Die Elektronik ist ebenfalls dazu geeignet, die Fahrgäste in den Zügen und an den Haltestellen zu informieren. Im planmäßigen Betrieb können die ÖPNV-Kunden auf Ankunftszeiten und Anschlüsse hingewiesen und bei Störungen gegebenenfalls über Änderungen in Kenntnis gesetzt werden.

Aufgaben elektronischer Betriebssteuerung

- *Unfallvermeidung*
- *Geschwindigkeitsanhebung*
- *Anschlußsicherung*
- *Störungsmanagement*
- *Fahrgastinformation*

Seit dem Ende des kalten Krieges haben sich für die Steuerung des Bahnbetriebs neue Möglichkeiten durch die zivile Nutzung des US-amerikanischen Global Positioning Systems (GPS) eröffnet. GPS besteht aus 24 Satelliten, die in einer Entfernung von 20.200 Kilometern um die Erde kreisen und durch Funksignale den genauen Standort eines Empfängers bestimmen können.[1] Neue Automobile werden bereits mit einem Navigationssystem angeboten, das den Standort des Wagens per Satellitenortung erfaßt. Um den künstlich eingebauten Fehler in der Berechnung auszumerzen, kann mittlerweile auf eine radiounterstützte Satelliten-Navigationstechnik (kurz: RASANT) zurückgegriffen werden.[2] Korrigierte und auf einen Meter genaue Positionsangaben sind unmittelbar verfügbar (in „Echtzeit"), weil Referenzstationen die Korrekturdaten mittels Radiodatensystem (RDS) parallel zum UKW-Hörfunkprogramm ausstrahlen.

Durch eine Kombination von satellitengestützter Positionsbestimmung mit Strekken- und Fahrzeugdaten können raumzeitliche Soll-, Grenz- und Ist-Werte für jeden Zug erzeugt werden. Befinden sich an Bord ein RDS-Empfänger und ein sogenannter Differential-GPS-Empfänger (DGPS), der die Korrekturen nutzt, können über eine Datenfunkverbindung zwischen Zug und Zentrale Informationen und Steuerungsbefehle ausgetauscht werden. Kürzere Ausfälle des Signals, die zum Beispiel bei Tunneldurchfahrten auftreten, können durch Radsensoren ausgeglichen werden.[3] Theoretisch ist dann ein vollautomatischer Betrieb per Funk möglich.[4] Der Einsatz von Zugpersonal bietet sich für die Flächenbahn jedoch aus Sicherheitsgründen weiterhin an.

Die beschriebene Technik der satellitengestützten Ortung und des funkbasierten Betriebs gestattet eine Führerstandssignalisierung, das heißt die Signale werden sozusagen von der Strecke ins Cockpit verlegt. Dem Fahrzeugführer können auf diese Weise kontinuierlich Soll-Werte für die Geschwindigkeit übermittelt werden, denen er die tatsächliche Geschwindigkeit manuell anzupassen hat; bei Überschreitung der Grenzgeschwindigkeit würde eine automatische Zwangsbrem-

[1] Die USA setzen dieses System seit mehreren Jahren zu militärischen Zwecken ein. Bei inzwischen erlaubter ziviler Nutzung sorgt der Betreiber für eine künstliche Verschlechterung der Genauigkeit, die zu Fehlern von über 100 Metern führen kann. Siehe Faul/Ohsmann (1995). Um nicht dauerhaft von der US-amerikanischen Regierung abhängig zu sein, sollten die Planungen für ein europäisches Satelliten-Navigationssystem auf jeden Fall umgesetzt werden.

[2] Siehe Raven et al (1996).

[3] Siehe Vogel/Junge (1997), S. 43.

[4] Vollautomatisch, jedoch nicht per Funk, werden zum Beispiel die Dortmunder H-Bahn und die Düsseldorfer U-Bahn betrieben. Letztere verzichtet allerdings dennoch nicht auf das Fahrpersonal.

sung ausgelöst. Unter Nutzung dieser Techniken sind punktgenaue Halte aus hohem Tempo möglich, so daß die Türen an den auf dem Bahnsteig markierten Stellen zum Stehen kommen und ein schnelles Flügeln funktioniert.

Technische Bestandteile der Betriebssteuerung

- *Satelliten-Ortung*
- *Funksteuerung*
- *Führerstandssignalisierung*
- *Automatisierte Betriebsabwicklung*
- *Leitzentrale*

Wird der Betrieb in derart umfassender Weise automatisiert, ist er der Technik entsprechend ausgeliefert. Systemausfälle würden ohne Zugriffsmöglichkeit auf Ersatztechniken unweigerlich zum sofortigen Stillstand sämtlicher Züge führen. Als Rückfallebene ist daher mindestens die Steuerung über Sprechfunk vorzusehen.
Pilotversuche, die den automatisierten Funkbetrieb erproben, wurden zum Beipiel in Kaiserslautern und Mannheim gestartet.[1] Sie offenbaren, welche Rationalisierungen derartige Technik zuläßt. Auf einigen nicht von der DB betriebenen Nebenbahnen ist eine funkbasierte Steuerung bereits im Dauereinsatz.
Solche Strecken belegen zudem, wie durch die Nutzung des Marktes und etwas vereinfachtere Technik Kosten eingespart werden können. Schranken an DB-Nebenstrecken sind nämlich in der Regel teurere Varianten als an vergleichbaren Strecken, die in der Hand anderer Bahnen liegen, ohne daß Funktion oder Haltbarkeit bei letzteren eingeschränkt sind. Abstriche sind allenfalls im Design zu machen.[2]
Für den Betriebsablauf der Flächenbahn sollte größtmögliche Effektivität maßgebend sein. Durch funkgestützte Technik ist die Verlegung von Streckenkabeln zur Informationsübertragung komplett hinfällig; auf ortsfeste Signale kann ebenfalls verzichtet werden. Besetzte Blockstellen und Bahnhofsstellwerke können durch eine Leitstelle ersetzt werden, die jeweils für das gesamte Flächenbahn-Netz einer Region zuständig ist. Deren Rechner sind per Funk mit unterschiedlichen Modulen zu verknüpfen, die in den Fahrzeugen und an der Strecke montiert werden.
Folgende Modellvorstellung liegt zugrunde: Streckenmodule sichern und überwachen die Freigabe der Blockabschnitte. Die Schranken und Lichtsignalanlagen der Bahnübergänge werden von weiteren Modulen gesteuert, gesichert und überwacht. Haltepunkte und Bahnhöfe verfügen über unterschiedliche Module, da bei weichenfreien Anlagen nur die Sicherung und Überwachung des Haltevorgangs sowie die Informationsversorgung der Kunden-Info-Displays zu regeln ist. Bei umfangrei-

[1] Siehe Vogel/Junge (1997) und GRV-Nachrichten April 1997, S. 9.

[2] Die Erkenntnis, daß Rationalisierungspotentiale auf nicht von der DB betriebenen Bahnen wesentlich stärker genutzt werden, bestätigte sich anläßlich der Untersuchungen zur Flächenbahn in Sachsen-Anhalt. Siehe Wuppertal Institut (1997b), Teil E, S. E3.

cheren Gleisanlagen sind dagegen zusätzlich die Weichen zu steuern und gegebenenfalls Zugkreuzungen und Verflügelungen zu organisieren.[1]

Zwischen der Leitstelle und diesen vier ortsfesten Modultypen werden Datenbefehle ausgetauscht, die mit denjenigen zu koordinieren sind, die zwischen der Leitstelle und den Fahrzeugmodulen verlaufen. In den Fahrzeugmodulen müssen Informationen zur Geschwindigkeit und Streckenfreigabe verarbeitet werden; die Sicherung und Überwachung kann dann ebenso wie die Fahrgastinformation automatisch ablaufen. Wird das DGPS genutzt, erfolgt die automatische Ortung satellitengestützt; die Fahrzeugsteuerung übernimmt nach wie vor der Fahrer, der von der Leitstelle Empfehlungen erhält. Des weiteren empfiehlt es sich, die in Kapitel 6.1 beschriebenen Einrichtungen zur Erfassung der Ticketdaten in das Fahrzeugmodul zu integrieren.

Zur Disponierung des Rollmaterials könnte darüber hinaus ein spezielles Betriebshofmodul eingesetzt werden. Die notwendigen Informationen können zwischen Leitstelle und Betriebshof ausgetauscht werden; eine Überwachung kann automatisch stattfinden.

Funktechnische Verknüpfung zwischen Leitstelle und Modulen

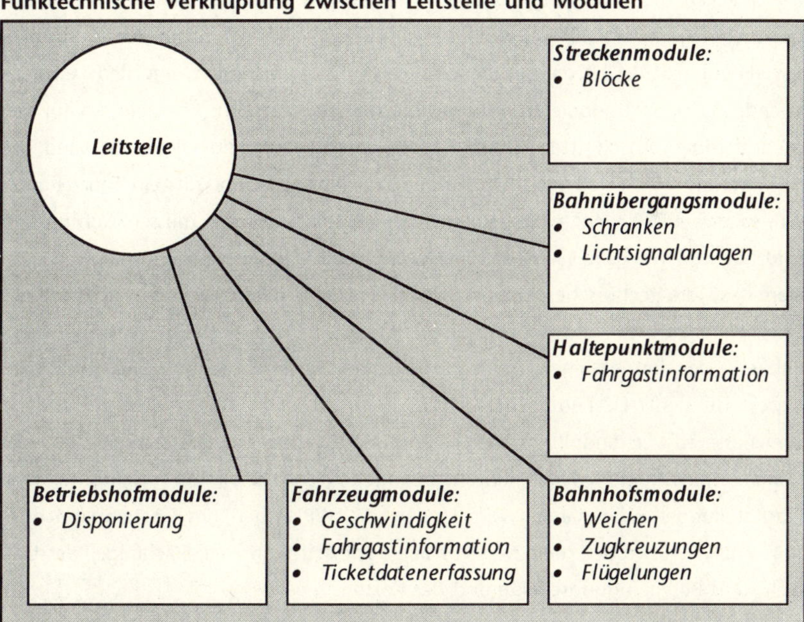

Zum Einsatz der Flächenbahn auf Hauptstrecken ist auf die Kompatibilität mit den dort genutzten Systemen der Ablaufsicherung zu achten. Für die Kostenberechnung wird wie beim Oberbau der Betrag eingesetzt, der zum alleinigen Flächenbahnbetrieb erforderlich ist.

[1] Beim Einbau von Rückfallweichen entfällt zwar die Weichensteuerung, Kreuzungen müssen aber trotzdem organisiert werden.

Automatische Funktionen

	Ortung	*Sicherung*	*Steuerung*	*Informierung*	*Überwachung*
Strecken-module		*automatisch*			*automatisch*
Bahnübergangs-module		*automatisch*	*automatisch*		*automatisch*
Haltepunkt-module		*automatisch*		*automatisch*	*automatisch*
Bahnhofs-module		*automatisch*	*automatisch*	*automatisch*	*automatisch*
Fahrzeug-module	*automatisch*	*automatisch*	*indirekt*	*automatisch*	*automatisch*
Betriebshof-module			*indirekt*	*automatisch*	*automatisch*

Für das Netz benötigt die Flächenbahn 158 Leitstellen (eine für etwa 200 Kilometer), die zusammen rund 47.000 Module steuern. Im einzelnen: 1.580 Blöcke sind mit Streckenmodulen zu steuern. Soll im Schnitt alle 1.000 Meter ein Überqueren der Strecken möglich sein, das aus Sicherheitsgründen grundsätzlich technisch gesichert ist, müssen 31.582 Bahnübergangsmodule 15.791 Schranken- und ebensoviele Blinklicht-Übergänge steuern. 7.500 Zugangsstellen erfordern entsprechende Haltepunktmodule zur Fahrgastinformation; zusätzlich übernehmen auf den mehrgleisigen Abschnitten 1.580 Bahnhofsmodule die Blocksicherung und die Ansteuerung von 4.738 Weichen. Auf jeden Triebwagen entfällt ein Fahrzeugmodul, so daß 4.710 weitere Steuereinheiten installiert werden müssen. Schließlich sind noch 94 Werke mit je einem Betriebshofmodul auszustatten.

Damit ist die technische Funktionsfähigkeit der Flächenbahn, die sich auf die Streckeninfrastruktur und die Fahrzeuge erstreckt, ebenso bestätigt, wie die Tauglichkeit des betrieblichen Konzeptteils. Ein weiterer technisch-betrieblicher Aspekt ist in der Gestaltung des Ticketsystems zu sehen. Dessen Beschreibung ist zum besseren Verständnis im Tarifkapitel (6.1) enthalten, das sich als Teil der Organisationsstruktur weiter hinten befindet. Denn bevor auf organisatorische Fragestellungen eingegangen wird, sollen die Wirkungen des Flächenbahnangebots analysiert werden, und zwar vor allem hinsichtlich der Nachfrage, der Umwelt- und Beschäftigungseffekte und der Kosten.

5. Wirkungsanalyse: Kosten und Nutzen

5.1 Nachfragepotentiale

Die These, nach der die Flächenbahn technisch und betrieblich machbar ist, hat sich bestätigt. Ist der finanzielle Aufwand jedoch zu groß und sind die angestrebten Entlastungseffekte zu gering, kann ihre Einführung nicht empfohlen werden. Deshalb ist zu prüfen, wieviel sie kostet und welchen Nutzen sie bringt.

Notwendige Mindestnachfrage

Umwelt- und Gesundheitsbelastungen können gesenkt werden, wenn anstelle des Autos häufiger die Bahn benutzt wird. Bevor die Frage gestellt wird, wieviel Veränderung möglich ist, soll ermittelt werden, wie hoch die Bahn ausgelastet sein muß, damit sie ein umweltverträglicheres Fortbewegen überhaupt erlaubt. Wird eine Erweiterung des Bahnangebots gefordert, ist immer zu prüfen, ob die dadurch entstehenden zusätzlichen Belastungen wirklich kleiner sind als die wegfallenden Belastungen der ersetzten Autofahrten. Das auf den Ist-Zustand bezogen im Prinzip richtige Argument, jede verlagerte Autofahrt entlaste die Umwelt, weil die stattdessen genutzte Bahn ohnehin fährt, gilt hier nicht. Denn das zusätzlich eingesetzte Verkehrsmittel ist in diesem Fall die Flächenbahn - es gibt sie ja bisher nicht.

Vereinfachend sei der Energieverbrauch als Vergleichsgröße gewählt, weil er sich äquivalent zum Kohlendioxid-Ausstoß verhält und eine plastische Anschauung vermittelt. Was interessiert, ist die Treibstoffmenge, die zum Transport der potentiellen Umsteiger benötigt wird - einerseits mit der Flächenbahn, andererseits mit dem Pkw. Auf 100 Kilometern verbraucht ein Pkw im Schnitt exakt neun Liter Kraftstoff[1] und ist mit 1,4 Personen besetzt.[2] Der Verbrauch pro 100 Personenkilometer liegt folglich bei 6,4 Litern. Um diesen Wert zu erreichen, muß ein Flächenbahn-Triebwagen im Schnitt mit mindestens 4,3 Fahrgästen besetzt sein, denn sein Treibstoffverbrauch liegt selbstredend über dem des Autos.[3]

4,3 Fahrgäste sind - auch pro Waggon - nicht sehr viel; doch der Vergleich hinkt etwas, weil ein Schienenfahrzeug der Zukunft (2015) dem heutigen Pkw-Bestand gegenübergestellt wird. Fairerweise ist auch beim Pkw-Verbrauch ein für 2015 realistischer Wert in die Rechnung einzustellen, der sicher deutlich unter neun Litern liegt. Zwar wird für 2010 von einer Reduzierung auf acht bis sieben Liter

[1] Der angegebene Kraftstoffverbrauch von 9,0 Litern bezieht sich auf alle Pkw und Kombi in Deutschland 1996. Berücksichtigt sind Otto- und Diesel-Antriebe, deren volumenbezogene Verbrauchswerte aus Vergleichsgründen fahrleistungsgewichtet in Ottokraftstoff angesetzt werden. Diese Umrechnung ist erforderlich, weil für den Kohlendioxid-Ausstoß das spezifische Gewicht relevant ist, das für Diesel mit 0,835 Kilogramm pro Liter größer ist als für Benzin (0,750 kg/l). Die ottogetriebenen Pkw und Kombi verbrauchen im Schnitt 9,1 Liter OK und die dieselgetriebenen 7,6 Liter DK (entspricht 8,5 Liter OK) auf 100 km. Die Verbrauchsdaten werden auf Grundlage der Angaben bei Bundesverkehrsministerium (1997), S. 277, errechnet.

[2] Der Besetzungsgrad ist auf Grundlage der Angaben bei Bundesverkehrsministerium (1997), S. 159 und S. 217, errechnet.

[3] Im Lastenheft für den Flächenbahn-Triebwagen sind als Verbrauchsvorgabe auf 100 km 20 bis 30 Liter Diesel angegeben (siehe Kapitel 4.3); für den Vergleich ist der Mittelwert von 25 Litern angesetzt worden. In die Rechnung wurde der auf Ottokraftstoff umgerechnete Wert von 27,8 Litern eingestellt.

ausgegangen, doch Diskussionen über das Fünf- und Drei-Liter-Auto zeigen weitere Minderungspotentiale.[1] Beide Typen sind technisch möglich, so daß es eine Frage der Preispolitik bleibt, wann solche Fahrzeuge massenhaft auf dem Markt zu finden sein werden.[2] Da für die Flächenbahn umfangreiche Optimierungen vorgesehen sind, wird sie mit dem Fünf-Liter-Auto verglichen, obwohl die Annahme, daß der durchschnittliche Treibstoffverbrauch eines Pkw 2015 bei fünf Litern liegt, äußerst optimistisch ist.

Wird der durchschnittliche Besetzungsgrad von 1,4 Personen zugrundegelegt, verbraucht ein Fünf-Liter-Auto pro 100 Personenkilometer 3,6 Liter. Möchte die Flächenbahn diesen Wert ebenfalls erreichen, muß sie im Schnitt mit 7,7 Personen besetzt sein. Diese Gegenüberstellung deutet an, wie umweltfreundlich die Bahn sein kann, denn 7,7 Personen in einem Waggon sind immer noch nicht sehr viel.

Notwendige Mindestauslastung der Flächenbahn (Vergleich: Pkw)

	Durchschnitts-Pkw 1996	*Flächenbahn-Triebwagen*
Treibsstoffverbrauch (Liter OK auf 100 km)	*9,0*	*27,8*
durchschnittliche Besetzung (Personen je Kilometer)	*1,4*	*4,3*
Treibstoffverbrauch (Liter OK auf 100 Pkm)	6,4	6,4

Notwendige Mindestauslastung der Flächenbahn (Vergleich: Fünf-Liter-Auto)

	Fünf-Liter-Auto	*Flächenbahn-Triebwagen*
Treibsstoffverbrauch (Liter OK auf 100 km)	*5,0*	*27,8*
durchschnittliche Besetzung (Personen je Kilometer)	*1,4*	*7,7*
Treibstoffverbrauch (Liter OK auf 100 Pkm)	3,6	3,6

Anzumerken ist, daß es sich um einen Durchschnittswert handelt, um den die realen Besetzungszahlen konkreter Züge erheblich streuen. Der im Extremfall mit null Fahrgästen besetzte Zug kann durchaus weniger umweltschädlich sein als ein vollbesetztes Auto, wenn dieser Zug den Takt vervollständigt, ohne den die Attraktivität der Bahn und damit die gesamte Reisendenzahl zurückgehen würde. Pauschal kann demnach nicht gesagt werden, ab welchem Besetzungsgrad ein einzelner Zug günstiger als das Auto abschneidet, und zur persönlichen Entschei-

[1] Laut Shell-Szenarien wird der durchschnittliche Verbrauch 2010 zwischen 6,9 und 7,2 Litern liegen, 2020 zwischen 5,4 und 5,8 (siehe Deutsche Shell (1997), S. 5). Der Dieselverbrauch ist bei dieser Rechnung allerdings nicht auf Ottokraftstoff umgerechnet, so daß die gewichteten Werte um 0,1 bis 0,3 Liter höher liegen werden. Andere Trendschätzungen sehen den Verbrauch 2010 zwischen sieben und acht Litern (inklusive Berücksichtigung der höheren Dichte des Dieselkraftstoffs). Siehe Wuppertal Institut (1997a), S. 88.

[2] Laut Fahrzeugindustrie sind Drei-Liter-Autos (mit Ottomotor) ebenso wie Pkw mit noch geringerem Verbrauch bereits heute technisch machbar. Über Aussichten und Verbesserungspotentiale berichten Petersen/Diaz-Bone (1998). Siehe auch Weizsäcker et al (1995), S. 32ff.

dungsfindung bei der Wahl des Verkehrsmittels taugen solche Vergleiche auch nicht, denn an dieser Stelle gilt wieder das Argument der ohnehin fahrenden Bahn.

Sitzen durchschnittlich mehr als 7,7 Fahrgäste in einem Flächenbahn-Triebwagen (das entspricht 11,6 Fahrgästen in einem mittleren Flächenbahn-Zug), wird weniger Energie verbraucht und weniger Kohlendioxid emittiert, als wenn diese Personen mit dem Auto fahren würden. Auf Deutschland hochgerechnet, bedeutet das unter Zugrundelegung des vorgestellten Flächenbahn-Fahrplans mit 876 Millionen jährlichen Zugkilometern: Jeder Einwohner müßte einmal im Vierteljahr zu einem 22 Kilometer entfernten Ziel mit der Flächenbahn fahren und wieder zurück. Oder anders ausgedrückt: Alle 30 Millionen Bewohner des Flächenbahngebiets müßten im Jahr je 365 Kilometer Flächenbahn fahren, also im Schnitt einen Kilometer pro Tag. Wenn die Autos in gleichem Maße weniger bewegt werden, vermindern sich die Umwelt- und Gesundheitsschäden, weshalb als nächstes die Verlagerungspotentiale interessieren.

Verlagerungspotentiale

Ob eine Bürgerinitiative die Reaktivierung einer Strecke fordert, ein Bundesland eine neue Trasse bauen lassen möchte oder die Deutsche Bahn über die Einstellung einer Linie debattiert, die Planer werden oft als Propheten gesehen, denn von ihnen wird eine genaue Prognose der Fahrgastzahlen erwartet. Niemand kann wirklich vorhersagen, wie stark ein Angebot tatsächlich genutzt werden wird, möglich sind allenfalls Annäherungen. Dazu wird häufig das Nachfragepotential ausgewiesen; das sind all jene Fahrten, für die das ÖPNV-Angebot gegenüber den anderen Verkehrsmitteln räumlich und zeitlich die bessere Alternative darstellt.

Ob dieses Potential tatsächlich voll ausgeschöpft wird, kann aber nicht mit Sicherheit gesagt werden, da die Wahl des Verkehrsmittels unter anderem stark von Gewohnheiten geprägt zu sein scheint.[1] Für eine Prognose kommt erschwerend hinzu, daß zwar häufig die Anzahl der Reisenden in den Zügen und Autos strekken- beziehungsweise straßenquerschnittsbezogen aus Zählungen bekannt ist, die quell-ziel-genauen Verkehrsverflechtungen aber nur simuliert werden können. Derartige in der Verkehrsplanung übliche Simulationsmodelle bilden die Realität bisweilen erstaunlich gut ab, leiden aber in der Regel unter der fehlenden Richtigkeit der konkreten Einzelströme und vermitteln daher nur bedingt zuverlässige Bilder über die tatsächlichen Wegebeziehungen.

In ähnlicher Genauigkeit die Verkehrsströme und das Nachfragepotential für den öffentlichen Verkehr einer gesamten Region abbilden zu wollen, ist aufgrund der zunehmenden Komplexität von vornherein zum Scheitern verurteilt. Mit der Größe des Betrachtungsraumes nimmt die Zuverlässigkeit der Vorhersage ab. Selbst wenn die ortsgenaue Lage der potentiellen Flächenbahnstrecken bekannt wäre, könnte

[1] Siehe Kapitel 2.3.

ein ganz Deutschland umfassendes Modell nur unzureichende Ergebnisse liefern. Es wird daher eine andere Vorgehensweise gewählt.

Die Flächenbahn deutschlandweit einführen zu wollen, ist ein auf mehrere Jahre angelegtes Projekt, das in der Öffentlichkeit bekannt sein und von ihr getragen werden muß. Die skizzierten Qualitätssprünge können dann zu einem verstärkten Aufbrechen der Verhaltensroutinen im Verkehr führen. Massenhaft wird das Umsteigen vom Auto aber erst stattfinden, wenn das Angebot auf die unterschiedlichen Verkehrszwecke ausgerichtet und regionalen Gegebenheiten Rechnung getragen wird. Möglich ist eine Darstellung von Nachfragepotentialen, die auf fundierten quantifizierbaren Hinweisen beruht und landesweite Durchschnittswerte angibt. Fahrgastzahlen lassen sich dann als Mittelwert für alle Streckenkilometer des theoretischen Modells ausweisen.

Brauchbare Hinweise auf die Nachfragepotentiale gibt es etliche, die meisten sind jedoch nicht so konkret auf die Flächenbahn ausgerichtet, daß genaue Auslastungszahlen ohne weiteres abbildbar wären. Es werden daher Folgerungen abgeleitet, miteinander verglichen und bewertet. Sechs Quellen werden zu diesem Zweck herangezogen.

Erste Hinweise geben die vielfältigen Untersuchungen von Socialdata. Beispielsweise ist der Anteil der Pkw-Fahrten ermittelt worden, die durch andere Verkehrsmittel ersetzbar sind: er liegt bei 61 Prozent.[1] Aus mehreren Befragungen lassen sich zudem die Erwartungen der Bevölkerung an die Verkehrspolitik ablesen. 83 Prozent der West- und 91 Prozent der Ostdeutschen erwarten eine ÖPNV-orientierte Verkehrsplanung.[2]

Aufschlußreich ist auch eine Verkehrsdokumentation des Spiegel.[3] Zum einen wird eine überwiegende Mehrheit erkennbar, die Einschränkungen des Autoverkehrs für richtig hält, zum anderen sehen die meisten Menschen im öffentlichen Verkehr eine Lösung der Probleme.

Rund 60 Prozent der Bürger meinen, daß die Verkehrsplaner den Autoverkehr einschränken sollten, wo es nur geht; 50 Prozent wollen sogar wieder autofreie Wochenenden. Diese Aussagen bestätigen auch die Annahme, eine Lösung der Verkehrsprobleme solle „von oben" kommen.[4] Statt auf der Basis freier Entscheidung einen eigenen Beitrag zu leisten, wünschen sich die meisten vielmehr für alle geltende Vorgaben der Politik. Die Einschätzung des Autoverkehrs als Ausgangspunkt für Umweltbelastungen manifestiert sich in den Behauptungen, daß Autofahrer Einschränkungen zur Rettung der Umwelt in Kauf nehmen müssen (85 Prozent Zustimmung) und daß unter ökologischen Gesichtspunkten das Auto abgeschafft werden muß (48 Prozent Zustimmung). Mit diesen Einstellungen korrespondiert die Ansicht, daß öffentliche Verkehrsmittel einen wirksamen Beitrag

[1] Die ersetzbaren Pkw-Fahrten wurden in einer Untersuchung des Ruhrkorridors ermittelt. Siehe Brög (1997), S. 77.

[2] Siehe UITP (1992), S. 15.

[3] Siehe Rudolf Augstein Gesellschaft (1993).

[4] Rudolf Augstein Gesellschaft (1993), S. 23.

zum Umweltschutz leisten (85 Prozent Zustimmung). Große Chancen werden der Bahn vor allem als Fernverkehrsmittel der Zukunft attestiert, aber auch im Nahverkehr wird von einer künftig stärkeren Nutzung der Bahnen ausgegangen.

Ansichten zu Verkehr und Umweltschutz

Behauptung	*Anteil der Zustimmenden Deutschland*	
	West	*Ost*
• *Die Verkehrsplaner sollten den privaten Autoverkehr einschränken, wo es nur geht.*	*60 %*	*59 %*
• *Es sollte wieder autofreie Wochenenden geben.*	*50 %*	-
• *Zur Rettung der Umwelt werden auch die Autofahrer Einschränkungen in Kauf nehmen müssen.*	*87 %*	*78 %*
• *Unter ökologischen Gesichtspunkten müßte das Auto abgeschafft werden.*	*50 %*	*40 %*
• *Im Nahverkehr wird in Zukunft die Bahn noch mehr benutzt.*	*30-47 %*	*22-34 %*
• *Im Fernverkehr wird in Zukunft die Bahn noch mehr benutzt.*	*64 %*	*49 %*
• *Benutzung der öffentlichen Verkehrsmittel halte ich für einen wirksamen Beitrag zum Umweltschutz*	*85 %*	-

Quelle: Spiegel-Dokumentation. Siehe Rudolf Augstein Gesellschaft (1993).

Es werden Einschätzungen und Erwartungen zum Verkehr geäußert, die eine bahnorientierte Planung - und damit auch die Flächenbahn - befürworten, sogar auf Kosten des Autos. Für eine Verkehrspolitik zugunsten der Bahn ist das eine wichtige Grundlage, die durch das Verkehrsverhalten in anderen Staaten untermauert wird.

In vergleichbaren Industriestaaten verschiedener Größe und Siedlungsstruktur wird die Bahn in sehr unterschiedlicher Weise genutzt. Das nach wie vor mit einem dichten Streckennetz ausgestattete „Bahnland Deutschland" steht allerdings bei weitem nicht an der Spitze. Trotz vergleichbarer Wirtschaftskraft werden Bahnfahrten in Ländern wie Frankreich, Österreich und den Niederlanden in deutlich größerem Umfang unternommen. Der jährlichen Personenverkehrsleistung der Bahn von 786 Kilometern je Einwohner in Deutschland stehen Werte von 1.102, 1.195 und 1.320 für die drei anderen Staaten gegenüber.[1] Noch krasser fällt der Vergleich zur Schweiz aus. Mit 1.903 Kilometern je Einwohner legen die Schweizer fast zweieinhalb mal soviele Bahnkilometer zurück wie die Deutschen. Gegenüber den in der Autoindustrie engagierten Japanern ist auch das immer noch wenig. Sie fahren im Jahr 3.219 Kilometer mit der Bahn - mehr als viermal soviel wie in Deutschland üblich. Wird der japanische Wert auf die Streckenlänge umgelegt und

[1] Zum Vergleich: Die Personenverkehrsleistung des motorisierten Individualverkehrs liegt in Deutschland bei 9.090 Kilometern je Einwohner. Berechnet für 1995 nach Bundesverkehrsministerium (1997), S. 217, und Statistisches Bundesamt (1996b).

dann auf das bundesrepublikanische Netz übertragen, müßte jeder Deutsche im Jahr etwa 7.000 statt 786 Bahnkilometer zurücklegen.[1] Da bliebe für die Flächenbahn ein mächtiges Stück vom Kuchen übrig.

Internationale Vergleichsdaten

	Einwohner	*Bevölkerungs-dichte*	*Personenverkehrsleistung Bahn*	
Japan	*125,2 Mio.*	*332 Ew/km²*	*403,0 Mrd. Pkm*	*3.219 km/Ew*
Schweiz	*7,0 Mio.*	*171 Ew/km²*	*13,4 Mrd. Pkm*	*1.903 km/Ew*
Niederlande	*15,5 Mio.*	*369 Ew/km²*	*20,4 Mrd. Pkm*	*1.320 km/Ew*
Österreich	*8,1 Mio.*	*96 Ew/km²*	*9,6 Mrd. Pkm*	*1.195 km/Ew*
Frankreich	*58,1 Mio.*	*107 Ew/km²*	*64,0 Mrd. Pkm*	*1.102 km/Ew*
Deutschland	*81,5 Mio.*	*229 Ew/km²*	*64,1 Mrd. Pkm*	*786 km/Ew*

Alle Angaben beziehen sich auf 1995. Datengrundlage zu Einwohnern und Bevölkerungsdichte: Baratta (1997), zur Personenverkehrsleistung: International Road Federation (o.J.) und eigene Berechnung.

Bahnnutzung im internationalen Vergleich

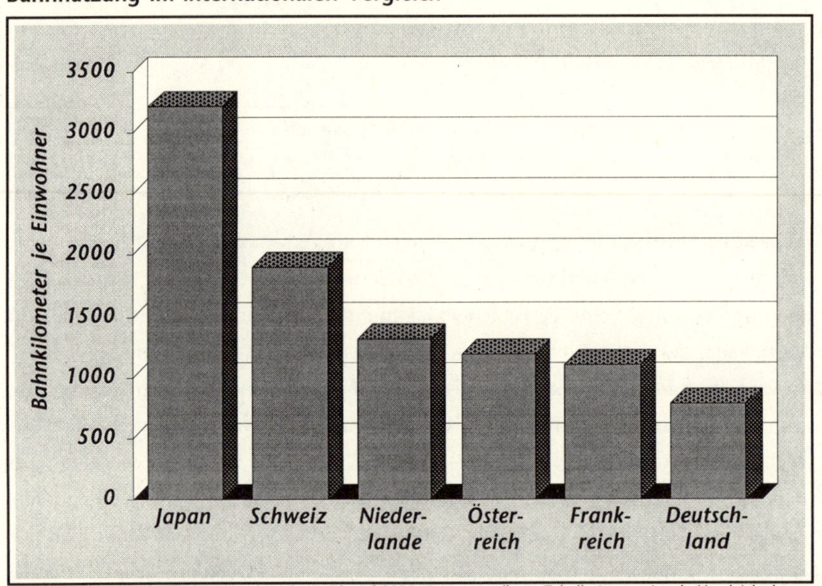

Alle Angaben beziehen sich auf 1995. Datengrundlage: Tabelle Internationale Vergleichsdaten.

Das Neue-Bahn-Konzept geht mit seinem Verlagerungsmodell nicht so weit und setzt den Bahnverkehr bei 3.000 Kilometern je Einwohner an, was immerhin knapp einer Vervierfachung des heutigen Wertes entspricht.[2] Zur Herleitung dieses Verlagerungspotentials wurde sehr genau geprüft, welche Fahrten sich im einzelnen für die Bahn eignen.[3] Einbezogen wurde auch der Bus- und Straßenbahnverkehr, dessen

[1] Netzlänge in Japan nach Wuppertal Institut/IÖW (1995), S. 34.

[2] Siehe Wuppertal Institut/IÖW (1995), S. 36.

[3] Vor allem Wegelängen und Verkehrszwecke sind von Schallaböck anhand von Kontiv-Daten und DIW-Statistiken auf ihre Verlagerbarkeit geprüft worden.

Nachfragepotential mit 2.300 Kilometern je Einwohner benannt wird. Der gesamte öffentliche Verkehr kommt somit laut Konzept für eine Neue Bahn auf 5.300 Kilometer je Einwohner. Gemessen an der heutigen Personenverkehrsleistung von 142 Milliarden Personenkilometern im Jahr entspricht das Potential für 2010 mit 424 Milliarden einer Steigerung um den Faktor drei.

Nachfragepotential des öffentlichen Verkehrs

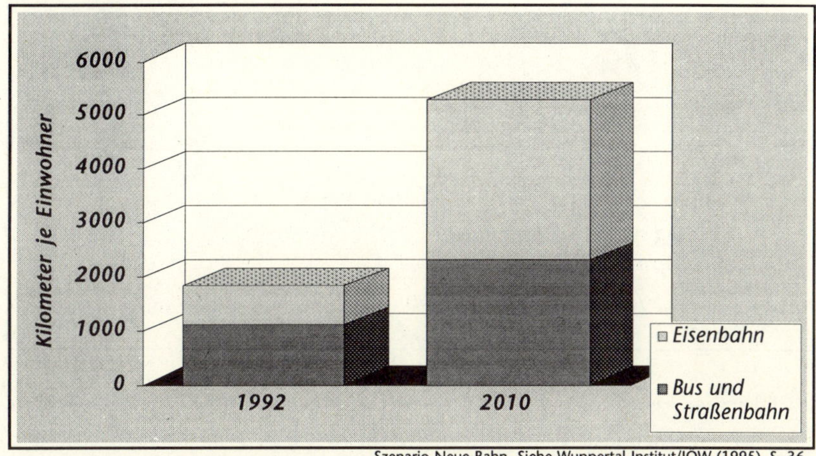

Szenario Neue Bahn. Siehe Wuppertal Institut/IOW (1995), S. 36.

Auf den gesamten öffentlichen Verkehr in Deutschland bezogene Szenarien und Potentialabschätzungen bilden eine hilfreiche Grundlage für mögliche Verhaltensänderungen im Hinblick auf die Flächenbahn. Einen genaueren Aufschluß liefern jedoch Untersuchungen des ländlichen Raums, wie die bereits im Rahmen der Mängelanalyse betrachtete Socialdata-Studie.[1] Sie weist die Gründe für die Nichtnutzung des ÖPNV aus und gibt an, in welcher Priorität sie eine Rolle spielen.

Der ÖPNV wird derzeit auf 42 Prozent der Wege nicht genutzt, weil keine Verbindung angeboten wird, und auf weiteren 17 Prozent, weil keine ausreichenden Informationen über das Angebot vorliegen. Für sechs weitere Prozent der Wege sind andere Gründe ausschlaggebend und nur für rund ein Viertel (26 Prozent) der Wege sind Sachzwänge ausschlaggebend, die eine ÖPNV-Nutzung grundsätzlich ausschließen.[2] Hinsichtlich der Ansprüche an Verfügbarkeit, Geschwindigkeit und Komfort ist das Angebot der Flächenbahn verglichen mit der heutigen Situation in vielen ländlichen Räumen geradezu revolutionär. Entfallen sämtliche nicht von Sachzwängen geprägten Verhinderungen, könnte nicht wie heute nur jeder zehnte Weg mit öffentlichen Verkehrsmitteln zurückgelegt werden, sondern es könnten drei von vier Wegen sein. In Relation zur heutigen Nutzung entspricht dieses Potential einer Steigerung um den Faktor acht.

---

[1] Siehe Kapitel 2.3.

[2] Siehe Kapitel 2.3.

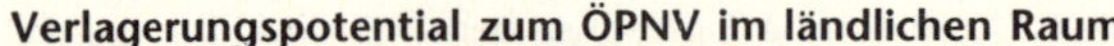

Verlagerungspotential zum ÖPNV im ländlichen Raum

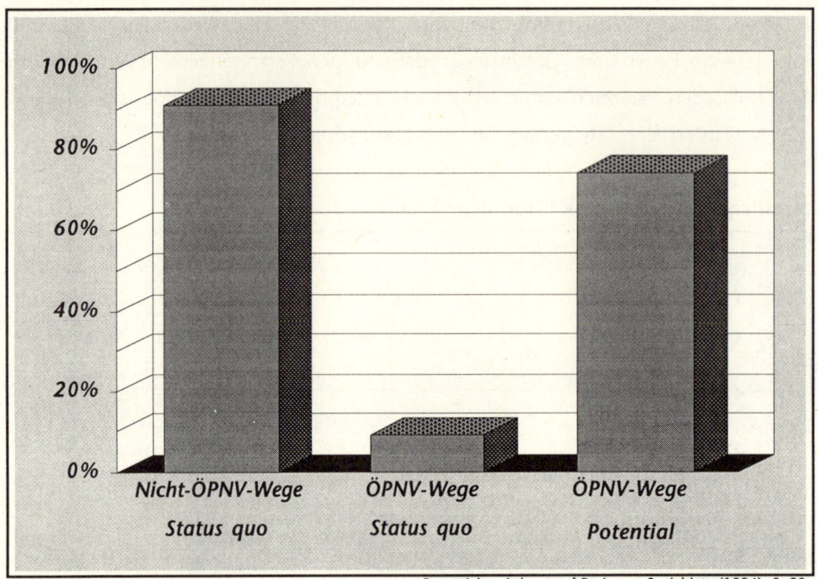

Potentialermittlung auf Basis von Socialdata (1994), S. 29.

Nachdem den Hinweisen aus verschiedenen Brög-Studien, den Spiegel-Befragungen, dem internationalen Bahnnutzungsvergleich, dem Neue-Bahn-Konzept und der Socialdata-Untersuchung zum ländlichen Raum nachgegangen wurde, soll als sechste Quelle eines der kritisierten Simulationsmodelle herangezogen werden. Als *ein* Hinweisgeber von vielen ist solch ein Modell hilfreich; sich *ausschließlich* darauf zu stützen, reichte zur Abschätzung des Nachfragepotentials für die Flächenbahn nicht aus.

Verwendet wird das „Programm zur Ermittlung von Nachfragepotentialen für den öffentlichen Verkehr POT-ÖV".[1] Im Unterschied zu herkömmlichen Anwendungsfällen, in denen konkret geplante Verbindungen analysiert werden, ist hier zunächst eine theoretische Referenzstrecke zu konstruieren, die einen repräsentativen Ausschnitt des Flächenbahnmodells widerspiegelt. Als Basis wird ein Gebiet mit 32.000 Einwohnern gewählt, die sich auf acht Orte verteilen. Da das Flächenbahnmodell jeweils 4.000 Einwohnern einen Haltepunkt zuweist, sind folglich acht Zugangsstellen modelliert. Das gesamte Areal wird der Raumkategorie „ländlicher Raum" zugeordnet.[2] Als Zielorte sind teilweise die übrigen Kategorien zugrunde gelegt; denn es ist anzunehmen, daß insbesondere Fahrten über größere Entfernungen in zugeordnete Mittel- und Oberzentren führen, die städtische Raumstrukturen aufweisen.

[1] Das Simulationsmodell POT-ÖV ist eine Entwicklung des Büros für Verkehrs- und Stadtplanung BVS Rödel & Pachan, Kamp-Lintfort. Es wird seit einiger Zeit erfolgreich zur Bestimmung von Nachfragepotentialen für Bahnstrecken eingesetzt.

[2] Im POT-ÖV-Modell stehen sechs verschiedene Raumkategorien zur Auswahl. Als repräsentativ für das Flächenbahngebiet wird der ländliche Raum der Klasse 3 ausgewählt.

Simuliert werden je Einwohner und Tag 1,98 motorisierte Wege - insgesamt 63.360 Wege, die sich auf sechs Zielzellen verteilen.[1] Die modellierte Entfernungsstruktur dieser Wege basiert auf der für den ländlichen Raum typischen Verteilung der Pkw-Fahrten mit einem hohen Anteil kurzer und sehr kurzer Wege.[2] Als durchschnittliche Wegelänge im motorisierten Individualverkehr werden 14,95 Kilometer angesetzt[3], die das BVS-Modell für eine alternative Bahnfahrt automatisch mit einem Umwegfaktor 1,1 multipliziert; als durchschnittliche Länge schlagen daher 16,45 Kilometer zu Buche.

Auf der Referenzstrecke wird ein Flächenbahnverkehr im Halbstundentakt simuliert, der mit einer Reisegeschwindigkeit von 60 Kilometern pro Stunde abläuft.[4] Ab einer Wegelänge von 50 Kilometern wird im Fall der Bahnnutzung ein Umsteigevorgang und die Weiterfahrt mit einem höherwertigen Zug berücksichtigt. Sowohl auf der Straße als auch auf der Schiene kalkuliert das Rechenmodell automatisch spezifische Wartezeiten und Fahrzeiten, die unter anderem von den Raumkategorien beeinflußt werden.[5]

Für alle Haltepunkte werden jeweils zehn Prozent der örtlichen Bevölkerung per Buszubringer an die Bahn angeschlossen und fünf Prozent über Park+Ride, Kiss+Ride und Bike+Ride. Der direkte Einzugsbereich wird ebenso wie das erreichbare Zielgebiet in drei Varianten gerechnet.

Unter der Annahme, daß nach Verwirklichung der Flächenbahn 95 Prozent der Bevölkerung in Deutschland mit einem Anschluß versorgt sind, können 90 Prozent aller möglichen Wege per Bahn zurückgelegt werden.[6] Um diesen Erschließungsgrad zu simulieren, werden den direkten Einzugsgebieten der Haltepunkte 75 Prozent der Einwohner zugeordnet und dem Zielgebiet 90 Prozent der möglichen Ziele. Das Resultat weist einen Modal-Split-Anteil der Bahn von 31 Prozent aus, der 11,82 Bahnkilometern je Einwohner und Tag entspricht.[7] Werden die per Interregio und Intercity zurückgelegten Anteile abgezogen, verbleiben für die Flächenbahn täglich 3,72 Kilometer je Einwohner (10 Prozent Modal-Split-Anteil).

---

[1] 1,98 Wege pro Einwohner und Tag ergeben sich für den motorisierten Individualverkehr und den öffentlichen Schienen- und Straßenpersonenverkehr für Deutschland 1995 auf Grundlage der Angaben bei Bundesverkehrsministerium (1997), S. 215, und Statistisches Bundesamt (1996b), S. 12. Der Luftverkehr braucht in diesem Beispiel nicht berücksichtigt zu werden, da er sich nicht auf die Flächenbahn verlagern läßt. Aus programmtechnischen Gründen ebenfalls nicht enthalten sind die unmotorisierten Wege (etwa ein Drittel der täglichen Wege). Da ihre Verlagerbarkeit auf die Flächenbahn als gering eingeschätzt wird, dürften die Ergebnisse nicht nennenswert verfälscht werden.

[2] Zugrunde gelegt werden die Ergebnisse der Socialdata-Erhebung für den ländlichen Raum, nach denen 11 Prozent der Pkw-Fahrten nicht länger als einen Kilometer sind, weitere 23 Prozent die Drei-Kilometer-Marke nicht überschreiten, weitere 13 Prozent nach spätestens fünf Kilometern enden, weitere 20 Prozent bis zehn Kilometer lang sind, weitere 31 Prozent bis 50 und nur zwei Prozent über 50 Kilometer lang sind. Siehe Socialdata (1994), S. 13.

[3] Auf der Basis von Angaben bei Bundesverkehrsministerium (1997), S. 215 und S. 217, beträgt die durchschnittliche Wegelänge im motorisierten Individualverkehr 14,97 km (Deutschland 1995; identisch 1996).

[4] Takt und Reisegeschwindigkeit sind in Kapitel 4.2 hergeleitet. Die Komfortmerkmale werden im Simulationsmodell mit einem sogenannten „Qualitäts-Quotienten" abgebildet, der für die Flächenbahn bei 0,95 liegt.

[5] Das POT-ÖV-Modell berücksichtigt neben verkehrsmittelabhängigen Zu- und Abgangszeiten zum Beispiel auch Dispositionszeiten und Parksuchzeiten.

[6] Die Realisierbarkeit dieses hohen Erschließungsgrades ist in Kapitel 3.1 beschrieben. Bei zweckmäßiger Verteilung kann eine 95prozentige Erschließung der Bevölkerung mit einer Bahnversorgung auf nur zwei Dritteln der Fläche erreicht werden.

[7] Der Modal-Split ist kilometerbezogen. 100 Prozent beziehen sich auf den motorisierten Verkehr auf Straße und Schiene; unberücksichtigt bleiben somit die nichtmotorisierten Wege und diejenigen des Luftverkehrs. Sämtliche modellbezogenen Angaben basieren auf dieser Abgrenzung.

Diese Ergebnisse spiegeln einen theoretischen Fall. In der Praxis können die Strecken nicht so gleichmäßig verteilt werden, daß jeder Haltepunkt im Einzugsbereich genau 4.000 Einwohner aufweist. Es werden mal mehr, mal weniger sein. Extrem abgelegene Siedlungspunkte können auch im Flächenbahngebiet nicht derart gut erschlossen werden, wie die Durchschnittswerte es suggerieren. Eine reale Flächenbahn wird daher mit kleineren Einwohnerzahlen im direkten Einzugsbereich auskommen müssen, so daß in einer zweiten Variante der Wert von 75 auf 50 Prozent reduziert wird. Direkt angeschlossen sind also nur noch die Hälfte der Einwohner. Unter Einbeziehung der mit Bus, Auto und Fahrrad angeschlossenen Bevölkerung können dann 65 Prozent die Bahn nutzen. Aufgrund von Erfahrungswerten wird der Anschlußgrad für die Zielorte um zehn auf 75 Prozent erhöht. Mit diesen Eingaben errechnet das Simulationsmodell einen Modal-Split-Anteil von sieben Prozent für die Flächenbahn, was immerhin 2,24 Kilometern je Einwohner und Tag entspricht.

Selbst unter Zugrundelegung einer sehr pessimistischen Variante, bei der nur 30 Prozent der Einwohner im direkten Einzugsbereich der Haltepunkte wohnen, würden noch 1,14 Kilometer zurückgelegt. In Anbetracht der energiebezogenen Verträglichkeitsgrenze von 1,0 Kilometern ist das ein beruhigender Wert.

Simulationsmodell: Eingaben

Variante	*Quelle*			*Zielort*
	direkter Einzugsbereich	*per Buszubringer angeschlossen*	*per P+R, K+R und B+R angeschlossen*	*Einzugsbereich*
1	*75 %*	*10 %*	*5 %*	*90 %*
2	*50 %*	*10 %*	*5 %*	*75 %*
3	*30 %*	*10 %*	*5 %*	*55 %*

Simulationsmodell: Ergebnisse

Variante	*Bahn*		*Flächenbahn*	
	Modal-Split-Anteil	*Kilometer je Einwohner und Tag*	*Modal-Split-Anteil*	*Kilometer je Einwohner und Tag*
1	*31 %*	*11,82*	*10 %*	*3,72*
2	*21 %*	*7,12*	*7 %*	*2,24*
3	*11 %*	*3,61*	*4 %*	*1,14*

Auf den ersten Blick läßt die Gegenüberstellung der verschiedenen Quellen ein sehr uneinheitliches Bild erkennen. Zum großen Teil weichen die Potentialangaben aber aufgrund ihrer differierenden Bezugsgrößen voneinander ab. Für den Schienen-ÖPNV im ländlichen Raum erscheinen fünf Kilometer je Einwohner und

Tag bei Einführung der Flächenbahn ein angemessener Nachfragewert zu sein.[1] Entsprechend würde der Modal-Split-Anteil zwischen zehn und 20 Prozent liegen. Diese Größenordnungen lassen sich als sicheres Nachfragepotential benennen.

Erreichbare Nachfrage: Quellenvergleich

Quelle	*Bezugsgröße*	*Erreichbarer Modal-Split-Anteil*[2]	*Erreichbare Kilometer je Einwohner und Tag*
Socialdata-Erhebungen	*Öffentlicher Verkehr im Ballungsraum*	*93 %*	*26,6*
Spiegel-Dokumentation	*Öffentlicher Verkehr*	*> 16%*	*> 4,8*
Internationale Vergleiche	*Eisenbahnverkehr*	*31 %*	*8,8*
Konzept für eine Neue Bahn	*Eisenbahnverkehr*	*29 %*	*8,2*
Konzept für eine Neue Bahn	*Öffentlicher Verkehr*	*51 %*	*14,5*
Socialdata-Untersuchung	*Öffentlicher Verkehr im ländlichen Raum*	*74 %*	*21,2*
Simulationsmodell POT-ÖV (Variante 1)	*Eisenbahn im ländlichen Raum*	*31 %*	*11,8*
Simulationsmodell POT-ÖV (Variante 2)	*Eisenbahn im ländlichen Raum*	*21 %*	*7,1*
Simulationsmodell POT-ÖV (Variante 3)	*Eisenbahn im ländlichen Raum*	*11 %*	*3,6*
Simulationsmodell POT-ÖV (Variante 1)	*Flächenbahn*	*10 %*	*3,7*
Simulationsmodell POT-ÖV (Variante 2)	*Flächenbahn*	*7 %*	*2,2*
Simulationsmodell POT-ÖV (Variante 3)	*Flächenbahn*	*4 %*	*1,1*

Inwieweit sich dieses Nachfragepotential in reale Fahrgastzahlen umwandeln läßt, ist damit noch nicht beantwortet. So brauchbar theoretische Modelle sind, sollten sie nicht dazu verführen, in der praktischen Umsetzung die reine Lehre zu vertreten. Im Flächenbahnmodell wird daher der niedrigste Wert einer Erwartungsspanne angesetzt - er ist im folgenden als modellierte Nachfrage bezeichnet.

Modellierte Nachfrage

Nachfragepotentiale aus Durchschnittswerten abzuleiten, die für einen großen Raum mit unterschiedlichen Besiedlungsstrukturen gelten, ist kein einfaches Un-

[1] Siehe Tabelle „Erreichbare Nachfrage: Quellenvergleich".

[2] Kilometerbezogener Anteil am motorisierten Verkehr.

terfangen, denn die Streuung der Einzelwerte ist relativ hoch. Modelliert werden sollen Fahrgastzahlen, die unter den geschilderten Voraussetzungen 2015 ernsthaft erwartet werden können, und nicht irgendwelche Phantasiewerte. Angesichts der teilweise sehr optimistischen Annahmen zur räumlichen Erreichbarkeit und insbesondere aufgrund der Simulationsrechnungen mit eingeschränkten, praxisnäheren Einzugsbereichen wird in alle weiteren Berechnungen deshalb nicht das Nachfragepotential sondern ein deutlich niedrigerer Wert eingestellt.

Erwartet werden kann im Sinne eines Worst-case-Szenarios, daß die Flächenbahn im Schnitt von jedem Einwohner des ländlichen Raums[1] täglich auf zwei Kilometern genutzt wird. Für das skizzierte Fahrplanangebot bedeutet das eine durchschnittliche Auslastung von 25 Fahrgästen pro Flächenbahn-Zug und 17 Fahrgästen je Triebwagen. Damit wird die notwendige Mindestauslastung von acht Personen deutlich übertroffen.

Erwartete Nachfrage

	Theoretisches Nachfragepotential	*Erwartete Nachfrage*[2]	*Notwendige Mindestnachfrage*
Verkehrsleistung im Flächenbahngebiet	*5 km/Ew*	*2 km/Ew*	*1 km/Ew*
Besetzungsgrad je Flächenbahn-Zug	*62 Fahrgäste*	*25 Fahrgäste*	*12 Fahrgäste*
Besetzungsgrad je Triebwagen	*42 Fahrgäste*	*17 Fahrgäste*	*8 Fahrgäste*
Verkehrsleistung pro Jahr	*54,8 Mrd. Pkm*	*21,9 Mrd. Pkm*	*11,0 Mrd. Pkm*
Verkehrsleistung streckenbezogen	*4.749 Pkm/km*	*1.900 Pkm/km*	*950 Pkm/km*

Pro Jahr bewältigt die Flächenbahn bei dieser Nachfrage 21,9 Milliarden Personenkilometer; das ist etwa ein Drittel der gesamten heutigen Eisenbahn-Verkehrsleistung.[3] Fahrgastzuwächse dieser Größenordnung setzen ein Angebot voraus, das auch für Autofahrer interessant ist. Am stärksten profitieren dennoch jene Menschen, denen kein Auto zur Verfügung steht. Sie erhalten durch den Wegfall räumlicher und zeitlicher Einschränkungen ihrer Mobilität die Chance, in größerem Umfang am gesellschaftlichen Leben teilzuhaben.

Mit ihrem hohen Qualitätsniveau bietet die Flächenbahn jedoch mehr, als nur eine Leistung für diejenigen, die das Verkehrsmittel nicht frei wählen können, denn sie orientiert sich an den sogenannten Wahlfreien. Das ist wichtig, weil

[1] Zugrunde gelegt werden die 30 Millionen Einwohner des Flächenbahngebiets.

[2] Allen weiteren Berechnungen werden die Werte der Spalte „Erwartete Nachfrage" zugrunde gelegt.

[3] 1996 wurden in Deutschland 65,3 Mrd. Personenkilometer mit der Eisenbahn zurückgelegt. Siehe Bundesverkehrsministerium (1997), S. 217.

alle, die auf den öffentlichen Verkehr angewiesen sind, ohnehin mitfahren, während jene, die wählen können, erst überzeugt werden müssen.

Steigende Pkw-Zulassungszahlen zeigen, daß die Gruppe der Wahlfreien immer größer wird.[1] Gleichzeitig erfordern die zunehmenden Umweltbelastungen das verstärkte Umsteigen vom Auto auf die Bahn. Mit dem Zugewinn zumindest vermeintlicher Individualität durch die Verfügbarkeit eines Pkw steigen die Ansprüche an das Transportmittel hinsichtlich Komfort und Flexibilität. Die Flächenbahn erfüllt diese Ansprüche in einem Maße, das die Bahn im ländlichen Raum bisher nicht erreicht hat; dadurch kann sie das Image des Verkehrsmittels für Benachteiligte abstreifen und zu einer Bahn für alle werden. Man fährt mit, weil es angenehm ist und nicht, weil man keine Alternative hat.

Die Bahn muß dazu auf neue Zielgruppen zugehen und für Fahrtzwecke attraktiver werden, für die sie bisher wenig geeignet ist, vor allem für den stark zunehmenden Freizeitverkehr.[2] Anstatt ihr Angebot auf die selbstverständlich nicht zu vernachlässigende Stammkundschaft auszurichten, ist es besser, zunächst neue Laufkundschaft zu gewinnen, die von den Vorteilen der Bahn in einer Weise überzeugt werden muß, daß sie den Kreis der Stammkunden langfristig erweitert.

Geht man von einem stark durch Routinen geprägten Verkehrsverhalten aus, wird sich eine Verlagerung von der Straße auf die Schiene nur langfristig im avisierten Umfang vollziehen und auch nur dann, wenn den Autofahrern die Vorteile einer Zugfahrt plastisch vor Augen geführt werden. Die Verkehrsforschung geht davon aus, daß sich das Verhalten bezüglich des eingesetzten Verkehrsmittels erst ändert, wenn eine kritische Situation eintritt.[3] Das heißt, immer dann, wenn neue Wege zurückgelegt werden oder wenn das bisherige Verhalten durch Störungen - beispielsweise in Form verlängerter Fahrzeiten wegen Stau oder Parkplatzknappheit - hinterfragt wird, hat die Alternative eine Chance. In diesem Moment ist es von entscheidender Bedeutung, daß die Autofahrer über öffentliche Verkehrsverbindungen optimal informiert sind und die Bahn ihre Versprechen von Pünktlichkeit, Schnelligkeit und Komfort hält. Denn es ist viel schwieriger, neue Kunden zu gewinnen, als alte zu verlieren.

Gelingt es, die Menschen an diesen Stellen von der Alternative Bahn zu überzeugen, sind die erforderlichen Verschiebungen möglich. Wenn das Angebot stimmt, ist alles weitere Psychologie; denn der ländliche Raum ist ja nicht verkehrsarm, sondern nur bisher etwas einseitig, was die Verkehrsmittel angeht.

Kleine Schritte zu machen, ist nicht unbedingt verkehrt. Denken Verkehrsplaner und Politiker jedoch *ausschließlich* in kleinen Schritten, kann der große Wurf nicht gelingen. Wir müssen uns von der Vorstellung lösen, daß der öffentliche Verkehr

---

[1] Mit 41,3 Millionen Pkw und Kombi hat der Fahrzeugbestand in Deutschland 1996 einen neuen Höchststand erreicht. Damit kommt auf jeden zweiten Einwohner ein Auto. Berechnet nach Bundesverkehrsministerium (1997), S. 141, und Statistisches Bundesamt (1996b), S. 12.

[2] Auf die wachsende Bedeutung des Freizeitverkehrs weist zum Beispiel der DIW-Wochenbericht 22/94, S. 371, hin. Als Ursachen werden die Bevölkerungsentwicklung, mehr Freizeit und die steigende Motorisierung angegeben.

[3] Siehe Beckmann (1988b) und Wilke (1998) sowie Kapitel 2.3.

im ländlichen Raum bestenfalls marginale Bedeutung erlangen kann. Große Verlagerungseffekte werden eintreten, wenn die Zielvorstellung einer Flächenbahn und eines insgesamt um Größenordnungen verbesserten öffentlichen Verkehrssystems mit kontinuierlichen Schritten in die richtige Richtung verfolgt wird. Dann sind im gesamten Land Modal-Split-Werte erreichbar, die mancher vorschnell ins Reich der Phantasie verweist. Auch bei steigender Motorisierung ist eine Halbierung des Autoverkehrs möglich, wenn der öffentliche Verkehr ebensoviele Wege übernimmt. Und ein guter Teil der kurzen Autofahrten, die über einen Kilometer nicht hinausgehen, können bei zielgerichteter Gestaltung des Straßenraums wieder sehr angenehm zu Fuß oder mit dem Rad zurückgelegt werden.

Aufteilung der Wege auf die Verkehrsträger

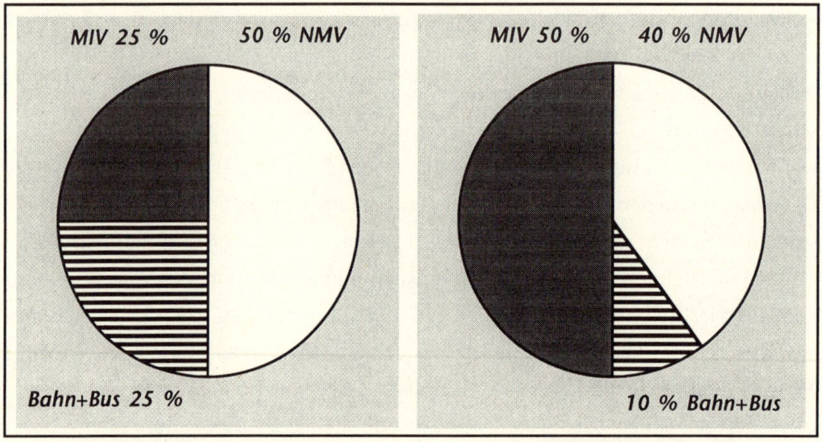

Wege in Deutschland. Links: Zielvorstellung (2015), rechts: Status quo (1995). Anteil Luftverkehr gerundet jeweils 0 %.

Eine dahingehende Zielvorstellung unterstellt eine positive Umweltbilanz. Inwieweit das Segment Flächenbahn tatsächlich zur Verminderung der Belastungen beiträgt, ist als nächste Frage zu beantworten. Berechnet werden der Energieverbrauch und die Emissionen.

5.2 Umwelt- und Beschäftigungseffekte

Verbrauch und Emissionen

Auslöser für die Entwicklung der Flächenbahn sind die Belastungen von Umwelt und Gesundheit. Nachdem die notwendigen Fahrleistungen der Triebwagen berechnet sind und die erwartete Nachfrage modelliert ist, erhebt sich die Frage, ob das Ziel einer Umweltentlastung vor dem Hintergrund dieser Zahlen überhaupt erreicht werden kann. Zu prüfen ist, ob der öffentliche Verkehr - neben seiner Förderungswürdigkeit als Teil der Grundversorgung - durch die Substitution von Autoverkehr einen positiven Umwelteffekt für sich verbuchen kann.

Im ersten Teil der folgenden Modellrechnung wird der in Kapitel 5.1 begonnene Vergleich zwischen dem projektierten Flächenbahn-Triebwagen und dem Pkw wieder aufgenommen. Betrachtet wird wiederum der Energieverbrauch, der zur besseren Vergleichbarkeit in Liter Ottokraftstoff pro 100 Kilometer angegeben wird, obwohl das Schienenfahrzeug über einen Dieselmotor verfügt. Der Treibstoffverbrauch des Flächenbahn-Triebwagens ist dem Lastenheft entsprechend mit 25 Litern Diesel angesetzt, was unter Einrechnung der unterschiedlichen Kraftstoffdichten 28 Litern Benzin entspricht.[1] Als Vergleichs-Pkw wird ausschließlich das mit einem Ottomotor ausgerüstete Fünf-Liter-Auto gewählt, obwohl die Autoindustrie das Verbrauchsziel von fünf Litern bereits mit Dieselkraftstoff als erfüllt ansieht. Anstelle des heutigen Durchschnittsverbrauchs von 9,0 Litern und den für 2010 bis 2020 in Trendszenarien angesetzten Werten, die um zehn bis 60 Prozent über dem Fünf-Liter-Ziel liegen, wird der Flächenbahn hier trotzdem ein Pkw gegenübergestellt, der mit fünf Litern auskommt.[2] Denn eine stärker umweltorientierte Verkehrspolitik, ohne die eine Flächenbahn kaum absehbar ist, wird möglicherweise Maßnahmen ergreifen, die den Kraftstoffverbrauch der Pkw-Flotte deutlicher absenken.

Das Betriebskonzept für die Flächenbahn sieht ein Angebot von jährlich 876 Millionen Zugkilometern vor.[3] Wird ein Zug im Schnitt aus 1,5 Triebwagen gebildet, fallen jährlich 1,3 Milliarden Fahrzeugkilometer an. Dieser Leistung steht die modellierte Nachfrage von 21,9 Milliarden Personenkilometern gegenüber, woraus eine Durchschnittsauslastung von 25 Fahrgästen pro Zug und 16,7 Fahrgästen pro Triebwagen resultiert. Im Pkw liegt der Besetzungsgrad bei 1,4 Personen.[4] Folglich steht einem Verbrauch von 1,7 Litern pro 100 Personenkilometern bei der Flächenbahn das Auto mit 3,6 Litern gegenüber. Für den Transport eines Bahnreisenden ist damit nur halb soviel Energie aufzuwenden wie für seinen Transport per

[1] Die Dichte von Dieselkraftstoff ist mit 0,835 Kilogramm pro Liter höher als die von Ottokraftstoff mit 0,750. Siehe auch Kapitel 5.1.

[2] Trendszenarien zum Kraftstoffverbrauch von Pkw finden sich zum Beispiel bei Deutsche Shell (1997), S. 5, und Wuppertal Institut (1997a), S. 88. Siehe auch Kapitel 5.1.

[3] Siehe Kapitel 4.2.

[4] Der durchschnittliche Pkw-Besetzungsgrad ist auf Grundlage der Angaben bei Bundesverkehrsministerium (1997), S. 159 und S. 217, errechnet. Siehe auch Kapitel 5.1.

Pkw. Die beiden Kurven in der Abbildung verdeutlichen den Vorteil des Triebwagens auch bei abweichenden Besetzungsgraden. Dieser für den Betrieb geltende Vorteil verstärkt sich weiter, wenn die Fahrzeugproduktion und die Bereitstellung des Fahrwegs mit berücksichtigt werden.[1]

Treibstoffverbrauch

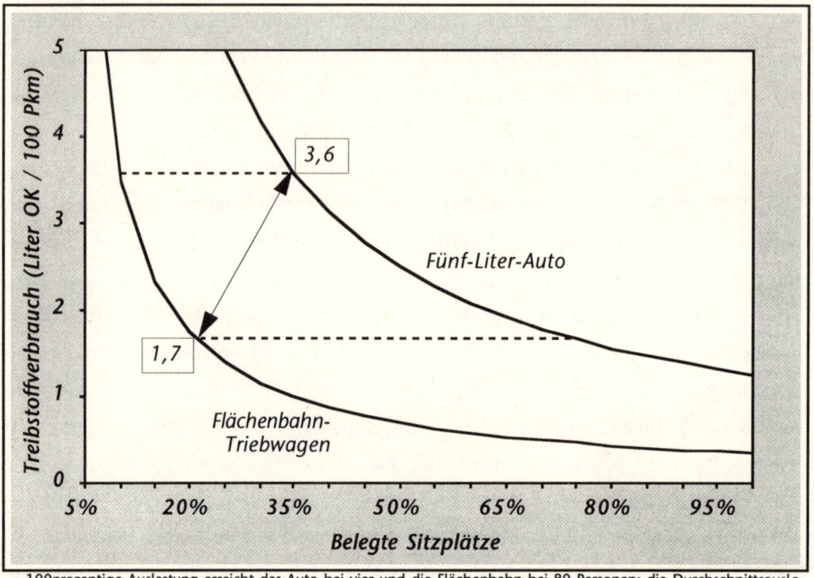

100prozentige Auslastung erreicht das Auto bei vier und die Flächenbahn bei 80 Personen; die Durchschnittsauslastungen liegen bei 1,4 und bei 16,7 Personen. Der Durchschnittsverbrauch auf 100 km wird beim Auto mit fünf Litern Ottokraftstoff und beim Flächenbahntriebwagen mit 25 Litern Dieselkraftstoff angesetzt. Aus Vergleichsgründen ist der Verbrauch des Triebwagens in Ottokraftstoff umgerechnet worden (28 l / 100 km).

Aus dem Kraftstoffverbrauch lassen sich die für den Treibhauseffekt verantwortlichen Kohlendioxid-Emissionen berechnen. Auf der einen Seite wird der innerhalb eines Jahres anfallende CO_2-Ausstoß aller Flächenbahn-Züge summiert, auf der anderen die dadurch im Pkw-Verkehr entfallende Menge ermittelt. Bei der Bewertung der Ergebnisse ist zu berücksichtigen, daß trotz dieser Verlagerung der Hauptanteil der Fahrten im ländlichen Raum nach wie vor mit dem Auto erledigt wird.

Ausgangsgröße sind die bereits benannten 21,9 Milliarden Personenkilometer pro Jahr, die als Nachfrage für die Flächenbahn erreichbar scheinen. Sie führen zu einem Verbrauch von 329 Millionen Litern Dieselkraftstoff. Existiert keine Flächenbahn, würden diese Wege per Pkw zurückgelegt und somit einen Verbrauch von 782 Millionen Litern Ottokraftstoff verursachen. Die dadurch entstehenden Kohlendioxid-Emissionen in Höhe von 1,812 Megatonnen können also entfallen. Die Bahn emittiert nur 47 Prozent dieser Menge, was einer Einsparung von jährlich 957.000 Tonnen CO_2 gleichkommt.

[1] Auf die im Vergleich zum Pkw günstigere Energiebilanz der Bahn bei der Herstellung der Fahrzeuge und der Bereitstellung der Fahrwege weist Paulitz hin. Sie erklärt sich im wesentlichen durch die längere Nutzungsdauer. Siehe Institut für Regional-Ökonomie (1997).

Emissionsbilanz

		Flächenbahn	*Pkw (durch Flächenbahn substituierbarer Anteil)*
Verkehrsleistung	*Mrd. Pkm/a*	*21,9*	*21,9*
Besetzungsgrad	*Personen/Fahrzeug*	*16,7*	*1,4*
Fahrleistung	*Mrd. Fahrzeug-km/a*	*1,3*	*15,6*
Treibstoffverbrauch	*Liter/100 km*	*25,0 (DK)*	*5,0 (OK)*
Treibstoffverbrauch	*Mio. Liter/a*	*328,5 (DK)*	*782,1 (OK)*
Kohlendioxid-Emission	*Megatonnen CO_2/a*	*0,855*	*1,812*
Kohlendioxid-Emission	*Prozent*	*47,2*	*100*

Ausschließlich die Flächenbahn zu realisieren, ohne das gesamte Bahnangebot umfassend zu erweitern, führt allerdings am Ergebnis vorbei; denn die modellierte Nachfrage im ländlichen Raum ist nur zu erreichen, wenn auch im städtischen Nahverkehrs- und im Fernverkehrsangebot tiefgreifende Verbesserungen durchgesetzt werden. Wenn das gesamte System ausgebaut wird, läßt sich der Kohlendioxid-Ausstoß jedoch um ein Vielfaches der für die Flächenbahn angegebenen Einsparungen verringern. Gestützt wird diese Aussage von einer Untersuchung der Ludwig-Bölkow-Stiftung zur Einführung einer CO_2-Steuer.[1]

Neben dem klimawirksamen Kohlendioxid beeinträchtigen eine Reihe weiterer Emissionen die Umwelt. Schadstoffe wie Stickoxide, Kohlenwasserstoffe, Kohlenmonoxid und Partikel wurden bereits genannt.[2] Ohne ihre Mengen quantifizieren zu müssen, erscheint plausibel, daß die Verbrennungsmotoren der Flächenbahn-Triebwagen pro Personenkilometer nicht mehr Schadstoffe ausstoßen als diejenigen des Individualverkehrs; es können sogar erheblich weniger sein. Voraussetzung ist der Einbau moderner Motoren- und Katalysatortechnik nicht nur in die Autos, sondern auch in die Schienenfahrzeuge. Das sollte möglich sein.[3]

Als nennenswert problematische Größe können sich allein die Partikel des Dieselruß' erweisen, der in Pkw mit Benzinmotoren nicht entsteht. Verglichen mit den zu erwartenden Substitutionen der übrigen Emissionen bleibt diese Menge allerdings vernachlässigbar. Eliminierbar sind die Rußpartikel, wenn die Triebwagen mit Erdgasantrieb ausgerüstet werden.[4]

Ähnlich wie bei den Schadstoff-Emissionen kann auch beim Lärm ein erhebliches Reduktionspotential ausgemacht werden.[5] Konsequente Schallminderung bei

---

[1] Siehe Ilgmann (1998), S. 145.

[2] Siehe Kapitel 2.2.

[3] Im Lastenheft der Flächenbahn wird ein Emissionsverhalten gefordert, das dem Stand im Automobilbau entspricht. Siehe Kapitel 4.3.

[4] Siehe Kapitel 4.3.

[5] Siehe Hecht/Zogg (1989), Zogg et al (1993) und Hecht (1995) sowie Kapitel 4.3.

Schienenfahrzeugen ist praktikabel und würde die aufgrund des Schienenbonus'[1] als weniger störend empfundene Lärmbelastung durch Züge weiter verringern. Summa summarum können die flächenbahnbedingten Umwelteffekte als positiv bezeichnet werden; denn jede durch eine Fahrt mit der Flächenbahn ersetzte Autofahrt senkt die Umweltbelastungen. Werden die szenarischen Negativ-Effekte des Verkehrs einmal mit und einmal ohne Flächenbahn bilanziert, schneidet der Alternativ-Fall deutlich besser ab. Ob das analog auch für die Beschäftigungseffekte gilt, wird im nächsten Schritt untersucht.

Personalbedarf und indirekte Beschäftigungswirksamkeit

Ohne das Prinzip der Kostensenkung anzuwenden, ist die Flächenbahn nicht denkbar, weil sie unerschwinglich wäre. Als eines der Leitbilder ist deshalb ein effizienter Personaleinsatz formuliert worden, der erhebliche Einsparungen bewirkt. Auf der anderen Seite ist, dem Prinzip der Nutzensteigerung folgend, eine drastische Angebotsausweitung gefordert, um die notwendige Nachfrage zu erreichen. Zu fragen ist: Überwiegen Netz- und Taktverdichtung die Rationalisierungseffekte? Wieviele Arbeitsplätze bleiben unter dem Strich?
Bezogen auf den Eisenbahnverkehr im ländlichen Raum kann der Vergleich nur in grober Näherung angestellt werden, da sich zwar die Arbeitsplatzeffekte der Flächenbahn relativ genau ermitteln lassen, für den heutigen Zustand aber jegliche Angaben in dieser räumlichen Abgrenzung fehlen. Gegenübergestellt werden können daher nur Durchschnittswerte der Deutschen Bahn, die den städtischen Bahnverkehr und den Fernverkehr mit einbeziehen, sowie regionale Beispiele, bei denen der Bestand erhoben wurde.
Zunächst soll aufgezeigt werden, wie groß der Personalbedarf der Flächenbahn ist. Für das entworfene Angebot lassen sich die erforderlichen Arbeitsplätze recht gut ermitteln, da die Streckenlänge und die linienbezogene Bedienungszeit als Ausgangsgrößen zur Verfügung stehen. Auch die technische Ausstattung ist definiert. Auf 31.500 Streckenkilometern soll täglich ein Halbstundentakt bei vierstündiger Nachtlücke angeboten werden.
Neben dem Fahrzeugführer ist auf jedem zehnten Zug zusätzliches Servicepersonal vorgesehen, das flexibel eingesetzt werden kann. Bei täglich zwanzig Betriebsstunden pro Linie werden demzufolge unter Einbeziehung von Wende-, Pausen- und Anfahrtzeiten mindestens 14.500 Mitarbeiter auf den Fahrzeugen gebraucht. In den besetzten Bahnhöfen - der Hälfte aller Verzweigungsbahnhöfe - und den Leitstellen haben etwa 3.000 weitere Personen ihren Dienst zu verrichten. Damit entfallen auf den Betrieb mit insgesamt 17.500 über die Hälfte aller Flächenbahn-Arbeitsplätze (55 Prozent).

[1] Straßenverkehrslärm wird bei gleicher Lautstärke wie Schienenverkehrslärm meist als störender empfunden. Dieser Effekt wird als Schienenbonus bezeichnet. Siehe auch Kapitel 2.1.

Dem stehen rund 6.400 Mitarbeiter für die Instandhaltung von Fahrweg und Rollmaterial gegenüber (20 Prozent), wenn die Betriebswerke rund um die Uhr mit fünf Personen besetzt sein sollen und wenn dem Personal für die Arbeiten entlang der Trasse je nach Aufgabe zwischen 25 und 75 Prozent des Kostenaufwands zugeschrieben werden. Die Öffentlichkeitsarbeit, Planungsaufgaben, Forschung und Entwicklung sowie die gesamte Verwaltung obliegt circa 7.600 weiteren Personen (25 Prozent). Auf der Basis von 1.650 realen Arbeitstunden und durchschnittlichen Lohnkosten von 35.000 Euro - jeweils pro Beschäftigtem und Jahr - ergeben sich demzufolge zusammengenommen über 31.500 direkte Flächenbahn-Arbeitsplätze. Um einen Zugkilometer bereitzustellen, werden 36 Arbeitskräfte benötigt.

Direkt Beschäftigte

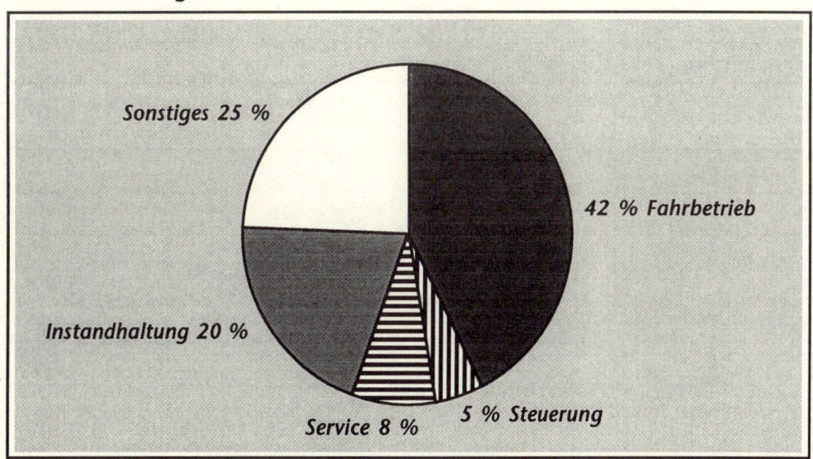

Fahrbetrieb: Triebwagenführer; Steuerung: Leitstellen; Service: im Bahnhof und im Zug; Instandhaltung: Rollmaterial und Fahrweg; Sonstiges: Verwaltung, Öffentlichkeitsarbeit, Planung sowie Forschung und Entwicklung.

Wesentlich aufwendiger sind Aussagen zur indirekten Beschäftigungswirksamkeit der Flächenbahn. Da detaillierte Input-Output-Analysen späteren Forschungsarbeiten überlassen bleiben müssen, kann hier nur mit vereinfachten Abschätzungen gearbeitet werden. In der Regel wird dem Ansatz gefolgt, einen bestimmten Prozentsatz der Investitionssumme jedes einzelnen Postens den Lohnkosten anzurechnen. Bei festen Stunden- und variierbaren Kostensätzen können dann Arbeitsplatzzahlen ausgewiesen werden. Auf diese Weise ist es möglich, eine Größenordnung für die gesamten Beschäftigungseffekte der Flächenbahn zu nennen - nicht mehr und nicht weniger.

Kostenrechnungen im Bahnbereich verwenden gemeinhin eine Aufsplittung in die Bereiche Zugförderung und Fahrweg. Dabei entfällt der Fahrbetrieb mitsamt der dazu notwendigen Einrichtungen zur Instandhaltung des Rollmaterials auf den ersten Bereich; alle Einrichtungen entlang der Strecken inklusive der Zugangsstellen werden dem zweiten Bereich zugewiesen.[1] Aufgaben der Öffentlichkeitsarbeit

[1] Diese Aufteilung wird auch für die Kostenrechnung der Flächenbahn verwendet. Siehe Kapitel 5.3.

sowie der Forschung und Entwicklung werden gesondert ausgewiesen. Diese Dreiteilung wird hier zwecks Zuordnung der Beschäftigten übernommen.
Für die Zugförderung werden 12.000 indirekt Beschäftigte benötigt, die hauptsächlich im Fahrzeugbau tätig sind, während ein deutlich geringerer Anteil auf die Instandhaltung der Triebwagen und die Bereitstellung der Treibstoffe entfällt. Mit 14.150 indirekt Beschäftigten sorgt der Fahrweg für eine etwas höhere Beschäftigungswirksamkeit. Im Gegensatz zur personalintensiven Zugförderung entstehen sogar mehr indirekte als direkte Arbeitsplätze. Weitere 1.300 Personen können indirekt durch die sonstigen Aufgaben beschäftigt werden.
Einem Personalbedarf von 31.500 Mitarbeitern stehen damit indirekt Beschäftigte in etwa der gleichen Größenordung gegenüber. Addiert finden somit ungefähr 60.000 Menschen eine Beschäftigung durch die Flächenbahn.

Beschäftigungseffekte der Flächenbahn

	direkt Beschäftigte	*indirekt Beschäftigte*	*direkt und indirekt Beschäftigte*
Zugförderung	*20.050*	*12.000*	*32.050*
Fahrweg	*10.600*	*14.150*	*24.750*
FuE, PR	*850*	*1.300*	*2.150*
Summe	*31.500*	*27.450*	*58.950*

Insbesondere die Angaben zu indirekt Beschäftigten sind als Größenordnung zu verstehen.

Zum Vergleich: Bei der Deutschen Bahn sind heute 223.523 Personen beschäftigt. Davon entfallen 13.752 auf den Geschäftsbereich Nahverkehr, 66.225 auf die Bereiche Traktion und Werke, 5.754 auf die Personenbahnhöfe und 65.996 auf den Geschäftsbereich Netz; 21.245 Personen sind in den Zentralbereichen tätig.[1] Die Mitarbeiter sorgen für eine Transportleistung von 65 Milliarden Personenkilometern und 68 Milliarden Gütertonnenkilometern, während die Flächenbahn eine Nachfrage von etwa 22 Milliarden Personenkilometern erwarten kann.[2]
Deutet dieser Vergleich das Rationalisierungspotential im Eisenbahnbereich nur an, offenbart es sich in einer konkret untersuchten Region. Das mit 184 Einwohnern pro Quadratkilometer deutlich oberhalb der Grenze zur Bahnwürdigkeit besiedelte südliche Sachsen-Anhalt ist von einem dichten Eisenbahnnetz geprägt. Trotz der angestrebten Ausweitung des Zugangebots auf das Zweieinhalbfache erlauben die 1995 nur unregelmäßig bedienten Strecken dieser Region einen Personalabbau im Bereich Fahrweg von 95 Prozent.[3]
Angesichts zahlreicher handbedienter Schranken ist dieser Fall sicher als Extrembeispiel einzustufen; generell ist das Rationalisierungspotential im Bereich Fahr-

[1] Der Personalbestand der DB-Geschäftsbereiche bezieht sich auf den 31.12.1997. Siehe Deutsche Bahn (1998c). Die Angaben im aktuellen Geschäftsbericht (Deutsche Bahn (1998a)) weichen von diesen Zahlen geringfügig ab, was sich durch statistische Zuordnungsprobleme und Rundungen erklären läßt.

[2] Der DB ist die Eisenbahn-Verkehrsleistung nach Bundesverkehrsministerium (1997), S. 217 u. S. 233, zugrunde gelegt. Zur Flächenbahn siehe Kapitel 5.1.

[3] Berechnung auf Basis von Wuppertal Institut (1997a und 1997b).

weg gleichwohl enorm. Der Stellenabbau im DB-Geschäftsbereich Netz, der innerhalb des Jahres 1997 eine Höhe von 10,5 Prozent erreichte, bestätigt diese Aussage.[1]

Auch im Bereich der Zugförderung ist in der genannten Region kein Zuwachs zu erwarten; die Zahl der Arbeitsplätze bleibt etwa gleich. Verantwortlich für die Effizienzsteigerung im Fahrbetrieb ist vor allem der Verzicht auf das zweite Personal. Denn bei 25 Fahrgästen pro Zug und bordeigenem Ticketautomaten ist ein zusätzlich zum Triebwagenführer eingesetzter Schaffner entbehrlich.

Obschon die gebotenen Rationalisierungen gewaltig sind, schafft die Flächenbahn im Vergleich zum heutigen Zugangebot im ländlichen Raum alles in allem neue Arbeitsplätze. Unter der Annahme, daß derzeit ein Zehntel der gesamten Eisenbahn-Verkehrsleistung im ländlichen Raum erbracht wird, hängen bei 6,3 Beschäftigten je Million Personenkilometer vom heutigen Angebot 41.400 direkte und indirekte Arbeitsplätze ab.[2] Die Flächenbahn kann dagegen mit nur 2,7 Beschäftigten je Million Personenkilometer ein Plus von 17.550 Arbeitsplätzen verbuchen.

Berücksichtigt man weiterhin, daß der Bahnbetrieb auf vielen Nebenstrecken in absehbarer Zeit stillgelegt wird, wenn die Kosten nicht über Rationalisierungen verringert werden, ist ein noch größerer Effekt festzustellen. Statt dem Trend folgend vielleicht die Hälfte des ländlichen Bahnangebots und damit mindestens drei Viertel der Arbeitsplätze abzuschaffen - es verblieben also noch ungefähr 10.000 - bietet die Flächenbahn demgegenüber fast das Sechsfache an Stellen.

Damit ist eindrucksvoll belegt, daß umweltverträglichere Arbeiten und Dienstleistungen neue Arbeitsplätze schaffen. Aber es ist ein Trugschluß, zu glauben, eine Verkehrswende hätte insgesamt positive Beschäftigungseffekte zur Folge. Denn dem Stellenzuwachs im öffentlichen Verkehr stehen Verluste im Automobilbau gegenüber, die geringfügig größer ausfallen dürften. Zu diesem Schluß gelangt auch eine Studie des Ökoregio-Büros: „Die Aussage, die Verkehrswende ginge einher mit positiven Beschäftigungswirkungen, ist nur gültig für die Bereiche des öffentlichen Verkehrs. Bezogen auf das gesamte Verkehrssystem (...) erweist sich diese Aussage als Illusion."[3]

Ohne das rechnerische Ergebnis der Input-Output-Analyse von Leinert anzweifeln zu wollen, ist seine Folgerung dennoch gewagt. Er hat ermittelt, daß der mit Bahn und Bus zurückgelegte Personenkilometer 1,4 mal so beschäftigungsintensiv ist, wie bei Auto und Krad, und behauptet aus diesem Grund, „daß bei einer ökologischen Verkehrswende Beschäftigungsverluste im Bereich der Kfz-Produktion für den motorisierten Individualverkehr durch Gewinne im Bereich des ÖSPV und der

[1] Siehe Deutsche Bahn (1998a), S. 46.

[2] Für den gesamten Eisenbahn-Personenverkehr hat eine Input-Output-Analyse einen Beschäftigungseffekt von 6,34 Arbeitsplätzen pro Million Personenkilometer ergeben. Siehe Leinert (1997), S. 16ff. Als Personenverkehrsleistung der Bahn ist die Angabe von 1996 zugrunde gelegt. Siehe Bundesverkehrsministerium (1997), S. 217.

[3] Behrendt/Stratmann-Mertens (1997), S. 24.

Schiene mehr als kompensiert werden können."[1] Gegenwart und Zukunft werden hier in gleicher Weise verwechselt, wie bei der Folgerung, die Flächenbahn wäre elektrisch betrieben emissionsärmer.[2] Eine Verkehrswende hin zur Bahn wird nur zu erwarten sein, wenn dort Rationalisierungspotentiale zur Kostensenkung genutzt werden, die letztlich auf einen Abbau von Arbeitsplätzen hinauslaufen.[3] Da bei Einführung der Flächenbahn zwar von einer geringeren Nutzung des Automobils ausgegangen wird, nicht aber von einem Anstiegsstopp der Pkw-Zulassungen (statt „Ihr Zweitwagen bei der Bahn" in Zukunft „Ihre Zweitbahn in der Garage"), gleichen sich Arbeitsplatzverluste und -gewinne möglicherweise aus, aber sicher ist das nicht.

Beschäftigungswirksamkeit im Vergleich

Flächenbahn	*Direkt Beschäftigte*	*1,4 je Mio. Pkm*
	Direkt und indirekt Beschäftigte	*2,7 je Mio. Pkm*
Bahn heute	*Direkt und indirekt Beschäftigte*	*6,3 je Mio. Pkm*
MIV heute	*Direkt und indirekt Beschäftigte*	*3,1 je Mio. Pkm*

Quelle: MIV und Bahn heute nach Leifert (1997), S. 16ff.

Soll deshalb von der Einführung der Flächenbahn Abstand genommen werden? Mitnichten, denn zum Abbau von Umwelt- und Gesundheitsschäden ist sie unerläßlich. Wenn bestimmte Arbeiten, wie die Herstellung eines Automobils, zur Verursachung ökologischer und sozialer Folgeschäden beitragen, kann der Erhalt dieser Arbeitsplätze nicht zum Selbstzweck gefordert werden. Arbeit sollte in Bereichen geschaffen werden, die weniger für Belastungen verantwortlich sind. Gehen durch eine Verringerung von Schäden Jobs verloren, werden negative Umweltfolgen durch negative soziale Folgen ersetzt, so daß eine Problemverlagerung eintritt. Die Lösung des Problems der Erwerbslosigkeit ist jedoch *ohne* Umweltschädigung vorstellbar. Konzepte für diese Lösung zu entwickeln, die über eine ökologische Steuerreform hinausgehen müssen, ist eine dringliche Aufgabe. Der Beitrag der Flächenbahn liegt in der Schaffung zukunftsfähiger, umweltverträglicher Arbeitsplätze. Bleibt zu fragen, ob wir uns diese zukunftsfähigen Arbeitsplätze und die Reduzierung der Umwelt- und Gesundheitsbelastungen finanziell leisten können.

---

[1] Leinert (1997), S. 18.

[2] Eine elektrische Flächenbahn empfiehlt Paulitz (siehe Institut für Regional-Ökonomie (1997)). Diese Thematik wird in Kapitel 4.4 behandelt.

[3] Eine Untersuchung des Öko-Instituts prognostiziert einen positiven Beschäftigungseffekt durch umweltverträglichen Verkehr (siehe Öko-Institut/VCD (1998)). Bezogen auf den ländlichen Raum und die Flächenbahn wird allerdings auf das Fehlen von Datengrundlagen hingewiesen (S. 75) - eine Lücke, die von der vorliegenden Studie teilweise geschlossen wird. Es wird deshalb davon ausgegangen, daß die ermittelten Rationalisierungspotentiale, deren Nutzung als Voraussetzung für die Einführung einer Flächenbahn angesehen wird, in der Öko-Institut-Studie nicht in ausreichender Weise berücksichtigt sind.

5.3 Kostenrechnung

„Anstatt Geld für den zusätzlichen Straßenbau auszugeben, sollte man den öffentlichen Nahverkehr fördern." Das meinen drei Viertel der Bundesbürger.[1] Solche Mittelumschichtungen haben jedoch Grenzen. In Anbetracht der vorgeschlagenen Rationalisierungen stellt sich außerdem die Frage, ob höhere Zuschüsse für eine Flächenbahn überhaupt notwendig sind. So wünschenswert die Flächenbahn aus umwelt- und verkehrspolitischer Sicht ist, vor einer Empfehlung zur Umsetzung steht die Kalkulation des finanziellen Aufwands. Was kostet die Flächenbahn?

Berechnungsbasis

Aufgrund der umfassenden Veränderungen kann das Konzept der Flächenbahn nicht von heute auf morgen in die Realität umgesetzt werden, sondern nimmt bei zügiger Verwirklichung mindestens 15 Jahre in Anspruch. Konsequenterweise wird im Zielkonzept das Jahr 2015 beschrieben. Für die Kostenrechnung gilt im Prinzip dasselbe. Da neben laufenden Kosten eine Reihe von Investitionen zu tätigen sind, die über mehrere Jahre beziehungsweise Jahrzehnte finanziert werden müssen, wird der reale Finanzbedarf am besten in Jahreskosten ausgedrückt. Alle angegebenen jährlichen Kosten fallen ab 2015 in jedem weiteren Jahr solange an, wie der Zielzustand erhalten bleiben soll.[2]

Aus Gründen der Anschaulichkeit wird dennoch allen Angaben das Preisniveau von 1998 zugrunde gelegt.[3] Inflationsraten und davon abweichende Preisveränderungen brauchen daher nicht berücksichtigt zu werden. Eine bedingte Ausnahme von diesem Prinzip wird bei den Lohnkosten gemacht, da 2015 von einer vollständigen Angleichung der Gehälter in Ost- und Westdeutschland ausgegangen werden kann. Berechnungsbasis bildet daher die im Westen übliche Gehaltsstruktur.

Für die Investitionen werden Annuitäten auf der Basis einer Realverzinsung von 3,5 Prozent angesetzt. Restwerte kommen generell nicht zur Anrechnung, da die Finanzierungszeiten so gewählt sind, daß nach ihrem Ablauf von einem Ersatz durch neue (weiter verbesserte) Technik oder einer grundlegenden Modernisierung auszugehen ist. Sämtliche Instandhaltungsarbeiten, die während dieser Zeit anfallen, gehen in die Kostenrechnung ein.

Nicht berücksichtigt sind Kosten für den Erwerb von Grundstücken, da eine Bewertung theoretischer Modellstrecken, deren konkrete Lage völlig offen ist, sehr spekulativ wäre. Anfallende Planungskosten sind dagegen im Overhead enthalten.

Es wird eine rechnergestützte Kostenermittlung vorgenommen, die nicht auf einer Mischkalkulation basiert, sondern detaillierte Einzelposten ausweist. Ferner wird

[1] Laut einer repräsentativen Umfrage in Deutschland stimmen dieser Äußerung 73 Prozent der Befragten zu. Rudolf Augstein Gesellschaft (1993), S. 275.

[2] Kostenseitig nicht betrachtet wird die Übergangsphase von heute bis 2015. Der Zeitraum bis zum Erreichen des Zielzustands ist inhaltlich in Kapitel 8 beschrieben.

[3] Alle Kosten sind in Euro umgerechnet (Kurs 1,00 Euro = 2,00 DM).

die Aufstellung als Vollkostenrechnung ausgeführt. Obwohl die Flächenbahn mehrere Trassen des Interregional- und Güterverkehrs mitbenutzen wird, ist der Aufwand kalkuliert, der notwendig wäre, wenn keine anderen Schienenverkehre stattfänden. Dies geschieht, um eine Vorstellung über die von der Flächenbahn verursachten Kosten zu erhalten. Bei praktizierter Mischnutzung kann so eine Kostenobergrenze für den Anteil des ländlichen Nahverkehrs benannt werden.[1]

Im übrigen werden nicht nur Vollkosten, sondern auch Maximalkosten angesetzt. Das heißt, bei zu erwartenden Preisspannen für Einzelposten fließen grundsätzlich die oberen Werte in die Rechnung ein. Geschickte Verhandlungen vorausgesetzt, können deutlich niedrigere als die ausgewiesenen Preise erzielt werden. Als Grundlage für die Ermittlung der Einzelkosten dienen entsprechende, plausibilitätsgeprüfte Angaben von Herstellern, Betreibern nichtbundeseigener Eisenbahnen und Nahverkehrsgesellschaften sowie auf diesem Feld tätigen Ingenieurbüros und Forschungsinstituten.[2]

Wie bereits erwähnt, ist eine Aufteilung der Kosten auf zwei Bereiche üblich: Zugförderung und Fahrweg. Um Mißverständnissen vorzubeugen, sei betont, daß Kosten dargelegt werden, die nicht mit den Preisen identisch sein müssen, für die ein Unternehmen die Durchführung des Zugbetriebs anbietet. Je nach kalkuliertem Gewinn und Trassenpreis kann das Angebot die ermittelten Kosten über- oder unterschreiten.

Insbesondere die 1994 eingeführten Trassenpreise haben immer wieder zu Irritationen geführt.[3] Das Trassenpreissystem richtet sich zwar auch nach den entstehenden Kosten, weist aber letztendlich Marktpreise aus. Diese können auf stark nachgefragten Strecken erheblich über den Kosten liegen und auf schwach frequentierten Nebenstrecken auch darunter.[4]

Ein Beispiel verdeutlicht die möglichen Abweichungen von Kosten und Preisen. Für die Region Saale-Unstrut stellt eine Untersuchung[5] fest, daß der kalkulierte Preis, den der Aufgabenträger an den Betreiber 1995 zu zahlen hatte, den Kosten überraschend genau entspricht. Die ausgewiesenen Preisanteile für Fahrweg und Zugförderung verhalten sich jedoch annähernd umgekehrt proportional zu den dort ermittelten Kostenanteilen. Entfallen auf die Zugförderung nur 25 Prozent der Kosten, liegt ihr Preisanteil bei 70 Prozent. Beim Fahrweg zeigt sich das umgekehrte Bild: 75 Prozent der Kosten stehen einem Preisanteil von nur 30 Prozent gegenüber.

---

[1] Siehe auch Kapitel 4.4.

[2] Zur Kostenermittlung wurden zahlreiche Expertengespräche geführt und vorliegende Kalkulationen ausgewertet (unter anderem wurden detaillierte Preisangebote von Herstellern eingeholt). Siehe zum Beispiel Bellingkrodt/Stiephaudt (1995), Büro für Verkehrs- und Stadtplanung (1996) und Wuppertal Institut (1997b). Zur Auswertung wurde eine umfangreiche Datenbank mit allen erforderlichen Angaben erstellt, auf die eine geeignete Kalkulationssoftware zugreifen kann, die für die Kostenrechnung entsprechend programmiert wurde.

[3] Die Struktur der Trassenpreise erläutert unter anderem Häusler (1995). Mittlerweile ist das Trassenpreissystem modifiziert worden; seit 1998 gilt ein neues Buch.

[4] Über die Sinnhaftigkeit solcher Abweichungen wird anschaulich von Kracke berichtet, der auch Chancen und Gefahren des deutschen Trassenpreissystems bewertet. Siehe zum Beispiel Kracke (1997).

[5] Siehe Wuppertal Institut (1997a).

Kosten und Preise im Vergleich

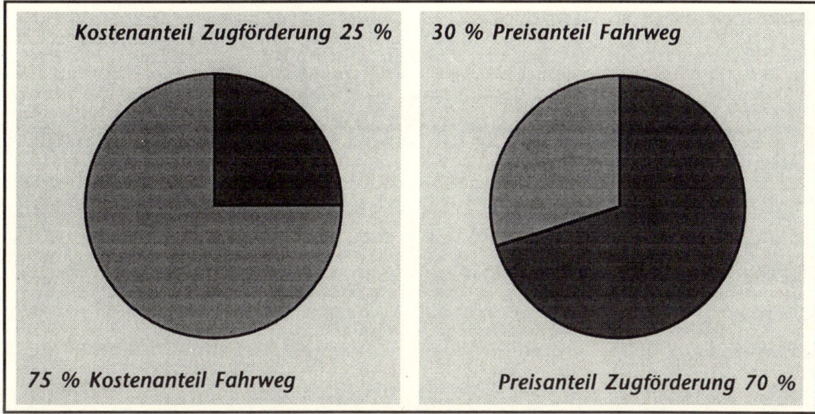

Vergleich der Preis- und Kostenstruktur im Schienenpersonennahverkehr, dargestellt für die Region Saale-Unstrut 1995. Datengrundlage: WVI (1995), Büro für Verkehrs- und Stadtplanung (1996) und Wuppertal Institut (1997a).

Gespräche mit den Beteiligten bestätigen im konkreten Beispielfall die Vermutung, es werde auf Verschleiß gefahren. Es sind lediglich unbedingt notwendige Instandhaltungsarbeiten in die Preisbildung eingeflossen; die Kosten für eine langfristige Sicherung der Strecken sind jedoch nicht einkalkuliert worden.

Vermutlich wird auf etlichen Nebenstrecken ähnlich verfahren: Die Trasse gilt als abgeschrieben, wird aber weiterhin benutzt ohne Rücklagen für bald fällige Erneuerungsarbeiten zu bilden. Die den kalkulierten Preisen gegenübergestellte Kostenberechnung setzt dagegen einen jährlichen Finanzierungsbetrag für den Bau beziehungweise die Erneuerung an.

Für die Flächenbahn werden die Kosten ermittelt, die zur Bereitstellung der Trasse entstehen, und keine Marktpreise für das Offerieren eines Zugangebots. Von Verkehrsunternehmen kalkulierte Gewinne sind folglich nicht enthalten. Für alle Komponenten, die von den Anbietern bei weiteren Firmen erworben werden, sind dagegen jeweils erwartete Preise veranschlagt. Fördermittel werden nicht abgezogen, weil auch sie letztlich Kosten sind.

Fahrweg

Der Fahrweg setzt sich aus mehreren Komponenten zusammen, die den Aufgaben Bau, Erneuerung, Instandhaltung und Betrieb zugeordnet werden. Im einzelnen werden betrachtet:

- Trassierung
- Oberbau
- Bahnübergänge
- Zugangsstellen
- Steuerungstechnik

In einer weiteren Aufschlüsselung werden Einzelelemente wie zum Beispiel Brükkenbauwerke, Weichen, Haltepunktausstattungen, Steuerungsmodule und Leitstellen kostenseitig bewertet. Diese und weitere Feinteilungen werden zur Berechnung vorgenommen; in der folgenden Darstellung sind sie aggregiert ausgewiesen.

Es wird angenommen, daß ein Viertel des Flächenbahnnetzes völlig neu zu trassieren ist und für maximal ein weiteres Viertel stillgelegte Trassen zur Verfügung stehen. Auf der übrigen, heute schon betriebenen Hälfte wird der Oberbau voraussichtlich zu überarbeiten sein, da die zulässigen Geschwindigkeiten nicht immer den Erfordernissen der Flächenbahn entsprechen. Demzufolge müssen an die 20.000 Kilometer neues Gleis und rund 2.370 neue Weichen verlegt werden. In ähnlichem Umfang sind bestehende Abschnitte zu modernisieren. Aus den entsprechenden Einzelwerten ergeben sich damit für den ersten Part Kosten von 759,5 Millionen Euro.

Aufgrund der unterschiedlichen topographischen Voraussetzungen ist die Bildung von Durchschnittswerten vor allem bei der Kalkulation der erforderlichen Brükkenbauwerke nicht einfach. Es wird von fünfzig Quadratmetern Grundfläche je Streckenkilometer ausgegangen.[1] Für alle bestehenden Bauwerke sind umfassende Erneuerungsarbeiten eingeplant. Von Tunnelneubauten kann abgesehen werden, da den neuen Triebwagen eine deutlich höhere Steigfähigkeit unterstellt wird. Unter diesen Annahmen weist das Kalkulationsprogramm Kosten von 163,3 Millionen Euro für Bauwerke aus.

Wie Mängelanalysen zeigen, liegen Haltepunkte an bestehenden Strecken oft zu weit von den Ortschaften entfernt und müssen daher verlegt werden, was kostenseitig betrachtet einem Neubau gleichkommt. Von sämtlichen Zugangsstellen, an denen die Flächenbahn hält, werden etwa 85 Prozent neu zu errichten sein; die übrigen bedürfen voraussichtlich einer umfassenden Modernisierung.[2] Für den Bau und anfallende Erneuerungsarbeiten sind infolgedessen 79,8 Millionen Euro aufzuwenden.

Auch bei den Bahnübergängen ist mit einer hohen Neubauquote zu rechnen, weil viele Wege heute technisch nicht gesichert sind, aber eine vollständige technische Sicherung angestrebt wird. Für vier von fünf Übergängen wird ein Neubau, für die restlichen eine Modernisierung kalkuliert. Der Aufwand dafür beläuft sich auf 203,9 Millionen Euro.

Teile der geplanten Steuerungstechnik sind bisher auf nur wenigen Strecken realisiert, andere Komponeten werden derzeit erstmalig im realen Fahrplanbetrieb getestet. Für sämtliche 31.580 Streckenkilometer wird daher die Neuinstallation der kompletten Steuerungstechnik veranschlagt. Inklusive Leistellen enstehen für diesen Komplex Kosten in Höhe von 44,1 Millionen Euro.

Bau beziehungsweise Erneuerung des Fahrwegs verursachen somit in Summe Kosten von 1,251 Milliarden Euro. Für die Instandhaltung kommen weitere 333 Millionen hinzu, für das Betriebspersonal der Leitstellen und das Servicepersonal an den Bahnhöfen noch einmal 106,1 Millionen.

[1] Mittlerer Wert in Anlehnung an Wupertal Institut (1997b).

[2] Von den Haltepunkten der Klasse 1 werden zwei Drittel, in der der Klasse 2 knapp 90 Prozent als Neubau kalkuliert.

Aufteilung der Fahrwegkosten

Jahreskosten	*Bau / Erneuerung*	*Instandhaltung / Betrieb*
Trassierung / Oberbau	*922,9 Mio. Euro*	*194,2 Mio. Euro*
Bahnübergänge	*203,9 Mio. Euro*	*118,4 Mio. Euro*
Zugangsstellen	*79,8 Mio. Euro*	*64,7 Mio. Euro*
Steuerung / Sicherung	*44,1 Mio. Euro*	*61,7 Mio. Euro*

Neben 1,251 Milliarden Euro für den Bau und die Erneuerungsarbeiten des Fahrwegs sind demnach 439,1 Millionen Euro für Instandhaltung und Betrieb aufzuwenden. Zu addieren ist ein gleichbleibender Aufwand für Planungsaufgaben sowie ein zehnprozentiger Aufschlag für die Verwaltung. Als Overhead zusammengefaßt ergibt sich eine abschließende Aufstockung in Höhe von 171,5 Millionen Euro. Somit fallen Jahreskosten in Höhe von 1,861 Milliarden Euro an; der Personalkostenanteil beträgt zwanzig Prozent. Mit diesen Mitteln kann das angestrebte Betriebsniveau des Fahrwegs dauerhaft erhalten werden.
Auf einen Kilometer Strecke bezogen liegen die Fahrwegkosten demzufolge bei 58.936 Euro im Jahr, auf den angebotenen Zugkilometer heruntergebrochen bei 2,12 Euro. Interessant für die Bilanzierung ist das Ergebnis in Relation zur erwarteten Nachfrage: Je Personenkilometer entstehen Kosten von acht Cent.

Fahrwegkosten

Jahreskosten Fahrweg	*1,861 Mrd. Euro*
Fahrwegkosten pro Streckenkilometer im Jahr	*58.936 Euro*
Fahrwegkosten pro Zugkilometer	*2,12 Euro*
Fahrwegkosten pro Personenkilometer	*0,08 Euro*

Verglichen mit heutigen Fahrwegkosten, die im Nebennetz nicht selten oberhalb von vier Euro pro Zugkilometer liegen, sind 2,12 Euro bei fast durchgehender Höchstgeschwindigkeit von 100 Kilometern pro Stunde geradezu traumhaft niedrig. Sie liegen unterhalb der gängigen Trassenpreise, die bei 2,50 Euro beginnen.[1]

Zugförderung

Die einzelnen Bausteine, aus denen sich die Zugförderung zusammensetzt, werden auf die gleichen Aufgabenbereiche aufgeteilt wie der Fahrweg, was der besseren Vergleichbarkeit dient. Wiederum werden Bau-, Erneuerungs-, Instandhaltungs- und Betriebskosten getrennt ausgewiesen. Die Betrachtung auf einer Komponentenebene enfällt hier allerdings; stattdessen wird den Aufgabenbereichen die nächsttiefere Aufschlüsselungsstufe direkt zugewiesen. Im einzelnen werden der Fahrbe-

[1] Der durchschnittliche Trassenpreis im Schienenpersonennahverkehr liegt bei 4,50 Euro, der Mindestpreis bei 2,50 Euro je Zugkilometer. Siehe DIW-Wochenbericht 26/97, S. 458.

trieb, die Fahrzeuge, die Betriebsstoffe und die Werke betrachtet. Eine nicht ganz treffende Bezeichnung trägt der Bereich Bau, da ihm auch die Beschaffung der Fahrzeuge und die Bereitstellung der Betriebsstoffe zugeordnet werden. Aus Gründen der Analogie wird jedoch keine Umbenennung vorgenommen.

Für 4.710 Triebwagen, deren Einsatzzeit bei täglichen Laufleistungen von 764 Kilometern auf zwölf Jahre veranschlagt wird, für den Treibstoff und für sonstige Betriebsstoffe sind insgesamt 652,3 Millionen Euro aufzuwenden. Die Kosten für das Fahr- und Servicepersonal schlagen mit 507,2 Millionen Euro zu Buche. Damit sind die wesentlichen Posten der Zugförderung bereits genannt.

Hinzu kommt noch die Wartung des Rollmaterials, wofür entsprechende Werkstätten gebaut oder modernisiert und in jedem Fall betrieben werden müssen. Auf diesen Bereich entfallen 250,2 Millionen Euro.

Aufteilung der Zugförderungskosten

Jahreskosten	*Bau / Erneuerung*	*Instandhaltung / Betrieb*
Zugangebot	*697,2 Mio. Euro*	*712,5 Mio. Euro*

Zu den genannten Kosten werden genau wie beim Fahrweg ein fester Betrag für Planungsaufgaben und ein Verwaltungsaufschlag von zehn Prozent hinzugefügt. Demnach beläuft sich der Overhead in diesem Fall auf 143,5 Millionen Euro.

Alles in allem enstehen damit Kosten für die Zugförderung in knapp der gleichen Höhe wie für den Fahrweg. Aufzuwenden sind 1,553 Milliarden Euro pro Jahr, die Zugkilometerkosten von 1,77 Euro erzeugen. Mit sieben Cent pro Personenkilometer liegen die Zugförderungskosten ungefähr gleichauf mit den aktuellen Kilometerpreisen für eine Bahnfahrkarte.[1] Für das Personal ist mit einem Anteil von 45 Prozent knapp die Hälfte der Kosten aufzuwenden.

Zugförderungskosten

Jahreskosten Zugförderung	*1,553 Mrd. Euro*
Zugförderungskosten pro Streckenkilometer im Jahr	*49.871 Euro*
Zugförderungskosten pro Zugkilometer	*1,77 Euro*
Zugförderungskosten pro Personenkilometer	*0,07 Euro*

Gesamtaufwand

Zur Einführung der Flächenbahn sind zahlreiche Investitionen zu tätigen. Allein die Trassen, der Oberbau und die Fahrzeuge erzeugen bis 2015 Investitionskosten von 20,2 Milliarden Euro. Die übrigen Anschaffungen machen weitere 11,7 Milli-

[1] Durch Sonderangebote, Bahncard und Zeitkarten reduziert sich der aktuelle DB-Tarifkilometer-Preis für die 2. Klasse von umgerechnet 13,4 Cent nach einem einfachen Ansatz im Durchschnitt auf etwa 50 Prozent und liegt damit bei 6,7 Cent. Siehe Deutsche Bahn (1998b), S. 2705.

arden Euro aus, so daß die gesamten Investitionen 31,9 Milliarden Euro betragen. Eine in keiner Weise dramatische Summe, da die meist langen Finanzierungszeiträume erträgliche Jahreskosten entstehen lassen.

Zu den jährlichen Fahrwegkosten von 1,861 Milliarden Euro und denen für die Zugförderung von 1,553 Milliarden Euro kommen noch sonstige Kosten im Umfang von 100 Millionen Euro pro Jahr hinzu, die den Aufwand für Öffentlichkeitsarbeit sowie Forschung und Entwicklung beinhalten. Die Jahresgesamtkosten für die komplette Flächenbahn betragen damit 3,515 Milliarden Euro. Mit einem Anteil von 44 Prozent liegen die Zugförderungskosten unter denen des Fahrwegs, die einem Anteil von 53 Prozent entsprechen.

Anteile von Zugförderung und Fahrweg

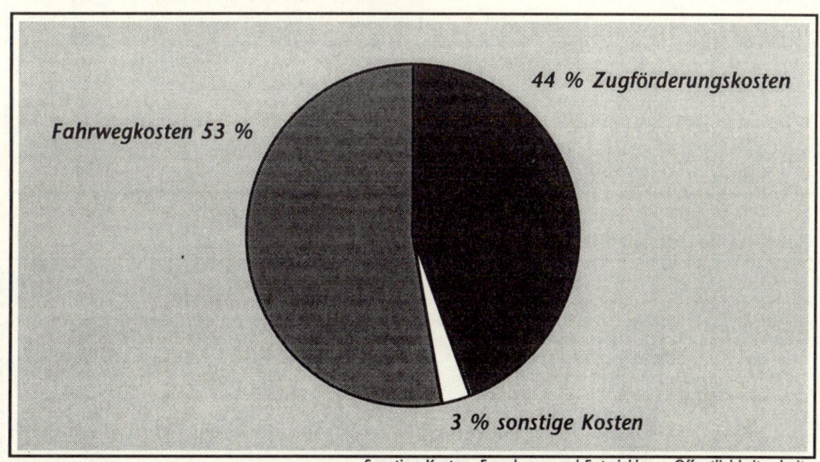

Sonstige Kosten: Forschung und Entwicklung, Öffentlichkeitsarbeit.

Einen betriebenen Streckenkilometer bereitzustellen, kostet im Jahr 111.280 Euro (ohne Zugangebot 58.936 Euro). Pro Zugkilometer werden rund vier Euro erreicht - ein Wert, der bisher auch von deutlich schlechteren Angeboten kaum erzielt wird. Mit 16 Cent pro erwartetem Personenkilometer kostet die Flächenbahn kaum mehr als ein Bahnkunde für den normalen Tarifkilometer einer nicht rabbatierten DB-Fahrkarte zu bezahlen hat.[1]

Gesamtkosten

Jahreskosten	*3,515 Mrd. Euro*
Jahreskosten pro Streckenkilometer	*111.280 Euro*
Kosten pro Zugkilometer	*4,01 Euro*
Kosten pro Personenkilometer	*0,16 Euro*

Den Löwenanteil der Kosten erzeugen die Bau- und Erneuerungsarbeiten, zu denen auch die Materialbeschaffungen zählen; sie machen mit 55,4 Prozent über die

[1] Ein Tarifkilometer in der 2. Klasse kostet heute umgerechnet 13,4 Cent. Siehe Deutsche Bahn (1998b), S. 2705.

Hälfte des Gesamtaufwands aus. Die Instandhaltungsarbeiten und der Betrieb erreichen mit 15,3 und 17,4 Prozent zusammen nicht einmal ein Drittel. Die Verwaltungs- und Planungskosten tragen letztlich mit neun Prozent zum Gesamtaufwand bei. Trotz der nicht unerheblichen Summe von jährlich 50 Millionen Euro, die jeweils für Öffentlichkeitsarbeit sowie Forschung und Entwicklung veranschlagt sind, fallen diese Kosten mit zusammen 2,8 Prozent kaum ins Gewicht.[1] Der Anteil der Personalkosten, die in den zuvor genannten Werten enthalten sind, liegt bei 31 Prozent.

Aufteilung der Jahreskosten

Bau / Erneuerung	*1948,0 Mio. Euro*	*55,4 %*
Instandhaltung	*538,3 Mio. Euro*	*15,3 %*
Betrieb	*613,2 Mio. Euro*	*17,4 %*
Overhead	*315,0 Mio. Euro*	*9,0 %*
Öffentlichkeitsarbeit	*50,0 Mio. Euro*	*1,4 %*
Forschung und Entwicklung	*50,0 Mio. Euro*	*1,4 %*

Personalkostenanteile

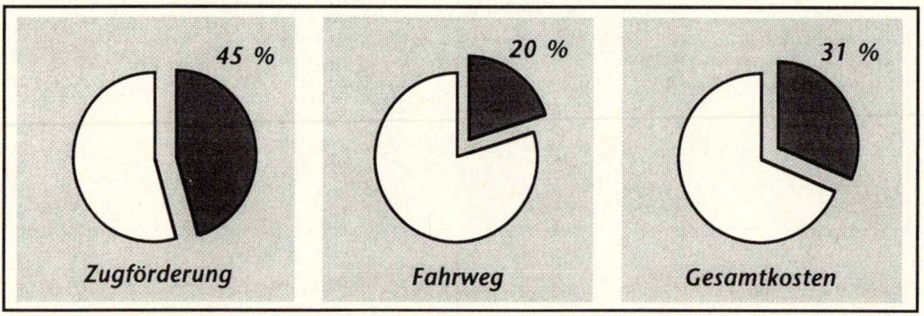

Anteile der Personalkosten in den Bereichen Zugförderung und Fahrweg sowie an den Gesamtkosten.

Alle Einrichtungen des Fahrwegs, die ebenso von anderen Schienenverkehren genutzt werden, sind in der vorgestellten Vollkostenrechnung zu 100 Prozent der Flächenbahn angelastet worden. Mitnutzungen sind vor allem vom Interregional- und Güterverkehr zu erwarten, die eine Reihe der technischen Einrichtungen genauso wie die Flächenbahn benötigen. Es kann somit nur als gerecht angesehen werden, wenn die für mehrere Nutzer bereitgestellte Infrastruktur von allen bezahlt wird.[2]

Unter der vereinfachten Annahme, daß die Hälfte des Flächenbahnnetzes von anderen Zuggattungen mindestens im gleichen Umfang wie vom Nahverkehr genutzt wird, müssen die Kosten der von beiden benötigten Anlagen entsprechend aufgeteilt werden. In der angestellten Kostenrechnung sind diese Werte folglich

[1] Die Bundesregierung hat zwischen 1993 und 1997 im Schnitt jährlich umgerechnet 13 Mio. Euro für die Rad-Schiene-Forschung ausgegeben, zuletzt nur noch 4 Mio. Zum Vergleich: Für die Transrapid-Forschung wurden im selben Zeitraum jährlich 46 Mio. Euro zur Verfügung gestellt. Siehe Bundesregierung (1998) und Bündnis 90/Die Grünen (1998).

[2] Siehe auch Kapitel 4.4.

um 50 Prozent zu reduzieren. Solche Abzüge betreffen mindestens die Errichtung, Modernisierung und Instandhaltung des Oberbaus und der Brückenbauwerke sowie die Bahnübergänge. Zur Berechnung wird im Sinne eines Worst-case-Ansatzes grundsätzlich der für die Flächenbahn jeweils ungünstigste Fall angenommen.
Abzuziehen von den 3,515 Milliarden Euro, die für eine Flächenbahn nach der Vollkostenrechnung aufgewendet werden müssen, sind demnach mindestens 344 Millionen Euro. Als Teilkosten der Flächenbahn verbleiben demzufolge maximal 3,171 Milliarden Euro.

Der beschrittene Pfad einer Maximalkostenbetrachtung ist gerechtfertigt, da auf diese Weise eine absolute Obergrenze für den Aufwand ermittelt werden kann. Unter den genannten Bedingungen wird die Flächenbahn diese Grenze nicht überschreiten. Auf der Hälfte der Fläche Deutschlands eingeführt, enthält die Flächenbahn jedoch ein gewaltiges Auftragsvolumen für die Hersteller der benötigten Materialien wie zum Beispiel Fahrzeuge, Schranken oder Einrichtungen auf Haltepunkten. Eine gewisse Einheitlichkeit vorausgesetzt, eröffnen sich dadurch an etlichen Stellen rationellere Fertigungsmöglichkeiten, die letztlich zur Reduzierung der veranschlagten Preise führen.

Verstärkt werden können die Preissenkungen durch eine konsequente Ausnutzung des Marktes, der sich bei größerem Bedarf schneller ausweiten kann. Ob niedrigere Preise im konkreten Fall durch möglichst großvolumige Aufträge oder die möglichst breite Aufteilung auf viele Firmen zu erzielen ist, kann und braucht an dieser Stelle nicht erörtert zu werden. Bei der Beschaffung von Rollmaterial können die geschilderten Effekte bereits heute festgestellt werden, so daß die Annahme eines generell sinkenden Preisniveaus untermauert wird. Werden die Einrichtungen zudem in konsequent einfacher Ausführung (was nicht mit weniger funktional gleichzusetzen ist)[1] geordert, lassen sich Kosten und Preise weiter senken.

Einsparungen durch rationellere Fertigung, vereinfachte Ausführungen und die Nutzung des Marktes lassen sich in den Bereichen Bau und Erneuerung erzielen. Konkret vorstellbar sind solche Effekte bei der Fahrzeugbeschaffung, der Ausstattung der Betriebswerke sowie bei der Errichtung von Haltepunkten und Bahnübergängen. Weitere Einsparungen sind im Verwaltungsbereich möglich. Kann zudem auf die sofortige Überarbeitung einiger in gutem Zustand befindlichen Brückenbauwerke verzichtet werden, lassen sich von den in der Vollkostenrechnung ausgewiesenen 3,515 Milliarden Euro insgesamt 455 Millionen Euro einsparen. Die Abzüge für eine Mischnutzung durch Interregional- und Güterverkehr fallen dann ebenfalls kleiner aus; sie verringern sich auf 211 Millionen Euro.

Als Teilkosten für ein Minimalkosten-Szenario ergeben sich folglich 2,885 Milliarden Euro. Die Fahrwegkosten sinken auf unter 50.000 Euro pro Streckenkilometer. Grob geschätzt lassen sich die tatsächlich anfallenden Jahreskosten auf eine Größenordnung von drei Milliarden Euro taxieren.

[1] Einfachere und zugleich funktionellere Lösungen sind an vielen Stellen denkbar. Als Beispiel sei auf die Ticketautomaten verwiesen, die in Kapitel 6.1 beschrieben werden.

Kostenspanne

Jahreskosten	*Maximalkosten-Szenario*	*Minimalkosten-Szenario*
Vollkosten	*3,515 Mrd. Euro*	*3,096 Mrd. Euro*
Mischnutzungsabschlag	*344 Mio. Euro*	*211 Mio. Euro*
Teilkosten	*3,171 Mrd. Euro*	*2,885 Mrd. Euro*

Für eine Bewertung ist zu berücksichtigen, daß mit der Flächenbahn ein langfristig wirksames Bahnnetz entsteht. Die Streckeninfrastruktur bietet mindestens für ein dreiviertel Jahrhundert raumordnerisch wichtige Entwicklungsachsen, die gerade den abwanderungsbedrohten ländlichen Räumen Chancen geben, ihre endogenen Potentiale zu nutzen.

Um so erstaunlicher sind die Bewertungen anderer Konzepte zum ländlichen Schienenpersonennahverkehr. Zum Beispiel ist für das Land Mecklenburg-Vorpommern ein Zielkonzept für das Jahr 2010 entwickelt worden, das auf einem „rationellen Betrieb" basiert.[1] Trotz umfangreicher Rationalisierungsmaßnahmen liegen die Kosten für einen Zugkilometer mit umgerechnet 7,71 Euro immer noch fast doppelt so hoch wie bei der Flächenbahn, die für 4,01 Euro fährt.[2] Erklären läßt sich diese Diskrepanz nur aus einer zu sehr dem Status quo verhafteten Konzeptentwicklung. Als Bedienungsstandard ist nicht einmal ein durchgängiger Stundentakt vorgesehen. Zwar werden zum Teil ähnliche Vorschläge gemacht wie in der vorliegenden Untersuchung, es fehlt ihnen jedoch die Konsequenz, so daß weder die Qualitäts- noch die Effizienzsprünge der Flächenbahn erreicht werden.

[1] Proksik/Kerwien (1996), S. 196.

[2] Siehe Proksik/Kerwien (1996), S. 216.

5.4 Bilanz

Einnahmen und Ausgaben

Sollen die von der Flächenbahn verursachten Effekte bilanziert werden, ist in einem ersten Schritt das zu erwartende Betriebsergebnis von Interesse. Externe Effekte finden in einem zweiten Schritt Berücksichtigung. Zur Vereinfachung wird angenommen, daß alle entstehenden Kosten *einem* Betreiber in Rechnung gestellt werden. Dieser fiktive Betreiber erhalte im Gegenzug sämtliche flächenbahnbezogenen Erlöse aus dem Fahrkartenverkauf.[1] Mit diesem Ansatz lassen sich jährliche Einnahmen und Ausgaben unabhängig von der tatsächlichen Organisationsstruktur gegenüberstellen und der Gewinn beziehungsweise Verlust bestimmen.

Die Erlöse hängen von der Struktur des Tarifsystems und der Höhe der unterschiedlichen Fahrpreise ab. Hier wird der in Kapitel 6.1 entwickelte Durchschnittserlös von acht Cent je Personenkilometer übernommen. Bei einer erwarteten Nachfrage von 21,900 Milliarden Personenkilometern im Jahr entstehen folglich Einnahmen in Höhe von 1,752 Milliarden Euro.

Wie in Forschungsarbeiten festgestellt wird, sind die Kosten für die Infrastruktur des Straßenverkehrs trotz hoher Einnahmen aus der Mineralölsteuer nicht gedeckt.[2] Die Straßen werden folglich von der Allgemeinheit über verkehrsunabhängige Steuern finanziert. Daß der Staat seinen Bürgern ein gut ausgebautes Straßennetz zur Verfügung stellt, ohne dafür wie auch immer geartete Benutzungsgebühren zu verlangen, ist durchaus vernünftig. Nicht diskutiert werden soll an dieser Stelle die einseitig auf das Automobil ausgerichtete Gestaltung der Straßen.

Konsequent wäre es, wenn die Bereitstellung der Infrastruktur in ähnlichem Maße auch für den Schienenverkehr und damit die Flächenbahn gälte.[3] Wird unterstellt, daß der Staat beziehungsweise die Länder aus einem grundsätzlichen Interesse und ihrer Verpflichtung zur Daseinsvorsorge die erforderliche Streckeninfrastruktur zur Verfügung stellen ohne dafür vom Betreiber eine Vergütung zu fordern, sind für das Betriebsergebnis der Flächenbahn nur die Aufwendungen der Bereiche Zugförderung, Öffentlichkeitsarbeit und FuE zu veranschlagen. Sie liegen bei rund 1,5 Milliarden Euro pro Jahr.

Auf dieser Basis fährt die Flächenbahn nicht nur kostendeckend, sie erzielt sogar einen nicht unerheblichen Gewinn in dreistelliger Millionenhöhe. Je nachdem, ob der Rechnung Maximal- oder Minimalkosten zugrunde gelegt werden, wird ein jährliches Plus von 99 oder 304 Millionen Euro erzielt.[4] Der Kostendeckungsgrad bewegt sich dementsprechend zwischen 106 und 121 Prozent.

---

[1] Die Erlöse werden grundsätzlich abzüglich der spezifischen Verkaufskosten ausgewiesen.

[2] Siehe zum Beispiel Huckestein/Verron (1996).

[3] Zu rechtlichen Hindernissen und der verkehrsorganisatorischen Sinnhaftigkeit einer derartigen Regelung siehe Kapitel 6.4.

[4] Maximalkosten ohne Abzüge, Minimalkosten nach Mischnutzungsabschlag.

Betriebsergebnis ohne Fahrwegkosten (a)

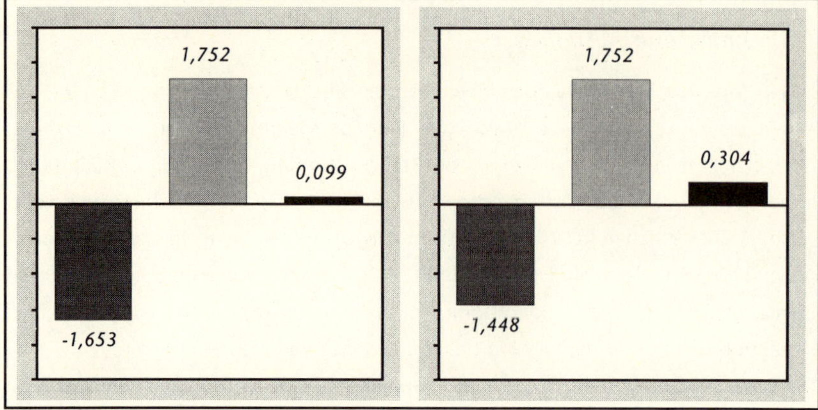

Die linke Grafik weist Maximalkosten ohne Abzüge aus, die rechte Minimalkosten nach Abzug des Mischnutzungsabschlags. Die jeweils linken Säulen repräsentieren die Kosten, die mittleren die Erlöse (hier 8 Cent/Pkm) und die rechten den Zuschußbedarf beziehungsweise Überschuß. Alle Angaben in Mrd. Euro/Jahr (Skala: -2,5 bis +2,5).

Dieser Ansatz ist zwar plausibel, dennoch interessiert das Betriebsergebnis unter Einbeziehung der Kosten für den Fahrweg. Bei gleicher Erlössumme wie im vorhergehenden Beispiel sind in diesem Fall Kosten von 3,515 Milliarden Euro anzusetzen, sofern die Maximalrechnung zugrunde gelegt wird. Findet der Minimalkostenansatz Verwendung und wird der Mischnutzungsabschlag abgezogen, ist von 2,885 Milliarden Euro auszugehen. Das Ergebnis weist nun in beiden Fällen eine kräftige Unterdeckung aus: 1,763 beziehungsweise 1,133 Milliarden Euro.
Ist eine Reduzierung durch staatliche Zuschüsse nicht oder nur zum Teil gewollt, müssen andere Finanzierungsmethoden eingesetzt werden; Möglichkeiten des Sponsorings werden in Kapitel 6.4 erörtert. Daß erhebliche Zahlungspotentiale bestehen, scheint erwiesen zu sein; *wie weit* sich der Zuschußbedarf bei einem Kostendeckungsgrad zwischen 50 und 61 Prozent über private Finanzierungen zurückschrauben läßt, muß an dieser Stelle offen bleiben.

Betriebsergebnis inklusive Fahrwegkosten (b)

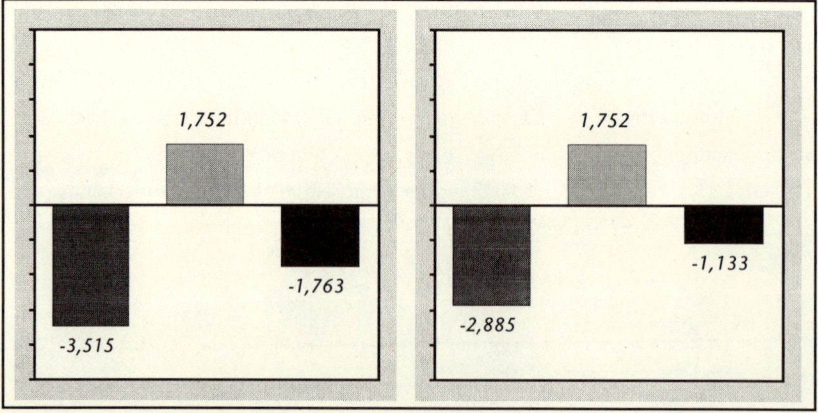

Die linke Grafik weist Maximalkosten ohne Abzüge aus, die rechte Minimalkosten nach Abzug des Mischnutzungsabschlags. Die jeweils linken Säulen repräsentieren die Kosten, die mittleren die Erlöse (hier 8 Cent/Pkm) und die rechten den Zuschußbedarf beziehungsweise Überschuß. Alle Angaben in Mrd. Euro/Jahr (Skala: -5,0 bis +5,0).

Wenn der Staat nicht über direkte Zahlungen eingreifen möchte, ihm aber dennoch an einer Verlagerung des Verkehrs auf die Flächenbahn gelegen ist, besteht die Möglichkeit der Preisanhebung im motorisierten Individualverkehr. Gemeint ist zum Beispiel eine wirksame Erhöhung der Mineralölsteuer, die den Benzinpreis in Größenordnungen von 1,50 bis 2,00 Euro je Liter ansteigen läßt - eine Vorstellung, die den Parteien nicht fremd ist.

Da die Verdopplung des Benzinpreises gleichzeitig erlaubt, die Fahrpreise für die Züge anzuheben ohne einen preisbedingten Rückgang der Fahrgastzahlen erwarten zu müssen, könnte die Finanzierungslücke direkt von den Reisenden geschlossen werden. Angenommen, der aktuelle Preis für einen DB-Tarifkilometer bleibt erhalten und zugleich werden alle Rabattierungen gestrichen, so daß jeder Kunde den normalen Fahrpreis zu zahlen hat, bietet sich folgendes Bild:[1]

Erlösen von dann 2,935 Milliarden Euro stehen Kosten zwischen 3,515 und 2,885 Milliarden Euro gegenüber; das Betriebsergebnis ist ungefähr ausgeglichen. Im ersten Fall entsteht zwar eine Deckungslücke von 590 Millionen Euro, im zweiten Fall jedoch ein Gewinn von 50 Millionen Euro. Der Kostendeckungsgrad bewegt sich zwischen 83 und 102 Prozent.

Betriebsergebnis ohne Fahrpreisrabatte (c)

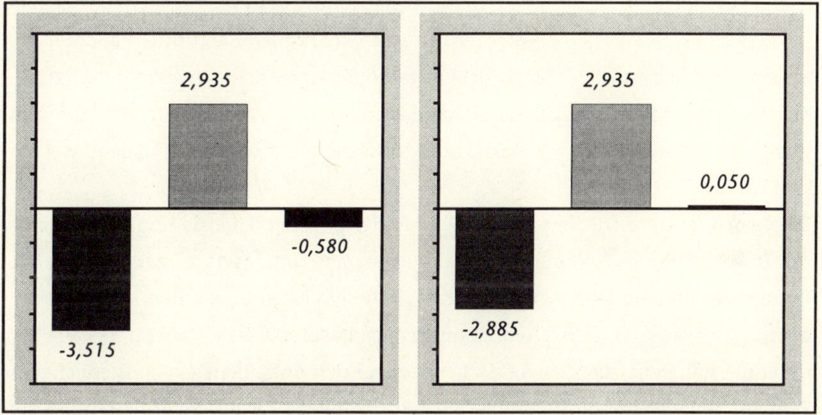

Die linke Grafik weist Maximalkosten ohne Abzüge aus, die rechte Minimalkosten nach Abzug des Mischnutzungsabschlags. Die jeweils linken Säulen repräsentieren die Kosten, die mittleren die Erlöse (hier 13,7 Cent/Pkm) und die rechten den Zuschußbedarf beziehungsweise Überschuß. Alle Angaben in Mrd. Euro/Jahr (Skala: -5,0 bis +5,0).

Ein ähnliches Ergebnis wird sich wahrscheinlich einstellen, wenn der Benzinpreisverdopplung keine Fahrpreiserhöhungen im öffentlichen Verkehr folgen. Für die gestiegenen Erlöse sind dann statt höherer Preise wachsende Fahrgastzahlen verantwortlich. Mithin ein Ergebnis, das aufgrund seiner Verlagerungseffekte viel stärker zur angestrebten Umweltentlastung beiträgt.

Aus den vorgestellten Rechnungen resultieren unterschiedliche Kostendeckungsgrade; im ungünstigsten Fall werden 50 Prozent erreicht. Angesichts derzeit erzielter Deckungsgrade in ländlichen Räumen ist selbst das ein beachtlich guter

[1] Inwieweit Sonderrabatte für Personen erforderlich sind, deren Mobilität in diesem Modell aus finanziellen Gründen stark eingeschränkt wäre, bleibt an dieser Stelle offen.

Wert. Die schon erwähnte Beispielregion im südlichen Sachsen-Anhalt kommt mit ihrem Netz von 139 Kilometern bei identischer Berechnungsgrundlage auf gerade drei Prozent Kostendeckung.[1] Für das gesamte Land Mecklenburg-Vorpommern liegt der Deckungsgrad im Schienenpersonennahverkehr bei nur 7,3 Prozent.[2] Grundsätzlich dienen Kostendeckungsgrade im öffentlichen Verkehr zwar eher einer Orientierung und der Bewertung im Zeitvergleich, mit der Bahnreform sind jedoch ausgeglichene Betriebsergebnisse gefordert.[3] Ausreichender politischer Gestaltungsspielraum besteht durch öffentliche Finanzierungsmöglichkeiten.

Kostendeckungsgrad

	Maximalkostenrechnung ohne Abzüge	*Minimalkostenrechnung nach Mischnutzungsabschlag*
a) Betriebsergebnis ohne Fahrwegkosten	*106 %*	*121 %*
b) Betriebsergebnis inkl. Fahrwegkosten	*50 %*	*61 %*
c) Betriebsergebnis ohne Fahrpreisrabatte	*83 %*	*102 %*

Die unter verschiedenen Vorbedingungen errechneten Betriebsergebnisse der Flächenbahn leuchten allesamt ein. Den Umwelt- und Gesundheitsrisiken beider motorisierten Verkehrsträger am meisten gerecht wird sicher die dritte Variante (c). Seinen persönlichen Beitrag zu den Belastungen trägt jeder Nutzer in stärkerem Maße selbst. Hier stellt sich die Frage der politischen Durchsetzbarkeit, die aufgrund des redistributiven Charakters der Maßnahme nur vorsichtig bejaht werden kann.

Die zweite Variante (b) besitzt den Charme der privaten Finanzierung - angesichts der Defizite in den öffentlichen Haushalten eine interessante Verlockung. Die Verkehrsverlagerung in der erforderlichen Höhe erreichen zu können, ohne großen politischen Widerstand erwarten zu müssen, zeichnet die erste Variante (a) aus.

Unter der Annahme, daß die öffentliche Hand den Betreibern ein ausgeglichenes Betriebsergebnis ermöglichen muß, entsteht ihr für die Nahverkehrsversorgung auf über der Hälfte der bundesrepublikanischen Fläche ein finanzieller Aufwand von maximal rund 1,8 Milliarden Euro. Das ist weniger als ein Drittel der ÖPNV-Mittel, die der Bund derzeit jährlich an die Länder überweist und nur rund ein Neuntel der Finanzleistungen, die Bund, Länder und Gemeinden 1993 für den ÖPNV zur Verfügung gestellt haben.[4]

Werden die benötigten Mittel für den städtischen Schienenpersonennahverkehr einer neuen Bahn hinzugerechnet - sie werden grob auf 4,3 Milliarden Euro ge-

[1] Angaben für 1996. Siehe Hüsing/Schallaböck (1997), S. 29 und S. 33, sowie Kapitel 7.1.

[2] Bezogen auf 1994. Siehe Proksik/Kerwien (1996), S. 218.

[3] Auf den orientierenden Charakter des Kostendeckungsgrads weist unter anderem Pohl hin. Siehe Pohl (1986).

[4] Siehe Kapitel 6.2 und Ratzenberger (1997).

schätzt - zeigt sich ein überraschendes und überaus erfreuliches Ergebnis: Der gesamte schienengebundene Nahverkehr ist in erheblich verbesserter Qualität für eine geringere Summe zu haben, als das heutige „Rumpfangebot". Veranschlagten 6,1 Milliarden Euro für eine neue Bahn stehen heute umgerechnet 6,0 Milliarden Euro an Regionalisierungsmitteln und ein Vielfaches dieses Betrages an anderen Finanzleistungen für den ÖPNV gegenüber.

Aus diesen Überlegungen kann folgendes Fazit gezogen werden: Die Qualitätsverbesserungen sind aufgrund höherer Fahrgastzahlen und vor allem umfangreicher Effizienzsteigerungen kostenneutral zu haben, so daß die öffentliche Hand für die Flächenbahn keine zusätzlichen Mittel bereitzustellen braucht.

Verträglichkeit

Negative Betriebsergebnisse würden einer Flächenbahn im Wege stehen. Die betriebswirtschaftliche Verträglichkeit ist daher ein wichtiges Bewertungskriterium. Ausgangspunkt der Überlegungen sind jedoch die Umwelt- und Gesundheitsbelastungen, so daß diesbezügliche Verträglichkeitsprüfungen an oberster Stelle stehen.

Ob die Flächenbahn als sozialverträglich eingestuft werden kann, läßt sich einerseits aus den Beschäftigungeffekten ablesen und kann andererseits über eine Bewertung der Mobilitätschancen ermittelt werden. Für die Entwicklung des ländlichen Raums besonders wichtig ist die Einschätzung der raumordnerischen Verträglichkeit. Angesichts fortschreitender Globalisierung ist zu fragen, ob die Flächenbahn auch als international verträglich eingestuft werden kann. Eine umfassende Beurteilung bietet die volkswirtschaftliche Verträglichkeit, in die auch alle externen Kosten und Nutzen einfließen.[1]

Verträglichkeitskategorien

- *Umweltverträglichkeit*
- *Gesundheitsverträglichkeit*
- *Mobilitätsverträglichkeit*
- *Beschäftigungsverträglichkeit*
- *Raumordnerische Verträglichkeit*
- *Internationale Verträglichkeit*
- *Betriebswirtschaftliche Verträglichkeit*
- *Volkswirtschaftliche Verträglichkeit*

Ausgeglichene Betriebsergebnisse sind möglich, wenn bestimmte organisatorische und rechtliche Voraussetzungen erfüllt sind. Diese werden in Kapitel 6.4

[1] Auf die Relevanz von Verträglichkeitsabschätzungen, insbesondere der Sozial- und Umweltverträglichkeit, hat unter anderem von Rohr (1990), S. 91, hingewiesen.

ausführlich erörtert. Betriebswirtschaftlich kann die Flächenbahn daher als verträglich eingestuft werden; im Vergleich zur gegenwärtigen Situation zeichnet sich sogar eine deutliche Verbesserung ab.

Eisenbahnverkehr an sich verdient das Prädikat umweltverträglich nicht; erst wenn Autofahrten durch Umsteigen auf die Bahn ersetzt werden, kann ein für die Umwelt positiver Effekt eintreten. Aber auch dann ist der Bahn nur eine relative Umweltverträglichkeit zu bescheinigen, denn immerhin erzeugt die Flächenbahn 855.000 Tonnen Kohlendioxid im Jahr. Der Vorteil: Gleichzeitig sorgt das Angebot für 1,8 Megatonnen weniger CO_2 im Pkw-Verkehr.

Die Entlastung von einer Million Tonnen des Treibhausgases ist mit leeren Zügen nicht zu erreichen. Die Potentialanalysen zeigen jedoch, daß nicht nur die für eine Verringerung der Umwelt- und Gesundheitsbelastungen notwendige Mindestnachfrage erwartet werden kann, sondern eine mindestens doppelt so große Nutzung. Die daraus resultierenden 21,9 Milliarden Reisendenkilometer - das entspricht etwa einem Drittel der gesamten heutigen Verkehrsleistung der Eisenbahn[1] - verringern den Pkw-Gebrauch deutlich: die Autos werden in der Folge jedes Jahr 15,6 Milliarden Kilometer weniger bewegt. Für den ländlichen Raum bedeutet das eine Verminderung des Autoverkehrs um sechs Prozent, bei voller Ausschöpfung des Nachfragepotentials sogar um 15 Prozent.[2]

Nach zehn Jahren Flächenbahn sind bereits fast zehn Millionen Tonnen Kohlendioxid weniger emittiert. Entsprechend sinkt der Energieverbrauch um 4,5 Milliarden Liter Treibstoff.

Die genauen Charakteristika des Emissionsverhaltens der Motoren für die Flächenbahn-Triebwagen können nicht vorhergesagt werden, gleichwohl ist von einer deutlichen Verringerung auch der übrigen Emissionen auszugehen. Mit Einführung der Flächenbahn verringern sich die Stickoxid- und Kohlenmonoxid-Ausstöße; auch weniger Kohlenwasserstoffe und weniger Lärm sind zu erwarten.[3]

Wird die Flächenbahn mit Dieselkraftstoff betrieben, kann zwar der Ausstoß an Rußpartikeln nicht verhindert werden, aber ihre gesundheitsgefährdende Wirkung. Denn generell ist die Entfernung der Wohnbebauung zu den Eisenbahnstrecken größer als zu den Straßen. Bei erdgasbetriebenen Zügen geht von den Bahnstrecken praktisch keine diesbezügliche Belastung mehr aus.

Weniger motorisierter Individualverkehr läßt im übrigen eine größere Einschränkung der für die Autos zu reservierenden Straßenflächen zu. Fahrbahnen können schmaler werden und Platz für Fußgänger und Radfahrer schaffen. Ein stärkerer Rückgang der Unfallzahlen ist ebenfalls zu erwarten. Folglich kann der Flächenbahn eine hohe relative Verträglichkeit attestiert werden. Bedingt durch ihre ei-

---

[1] Mit der Eisenbahn wurden in Deutschland 1996 65,3 Mrd. Pkm zurückgelegt. Siehe Bundesverkehrsministerium (1997), S. 217.

[2] Unter der Annahme, daß die Hälfte des Pkw-Verkehrs in den geringer besiedelten Kreisen (unter 400 Ew/km^2, 87 Prozent der Fläche) zurückgelegt wird. Die Gesamtfahrleistung der Pkw und Kombi in Deutschland betrug 1996 517,0 Mrd. Pkm. Siehe Bundesverkehrsministerium (1997), S. 159.

[3] Wie im Lastenheft für die Flächenbahn-Triebwagen gefordert, werden gegenüber heute erheblich reduzierte Lärm- und Schadstoff-Emissionen zugrundegelegt. Siehe Kapitel 4.3.

genen Emissionen ist die absolute Verträglichkeit jedoch nur als befriedigend einzustufen.

Eine hohe relative und absolute Mobilitätsverträglichkeit ist festzustellen, da die Erreichbarkeiten mit dem skizzierten Angebot sehr hoch sind - auch für Menschen, denen kein Auto zur Verfügung steht. Gegenüber der heutigen Situation steigen die Mobilitätschancen insgesamt beträchtlich an.

Die Flächenbahn schafft aber nicht nur Mobilitätschancen, sondern auch zukunftsfähige Arbeitsplätze. Personal im Umfang von 30.000 Mitarbeitern und ebensoviele indirekt Beschäftigte werden benötigt, um den Betrieb ausführen zu können. Gemessen am Gesamtaufwand sind die Beschäftigungseffekte sehr ansehnlich; ein knappes Drittel aller Kosten wird für das Personal aufgewandt.

In einer Gesamtbilanz schlagen allerdings auch die wegfallenden Arbeitsplätze in der Automobilbranche zu Buche. Sie sind in etwa derselben Größenordnung zu erwarten, wie neue Flächenbahn-Arbeitsstellen geschaffen werden. Unter dem Strich ergibt sich ein ausgeglichenes bis leicht negatives Ergebnis, so daß die relative Beschäftigungsverträglichkeit nur als befriedigend bezeichnet werden kann.

Als besonders positiv ist die raumordnerische Verträglichkeit einzustufen, da mit den Schienenwegen der Flächenbahn wirksame Entwicklungsachsen entstehen. Attraktive Wohnbebauung und Gewerbe anzusiedeln, wird durch das Bahnangebot erleichtert und verstärkt zugleich die Nachfrage der Bahn. Denn Haltestellen können als Ausgangspunkte für gerade im ländlichen Raum wichtige Ansiedlungen wirken. Die mit Bevölkerungsverlusten kämpfenden Regionen erhalten auf diese Weise bedeutende Impulse zur Nutzung ihrer Entwicklungspotentiale.

Nicht sofort erschließen sich die Auswirkungen eines durch die Flächenbahn veränderten Verkehrssystems auf die internationale Ebene. Europäische Konflikte sind nicht zu erwarten, da das EU-Recht eingehalten und den Zielen der Europäischen Union entsprochen wird - insbesondere im Bereich der Verkehrs-, Umwelt- und Wirtschaftspolitik.[1] Da Deutschland als wohlhabende Industrienation Vorbild für viele Entwicklungs- und Schwellenländer ist, hat die Verkehrspolitik eine doppelte Bedeutung. Das Auto weltweit so intensiv wie in Deutschland zu nutzen, kann sich die Menschheit aus Gründen des Klimaschutzes und in Anbetracht der Risiken der Umweltzerstörung nicht leisten. Dies erkennend, ist eine Verkehrswende hin zu verträglicheren Verkehrsmitteln auch im Sinne der Vorbildfunktion Deutschlands eine dringende Aufgabe. Zudem haben die in Deutschland erzeugten Emissionen des motorisierten Verkehrs auch auf andere Staaten direkte Auswirkungen, denn es gibt weder ein nationales Klima noch an Ländergrenzen aufhaltbare Luftschadstoffe. Eine Verbesserung der Situation durch die Flächenbahn ist erkennbar, so daß die internationale Verträglichkeit in Relation zum Status quo als positiv, absolut gesehen aber nur als befriedigend bewertet wird.

[1] Die Ziele sind im EG-Vertrag festgehalten (EGV i.d.F. vom 7.2.1992 (BGBl. II, S. 1253)). Siehe Beck-Texte (1993), S. 79f., und Kapitel 6.2.

In eine volkswirtschaftliche Bewertung der Flächenbahn fließen nicht nur die betriebswirtschaftlichen Ergebnisse der Eisenbahnunternehmen ein, sondern auch alle externen Kosten und Nutzen. Angestrebter Effekt der Flächenbahn ist eine Reduktion der vom Straßenverkehr verursachten externen Kosten bei Herstellung eines gleichwertigen Nutzens.[1]

Obwohl in einer Reihe von Studien externe Kosten und Nutzen des Verkehrs abgeschätzt und berechnet werden, wird hier - auch im Rahmen der volkswirtschaftlichen Betrachtung - auf eine Monetarisierung dieser Effekte verzichtet.[2] Zu unterschiedlich sind die Bewertungen und Ergebnisse dieser Arbeiten, als daß sie klare Schlüsse erlaubten.[3] Gründe für die Abweichungen gibt es gleich mehrere:[4]

1. Von Schadstoffen kann nicht ohne weiteres auf das Ausmaß von Schäden geschlossen werden.
2. Bekannte Einzelwirkungen zu addieren führt bei unbekannten Wechselwirkungen zu falschen Ergebnissen.
3. Manche Schäden treten erst mit großer Zeitverzögerung auf und sind noch gar nicht bekannt.
4. Schadenseintritte können zwar in Wahrscheinlichkeiten oft sehr genau ausgedrückt werden, das Risiko unwahrscheinlicher Schäden monetär zu bewerten, ist dagegen fast unmöglich.
5. Irreparable Schäden, für die es keinen gleichwertigen Ersatz gibt, sind kaum monetarisierbar.

Treffend formuliert ist die aus diesen Unsicherheiten resultierende und deshalb nur begrenzte Aussagekraft von Monetarisierungen externer Effekte sinnigerweise in einer Studie, die sich in eben jener Übersetzung von subjektiven Schäden in objektive Kosten versucht: „(Es) wird der Versuch unternommen, die ganze Umwelt- und Risikoproblematik in eine ökonomische Sprache zu übersetzen. Diese weist den Vorteil auf, von den wirtschaftlichen und politischen EntscheidungsträgerInnen verstanden zu werden. Sie hat jedoch den Nachteil, nur einen begrenzten Wortschatz zu besitzen: Nämlich Franken und Rappen. Wir sind uns durchaus bewusst, dass sich insbesondere Risikosituationen mit dynamischen gesellschaftlichen, wirtschaftlichen und ethischen Dimensionen nicht auf diese Größen reduzieren lassen. Auch nicht bei vollständigem Wissen über alle naturwissenschaftlichen Zusammenhänge."[5]

Zu ergänzen wäre: Eine Monetarisierung erfordert Bewertungen. Jede Bewertung ist aber subjektiv. Insofern kann es keine einheitlichen Resultate geben. Eine wert-

---

[1] Siehe Kapitel 2.1.

[2] Externe Effekte des Verkehrs werden in verschiedenen Untersuchungen monetarisiert, zum Beispiel bei Planco Consulting (1991), IWW/Infras (1994), Infras et al (1996) und Huckestein/Verron (1996).

[3] Die Ergebnisse der verschiedenen Studien weichen beträchtlich voneinander ab. Die Pkm-bezogenen externen Kosten für den Pkw-Verkehr liegen umgerechnet zwischen 0,83 und 17,98 Euro, für den Bahnverkehr zwischen 0,45 und 9,44 Euro. Siehe Huckestein/Verron (1996), S. 12.

[4] Die Problematik der Quantifizierung und Monetarisierung sowie ihre begrenzte Aussagefähigkeit wird vor allem von Maibach erkannt und anschaulich beschrieben. Siehe Infras et al (1996), S. 239f.

[5] Infras et al (1996), S. 240.

freie Betrachtung wäre allerdings zugleich eine wertlose, da die als politisches Oberziel formulierte Lebensqualität immer auf subjektiven Werten beruht.
Die Belastungen einerseits durch den Autoverkehr, andererseits durch den Eisenbahnverkehr qualitativ miteinander zu vergleichen, reicht völlig aus. Wenn evident ist, daß die negativen Effekte des Straßenverkehrs gemindert werden müssen und diejenigen der Flächenbahn erheblich geringer sind, genügt das für eine politische Handlungsentscheidung. Ist der Weg eines Bergsteigers von einer unüberwindbaren Felsspalte versperrt, interessiert es ihn herzlich wenig, ob er gegebenenfalls zehn oder hundert Meter in die Tiefe stürzen würde. Er wird einen Umweg nehmen, selbst wenn der beschwerlich ist.
Die volkswirtschaftliche Verträglichkeit der Flächenbahn, um die es hier geht, wird somit positiv bewertet. Denn unter Anrechnung qualitativ abgeschätzter externer Kosten des Verkehrs sind mit der Flächenbahn massive Einsparungen möglich - und zwar ohne den Nutzen zu mindern, denn die Fahrgäste sitzen ja nicht zwangsweise in der Flächenbahn, sondern freiwillig.
Unbestritten ist, daß die externen Kosten des Autoverkehrs bei geringerer Nutzung unterproportional sinken, bei der Bahn wird die Steigerung der externen Kosten jedoch ebenfalls unterproportional sein. Wiederum dürfen hier gegenwärtige nicht mit zukünftigen Effekten verwechselt werden.[1] Externe Nutzen des Verkehrs, die manche Forscher in den Vordergrund stellen, sind bei keinem Verkehrsträger in gewichtigem Umfang zu erkennen und daher vernachlässigbar.[2]

Verträglichkeitsbewertung der Flächenbahn

	relative Verträglichkeit	*absolute Verträglichkeit*
Umweltverträglichkeit	+	o
Gesundheitsverträglichkeit	+	o
Mobilitätsverträglichkeit	+	+
Beschäftigungsverträglichkeit	o[3]	+
Raumordnerische Verträglichkeit	+	+
Internationale Verträglichkeit	+	o
Betriebswirtschaftliche Verträglichkeit	+	o
Volkwirtschaftliche Verträglichkeit	+	+
Gesamtverträglichkeit	+	+o

Relative Verträglichkeit im Vergleich zum Status quo. Bewertungsskala: positiv (+), befriedigend/unverändert (o), negativ (–).

[1] Daß derartige Verwechslungen auftreten, wird bei der Bewertung der Beschäftigungseffekte und des Antriebs der Flächenbahn-Fahrzeuge deutlich. Siehe Kapitel 4.4 und 5.2.

[2] Externe Nutzen werden zum Beispiel von Willeke (1996) als entscheidend angesehen. Verron und Huckestein widerlegen diesen Ansatz ebenso wie Ewers. Siehe Huckestein/Verron (1996), S. 9f., und Ewers (1998).

[3] Arbeitsplatzzuwächsen bei der Bahn stehen Rückgänge in der Automobilbranche gegenüber, die wahrscheinlich größer sind. Dafür schafft die Flächenbahn zukunftsfähige Arbeitsplätze. Ausschließlich bahnseitig betrachtet ist die Beschäftigungsverträglichkeit positiv (+).

Im Ergebnis der umfassenden Verträglichkeitsbewertung erweist sich die Flächenbahn verglichen mit der gegenwärtigen Situation als durchgehend positiv. Für die absolute Gesamtverträglichkeit muß diese Bewertung etwas abgeschwächt werden, da auch die Flächenbahn negative Effekte erzeugt. Diese könnten jedoch nur vermieden werden, wenn Autofahrten massiv durch Fuß- und Radverkehr ersetzt würden.

Zusammenfassend läßt sich festhalten: Die Wirkungen der Flächenbahn sind an keiner Stelle negativ im Sinn der aufgestellten Skala zu bewerten. Mit ihrer Einführung können die gesetzten Ziele - der Abbau verkehrsbedingter Belastungen und die Erhaltung des verkehrlichen Gesamtnutzens - erreicht werden. Mit dieser Feststellung ist ein ausreichender Anlaß gegeben, sich über die organisatorischen Bedingungen der Flächenbahn Gedanken zu machen.

6. Organisation

6.1 Tarife

Die folgenden Ausführungen schließen an das betrieblich-technische Konzept an, das zunächst einer Wirkungsanalyse unterzogen wurde. Aus dieser Analyse ist ersichtlich geworden, daß die eingangs formulierten Ziele mit einer Flächenbahn erreicht werden können. Folgerichtig stehen nun die organisatorischen Fragen im Mittelpunkt.

Die Schwerfälligkeit großer Unternehmen wie zum Beispiel der Deutschen Bahn vermittelt eine Ahnung davon, wie ausgeklügelt eine Flächenbahn organisiert sein muß, damit sie effektiv funktioniert. Bevor aber auf die Zuständigkeiten in den Bereichen des Managements und der Angebotserstellung eingegangen wird, soll zunächst die tarifliche Organisation entwickelt werden.

Vorweg eine zentrale Feststellung von weitreichender Bedeutung: Heute im Tarifwesen gebräuchliche Systeme können in noch viel stärkerem Maße als bei der Betriebssteuerung durch technische Neuentwicklungen ersetzt werden. Sicher, in vielen Gebieten gibt es noch immer weder Tarifgemeinschaften noch kundenfreundliche Zonentarife, insofern ist es vielleicht etwas kühn, schon den übernächsten Schritt vorzubereiten. Aber warum sollen angesichts der bestehenden Verkehrsprobleme vorgestrige ÖPNV-Angebote nicht grundlegend reformierbar sein?

Zunächst gilt es, sich von der Vorstellung zu lösen, erfolgreiche Zonentarife seien das Nonplusultra. Vielmehr ist der Blick als erstes auf die Anforderungen an ein Tarifsystem zu richten, und zwar sowohl aus Kundensicht als auch aus Sicht der Verkehrsunternehmen. Denn neben der Effizienzsteigerung steht wie bei der gesamten Flächenbahn die Kundenorientierung im Mittelpunkt.

Die Verkehrsunternehmen sind in erster Linie daran interessiert, möglichst hohe Einnahmen zu erzielen. Oberflächlich betrachtet, steht diesem Ziel der Kundenwunsch nach möglichst günstigen Preisen diametral entgegen - jedoch nur solange, wie man in den Größenordnungen heutiger Fahrgastzahlen des ländlichen ÖPNV denkt. Gelingt es, mit einem durchgängig kundenorientierten Angebot - als solches versteht sich die Flächenbahn - die Nachfrage deutlich zu steigern, ist beides möglich. Das heißt, hohe Einnahmen können unter anderem gerade mit Hilfe niedriger Preise erzielt werden.

Im Zeitalter der Verkehrsverbünde haben einfache Abrechnungssysteme für die Unternehmen einen besonderen Stellenwert, sollen die gemeinsam erwirtschafteten Erlöse gerecht aufgeteilt werden. Durchgangstarife sind da in erster Linie hinderlich, womit sich ein weiterer Gegensatz zu den Kunden herauskristallisiert. Die Fahrgäste fordern eine möglichst einfache Bedienung, wollen sich so wenig wie möglich mit dem Erwerb der Fahrberechtigung beschäftigen, verlangen also genau jene Durchgangstarife. Auch diese beiden Ansprüche widersprechen sich nur scheinbar. Im Vergleich zu herkömmlichen Systemen sind technische Neuerungen in der Lage, sowohl die kilometergenaue Abrechnung als auch ein Minimum an Aufwand für die Kunden zu gewährleisten.

Neuartige Fahrausweissysteme haben den Vorteil, die Benutzung der Bahn zu vereinfachen und kommen damit einer dritten Anforderung der Verkehrsbetriebe entgegen, die nicht nur ihre Stammkunden halten, sondern zudem zahlreiche Neukunden gewinnen wollen. Oft haben technische Erfassungssysteme jedoch den Nachteil, den Datenschutz nicht in dem Maße zu gewährleisten, wie die Fahrgäste ihn wünschen. Neueste Entwicklungen auf dem Gebiet der elektronischen Erfassung lösen auch dieses Problem.

Von Kunden- und von Unternehmerseite wird die Forderung nach einer hohen Zuverlässigkeit erhoben. Fällt das System aus, entstehen den Betrieben finanzielle Schäden und den Fahrgästen Unannehmlichkeiten, weil sie sich gegenüber den Kontolleuren dem Verdacht des Schwarzfahrens ausgesetzt sehen. Zuverlässigkeit wird von den Kunden zudem als Preissicherheit verstanden; denn niemand hört gerne, er müsse nachträglich irgendwelche Zuschläge bezahlen.

Anforderungen an das Tarifsystem

aus Kundensicht	*aus Unternehmenssicht*
• *günstige Preise*	• *hohe Einnahmen*
• *einfachste Bedienung*	• *gerechte Abrechnung*
• *lückenloser Datenschutz*	• *viele Neukunden*

Daß Nutzer und Ersteller unterschiedliche Interessen haben, ist in den meisten Abhandlungen über Tarifsysteme zu lesen - eine umfassende Auflösung dieser Gegensätze ist bisher nicht gelungen.[1] Wie die folgenden Vorschläge zeigen, erfüllen neue Techniken in Verbindung mit einem innovativen Konzept die Ansprüche beider Seiten.

Tarifsystem und Preisstruktur

Es gibt immer zwei Möglichkeiten, den Erlös zu steigern: entweder über höhere Preise oder über eine höhere Nachfrage. Denn Preis, Nachfrage und Erlös bedingen sich gegenseitig. Dieses marktwirtschaftliche Prinzip hat selbst Honecker verstanden, als er die Besucherströme aus dem Westen in die planwirtschaftliche DDR verringern wollte, ohne finanzielle Einbußen zu erleiden. Er verdoppelte einfach den Mindestumtauschsatz. Ergebnis: halbsoviele Besucher, gleichbleibende Einnahmen.

Die Prioritäten bei der Flächenbahn sind etwas anders gelagert; Oberziel ist hier eine möglichst hohe Nachfrage. Da weitere Bedingungen eine Rolle spielen, kann der Preis nicht generell auf null gedrückt werden, wie dies in einzelnen Städten

---

[1] Siehe zum Beispiel Sozialforschung Brög (o.J.), S. 1, Wuppertal Institut (1997a), S. 68, und Mobilité (1997).

durchaus erfolgreich praktiziert wird, aber er kann auf einem relativ niedrigen Niveau gehalten werden.[1] Denn bestimmt werden die Preise nicht nur von der Zahlungsbereitschaft der Kunden und den Kosten des Angebots, sondern auch von politischen Vorgaben.[2] Über die Tarife entscheidet die öffentliche Hand somit, wieviel ihr die Absenkung der Umwelt- und Gesundheitsbelastungen wert ist.

Erlös-Bedingungen

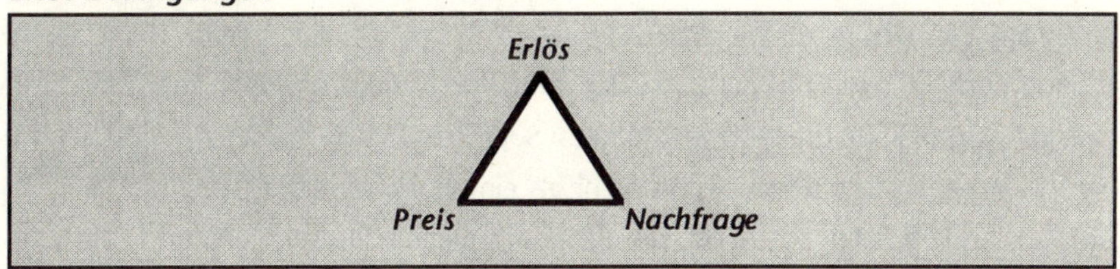

Die Ecken des vorgestellten „Erlös-Dreiecks" lassen sich unterschiedlichen Gruppen zuordnen. Während eine hohe Nachfrage in erster Linie für die Allgemeinheit vorteilhaft ist, liegen hohe Erlöse im Interesse der Verkehrsunternehmen. Günstige Preise sind ein Anliegen der Fahrgäste.

Wird zunächst die Kundenorientierung in den Vordergrund gestellt, ist zu fragen, wann ein Preis günstig ist. Er steht grundsätzlich der Qualität des Angebots und den finanziellen Möglichkeiten des Kunden gegenüber. Erst wenn die Leistung stimmt und der Kunde über ein entsprechendes Budget verfügt, stuft er einen Preis als günstig ein. Als dritte Bedingung kommt die Konkurrenz ins Spiel. Gute Qualität zu erschwinglichen Preisen erscheint den Kunden nur solange günstig, wie es keine anderen Anbieter gibt, die das gleiche billiger oder für denselben Preis mehr offerieren.

Der Preis für eine Bahnfahrkarte ist folglich erst dann günstig, wenn das Autofahren nicht mehr schneller, bequemer und preiswerter ist. Hinsichtlich Zeitaufwand und Komfort wird im Hauptteil beschrieben, wie die Flächenbahn eine Gleichwertigkeit erreichen kann.[3] Nun kommt die Forderung hinzu, das Bahnfahren auch noch billiger zu machen. Wie sehr das Preisargument eine Rolle spielt, zeigen diesbezügliche Untersuchungen. Zum Beispiel fordern 52 Prozent der Autofahrer günstigere Bahnpreise; alle anderen Forderungen - von der Pünktlichkeit bis zum dichteren Takt - werden seltener genannt.[4]

Geht das Auto mit Vollkosten in die Rechnung ein, kann die Bahn bereits heute locker mithalten. Doch als Autofahrer rechnet man gemeinhin nur mit Grenzkosten, indem überschlägig die Benzinkosten als Vergleich angesetzt werden.[5] Denn wer öfter Bahn fährt, schafft nicht gleich sein Auto ab.

---

[1] Im brandenburgischen Templin und im belgischen Hasselt steht der ÖPNV den Kunden derzeit gartis zur Verfügung. Siehe Wehrmann (1997) und Schneewolf/Stein (1998).

[2] Dieser Zusammenhang ist unter anderem bei Mobilité (1997) dargestellt.

[3] Siehe vor allem Kapitel 4.

[4] Laut einer infas-Untersuchung von 1992. Siehe Mobilité (1997).

[5] Siehe auch Herrmann et al (1997), S. 101.

Für die Nahverkehrspreise der Deutschen Bahn zeichnet sich gegenüber den variablen Pkw-Kosten ein recht betrübliches Bild.[1] Selbst mit Bahncard sind Züge erst ab einer Entfernung von 30 Kilometern generell günstiger; ohne Bahncard schneidet ausnahmslos das Auto besser ab. Daß für viele Kurzstrecken der Wagen eingesetzt wird, braucht daher nicht zu verwundern. Da ein motorisierter Weg im Durchschnitt nur 15 Kilometer lang ist[2], sind derartige Ergebnisse besonders fatal.

Richtig teuer wird die Bahn, wenn mehrere Personen zusammen fahren wollen. Während die Kosten für den Autokilometer gleich bleiben, wenn eine zweite Person mitfährt, muß bei der Bahn das doppelte gezahlt werden. Selbst die mit verschiedenen Bedingungen verknüpften Sparpreis-Tickets kommen nicht an die variablen Autokosten heran, wenn mehr als eine Person mitfährt.

In Verkehrsverbünden schneidet die Bahn oft noch schlechter ab, weil dort die Bahncard nicht gilt. Im Verkehrsverbund Rhein-Ruhr zum Beispiel liegt der Tarif für die Preisstufe A mit umgerechnet 1,60 Euro deutlich über den entsprechenden Bahncard-Tarifen.[3]

Preisvergleich Bahn-Pkw

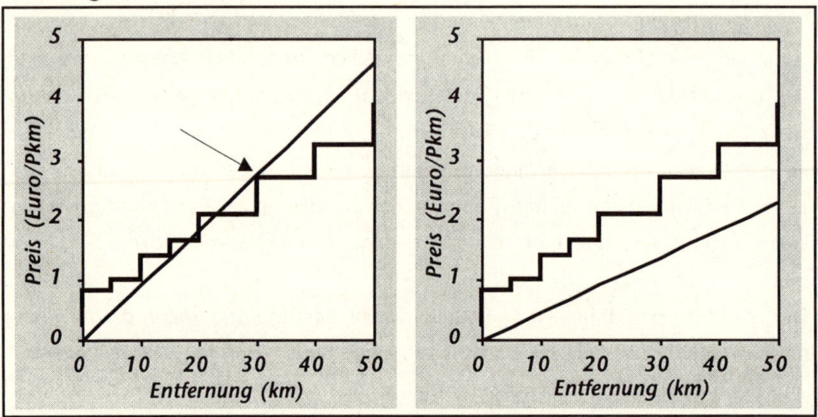

DB-Preis mit Bahncard (Stufenlinie) im Vergleich zu den variablen Pkw-Kosten (Ottomotor). Links der Fall für eine Person, rechts für zwei Personen. Es zeigt sich deutlich, daß die Bahn erst oberhalb von 30 km und ausschließlich für Einzelreisende günstiger ist.

Den Wettbewerb mit dem Individualverkehr wird die Flächenbahn erst gewinnen können, wenn sie ein hochwertiges Angebot zu Preisen offeriert, die unterhalb der variablen Pkw-Kosten liegen. Im Duell muß sich die Flächenbahn wie schon in den vorhergehenden Kapiteln mit dem Fünf-Liter-Auto messen.[4] Erreicht wird ein Durchschnittsverbrauch von fünf Litern pro 100 Kilometer aller Voraussicht

[1] Ein durchschnittlicher Pkw mit Ottomotor verbraucht 9,1 Liter Kraftstoff auf 100 km und legt im Jahr 11.900 km zurück. Siehe Bundesverkehrsministerium (1997), S. 277, und Kapitel 5.1. In die variablen Kosten fließen neben den Treibstoffkosten der Aufwand für die Instandhaltung und der Wertverlust ein. Der aktuelle Benzinpreis wird mit 80 Cent/Liter angesetzt, so daß variable Kosten von 9,2 Cent/km entstehen. Die Datengrundlage zur Bahnpreisermittlung bildet Deutsche Bahn (1998b).

[2] Siehe Kapitel 5.1.

[3] Preisstand von August 1998 gemäß Aushang an den Fahrkartenautomaten.

[4] Zugrunde gelegt wird eine Jahresfahrleistung von 12.600 Kilometern, die dem Durchschnittswert für Pkw und Kombi 1996 entspricht. Berechnet nach Bundesverkehrsministerium (1997), S. 159 und S. 277.

nach nur bei auffallend höheren Bezinpreisen, so daß von 1,60 Euro je Liter ausgegangen wird. Mit 9,8 Cent liegen die variablen Kilometerkosten dann geringfügig (0,6 Cent) über denjenigen für den heutigen Durchschnitts-Pkw.

Als durchschnittlicher Preis für den Flächenbahnkilometer werden daher acht Cent angestrebt; das sind knapp 20 Prozent weniger. Bereits mit einem Erlös zwischen 6,6 und 7,1 Cent pro Personenkilometer wären die Kosten der Zugförderung gedeckt.[1]

Von zentraler Bedeutung ist nun die Frage, wie dieser Durchschnittserlös erreicht werden soll, denn im Vergleich zu einem mit fünf Personen besetzten Pkw sind 2,0 Cent pro Personenkilometer zu unterbieten. Speck weist zurecht auf die unverständliche Preisstaffelung hin, nach der eine Zwei-Kilometer-Fahrt in den Nachbarort mit umgerechnet 30 Cent pro Personenkilometer mehr als zwanzig mal so teuer ist wie der Durchschnittserlös aus dem Schönen-Wochenende-Ticket.[2] Er fordert daher vor allem eine Preissenkung im Kurzstreckenbereich.

Verschiedene Tarifformen stehen zur Wahl. Neben dem kilometergenauen Tarif kommen Teilstreckentarife, Haltestellentarife und die in den Verbünden beliebten Zonentarife in Frage. Weitere Differenzierungen bezüglich der Nutzungshäufigkeit, der räumlichen und zeitlichen Gültigkeit, der Personenzahl oder der Übertragbarkeit sind möglich. Unter herkömmlichen technischen Bedingungen ist keine Form als optimal anzusehen; daher sollen zunächst die Anforderungen an die Preishöhe unabhängig von Zonen verfeinert werden.

Der Normaltarif kann bei 12 Cent und damit etwas über den variablen Autokosten liegen, wenn bereits ab einer relativ geringen monatlichen Kilometerzahl ein Rabatt in Kraft tritt, der den Preis nennenswert unter die Vergleichskosten drückt. Als Beispiel sei eine Strecke von 7,5 Kilometern gewählt, was der halben durchschnittlichen Reiseweite entspricht. Als Weg zum Arbeitsplatz, der an 20 Tagen im Monat hin und zurück bewältigt werden muß, kommen 300 Kilometer zusammen. Wochenendfahrten oder Wege zum Einkaufen sind darin noch nicht enthalten. Jemand, der an vier Tagen im Monat einen 25 Kilometer entfernten Ort ansteuert, kommt hin und retour auf 200 Kilometer. Personen, die öffentliche Verkehrsmittel nicht nur sporadisch nutzen, können solche Werte schnell erreichen.

Ab monatlich 200 Kilometern bietet sich daher eine Ermäßigung an, deren Preise grundsätzlich unterhalb der variablen Autokosten liegen (im folgenden als Kilometerrabatt K 200 bezeichnet). Für Vielfahrer und bei übertragbaren Tickets ist eine weitere Rabattstufe bei etwa 1000 Kilometern interessant (K 1000 genannt), deren Anwendung allerdings über den reinen Flächenbahnbetrieb hinausgeht.

Noch wichtiger ist die Einführung eines uneingeschränkten Gruppenrabatts. Sobald mehr als eine Person unterwegs ist, müssen bis zu vier Mitfahrer mehr oder weniger kostenlos mitgenommen werden können. Nur so kann eine Äquivalenz

[1] Minimal- beziehungsweise Maximalkosten-Szenario. Der Durchschnittserlös der Deutschen Bahn wird 1998 mit umgerechnet 6,7 Cent angenommen. Siehe Kapitel 5.3.

[2] Speck (1996), S. 17, legt die für Rheinland-Pfalz gültigen Werte zugrunde.

zum Auto hergestellt werden, das bei Fahrgemeinschaften auch nicht teurer wird. Diese Gruppenrabatte werden als G 2-5 bezeichnet und sind mit dem Kilometerrabatt K 200 zu noch günstigeren Preisen kombinierbar.

Tarifstruktur

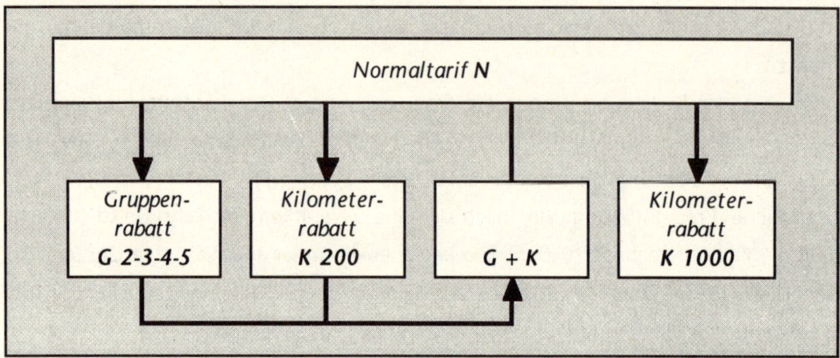

Der Preis mit dem relativ schnell gültig werdenden Kilometerrabatt könnte in der Höhe des angestrebten Durchschnittserlöses von acht Cent angesiedelt werden. In Kombination mit dem Gruppenrabatt ist eine Steigerung auf neun Cent denkbar, wenn dieser Preis für bis zu fünf Personen gilt, die folglich immer günstiger fahren als mit dem Pkw. Ausgehend vom Normaltarif kann ein Gruppenrabatt interessant sein, bei dem jeder Mitfahrer nur den halben Preis zahlt. Die im einzelnen angewandten Formeln können der nachfolgenden Tabelle entnommen werden.

Formeln zur Tarifbildung

Tarif + Rabatt	*Preis ohne Rabatt (pro Pkm)*	*Preis inklusive Rabatt (pro Pkm)*	
N	N	N	= 1,00 N
N + G 2	N = (N + 1N) / 2	(N + 0,5N) / 2	= 0,75 N
N + G 3	N = (N + 2N) / 3	(N + 1,0N) / 3	= 0,67 N
N + G 4	N = (N + 3N) / 4	(N + 1,5N) / 4	= 0,63 N
N + G 5	N = (N + 4N) / 5	(N + 2,0N) / 5	= 0,60 N
N + K 200	N	N – N/3	= 0,67 N
N + K 200 + G 2	N = (N + 1N) / 2	((N – N/3) + N/12) / 2	= 0,38 N
N + K 200 + G 3	N = (N + 2N) / 3	((N – N/3) + N/12) / 3	= 0,25 N
N + K 200 + G 4	N = (N + 3N) / 4	((N – N/3) + N/12) / 4	= 0,19 N
N + K 200 + G 5	N = (N + 4N) / 5	((N – N/3) + N/12) / 5	= 0,15 N
N + K 1000	N	N – N/2	= 0,50 N

Zum Vergleich: Der DB-Tarifkilometer liegt bei 1,12 N, die variablen Kosten für ein Fünf-Liter-Auto entsprechen 0,82 N.

Überzeugend hat das Schöne-Wochenende-Ticket gezeigt, welche enormen Potentiale ungenutzt bleiben. Extreme Verbilligungen sind für die normale Einzelfahrt nicht unbedingt zielführend, aber für Gruppenfahrten unerläßlich, soll ein konkurrenzfähiges Angebot gegenüber dem Auto gemacht werden. Es darf dabei nur nicht der Fehler wiederholt werden, bei steigender Nachfrage auf zusätzliche Waggons zu verzichten, so daß vor allem jene Kunden, die zum Normaltarif fahren, durch überfüllte Züge abgeschreckt werden.

Für Einzelpersonen ergibt sich aus der vorgeschlagenen Kilometer-Differenzierung (Normaltarif N, K 200, K 1000) eine Preisstaffelung von zwölf über acht auf sechs Cent pro Personenkilometer, denen jeweils 9,8 Cent für die Nutzung des Autos gegenüberstehen.[1] Der Gruppenrabatt gewinnt seinen Reiz vor allem, wenn mehr als 200 Kilometer im Monat gefahren werden. Zwei Personen zahlen dann nur noch jeweils 4,5 und fünf Personen 1,8 Cent pro Kilometer - eine Anregung, die Bahn nicht nur hin und wieder, sondern regelmäßig zu nutzen.

Preistabelle

Tarif + Rabatt			*Preis (Cent/Pkm)*	*Variable Kosten Fünf-Liter-Auto (Cent/Pkm)*
N			*12,0*	*9,8*
N	*+ K 200*		*8,0*	*9,8*
N	*+ K 1000*		*6,0*	*9,8*
N		*+ G 2*	*9,0*	*4,9*
N		*+ G 3*	*8,0*	*3,3*
N		*+ G 4*	*7,5*	*2,5*
N		*+ G 5*	*7,2*	*2,0*
N	*+ K 200*	*+ G 2*	*4,5*	*4,9*
N	*+ K 200*	*+ G 3*	*3,0*	*3,3*
N	*+ K 200*	*+ G 4*	*2,3*	*2,5*
N	*+ K 200*	*+ G 5*	*1,8*	*2,0*

Zum Vergleich: Der DB-Tarifkilometer kostet umgerechnet 13,4 Cent.

Offenkundig ist eine Preisstruktur, die sich an den variablen Kosten für die Nutzung eines Pkw orientiert, für Autofahrer attraktiv. Das ist wichtig, weil die Flächenbahn hauptsächlich neue Kunden gewinnen muß, um die notwendigen Umweltentlastungen zu ermöglichen.

Wer im Monat 200 Kilometer mit öffentlichen Verkehrsmitteln fährt, zahlt dafür nach Flächenbahn-Tarif gerade mal 16 Euro. Dieser Preis reduziert sich auf 12,50 Euro, wenn die Hälfte der Fahrten mit einer weiteren Person gemeinsam unternommen wird.

[1] Der tatsächliche Durchschnittserlös kann bei derart weitreichenden Umstrukturierungen des Tarifsystems nicht exakt vorherbestimmt werden, da mit nicht unerheblichen Verhaltensänderungen zu rechnen ist. Acht Cent pro Peron und Kilometer erscheinen jedoch plausibel.

Flächenbahntarif

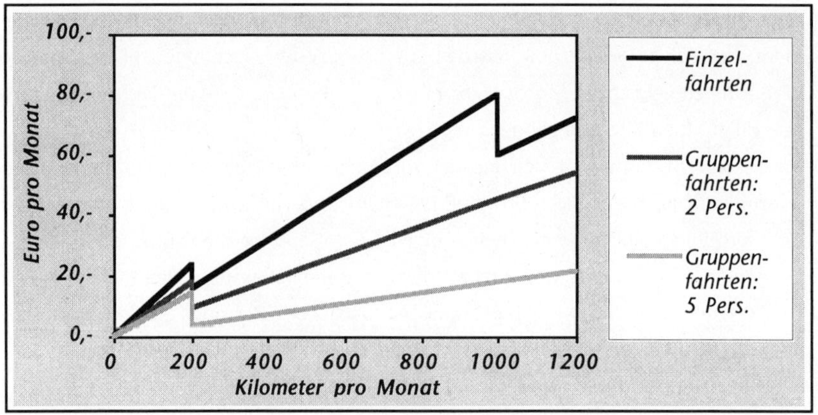

Die Verbesserung der Tarife zeigt sich nicht nur gegenüber dem Auto, sondern auch im Verhältnis zum Tarifkilometer der DB. Einzelpersonen fahren zwar auch mit K-200-Rabatt nicht so preiswert wie mit der Bahncard (trifft für Fahrten ab 15 Kilometern zu), aber fünf Personen fahren ohne Kilometerrabatt bereits zum etwa gleichen Preis wie mit der Bahncard. In keinem Fall erreicht der Flächenbahn-Tarif den unrabattierten DB-Preis von umgerechnet 13,4 Cent.

Flächenbahntarif mit Gruppenrabatt im Vergleich zum Fünf-Liter-Auto

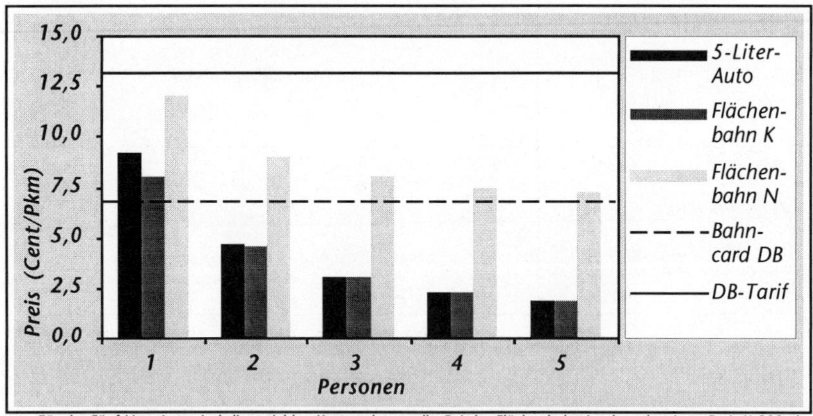

Für das Fünf-Liter-Auto sind die variablen Kosten dargestellt. Bei der Flächenbahn ist der rabattierte Preis K 200 als „Flächenbahn K" und der Normaltarif als „Flächenbahn N" bezeichnet.

Im Gegensatz zu den Flächenbahn-Tarifen weist die aktuelle Preisstruktur der DB eine Vielzahl von Stufen auf, so daß der Vergleich etwas hinkt.[1] Deutlich wird die Ungenauigkeit der Aussage anhand konkreter Fahrtenbeispiele. Geht eine Fahrt über 15 oder weniger Kilometer, liegen die Flächenbahnpreise unterhalb der Bahncard-Tarife.[2] Erst bei größeren Entfernungen kehrt sich das Verhältnis zum Teil um. Während die DB für einzelne Fahrten, die eine Person zurücklegt, relativ groß-

[1] Der DB-Stufentarif ist in Abbildung „Preisvergleich Bahn-Pkw" weiter vorne dargestellt.

[2] Ein motorisiert zurückgelegter Weg ist in Deutschland durchschnittlich 15 Kilometer lang. Siehe Kapitel 5.1.

zügige Preisnachlässe gewährt, rabattiert die Flächenbahn gezielt jene Situationen, in denen andernfalls das Auto teurer wäre. Der Kilometerrabatt wird nicht auf eine Fahrt, sondern auf einen Monat bezogen. Damit entkräftet das Tarifsystem der Flächenbahn das Argument, Autofahren sei billiger. In Zukunft gilt: Wer mit der Flächenbahn fährt, kommt genauso schnell und komfortabel an's Ziel wie mit dem Auto und spart dabei noch Geld.

Weitere Vergünstigungen, die bereits heute gewährt werden, können in der ein oder anderen Form beibehalten werden, vor allem Kindertickets und Jobtickets. Über Angebote für Heranwachsende besonders ausführlich nachzudenken, empfiehlt sich, weil sie die zahlungskräftigen Kunden von morgen sind. Vorstellbar ist, Kindern und Jugendlichen generell den K-200-Rabatt zu gewähren und die Kombination mit Gruppenrabatten anzuerkennen, auch wenn sie nur wenige Kilometer fahren.

Reduzierte Fahrpreise für die neuen Bundesländer dürften sich im Jahr 2015 erübrigen, weil davon ausgegangen werden kann, daß sich die Einkommen bis dahin den Westgehältern angepaßt haben. Generell ist die angestrebte Reduzierung der Fahrpreise jedoch besonders für jene Bürger wichtig, die in der DDR gelebt haben, da Bahnfahrkarten dort erheblich billiger waren als im Westen.

Tickets

Noch vor 20 Jahren war es üblich, die Fahrkarte für den Personenzug zum Nachbarort am Schalter zu lösen. Hinter einer Luke verbarg sich der Beamte und fertigte die Pappkarte („Hin- und Rückfahrt?") mit einer Maschine an. Erst in den achtziger Jahren verdichtete sich das Automatennetz spürbar und ließ zunehmend das zeit- und kostensparende Selbstziehen zur Regel werden. Allerdings orientierten sich die ersten Geräte noch stark an Zigarettenautomaten; denn Wechselgeld wurde ebensowenig herausgegeben wie sämtliche Münzen angenommen wurden - von Scheinen soll gar keine Rede sein.[1] Die Unfreundlichkeit manches Schalterbeamten wurde durch die Unfähigkeit des Automaten ersetzt. So konnte die Nachfrage nicht gesteigert werden.

In den letzten Jahren wurden die Ticketautomaten zwar wesentlich bedienungsfreundlicher, stellen für Neukunden aber noch immer ein Zugangshemmnis dar.[2] Viel einfacher ist dagegen das Bezahlen einer Tankfüllung für das Auto. Ob Euroscheck- oder Kreditkarte, man braucht nur noch zu unterschreiben.[3]

Hemmnisse abzubauen, lautet eine generelle Forderung zur Attraktivitätssteigerung des öffentlichen Verkehrs. Der Anachronismus eines Automaten, der Kleinstbeträge gegen Barzahlung auf Karton druckt, hat daher in einem Zukunftskonzept nichts verloren.

---

[1] Die Automatisierung des Ticketverkaufs beschreibt König (1996), S. 64.

[2] Als Zugangshemmnisse werden Fahrkartenautomaten von Polatschek (1993) und Berndt (1997) beschrieben.

[3] Auf diese Diskrepanz wird unter anderem in Internationales Verkehrswesen (48) 5/96, S. 32 hingewiesen.

Die Nachteile des Automatenverkaufs konnten durch zunehmende Vereinfachungen im Preisstufensystem gemildert werden - übersichtliche Zonentarife sind mitunter sogar recht praktisch - doch Probleme tauchen immer bei Fahrten auf, die knapp vor einer Grenze beginnen und knapp dahinter enden. Kurzstreckenfahrausweise beseitigen dieses Dilemma nur bedingt.
Kundenforderungen nach einheitlichen Tarifen mit einem Fahrschein für alle Verkehrsmittel des ÖPNV sind bei Verbünden und Landes-ÖPNV-Gesellschaften mittlerweile angekommen (92 Prozent der Einwohner meinen, das müsse selbstverständlich sein)[1]. „Ein Tarif, ein Fahrplan, ein Fahrschein" lautet zum Beispiel das Motto der schleswig-holsteinischen Nahverkehrsgesellschaft; mit dem Slogan „Ein Netz - ein Tarif - ein Fahrplan" wirbt das sachsen-anhaltische Pendant.[2] Die Anforderungen an eine möglichst einfache Bedienung liegen im Interesse der Unternehmen, weil sie auf diese Weise mehr Fahrgäste gewinnen können. Schwierig zu realisieren ist bei Durchgangstarifen jedoch die gerechte Aufteilung der Einnahmen, da niemand genau weiß, wieviele Fahrgäste mit welchem Verkehrsunternehmen gefahren sind.[3]
Das gesamte Verfahren bedienungsfreundlicher zu gestalten, und zwar sowohl für die Fahrgäste als auch für die Unternehmen, ist das erklärte Ziel des Verbands Deutscher Verkehrsunternehmen.[4] Seit einiger Zeit werden daher verschiedene elektronische Kartensysteme erprobt. Nach dem Vorbild der Telefonkarten soll das Bargeld auch an Fahrkartenautomaten ersetzt und der Ticketkauf somit vereinfacht werden. Da eine Nutzung der Euroscheck-Karten zu diesem Zweck bei Projektstart nicht möglich war, sind mittlerweile zwei ähnliche Chipkarten-Systeme zur Anwendungsreife gelangt: die PayCard und die Geldkarte.
Auf Initiative der Telekom beteiligten sich die Deutsche Bahn und der Verband Deutscher Verkehrsunternehmen an der Weiterentwicklung der herkömmlichen Telefonkarte zur wiederaufladbaren Mehrweg-Karte, die den Namen PayCard erhielt. Sie ist an besetzten Schaltern gegen Bargeld aufladbar und sowohl zum Telefonieren als auch zum Ticketkauf geeignet. Mit der kontogebundenen Version soll das Aufladen nach Eingabe einer persönlichen Geheimzahl (PIN) künftig in jeder öffentlichen Telefonzelle und damit rund um die Uhr möglich sein.[5]
Ebenfalls zum Fahrscheinkauf an Automaten ist die Geldkarte geeignet, die entweder in Euroscheck-Karten integriert oder solo erhältlich ist. In der Scheckkartenversion ist das Aufladen an jedem Geldautomaten per Abbuchung vom Konto möglich - auch in diesem Fall ist zuvor die Eingabe der Geheimzahl erforderlich.[6]

[1] Siehe Rudolf Augstein Gesellschaft (1993), S. 277.

[2] LVS Schleswig-Holstein (1996), S. 62, und NASA (o.J.), o.S.

[3] Dieses Manko wird durch Fahrgastzählungen relativ gut ausgeglichen, ist aber nicht selten für Auseinandersetzungen zwischen verschiedenen Verkehrsunternehmen einer Tarifgemeinschaft verantwortlich.

[4] Siehe Ludwig (1996b).

[5] Über das PayCard-Projekt berichten unter anderem Internationales Verkehrswesen (48) 5/96, S. 32, und Bus & Bahn 1/97, S. 4.

[6] Die Nutzung der Geldkarte im ÖPNV beschreiben unter anderem Berndt (1997) und Bus & Bahn 4/97, S. 3f.

Beide Systeme sind somit nichts anderes als elektronische Portemonnaies. Sie wurden Anfang 1997 vom Bundesverkehrsminister als Zahlungsmittel im ÖPNV vorgestellt.[1] Entscheidender Vorteil der beiden Karten ist der Verzicht auf Bargeld beim Fahrscheinkauf. Die Kunden sparen Zeit und benötigen kein zusätzliches Medium, denn die ÖPNV-Karte ersetzt im Regelfall entweder die Euroscheck- oder die Telefonkarte. Die Unternehmen sparen einen ansehnlichen Kostenbetrag, weil sich der Aufwand für das Bargeld-Handling und die Raubanfälligkeit der Automaten drastisch verringern.

In Lüneburg war man bereits 1990 einen Schritt weiter. Mit der dort eingesetzten Smartcard braucht kein Ticket mehr gekauft zu werden - diese Chipkarte *ist* die Fahrkarte. Das Fahrsmart I genannte System erfordert vom Kunden lediglich das Ein- und Auschecken, indem die Karte nach dem Einsteigen und vor dem Aussteigen in ein Lesegerät geführt wird. Der Bordrechner erstellt in Verbindung mit einem Zentralrechner am Monatsende eine Auflistung aller Fahrten und errechnet automatisch den jeweils günstigsten Preis. Diese sogenannte Bestpreisabrechnung sorgt dafür, daß kein Kunde mehr ausgibt, als eine Monatskarte kostet. Denn bezahlt wird hinterher - nach Erhalt einer Rechnung per Lastschrift. Kombinierbar ist das System mit üblichen Kreditkarten.[2]

Fahrsmart ist also keine elektronische Geldbörse sondern ein elektronischer Fahrschein. Der Ticketkauf entfällt ebenso wie das Heraussuchen der richtigen Tarifstufe - für die Kunden ein erheblicher Vorteil. Die Unternehmen erhalten auf diese Art eine korrekte Zurechnungsmöglichkeit der Erlöse, da das System ermittelt, wieviele Fahrgäste in welchem Fahrzeug sitzen. Zudem wird eine Menge Fahrkartenabfall vermieden.

Mit Fahrsmart II, einer Weiterentwicklung, gelang es 1995 in Oldenburg und Lüneburg, das relativ zeitaufwendige Ein- und Auschecken zu verkürzen, indem die Karten nicht mehr in das Lesegerät eingeführt, sondern nur noch in einem Abstand von maximal zehn Zentimetern daran vorbei geführt werden müssen.[3] Diese berührungslose Technik bietet alle Vorteile von Fahrsmart I und hat ihre Tauglichkeit international in mehreren Pilotprojekten bewiesen.[4]

Gerland hat alle gängigen elektronischen Systeme gegenübergestellt und hinsichtlich ihrer technischen Eignung analysiert.[5] Er unterscheidet Magnetkarten, Einweg-Chipkarten, intelligente Chipkarten und Proximity-Karten sowie die Kombination mehrerer Systeme auf Hybridkarten.[6] Grundsätzlich hält er alle Formen für

[1] Siehe Bundesministerium für Verkehr (1997).

[2] Fahrsmart I ist ausführlich bei Petershagen (1996) dargestellt.

[3] Das System Fahrsmart II wird von Hamann (1996) beschrieben.

[4] Die Smartcard-Technik im internationalen Einsatz beschreibt unter anderem Dudda (1997) und Internationales Verkehrswesen (48) 11/96, S. 52.

[5] Siehe Gerland (1997).

[6] Kreditkarten sind zum Beispiel Magnetkarten, Telefonkarten gehören zur Gruppe der Einweg-Chipkarten. Intelligente Chipkarten wie die Paycard oder die Geldkarte sind lesbar und wiederaufladbar. Als Proximity-Cards werden die berührungslosen Karten bezeichnet. Siehe Gerland (1997).

marktfähig - die Zeit der berührungslosen Karten sieht er allerdings am weitesten in der Zukunft.

Jedes dieser Systeme wäre für die Flächenbahn im Vergleich zur heutigen Situation ein gewaltiger Fortschritt. Analysiert man die technischen Optionen im Zusammenhang mit den Kunden- und Unternehmer-Anforderungen intensiver, tun sich freilich erstaunliche Lösungen auf, die weit über die beschriebenen Möglichkeiten hinausgehen. In die Flächenbahn wird man einsteigen können, ohne sich irgendwelche Gedanken über Fahrscheine machen zu müssen.

Das Patentrezept könnte Mobilkarte heißen. Sie müßte mit einer Miniaturspule ausgestattet werden, die ein hochfrequentes Funksignal so reflektiert, daß ein Empfänger die Kartennummer identifizieren kann. Eine derartige Signalkarte braucht nicht wie die Fahrsmart-II-Karten an einem Lesegerät vorbeigeführt zu werden, sondern wird beim Ein- und Aussteigen automatisch erfaßt. Entlehnt ist das Prinzip heute schon im Einsatz befindlichen Zugangssystemen in gesicherten Gebäuden und der Zeiterfassung beim Sport.

Einzige Aufgabe der Fahrgäste ist folglich das Mitführen der Karte. Genau wie Haustürschlüssel, Personalausweis und gegebenenfalls Autoschlüssel und andere Karten sollte auch die Mobilkarte ständige Begleiterin sein. Die Vorteile für alle Beteiligten liegen auf der Hand:

Als Fahrgast braucht man nur noch einzusteigen. Halbstunden-ITF und Mobilkarte erlauben die bequeme Bahnbenutzung ohne jegliche Fahrzeiten- und Tarifkenntnisse.

Ein wesentlicher Mangel der Proximity-Systeme wird damit behoben; denn für bisherige Zeitkarten-Inhaber entsteht dort durch die Notwendigkeit des Ein- und Auscheckens ein zusätzlicher Aufwand, der mit der Mobilkarte entfällt. Der monatliche oder jährliche Kauf erübrigt sich weiterhin, so daß im wahrsten Sinne des Wortes von einer Dauerkarte gesprochen werden kann. Herstellungskosten im Cent-Bereich eröffnen die Möglichkeit, die Mobilkarte allen Einwohnern gratis per Post ins Haus zu schicken.

Kein Verkehrsunternehmen braucht sich in Zukunft Gedanken über vereinfachende Preiszonen zu machen, da der vorgestellte Kilometertarif das Bahnfahren einfacher macht als das Telefonieren. Gruppen- und Kilometerrabatt werden automatisch im Sinne der Bestpreisabrechnung gewährt; gezahlt wird im Nachhinein - per Einzelüberweisung oder per Lastschrift.

Da keinerlei Zurechnungsprobleme mehr bestehen, kann das System deutschlandweit beziehungsweise weltweit eingeführt werden. Damit ist eine universelle Kreditkarte für den öffentlichen Verkehr erfunden, die zudem noch viel einfacher zu handhaben ist als gewöhnliche Kreditkarten, die Online-Verbindungen der Terminals und Unterschriften bei jedem Kaufvorgang erfordern. Überdies lassen sich weitere Einsatzfelder der Mobilkarte vorstellen, die auch den Zugang zu Carsharing-Autos und Taxis regeln könnte. Außerdem kann die Mobilkarte per Magnetstreifen zum Hybridsystem erweitert werden und somit gleichzeitig normale Kreditkartenfunktionen erfüllen.

Sende- und Empfangsanlagen, die in den Türbereichen der Fahrzeuge montiert sind, erkennen erstens, ob ein Fahrgast ein- oder aussteigt, und zweitens, ob er eine gültige Mobilkarte bei sich hat. Die Informationen werden an einen Bordrechner weitergeleitet, der zweckmäßigerweise mit dem Fahrzeugmodul des Betriebssteuerungssystems eine Einheit bilden sollte. Auf diese Weise kann unter Einsatz der Satellitenortung genau festgestellt werden, welche Strecke der Kunde zurückgelegt hat. Zur Datenübertragung auf den ortsfesten Zentralrechner kann die Funkverbindung zur Leitstelle genutzt werden - das ist vor allem interessant, wenn gestohlene Karten gesperrt werden müssen.[1]

Minimiert wird nicht nur der Betriebs- und Instandhaltungsaufwand, sondern auch die Notwendigkeit von Kontrollen. Wer schwarzfahren möchte, muß nämlich seine Karte unbedingt zu Hause lassen, sonst wird automatisch abgebucht. Fahrgäste ohne Mobilkarte erkennt das Erfassungssystem jedoch und kann, ähnlich wie in manchen Kaufhäusern beim Warendiebstahl, einen Warnton aussenden oder der Zentrale diskret mitteilen, daß sich im Wagen x, der zur Zeit zwischen den Stationen y und z unterwegs ist, eine Personenkontrolle empfiehlt. Legalisiert werden kann das Schwarzfahren über die Ausgabe von schwarzen Mobilkarten - ein Werbegag.

Der Datenschutz wird gewährleistet, indem Erfassung und Rechnungserstellung voneinander getrennt werden. Der Kunde kann zudem wählen, ob er eine genaue Auflistung seiner monatlichen Fahrten (sein Bewegungsprofil) wie auf einer Kreditkartenrechnung zugesandt bekommen möchte, oder ob er sich die Details nur bei Bedarf genau wie Kontoauszüge von einem Belegdrucker in Mobilitätszentralen oder Reisecentern ausdrucken läßt.

Anders als heute weiß der Kunde vorher nicht genau, wieviel ihn seine Fahrt kosten wird. Das ist jedoch kein Nachteil. Wenn der Normaltarif (zwölf Cent pro Kilometer) maximal um 20 Prozent nach oben abweichen darf und der Durchschnittserlös bei acht Cent liegt, kann der Fahrgast über eine Entfernungsschätzung relativ genau ermitteln, wieviel er wahrscheinlich und wieviel er höchstens zu zahlen hat. Genauso funktioniert das beim Telefonieren.

Zusätzlich zu den genannten Rabatten können jederzeit weitere Verbilligungen programmiert werden, mit denen entsprechend geworben werden kann. Bei verspäteten Zügen und besonders bei infolgedessen verpaßten Anschlüssen sind Preisnachlässe von bis zu 100 Prozent und in Extremfällen sogar automatische Entschädigungszahlungen möglich, die in der entsprechenden Situation zweckmäßigerweise über Lautsprecher anzukündigen sind. Auf Strecken mit besonders starker MIV-Konkurrenz sind ebenfalls Nachlässe denkbar, genau wie zu Spitzenzeiten (wenn sich der Autoverkehr staut) flexible Zuschläge möglich sind. Die Summe

[1] Das Betriebssteuerungssystem wird in Kapitel 4.4 vorgestellt.

aller Zuschläge muß allerdings auf 20 Prozent begrenzt bleiben, da andernfalls für die Fahrgäste keine ausreichende Preissicherheit mehr besteht.

Im Zusammenhang mit vorab zu bezahlenden Berechtigungsausweisen, wie beispielsweise ÖPNV-Monatskarten oder Autobahnvignetten, wird argumentiert, daß die gekaufte Leistung häufiger in Anspruch genommen wird, als wenn man jedesmal neu zahlen müßte. Zur Nachfragesteigerung kann deshalb ein Kunstgriff angewandt werden, der genau diesen Effekt provoziert und trotzdem kein oberes Preislimit setzt. Wird nämlich ein vom Kunden frei wählbarer Betrag per Dauerauftrag jeden Monat vorab auf sein Mobilkartenkonto überwiesen, kann für alle Fahrten, die diesen Wert nicht übersteigen, ein zehnprozentiger Vorabzahlungsrabatt gewährt werden. Vorteil für den Kunden: er zahlt einen geringeren Kilometerpreis. Vorteil für die Verkehrsunternehmen: Sie erhalten ihr Geld im voraus und der Kunde fährt häufiger.

Bleibt noch zu schildern, auf welche Weise Gruppentarife abgerechnet werden können. In diesem Fall - und nur in diesem - müssen die Fahrgäste etwas tun. Das erscheint zumutbar, weil erstens auch Gruppenfahrten mit dem Auto irgendwie organisiert sein wollen und sich zweitens der Fahrpreis ganz beträchtlich verringert. Wer als Gruppe unterwegs sein möchte, muß nach dem Einsteigen an den im Zug befindlichen Automaten gehen, per Tastendruck eine Gruppenfahrt anmelden und anschließend die Gruppengröße angeben (zwei bis fünf Personen). Danach schieben die Gruppenmitglieder ihre Mobilkarten nacheinander in den Leseschacht des Gerätes. Die entsprechenden Gruppentarife werden automatisch berechnet. Welche Personen den normalen Gruppenrabatt und welche den kombinierten G+K-Rabatt erhalten, entscheidet sich am Monatsende. Abzumelden brauchen sich die Gruppenfahrer ebensowenig wie Einzelreisende, da die Karten beim Aussteigen automatisch registriert werden. Steigt ein Teil der Gruppe früher aus als der andere, wird für die restliche Fahrt automatisch der Gruppentarif für die geringere Personenzahl berechnet beziehungsweise der Normaltarif, wenn eine Person alleine weiterfährt.

Einfacher kann Bahnfahren kaum sein. Um die Autofahrer zum Umsteigen zu bewegen, muß eben alles auf eine Karte gesetzt werden.

Das Prinzip des automatischen Erfassens auf Busse und Bahnen zu übertragen, wird in konkreter Form von der Unternehmensberatung Mobilité vorgeschlagen.[1] Die Schweizerischen Bundesbahnen und die Nahverkehrsservicegesellschaft Sachsen-Anhalt planen in diese Richtung gehende Pilotversuche.[2] Konzeptionell handelt

---

[1] Siehe Mobilité (1998).

[2] Derzeit werden die Karten in der erforderlichen Form noch nicht angeboten, sondern nur die benötigten Einzelkomponenten, die von unterschiedlichen Firmen hergestellt werden. Die Mobilité GmbH, Köln, schlägt vor, die als „tag" bezeichneten Medien nicht nur als Karte, sondern auch als Schlüsselanhänger oder in eine Armbanduhr integriert anzubieten (siehe Mobilité (1998), S. 1). Dazu müßte das für Gruppenfahrten und andere Zwecke notwendige Lesegerät auf berührungslose Technik umgestellt werden. Kombinationen mit Kreditkarten entfallen dann logischerweise. In der Schweiz ist geplant, nach erfolgreichem Abschluß gestufter Pilotversuche noch im Jahr 2000 mit der landesweiten Einführung des Systems im gesamten öffentlichen Verkehr zu beginnen, so daß bereits 2005 eine flächendeckende Versorgung erreicht werden kann.

es sich dabei bisher nur um vergleichsweise einfache Modelle, bei denen die hier geschilderte Komplexität der Anwendung nicht erreicht wird.
In der Realität wird die Mobilkarte nicht einheitlich ausgegeben werden können, sondern in drei Differenzierungen. Die bisher geschilderte Variante geht von einer persönlichen Karte aus, die vom Inhaber zu unterschreiben ist (Mobilkarte P). Insbesondere für Firmen ist es interessant, zu Sonderkonditionen übertragbare Karten zu erwerben (Mobilkarte Ü). Diese können dann für Dienstfahrten an die jeweiligen Mitarbeiter vergeben werden. Voraussichtlich wird es ferner Menschen geben, die zwar gerne Bahn fahren, dies aber anonym tun möchten (vergleichbar mit dem Telefonieren aus einer öffentlichen Telefonzelle) und solche, die kein Bankkonto haben. Folglich muß auch eine kontoungebundene Mobilkarte angeboten werden (Mobilkarte A).
Nicht ausgeschlossen werden sollen darüber hinaus alle ausländischen Gäste, die nicht über Mobilkarten verfügen können. Sich für eine Fahrt in Deutschland erst eine elektronische Karte kaufen zu müssen und nicht einfach in einen Zug einsteigen zu können, wäre ein nicht akzeptables Zugangshemmnis und würde dem Geist der Flächenbahn widersprechen. Für diese Fälle sollten gegen Bargeld oder mittels Geldkarten gewöhnliche Papier-Fahrscheine erhältlich sein. Wenn das Signalkarten-System über die Grenzen Deutschlands hinaus eingeführt ist, kann die Bargeld-Variante prinzipiell entfallen.

Fahrkarten

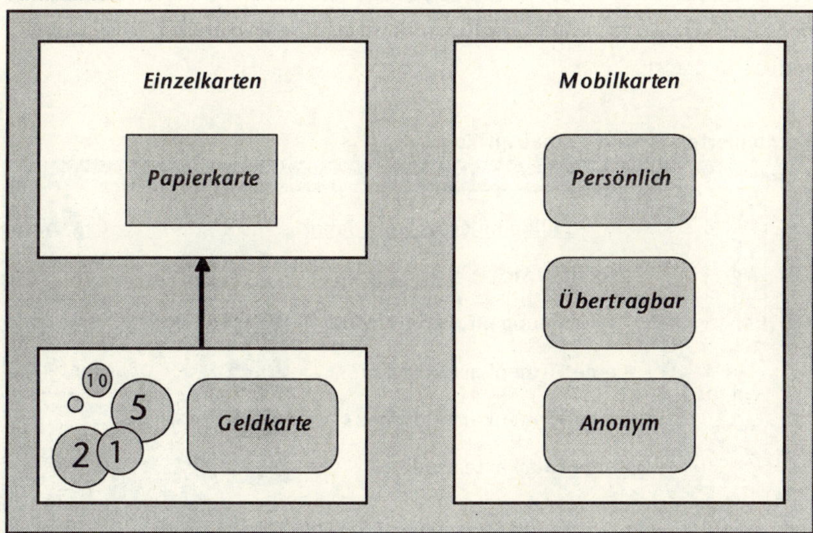

Langfristig wäre anzustreben, auf die anonyme Mobilkarte und die Papierfahrscheine zu verzichten und ausschließlich die persönliche und die übertragbare Mobilkarte zu akzeptieren. Inwieweit dies tatsächlich möglich sein wird, muß eine Testphase zeigen, in der die Zahl der Nutzer mit „Kartenphobie" zu ermitteln wäre.

In den allermeisten Fällen ist sicher die persönliche Mobilkarte das am besten geeignete Medium. Vor allem für Firmen ist die übertragbare Variante nützlich, die technisch gesehen ebenfalls eine Signalkarte darstellt. Sie ist genau wie das persönliche Gegenstück mit einer monatlichen Grundgebühr von einem Euro verbunden, unabhängig davon, ob sie genutzt wird oder nicht. Wiederum ein ähnliches Verfahren wie beim Telefonanschluß. Spezifische Sonderrabatte, zum Beispiel für bestimmte Strecken oder Zeiten, können frei ausgehandelt werden. Der Übertragbarkeitsvorteil wird mit einem Wegfall des Gruppenrabatts erkauft; daß ein Kinderrabatt nicht erhältlich ist, versteht sich von selbst. Außerdem wird ohne Ausnahme per Lastschrift abgebucht.
Komplizierter ist eine Lösung für die tatsächliche Benutzung zu finden. In der Regel wird man davon ausgehen können, daß ein Firmenmitarbeiter, der für eine Dienstfahrt die Firmen-Mobilkarte bei sich trägt, auch seine persönliche Mobilkarte in der Tasche hat, denn die braucht er möglicherweise für eine anschließende Privatfahrt. Im übrigen sollte die private Karte schon allein aus Sicherheitsgründen immer mitgenommen werden. Das Identifizierungsgerät an der Waggontür erkennt nun beide Karten und würde die Fahrt automatisch zweimal abbuchen, sofern nicht ins System eingegriffen wird.
Deshalb muß der Ticketautomat im Zug bedient werden. Ein Bildschirm (Touchscreen) fragt, ob eine Firmenkarte genutzt oder gelöscht werden soll. Der Kunde gibt entweder an, daß er seine private Karte oder daß er die firmeneigene einsetzen möchte und führt anschließend beide Karten nacheinander in den Leseschacht des Geräts. Dieser Vorgang ist bei jedem Umsteigen zu wiederholen; Abmelden ist nicht erforderlich.

Kombinierter Ticketautomat im Zug

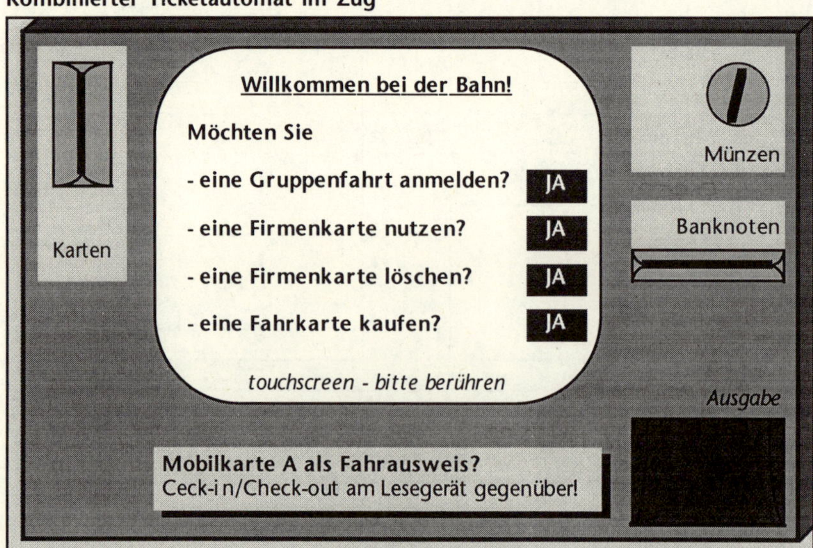

Im Gegensatz zu den beiden anderen elektronischen Fahrscheinen ist die anonyme Mobilkarte A keine Signalkarte. Sie verfügt über einen Chip, der Geldbeträge speichern und übertragen kann, und muß mit Bargeld aufgeladen werden. Damit entspricht sie bis hierhin der oben beschriebenen kontoungebundenen PayCard. Im Unterschied zu dieser kann die Mobilkarte A aber nicht nur zum Kauf von Fahrscheinen eingesetzt werden, sondern auch direkt als Ticket genutzt werden. Dazu ist sie zum Ein- und Auschecken in ein gesondertes Lesegerät in den Zügen einzuführen - so wie das Modell Fahrsmart I. Der Bordrechner registriert somit die Fahrstrecke und bucht beim Anmelden den Höchstpreis von der Karte ab - beim Abmelden wird der zuviel abgebuchte Betrag wieder zurückgeladen.

Ermäßigungen können grundsätzlich nicht gewährt werden, da keine monatliche Abrechnung erfolgt. Abgebucht werden kann lediglich der Normaltarif. Aufgrund dieser Beschränkungen ist klar, daß die Mobilkarte A eine reine Nischenfunktion erfüllt.

Der Papierfahrschein kann an den Automaten im Zug gelöst werden. Über den Bildschirm ist die Auswahl von Einzeltickets zum normalen Kilometertarif möglich, indem über eine Touchscreen-Tastatur der Zielbahnhof eingegeben wird. Kinder werden zu einem ermäßigten Tarif mitgenommen. Bezahlt werden kann mit Bargeld oder Geldkarten. Der Zusatzaufwand für die Unternehmen kann über einen 20prozentigen Aufschlag abgegolten werden. Speziell für Touristen wird ein Tagesticket angeboten, das die ÖPNV-Nutzung im gesamten Landkreis beziehungsweise in der kreisfreien Stadt zum Einheitspreis gestattet.

Funktionsweise der Karten

Kartentyp	*Technik*	*Kundenaufgaben*	*Bezahlung*
Einzelkarte	*Papierkarte*	• *Kaufen* • *Mitführen*	• *Bargeld* • *Einweg- und Mehrweg-Geldkarten***
Mobilkarte Persönlich	*Signalkarte oder Hybridkarte**	• *Mitführen*	• *Rechnung + Einzelüberweisung* • *Rechnung + Lastschrift*
Mobilkarte Übertragbar	*Signalkarte*	• *Mitführen*	• *Rechnung + Lastschrift*
Mobilkarte Anonym	*Chipkarte* *(als Mehrweg-Geldkarte)*	• *Aufladen* • *Einchecken* • *Auschecken*	• *Bargeld*

*Mit zusätzlicher Magnetkartenfunktion nur, wenn die Karte auch als allgemeine Kreditkarte eingesetzt werden soll.
** In Mobilitätszentralen können die Tickets auch mit Online-Karten wie EC- und Kreditkarten erworben werden.

Tarif- und Rabattfähigkeit der verschiedenen Karten

	Papier-karte	*Mobil-karte P*	*Mobil-karte Ü*	*Mobil-karte A*
Normaltarif (N)		■	■	■
Gruppenrabatt (G 2-5)		■		
Gruppen- + Kilometerrabatt (G+K)		■		
Kilometerrabatt (K 200)		■	■	
Kilometerrabatt (K 1000)		■	■	
allgemeine Sonderrabatte		■	■	
Kinderrabatt (= K 200)		■		
Bestpreisabrechnung		■	■	
Vorabzahlungsrabatt		■	■	
als Firmenkarte verwendbar			■	
Tagesticket (für Touristen)	■			
Normaltarif plus 20% Aufschlag	■			
Kindertarif	■			
spezifische Sonderrabatte		■	■	
Belege	■	■	■	

Der vergleichsweise hohe Kostenaufwand für die Erstellung und Abrechnung der Papierfahrkarten und der anonymen Mobilkarten steht einer voraussichtlich geringen Zahl von Nutzern gegenüber. Ob der Aufwand dauerhaft betrieben werden muß, wird sich jedoch erst durch Evaluationen ermitteln lassen. In einer Übergangsphase vom heutigen auf das Signalkarten-System ist das Angebot sicher notwendig.

Das Mobilkartensystem auf die Flächenbahn zu begrenzen, wäre allerdings kontraproduktiv. Ziel sollte sein, neben dem Straßen-ÖPNV auch den städtischen Nahverkehr und die Fernverkehrszüge einzubeziehen, was eine deutschlandweite Tarifgemeinschaft voraussetzt.[1] Sowohl für die Kunden als auch für die Unternehmen ergeben sich dadurch erhebliche Vorteile.

Die beschriebenen Fahrplan-Verbesserungen und neue Fahrzeuge bilden den Kern der Flächenbahn. Ihre Anziehungskraft steigt mit einem fortschrittlichen Tarif- und Ticketsystem noch einmal erheblich an. Als wichtige Bestandteile haben sich diese Systeme in die gesamte Organisationsstruktur einzufügen, die wiederum mit der europäischen Liberalisierungspolitik in Einklang gebracht werden muß.

[1] Zur besseren Koordinierung und Sicherstellung der korrekten Durchführung bietet es sich an, die Tarifgemeinschaft zu institutionalisieren.

6.2 Liberalisierungspolitik im ÖPNV

Die Liberalisierungspolitik der Europäischen Union und die Bahnreform haben Möglichkeiten eröffnet, den Nahverkehr effektiver zu organisieren. Zweckmäßige Änderungen der Organisationsstruktur gehen über tarifliche Neuerungen weit hinaus. Deshalb wird zunächst der Prozeß der gesetzlichen Umstrukturierungen mitsamt seiner Folgen beschrieben.

Am 1. Januar 1996 war es soweit: Der öffentliche Personennahverkehr wurde regionalisiert. Waren bis 1993 Bundes- beziehungsweise Reichsbahn für die Gestaltung des Schienennahverkehrs zuständig, also zwei Bundesbehörden, können jetzt, nach Ablauf der Übergangszeit, die Bundesländer entscheiden, wie das Angebot aussehen soll.

Die Länder gründen nun aber nicht wie zu Kaisers Zeiten Länderbahnen, sondern schnüren Angebotspakete mit konkreten Zugleistungen, die sie an interessierte Eisenbahnunternehmen vergeben. Für ihre Leistungen werden die Unternehmen vom jeweiligen Land, dem sogenannten Aufgabenträger, bezahlt.

Anders als bei Staatsbahnen handelt es sich bei den heute operierenden Eisenbahn-Betreibern um Unternehmen in privater Rechtsform, deren oberstes Ziel die Erwirtschaftung von Gewinnen ist. Auch die DB ist als Aktiengesellschaft heute ein privatrechtiiches Unternehmen, das sich mit seinen Konkurrenten den Markt teilen muß. Alleiniger Aktionär der DB AG ist allerdings die Bundesrepublik Deutschland.

Die beiden Säulen der Bahnreform

- *Privatisierung*
- *Regionalisierung*

Die Vorteile von Regionalisierung und Privatisierung liegen auf der Hand und wurden schon früh von der Europäischen Gemeinschaft erkannt: Eine wettbewerbsorientierte Preisbildung senkt die Kosten und bietet die Möglichkeit, bessere Leistungen einzukaufen; zudem können regionale Zuständigkeiten angemesseneren Lösungen für den regionalen Verkehr förderlich sein. Die Chance, das Angebot kundengerechter zu gestalten, wurde damit eröffnet. Wie kam es dazu?

Entwicklung und Ziele der Deregulierung

An dieser Stelle erscheint zunächst ein Hinweis auf die Unterschiede zwischen der ökonomischen und allgemeinen Definition von Deregulierung angebracht. Während allgemeindefinitorisch mit Deregulierung ein Abbau von Regelungen gemeint ist, gilt hier das wirtschaftswissenschaftliche Verständnis des Begriffs, nämlich die Verringerung des Staatseinflusses.

Bund und Länder verzichten bei einer Deregulierung auf detaillierte Vorgaben und beschränken sich auf die Vereinbarung von Rahmenvorschriften. Erwartete Vorteile liegen in der Absenkung des Preisniveaus und der damit verbundenen Möglichkeit, bessere Leistungen anbieten zu können. Zudem werden Rationalisierungen und Produktivitätssteigerungen erwartet. Als Gefahr wird die Einstellung betriebswirtschaftlich unrentabler aber wichtiger Angebote gesehen, außerdem die aus den Rationalisierungen voraussichtlich erwachsenden Entlassungen. Der Rahmen, innerhalb dessen sich der Markt entwickeln soll, muß daher so abgesteckt sein, daß sich die Vorteile der Deregulierung entfalten können, die Nachteile aber weitgehend ausgeschaltet oder zumindest begrenzt werden.

Innerhalb des Verkehrssektors hat es in der Geschichte immer wieder Regulierungs- und Deregulierungstendenzen gegeben, die sich den veränderten Rahmenbedingungen und den Zielen der verantwortlichen Akteure entsprechend abwechselten. Bereits lange Zeit vor Watts Erfindung der Dampfmaschine und ihrem späteren Einsatz in Fahrzeugen war der Verkehr mal mehr, mal weniger reguliert.

Der staatliche Einfluß auf die Ausgestaltung des ÖPNV war in Deutschland bis zum Ende des Ersten Weltkriegs insofern gering, als es keine dem Deutschen Reich gehörende Eisenbahn gab. Neben einigen vollständig unabhängigen Unternehmen existierten vor allem Lokalbahnen und Länderbahnen (zum Beispiel die Königlich Preußische Eisenbahn oder die Königlich Bayerische Staatsbahn) sowie lokale Bus- und Straßenbahnbetreiber, die der jeweiligen Kommune gehörten. Viele privat betriebenen Eisenbahnen gingen bereits im 19. Jahrhundert, verstärkt nach der Reichsgründung 1871, in den Besitz der Länder über.

Eine Konkurrenz bestand bei der Genehmigung neuer Linien. Dies war der Grund für den Bau von parallel verlaufenden Eisenbahnstrecken, die dieselben Anfangs- und Endpunkte miteinander verbinden. Nicht selten betrieb in größeren Orten jedes Bahnunternehmen seinen eigenen Bahnhof.[1]

Ein halbes Jahrhundert nach Gründung des Deutschen Reiches, also zur Zeit der Weimarer Republik, wurde die Deutsche Reichsbahn (DR) gegründet.[2] Sie spiegelt die konzeptionellen Überlegungen Friedrich Lists, der die wirtschaftliche, politische und militärische Bedeutung der Eisenbahnen schon früh erkannt hatte. Anlaß der Reichsbahn-Gründung waren die Auswirkungen des Ersten Weltkriegs, in dessen Folge ein nicht unwesentlicher Teil des Fahrzeugparks als Reparationsleistung an die Siegermächte abzutreten war. 1924 wurde die DR ein selbständiges Reichsunternehmen, dessen Betrieb die Deutsche Reichsbahn-Gesellschaft (DRG) übernahm. 1937, während der nationalsozialistischen Diktatur, wurde die DRG aufgelöst und die Reichsbahn direkt dem Verkehrsministerium unterstellt.[3]

In den meisten europäischen Staaten, so auch in der Bundesrepublik Deutschland und der Deutschen Demokratischen Republik, bestanden nach dem Zweiten Welt-

[1] Als Beispiel seien die zwischen Wuppertal und Hagen in oft nur wenigen hundert Meter Abstand verlaufenden Strecken der Rheinischen und der Bergisch-Märkischen Eisenbahngesellschaft genannt. Zur historischen Entwicklung siehe Lewe (1924), S. 15ff.

[2] Am 1.4.1920 gingen die verstaatlichten Privatbahnen in das Eigentum des Deutschen Reiches über. Aus acht Länderbahnen wurde die Deutsche Reichsbahn. Siehe Adler et al (1990), S. 168.

[3] Zur historischen Entwicklung der Eisenbahnen in Deutschland bis zum Zweiten Weltkrieg siehe Adler et al (1990), S. 167ff., und Bennemann (1994), S. 10ff.

krieg monopolistische Staatsbahnen. Eine Ausnahme mit einem sehr hohen Anteil nichtstaatlicher Bahnen, die sich vornehmlich in den Händen von Gebietskörperschaften befinden, bildet seit jeher die Schweiz.[1] Während in der DDR die Deutsche Reichsbahn weiter existierte, wurde in der BRD die Deutsche Bundesbahn gegründet. Der staatliche Einfluß war in beiden Teilen Deutschlands relativ groß; es bestand ein hohes Maß an Regulierung.

Auch auf regionaler Ebene ist niemals ein echter Markt entstanden, da sich die Verkehrsbetriebe in der Regel in den Händen der Kommunen befanden. Erst im Vorfeld des europäischen Binnenmarktes trat die Deregulierungswelle zutage, die ihren vorläufigen Höhepunkt in Deutschland mit der Privatisierung der Staatsbahnen am 1. Januar 1994 erreichte.

Die Regierungen der EU-Mitgliedsstaaten streben eine Verbesserung des Verkehrsangebots an, das aber nicht nur dem ökonomischen Wettbewerb unterworfen werden soll, sondern auch an den Interessen des Umweltschutzes und an sozialen Belangen zu orientieren ist.[2] Dies gilt auch für den Bereich des öffentlichen Verkehrs, den ländlichen ÖPNV inbegriffen.

Im nationalen Recht heißt es dazu: „Für ländliche Räume ist (...) auf die angemessene Ausstattung mit (...) öffentlichen Verkehrs(...)einrichtungen auch bei rückläufigen Bevölkerungszahlen hinzuwirken." Mit dieser Forderung schreibt das deutsche Raumordnungsgesetz ein öffentliches Verkehrsangebot auf dem Land ausdrücklich vor, beläßt mit dem interpretierbaren Zusatz „angemessen" jedoch verkehrspolitischen Gestaltungsspielraum.[3]

Als Mittel, mit denen die genannten Ziele erreicht werden können, hat man sich für die Schaffung beziehungsweise Stärkung des Marktes entschieden, das heißt für eine Deregulierung. Hinter dieser Politik standen in Deutschland hauptsächlich vier Prozesse: erstens die Harmonisierungs- und Liberalisierungsbestrebungen der Europäischen Gemeinschaft, zweitens die Sanierungsabsichten der Deutschen Bundesbahn, deren Defizite sich zusehends vergrößerten, drittens das Bestreben der Bundesländer, mehr Einfluß auf die Gestaltung des ÖPNV zu gewinnen, und viertens der durch den deutschen Einigungsprozeß hervorgerufene Regelungsbedarf.[4]

Letztendlich wurden diese Prozesse so miteinander verzahnt, daß sie alle auf eine Deregulierung hinausliefen, die damit einer breiten Zustimmung sicher sein konnte. Die Bahnreform ist daher ein typisches Beispiel für das Öffnen eines sogenannten Politik-Fensters im Sinne des Garbage-can-Modells.[5]

---

[1] In der Schweiz werden etwa zwei Fünftel des Streckennetzes von Privatbahnen betrieben. Siehe Schweizerische Bundesbahnen (1990), S. 4.

[2] Festgeschrieben im EGV, Art. 117-120 und 130r, vom 25.3.1957 i.d.F. des Maastricht-Vertrags vom 7.2.1992 (BGBl. II S. 1253/1256). Siehe Beck-Texte (1993), S.79ff. Im Vertrag von Amsterdam finden sich diese Artikel in modifizierter Form: EGV, Art. 136-143 und 174, i.d.F. vom 2.10.1997. Siehe Läufer (1998), S.54ff. Die Ratifizierungen der Neufassung sollen im Laufe des Jahres 1998 abgeschlossen werden. Siehe Läufer (1998), S. 51ff.

[3] ROG, § 2, Abs. 1, Nr. 6, i.d.F. vom 28.4.1993 (BGBl. I S. 630; Änderungen bis 23.11.1994). Siehe Sartorius I (1996).

[4] Zu den Hintergründen der Bahnreform siehe Bennemann (1994), S. 33ff., Deutsche Bahn (1994), S. 7ff., Wachinger/Wittemann (1996), Werner (1996), S. 17, und Werner (1998), S. 2f.

[5] Das Garbage-can-Modell ist ein Erklärungsansatz politischer Handlungsprozesse. Eine Erläuterung findet sich in Kapitel 8.2.

Ausgangspunkte für die Deregulierung des öffentlichen Verkehrs

1. Liberalisierungspolitik der Europäischen Gemeinschaft
2. Sanierungsbedarf bei der Bundesbahn
3. Gestaltungsbedürfnis der Bundesländer
4. Regelungsbedarf durch die Wiedervereinigung

Die Verschuldung der Bundesbahn und die immer stärker werdende öffentliche Diskussion über diesen von den Medien gern und häufig aufgegriffenen Mißstand hatte schon in den siebziger Jahren die Frage einer Reform aufgeworfen.[1] Sie wurde aber erst durchgeführt, als sie aufgrund von Vorgaben der Europäischen Gemeinschaft unausweichlich wurde.[2] Da in Deutschland eine Grundgesetzänderung notwendig war, um den europäischen Vorgaben zu entsprechen, mußte die Neuregelung so gestaltet werden, daß Bundestag und Bundesrat zustimmen konnten.[3] Die entsprechenden Verhandlungen zwischen Bund und Ländern sowie - aufgrund der Mehrheitsverhältnisse - zwischen den beiden großen Parteien CDU und SPD verliefen trotz mancher Meinungsverschiedenheiten erfolgreich. Die große Reform wurde somit in die Wege geleitet.

Gesetzgeberische Regelungen

Um die angestrebten Ziele zu erreichen, wurden umfangreiche gesetzliche Änderungen eingeleitet. Am Anfang standen verschiedene Richtlinien und Verordnungen der Europäischen Gemeinschaft, die in nationales Recht überführt und konkretisiert werden mußten. Der föderale Staatsaufbau der Bundesrepublik führte dazu, daß auch auf Länderebene neue Gesetze geschaffen wurden, die unter anderem Vorschriften für die kommunale Verkehrsplanung enthalten.

Auf sämtlichen Ebenen zeigt sich der Zwiespalt zwischen der Verpflichtung, ein Mindestangebot an öffentlichem Verkehr im Sinne des Gemeinwohls auch dort zu sichern, wo es betriebswirtschaftlich nicht rentabel ist, und dem Ziel, einen möglichst freien Markt im gesamten Verkehrssektor zu ermöglichen. Die gefundenen Regelungen sind als diesbezügliche Kompromisse anzusehen, die in dem Bestreben zustandegekommen sind, die Vorteile der Deregulierung zu nutzen und die Nachteile auszuschalten.

Mit dem neuen Recht wurde der bis dato etatistisch organisierte öffentliche Verkehr liberalisiert. Kernpunkt der Regelungen ist eine Trennung in Aufgabenträger, die eine Verkehrsleistung bestellen, und Verkehrsanbieter, die diese Leistung ausführen. Entsprechende Bestimmungen sind auf europäischer, Bundes- und Landesebene festgeschrieben. Im Ergebnis entwickelt sich langsam ein Markt, auf dem

[1] Die Bahn verkam „vom Rückgrat des Verkehrs zum Sprengsatz des Bundeshaushalts", schreibt Drude (1995), S. 836.

[2] Änderungsbedarf bestand aufgrund der Novellierung der VO(EWG)1191/69 vom 28.6.1969 (Abl. EG L 156 S. 1) in Form der VO(EWG)1893/91 i.d.F. vom 20.7.1991 (Abl. EG L 169 S. 1) und durch die Richtlinie 91/440/EWG des Rates vom 29.7.1991 (Abl. EG L 237 S. 25). Siehe Freise (1994), S. 463ff.

[3] Siehe Verband Deutscher Verkehrsunternehmen (1996a), S. 51ff. und S. 93ff.

eine zunehmende Zahl von Verkehrsunternehmen ihre Leistungen anbietet. Die wichtigsten Gesetze sind in der nachfolgenden Übersicht aufgelistet.

Gesetze und Verordnungen

Ebene	*Wichtige Gesetze, Verordnungen und Pläne*
Europäische Union	• *Vertrag zur Gründung der Europäischen Gemeinschaft (EGV)* • *Verordnung (EWG)1191/69 des Rates in der Fassung der Verordnung (EWG)1893/91 des Rates* • *Verordnung (EWG)1017/68 des Rates* • *Verordnung (EWG)1107/70 des Rates* • *Richtlinie 91/440/EWG des Rates*
Deutschland	• *Grundgesetz für die Bundesrepublik Deutschland (GG)* • *Einigungsvertrag* • *Eisenbahnneuordnungsgesetz (ENeuOG)* • *Gesetz zur Zusammenführung und Neugliederung der Bundeseisenbahnen (ENeuglG)* • *Deutsche Bahn Gründungsgesetz (DBGrG)* • *Gesetz über die Eisenbahnverwaltung des Bundes (EVVG)* • *Regionalisierungsgesetz (RegG)* • *Allgemeines Eisenbahngesetz (AEG)* • *Bundesschienenwegeausbaugesetz (BSchwAG)* • *Gemeindeverkehrsfinanzierungsgesetz (GVFG)* • *Personenbeförderungsgesetz (PBefG)*
Bundesländer	• *ÖPNV-Gesetze (ÖPNVG)* • *SPNV-Pläne*
Kommunen	• *Nahverkehrspläne*

Auf europäischer Ebene kommen die Harmonisierungsbestrebungen und die Wettbewerbsorientierung bereits im Vertrag zur Gründung der Europäischen Gemeinschaft (EGV) zum Ausdruck.[1] Die konkreten Deregulierungsvorgaben sind im wesentlichen in der EG-Richtlinie 91/440 niedergelegt, die im Zuge der Vorbereitung auf den Binnenmarkt geschaffen wurde.[2] Als deren Hauptzwecke werden angegeben, den Eisenbahnunternehmen die Anpassung an die Erfordernisse des Binnenmarktes zu erleichtern und ihre Leistungsfähigkeit zu erhöhen.

[1] Zuletzt geändert wurde der EGV vom 25.3.1957 (BGBl. II S. 766) durch den Vertrag über die Europäische Union (EUV) vom 7.2.1992 (BGBl. II S. 1253/1256). Siehe Beck-Texte (1993), S.79ff.

[2] Richtlinie 91/440/EWG des Rates vom 29.7.1991 (Abl. EG L 237 S. 25). Siehe Freise (1994), S. 463ff. Außerdem sind weitere Bestimmungen in der VO(EWG)1893/91 i.d.F. vom 20.7.1991 zu finden (Abl. EG L 169 S. 1), der aktuellen Fassung der VO(EWG)1191/69 vom 28.6.1969 (Abl. EG L 156 S. 1). Siehe Freise (1994), S. 499ff.

Vier wesentliche Neuerungen sind in der Richtlinie verankert: die Unabhängigkeit der Geschäftsführung der Eisenbahnunternehmen (Artikel 5), die Betriebstrennung zwischen Fahrweg und Verkehrsangebot (Artikel 6), die gleiche Zugangsberechtigung zum Streckennetz für alle Eisenbahnunternehmen (Artikel 8 und 10) und die Sanierungsverpflichtung der bisher staatlichen Eisenbahnen (Artikel 9). Wie diese Bestimmungen im einzelnen auszuführen sind, legen die Mitgliedsstaaten fest. In ihren Händen liegt auch die Festlegung der Sicherheitsnormen (Artikel 7).

Die Richtlinie fordert eine Privatisierung staatlicher Eisenbahnen und die Gleichstellung aller auf diesem Gebiet tätigen Unternehmen. Mittels geeigneter Maßnahmen haben die Mitgliedsstaaten dafür Sorge zu tragen, daß die Eisenbahnunternehmen ihre Tätigkeit dem Markt anpassen.

Damit ein Markt entstehen kann, wurde die Trennung zwischen Wegeinfrastruktur und Verkehrsangebot festgelegt, die mindestens für die Rechnungsführung erfolgen *muß*, institutionell erfolgen *kann*. Wichtig ist dabei das Verbot von Transfers zwischen Netzanbieter und Verkehrsanbieter. Damit soll ein diskriminierungsfreier Zugang zum Streckennetz erleichtert werden. Für die Nutzung des Fahrwegs ist vom Verkehrsanbieter ein gebrauchsabhängiges Entgelt zu entrichten.[1]

Aus der Richtlinie 91/440 ergab sich ebenso ein Novellierungsbedarf für die deutsche Gesetzgebung wie durch die Verordnung 1191/69 in der Fassung der 1893/91. Letztere bildet insofern das Gegenstück zur 91/440, als sie die Gemeinwohlverpflichtungen der Staaten berücksichtigt.

Die Verordnung 1893/91 regelt die wettbewerbskonforme Subventionierung des ÖPNV durch die öffentliche Hand. Dem Ziel einer gemeinsamen Verkehrspolitik entsprechend sollen die Unterschiede, die durch die Verpflichtungen des öffentlichen Dienstes entstehen, beseitigt werden - und zwar durch die weitgehende Aufhebung dieser Verpflichtungen. Insbesondere in Artikel 1, Absatz 4, wird aber klargestellt, daß die zuständigen Behörden mit einem Verkehrsunternehmen Verträge über Verkehrsdienste aufgrund von Verpflichtungen des öffentlichen Dienstes abschließen können. Als Begründung wird die Sicherstellung einer ausreichenden Verkehrsbedienung unter Berücksichtigung sozialer, umweltpolitischer und landesplanerischer Faktoren angeführt.

Die Vorgaben der Europäischen Union haben die Mitgliedsstaaten zur Umstrukturierung des gesamten öffentlichen Verkehrs verpflichtet. In Deutschland war dazu als erstes das Grundgesetz auf „das Ende der Staatsbahnen"[2] vorzubereiten.

Als Grundsätze der Bahnprivatisierung sind vier Punkte zu nennen: Bundesbahn und Reichsbahn verlieren ihren Behördenstatus, arbeiten künftig erwerbswirtschaftlich, werden entschuldet und erhalten dann keine Verlustdeckung mehr durch den Eigentümer. Dazu wurde das Vermögen der beiden Bahnen neu bewertet und in das sogenannte Bundeseisenbahnvermögen überführt. Anschließend wurde

[1] Festgelegt in Art. 8 der Richtlinie 91/440/EWG des Rates vom 29.7.1991 (Abl. EG L237 S. 25). Siehe Freise (1994), S. 467f.

[2] Werner (1998), S. 3.

die Deutsche Bahn Aktiengesellschaft (DB AG) gegründet, die frei von jeder Gemeinwohlverantwortung ist und den europäischen Vorgaben entsprechend nach den Grundsätzen einer Handelsgesellschaft geführt wird.[1]

Grundsätze der Privatisierung von Bundesbahn und Reichsbahn

Bundesbahn und Reichsbahn...

- *...verlieren ihren Behördenstatus.*
- *...arbeiten künftig erwerbswirtschaftlich.*
- *...werden entschuldet.*
- *...erhalten keine Verlustdeckung mehr durch den Eigentümer.*

Bereits im Einigungsvertrag ist verankert, unter welchen Voraussetzungen die Umwandlung der Reichsbahn stattfinden sollte.[2] Der etwas umständlich erscheinende Weg von der Staats- zur Privatbahn ist unter anderem vor dem Hintergrund des Beamtenstatus' der Bundesbahn-Mitarbeiter zu sehen. Formal leiht die DB AG die Beamten nun aus.

Um unter anderem der vorgeschriebenen Trennung von Fahrweg und Verkehrsangebot sowie den Regionalisierungsforderungen der Bundesländer gerecht zu werden, wurde die neue DB AG in mehrere Geschäftsbereiche unterteilt. Derzeit bestehen sieben Geschäftsbereiche (GB), die im nächsten Schritt der Reform in selbständige Aktiengesellschaften umgewandelt werden sollen: GB Personenbahnhöfe, GB Fernverkehr, GB Nahverkehr, GB DB Cargo, GB Netz, GB Bahnbau und GB Umschlagbahnhöfe.[3] Die Infrastruktur ist damit vom Verkehrsbetrieb ebenso getrennt, wie der Personenfern- vom Personennahverkehr; den gesetzlichen Vorgaben wurde damit entsprochen.[4] Alle anderen Separierungen sollen hauptsächlich der Effizienzsteigerung dienen.

Nach wie vor besteht eine Gemeinwohlverpflichtung des Bundes in den Bereichen Infrastruktur, Schienengüterverkehr und Schienenpersonenfernverkehr. Dieser Gegensatz zur Privatisierung kommt, wie auch die Bestimmung zur Führung der Bundeseisenbahnen als privatrechtliches Wirtschaftsunternehmen, im Grundgesetz zum Ausdruck.[5] Dort ist des weiteren festgeschrieben, daß die Aktienmehrheit der für den Fahrweg zuständigen Gesellschaft beim Bund verbleiben muß.[6]

[1] Festgelegt im DBGrG vom 27.12.1993 (Art. 2 des ENeuOG, BGBl. I S. 2394). Siehe Freise (1994), S. 103ff.

[2] Vertrag zwischen der Bundesrepublik Deutschland und der Deutschen Demokratischen Republik über die Herstellung der Einheit Deutschlands vom 31.8.1990 (BGBl. II S. 889). Siehe Freise (1994), S. 35ff.

[3] Bis zum 31. Dezember 1997 gab es zusätzlich die Geschäftsbereiche Traktion und Stückgutverkehr und bis zum 31. Januar 1998 den Geschäftsbereich Werke. Alle drei sind anschließend anderen Geschäftbereichen zugeschlagen worden. Siehe Deutsche Bahn (1998), S. 20f.

[4] Vorgeschrieben ist die Trennung im DBGrG, § 25, vom 27.12.1993 (Art. 2 des ENeuOG, BGBl. I S. 2394). Siehe Freise (1994), S. 124.

[5] GG, Art. 87e, i.d.F. vom 3.11.1995 (BGBl. S. 1). Siehe Sartorius I (1996).

[6] Die Einzelheiten der Führung der DB AG sind im DBGrG vom 27.12.1993 niedergelegt (Art. 2 des ENeuOG, BGBl. I S. 2394). Siehe Freise (1994), S. 103ff.

Im Schienenverkehr muß der Betreiber an den Eigentümer der Bahnstrecken eine Benutzungsgebühr entrichten. Dieses Fahrwegbenutzungsentgelt, meist Trassenpreis genannt, spiegelt sich als Kostenfaktor der Betreiber in den Angebotspreisen an die Aufgabenträger wider. Obwohl der Bund durch seine Gemeinwohlverantwortung Verkehrswege erhalten muß, werden die Erhaltungskosten über den Trassenpreis dennoch an die Aufgabenträger weitergegeben.

Um Privatisierung und Regionalisierung gesetzlich abzusichern, war neben einer weiteren Grundgesetzänderung[1] ein sogenanntes Eisenbahnneuordnungsgesetz (ENeuOG) erforderlich.[2] Regelungsbedarf ergab sich vor allem durch die zu ändernden Zuständigkeiten und die damit konform festzulegenden Mittelumschichtungen.

Weil die zentral gesteuerte Bundesbahn beziehungsweise Reichsbahn nicht so gut auf die Verkehrsbedürfnisse vor Ort reagieren konnte, wollten die Bundesländer mehr Einfluß auf die Gestaltung des ÖPNV gewinnen. Diese Forderung ist vom Bund nicht zuletzt deshalb erfüllt worden, weil für die aufgrund der EG-Vorgaben angestrebten Gesetzesänderungen die Zustimmung des Bundesrates erforderlich war.

Seit 1996 liegt der öffentliche Personennahverkehr komplett im Zuständigkeitsbereich der Länder. Diese sind ermächtigt worden, Aufgabenträger für den ÖPNV zu benennen, die für die Sicherstellung der im öffentlichen Interesse anzustrebenden Bedienung verantwortlich sind.[3] Im Gegenzug erhalten die Länder Bundesmittel in Höhe von jährlich umgerechnet sechs Milliarden Euro, die nach einem festgelegten Schlüssel verteilt werden.[4]

Für den Schienen-ÖPNV haben sich die Bundesländer in den meisten Fällen zunächst selbst für zuständig erklärt; in Nordrhein-Westfalen, Rheinland-Pfalz und Hessen sind dagegen die Kommunen beziehungsweise Zweckverbände zu Aufgabenträgern erklärt worden. Für die Gestaltung des Straßen-ÖPNV wurden generell die Kommunen zuständig. Entsprechend der Delegierung der Aufgaben werden auch die Mittel weitergeleitet.[5]

Die Bundesländer haben mit Ausnahme Hamburgs eigene ÖPNV-Gesetze geschaffen, in denen die Belange des öffentlichen Personennahverkehrs geregelt sind. In SPNV-Plänen, die von den Ländern aufzustellen sind, wird das Verkehrsangebot und dessen Finanzierung dargestellt. Analog haben die Kommunen für ihre Gebiete in der Regel einen daran angepaßten Nahverkehrsplan zu erstellen, der eine den öffentlichen Verkehrsbedürfnissen entsprechende Straßen-ÖPNV-Bedienung offen-

[1] Insbesondere Art. 106a und Art. 143a GG i.d.F. vom 3.11.1995 (BGBl. S. 1). Siehe Sartorius I (1996).

[2] Das ENeuOG ist ein Artikelgesetz, das weitere Gesetze wie zum Beispiel das bereits erwähnte Deutsche-Bahn-Gründungsgesetz enthält.

[3] Die im Grundgesetz festgeschriebene Möglichkeit der Regionalisierung (GG, Art. 87e, i.d.F. vom 3.11.1995 (BGBl. S.1)) konkretisiert das Regionalisierungsgesetz (RegG, § 1, vom 27.12.1993 (Art. 4 des ENeuOG, BGBl. I S. 2395)). Siehe Sartorius I (1996) und Freise (1994), S. 75ff.

[4] Laut Regionalisierungsgesetz (RegG) vom 27.12.1993 (Art. 4 des ENeuOG, BGBl. I S. 2395). Der Betrag kann unter bestimmten Voraussetzungen im Zeitverlauf geändert werden. Siehe Freise (1994), S. 75ff.

[5] Die entsprechenden Regelungen sind in den ÖPNV-Gesetzen der Länder niedergelegt. Siehe Verband Deutscher Verkehrsunternehmen (1996a), S. 93ff. Eine Übersicht findet sich bei Herrmann et al (1997), S. 16.

legt.[1] Zum Inhalt sind in den meisten ÖPNV-Gesetzen Vorgaben enthalten. Auf diese Weise möchten die Länder unter anderem sicherstellen, daß der kommunale und der regionale Nahverkehr aufeinander abgestimmt werden.

Grundsätzlich gilt für gemeinwirtschaftliche Leistungen das Bestellerprinzip. Das heißt, um ein Verkehrsangebot zu erhalten, muß der Aufgabenträger dies bei einem Verkehrsunternehmen - nach Durchführung eines Vergabeverfahrens - zu einem Marktpreis bestellen. Um diese Aufträge kann sich jedes Unternehmen bewerben und mit dem Besteller entsprechende Verträge abschließen. Die Aufgabenträger sind befugt, in diesen Verträgen Fahrpläne, Tarife, Fahrzeugausstattungen und andere für die Qualität des Angebots wichtige Merkmale festzulegen. Ohne Bestellung wird kein Nahverkehr ausgeführt; es sei denn, es gibt Interessenten, die eigenwirtschaftlich fahren möchten.

Für eigenwirtschaftlichen Verkehr erteilt die Genehmigungsbehörde im Straßen-ÖPNV Konzessionen, sofern diese von einem Unternehmen beantragt werden.[2] Es ist allerdings möglich, in den Nahverkehrsplänen weitreichende Rahmenvorgaben für diese Verkehre festzulegen. Sofern eine Genehmigung erteilt wird, kann der Verkehr auf Rechnung des Antragstellers und ohne Zuschüsse durchgeführt werden. Da im Straßen-ÖPNV ausschließliche Rechte bestehen, wurde die Möglichkeit festgeschrieben, Leistungen aufzuerlegen. In diesem Fall werden Unternehmen von der öffentlichen Hand verpflichtet, Verkehrsleistungen zu erbringen, die sie unter betriebswirtschaftlichen Gesichtspunkten freiwillig nicht erbringen würden. Nachteile, die den Unternehmen dadurch entstehen, werden durch Ausgleichszahlungen kompensiert.

Generell besteht eine Pflicht sowohl zur vertikalen als auch zur horizontalen Zusammenarbeit. Letztere kann durch die Einführung von Nahverkehrsräumen, zu denen sich mehrere Kreise beziehungsweise kreisfreie Städte zusammenschließen, institutionalisiert werden. In diesem Fall ist es in einigen Ländern möglich, einen gemeinsamen Nahverkehrsplan für den gesamten Nahverkehrsraum aufzustellen.

[1] Siehe Barth/Baumeister (1997), S. 18.

[2] Der nach PBefG eigenwirtschaftliche Verkehr wird von Werner (1996), S. 66ff., als in der Regel quasigemeinwirtschaftlich und damit als Verstoß gegen das EG-Recht gesehen. Siehe auch Kapitel 6.4.

6.3 Folgen und Bewertung der Bahnreform

Jeder Plan, und sei er noch so durchdacht, birgt die Gefahr in sich, bei seiner Umsetzung das Gegenteil der angestrebten Effekte zu bewirken. Daß bei einem so weitreichenden Vorhaben wie der Umstrukturierung des öffentlichen Verkehrs auch unbeabsichtigte Folgen auftreten, braucht daher nicht zu verwundern. Soweit es sich um Nebenwirkungen handelt, wie sie bei harten Medikamenten üblich sind, ist das nur allzu verständlich. Der immense Zeitdruck, hervorgerufen durch die Wiedervereinigung, unter dem die Reform in Deutschland auf den Weg gebracht wurde, führte allerdings an manchen Stellen nur zu zweitrangigen Lösungen, so daß einige der im folgenden kritisierten Effekte nicht als Neben- sondern als Hauptwirkung zu verstehen sind.[1] Aber auch auf europäischer Ebene sind Inkonsequenzen festzustellen, die zu unerwünschten Ergebnissen führen. Fortlaufende Überarbeitungen der geltenden Verordnungen sowie neue Richtlinien belegen dies und bringen zugleich den Willen zum Ausdruck, das unter den gegebenen politischen Umständen mögliche Optimum zu erreichen.[2]

Bei einer Bewertung der Reform ist zu berücksichtigen, daß die neuen Regelungen nicht immer eindeutig sind und von den Betroffenen erst einmal verstanden werden müssen. In der Notwendigkeit von staatlich gesetzten Rahmenbedingungen, innerhalb derer sich ein Markt entfalten soll, verbirgt sich nämlich insofern ein Widerspruch, als die dadurch zum Ausdruck kommende Rücknahme von Regulierungen nicht ohne eine Fülle neuer Bestimmungen auskommt. Im Gegensatz zur regulierten Staatsbahn-Variante existieren heute mehr Gesetze und Verordnungen. Wenn Deregulierung als Verringerung von gesetzlichen Regelungen verstanden wird, hat eindeutig das Gegenteil stattgefunden.

Verkehrsangebot

Die Effekte der Liberalisierung sind aus mehreren Perspektiven interessant. Als erstes soll die Sicht der Kunden eingenommen werden; denn wenn die Reform nicht mehr Fahrgäste in die Bahn bringt als vorher, ist das Hauptziel - die Verkehrsverlagerung - verfehlt.

Zunächst ist festzustellen, daß im Gegensatz zur Situation vor der Deregulierung heute Auswahlmöglichkeiten bestehen, da sich langsam Märkte entwickeln, auf denen verschiedene Verkehrsanbieter ihre Leistungen verkaufen. Allerdings kann der einzelne Fahrgast, der eine bestimmte Strecke mit öffentlichen Verkehrsmitteln zurücklegen möchte, nach wie vor nicht zwischen mehreren Verkehrsunternehmen wählen. Diese Möglichkeit besteht nur für die Aufgabenträger; sie können prinzipiell zwischen verschiedenen Anbietern wählen.

---

[1] Bennemann (1994), S. 124, weist darauf hin, daß die Bahnreform 1993 nach dem Motto „lieber eine halbe als gar keine" verabschiedet wurde.

[2] Siehe zum Beispiel Commission Européenne (1996), Europäische Kommission (1996) und Europäische Kommission (1998).

Anders stellt sich die Situation in den Bereichen der Telekommunikation und der Energieversorgung dar, die ebenfalls einer Liberalisierung unterworfen werden. Direkte Auswahl hat der einzelne Verbraucher nur als Telefonkunde; zu einem anderen Energieversorgungsunternehmen zu wechseln, ist erst für ganze Wohnkomplexe oder Firmen interessant.

Daß der ÖPNV-Fahrgast nicht wie beim Luftverkehr zwischen mehreren Gesellschaften oder wie beim Autokauf zwischen mehreren Marken wählen kann, sondern überhaupt nicht, hat seinen guten Grund. Der Nahverkehr soll im Sinne der Gemeinwohlverpflichtung ähnlich wie die Strom- und Telefonversorgung eine möglichst ständige Nutzbarkeit gewährleisten. Die gleichzeitige Nutzung des Netzes durch mehrere Anbieter ist jedoch nicht möglich.

Als beste Lösung präsentiert sich daher ein vom Aufgabenträger geplantes Angebot, das von unterschiedlichen Verkehrsunternehmen erbracht werden kann. Wählt der Aufgabenträger das günstigste aus, können sowohl Qualität als auch Effizienz erheblich steigen.

Wie hat sich das Angebot nun tatsächlich seit 1994 entwickelt? Mit Sicherheit nicht einheitlich, denn jedes Bundesland strickt seine eigenen Konzepte. Hat es zum Beispiel in Rheinland-Pfalz gleich eine ganze Reihe von Streckenreaktivierungen gegeben, wurden in Mecklenburg-Vorpommern zahlreiche Linien komplett abbestellt.[1]

Bundesweit ist ein spürbar gewachsenes Nahverkehrsangebot auf der Schiene zu verzeichnen. Gegenüber dem Fahrplan 1993/94 wurden 1997/98 10,5 Prozent und 1998/99 bereits 13,5 Prozent mehr Zugkilometer angeboten.[2] Ein Vergleich zeigt allerdings, daß einige Bundesländer den Status quo festschreiben, während andere ihr Angebot sehr deutlich ausweiten. Mit einem Plus von über 34 Prozent steht Rheinland-Pfalz mit Abstand an der Spitze; in Sachsen und Niedersachen sowie den Stadtstaaten Bremen und Hamburg änderte sich der Angebotsumfang dagegen nicht.[3]

Erfreulicherweise schlagen sich die Angebotserweiterungen in der Nachfrage nieder: Zwischen 1991 und 1996 stieg die Nutzung des Schienenpersonennahverkehrs um 22,3 Prozent, das heißt es wurden 5,2 Milliarden Personenkilometer mehr zurückgelegt.[4] Zu berücksichtigen sind allerdings die Auswirkungen des Schönen-Wochenende-Tickets und der Substitutionen einiger Fernverkehrs- durch Nahverkehrsangebote, so daß sich die Bewertung relativiert.

Im gesamten Eisenbahnverkehr war im selben Zeitraum ein Anstieg der Nachfrage um 14,6 Prozent zu verzeichnen - gegenüber dem motorisierten Individualverkehr,

---

[1] Die Reaktivierungen sowie weitere Reaktivierungsvorhaben in Rheinland-Pfalz sind bei Ministerium für Wirtschaft, Verkehr, Landwirtschaft und Weinbau (o.J.), S. 30, beschrieben. Das Ausmaß der Stillegungen in Mecklenburg-Vorpommern wird bei einem Vergleich zwischen den Kursbüchern 1995/96 und 1998/99 deutlich. Siehe Deutsche Bahn (1995) und Deutsche Bahn (1998b).

[2] Siehe Verkehrsclub Deutschland (1997b) und Heckmann (1998).

[3] 1997/98 zu 1993/94. Siehe Verkehrsclub Deutschland (1997b).

[4] Von 1991 bis 1993 lag der durchschnittliche jährliche Zuwachs bei 3,7 Prozent, von 1993 bis 1996 bei 4,7 Prozent. Grundlage der Angaben ist die Statistik bei Bundesverkehrsministerium (1997), S. 217. Aufgrund 1994 geänderter Erhebungsmethoden mußte zur Herstellung der Vergleichbarkeit ein Korrekturfaktor eingefügt werden.

dessen Mehrleistung bei 4,5 Prozent lag, eine positiv zu wertende Entwicklung. Vom Ziel der Umweltentlastung sind diese Zahlen allerdings noch weit entfernt, denn statt des angestrebten Rückgangs wuchs die Verkehrsleistung des MIV um 32,1 Milliarden Personenkilometer. Dagegen nimmt sich der Anstieg der Eisenbahn-Verkehrsleistung mit 8,3 Milliarden Personenkilometern recht bescheiden aus.[1]

Entwicklung der Verkehrsleistung seit der Wiedervereinigung

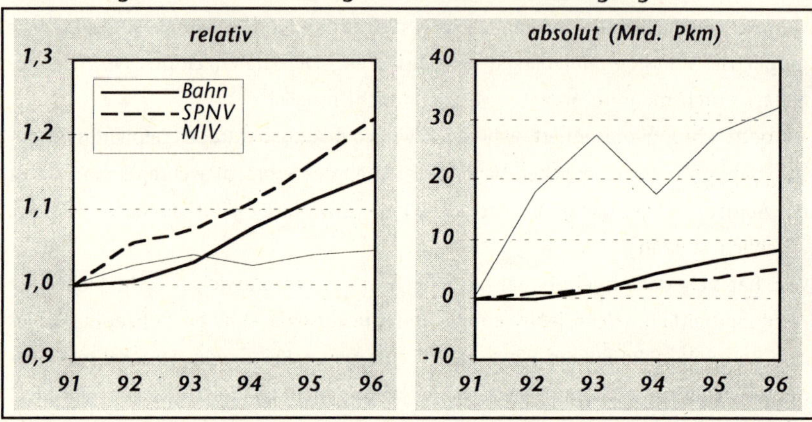

Basis: 1991. Links relative Darstellung (1991=1), rechts absolute Veränderungen in Mrd. Pkm. Fette Linie: Eisenbahn-Personenverkehr; fett gestrichelt: Schienenpersonennahverkehr; dünn: Motorisierter Individualverkehr.

Unterschiedliche Entwicklungen in den Bundesländern waren aufgrund der Regionalisierung abzusehen. Wie gegenläufig die Verkehrspolitik in benachbarten Ländern ausfallen kann, zeigt ein Vergleich Sachsens und Sachsen-Anhalts. Streckenstillegungen im Umfang von 157 Kilometern auf sächsischem Gebiet stehen Angebotsausweitungen in Sachsen-Anhalt gegenüber.[2]

Das Nachsehen haben häufig die Bewohner grenznaher Gegenden, wenn sich die Bundesländer nicht über ein Nahverkehrsangebot einigen. Mehrere sächsische Abbestellungspläne betreffen grenzüberschreitende Verkehre, obwohl die Nachbarländer an einem Weiterbetrieb interessiert sind. Als besonders kurioses Regionalisierungsopfer zeichnet sich eine Strecke aus, die gleich durch drei Bundesländer verläuft. Die 36 Kilometer lange Hellertal-Bahn berührt hessisches, nordrhein-westfälisches und rheinland-pfälzisches Gebiet. Von 43 Zügen, die montags bis freitags auf dieser Strecke verkehren, bedienen 32 den rheinland-pfälzischen Teil komplett. Kurz vor und noch vehementer drei Kilometer hinter der Landesgrenze zu Nordrhein-Westfalen bricht dann das Angebot ein. Dort kommen nur noch zehn Züge an. Bewegt man sich weiter in Richtung Hessen, steigt das Angebot wieder etwas. Aber auch im Hessischen wird mit 16 Zügen nur die Hälfte des rheinland-pfälzischen Angebots erreicht. Anders ausgedrückt: Nur ein Fünftel der Züge über-

[1] Als Datengrundlage für die Berechnungen dienen die Angaben bei Bundesverkehrsministerium (1997), S. 217.

[2] Die Verkehrspolitik beider Länder ist im Bahn-Report 6/97 gegenübergestellt. Siehe Krauß (1997) und Belz (1997).

quert beide Landesgrenzen.[1] Der Kundennutzen der Bahnreform verschließt sich dem Betrachter an dieser Stelle.

Nicht viel besser gehen die Anpassungen an anderen Grenzen vonstatten. So vorteilhaft Verkehrsverbünde im Grundsatz sind, so problematisch ist oft eine Fahrt von einem Verbund in den nächsten, wenn die Fahrpläne und Tarife nicht aufeinander abgestimmt sind. Zwischen den Zügen des Fern- und des Nahverkehrs brauchbare Anschlüsse herzustellen, ist seit der organisatorischen Trennung ebenfalls nicht einfacher geworden. Dennoch ist die Integration zur Verwirklichung des integralen Taktfahrplans notwendig. Auch Bahn- und Busverbindungen sind trotz der Umstrukturierungen noch immer nur in Ausnahmefällen kompatibel.

An den durch die Reformen erzeugten Brüchen, die durch unterschiedliche Zuständigkeiten hervorgerufen werden, fehlt es an Kooperationswillen und Koordinierungsmacht. Bei der Vermarktung und der Informierung der Kunden hapert es ebenfalls. Wer in einer entfernteren Region den ÖPNV nutzen möchte, kann in der Regel an seinem Heimatort keine erschöpfende Antwort über das dortige Angebot erhalten, geschweige denn einen Fahrschein erwerben.

Angebotserstellung

Wurde mit der Kundenperspektive ein Blick auf den Nutzen gerichtet, ist als zweites die Erstellung des Angebots unter Effizienzgesichtspunkten interessant. Konnten die spezifischen Kosten wie beabsichtigt reduziert werden?

Gesenkt werden sollen die Kosten durch Wettbewerb - so der Grundgedanke der europäischen Wirtschaftsgemeinschaft. Diese Überlegung war auch auf Bundesebene Ausgangspunkt für die Liberalisierung des öffentlichen Verkehrs. In den Ländern und Kommunen ist diese Strategie nicht immer angekommen. Viele Kommunen möchten am liebsten gar nichts ändern und sich mit Alibi-Angeboten begnügen. Die Länder haben die Reformen zwar begrüßt, aber ihre Zugleistungen weiterhin vollständig oder annähernd vollständig bei der DB bestellt.

Von insgesamt 564 Millionen Nahverkehrs-Zugkilometern sind bisher nur 20 Millionen ausgeschrieben oder freihändig an nichtbundeseigene Bahnen vergeben worden.[2] Zwar konnten die NE-Bahnen ihre Leistungen seit 1994 mehr als verdoppeln, doch auch die DB konnte um zehn Prozent zulegen. Mit 48 Millionen Zugkilometern übersteigt der Zuwachs der Deutschen Bahn die zusätzlichen Leistungen der nichtbundeseigenen Eisenbahnen von 19 Millionen erheblich.[3]

Da Wettbewerb im öffentlichen Verkehr früher als Fremdwort galt, überrascht es nicht, wenn sich der Markt nur zögernd entwickelt. Nach wie vor muß die Stellung der DB als monopolartig bezeichnet werden, denn sie erbringt 96 Prozent der

[1] Angaben auf Basis des Fahrplans 1995/96. Siehe Deutsche Bahn (1995), S. 1419, und Wuppertal Institut (1996), S. 53f. Mittlerweile sind die meisten der kurzen Verbindungen nicht etwa verlängert, sondern gestrichen worden. Siehe Deutsche Bahn (1998b).

[2] Acht laufende Ausschreibungsverfahren, bei denen noch kein Anbieter ausgewählt wurde, nicht mitgerechnet.

[3] Die Datengrundlage für die Angaben zu den Zugleistungen bildet Heckmann (1998), S. 13. Leistungen von Bietergemeinschaften, an denen die DB beteiligt ist, sind in den DB-Werten enthalten.

Zugkilometer im Nahverkehr. An NE-Bahnen wurden insgesamt nur 24 Strecken beziehungsweise Kleinnetze vergeben.[1]

Zugleistungen im Nahverkehr

	1993/94	*1998/99*	*Veränderung*
Deutsche Bahn	*482 Mio. Zugkm*	*530 Mio. Zugkm*	*+48 Mio. Zugkm*
NE-Bahnen	*15 Mio. Zugkm*	*34 Mio. Zugkm*	*+19 Mio. Zugkm*

Der entstehende Markt spielt sich zwischen den Ländern als Aufgabenträgern und den Verkehrsunternehmen ab, so daß der Bund seit der Regionalisierung außen vor bleibt. Interessanterweise findet sich die Bundesrepublik Deutschland als einziger Gesellschafter der Deutschen Bahn AG aber auf der Unternehmerseite wieder. Da die Länder hauptsächlich eine bundeseigene Gesellschaft beauftragen, zirkuliert das Geld damit quasi innerhalb der öffentlichen Hände. Von Deregulierung kann deshalb nur begrenzt gesprochen werden. Auch wenn in Zukunft kleinere Anbieter verstärkt Leistungen übernehmen werden, ist der administrative Einfluß nach wie vor größer als erforderlich.

Als zentrale Schwäche der Bahnreform erweist sich das Fehlen einer unabhängigen Fahrweg-Gesellschaft. Obwohl von der EG-Richtlinie ausdrücklich erlaubt, ist es ungünstig, Hauptverkehrsanbieter und Netzeigentümer nicht vollständig zu trennen.[2] Denn beide Bereiche unter dem Dach der DB AG zusammenzufassen, schließt Quersubventionen nicht aus und provoziert Diskriminierungsversuche geradezu.

Rationalisierungen im Geschäftsbereich Netz haben zwar zum Abbau von Kosten beigetragen, doch eine für die Flächenbahn zweckmäßige Ausstattung der Strecken ist damit noch nicht erreicht.[3] Ein Problem besteht, weil niedrigere Trassenpreise nicht unbedingt im Interesse des Eigentümers liegen. Denn ein gewinnorientierter Netzbetrieb ist nicht automatisch identisch mit einem hoch ausgelasteten Netz. Die Trassenpreisbildung entspricht schon wegen ihrer unzureichenden Orientierung an Grenzkosten nicht unbedingt dem Ziel einer hohen Zugfrequenz. Zudem ist es nicht einfach, auf Strecken mit Fern- und Nahverkehr eine allen Seiten angemessene Kalkulation zu finden.

Die Sicherung der Infrastruktur fällt unter die Gemeinwohlverpflichtung des Bundes. Inkonsequent erscheint, daß diese Verpflichtung nur für Strecken der Bundeseisenbahnen und nicht der NE-Bahnen gilt.[4] Gravierender ist jedoch der fehlende Einfluß der Aufgabenträger und der Verkehrsunternehmen auf die Netzgestaltung,

[1] Siehe Bus & Bahn 10/97, S. 10f., Bus & Bahn 1/98, S. 15-17, und Heckmann (1998).

[2] Richtlinie 91/440/EWG, Art. 6, des Rates vom 29.7.1991 (Abl. EG L 237 S. 25). Siehe Freise (1994), S. 466f. Infolgedessen auch DBGrG, § 25, vom 27.12.1993 (Art. 2 des ENeuOG, BGBl. I S. 2394). Siehe Freise (1994), S. 103ff.

[3] 1996 wurden 14 Prozent des Personals im GB Netz abgebaut und 1997 weitere zehn Prozent. Siehe Deutsche Bahn (1997), S. 38, und Deutsche Bahn (1998a), S. 46, sowie Kapitel 5.2 und 4.4.

[4] Nach GG, Art. 87e, i.d.F. vom 3.11.1995 (BGBl. S. 1) und VO(EWG)1893/91 i.d.F. vom 20.7.1991 (Abl. EG L169 S. 1). Siehe Sartorius I (1996) und Freise (1994), S. 499ff.

denn der Netzeigentümer ist nicht ohne weiteres verpflichtet, bestimmte Ausbauparameter zu erfüllen, wenn Betreiber oder Besteller dies als sinnvoll erachten.

Eine enge Auslegung des Gesetzestextes verpflichtet den Betreiber lediglich dazu, über den Trassenpreis die laufenden Kosten für Personal, Strom und Wartung zu zahlen, nicht aber die Investitionen.[1] Tatsächlich sind die Abschreibungen für Investitionen jedoch in den Trassenpreisen enthalten, oder es werden keine Investitionen getätigt.[2] Auf dem Gebiet der Wegeinfrastruktur besteht infolgedessen akuter Handlungsbedarf.

Die beschriebenen Effekte zeigen etliche Mängel der Deregulierung, die aber in einer Umbruchphase unausbleiblich sind. Trotz dieser Mängel ist gleichwohl Schwung in den ÖPNV gekommen, der generell eine optimistische Sicht in die Zukunft angemessen erscheinen läßt. Wenn die Effizienz steigt und an vielen Orten neue und bessere Angebote eingerichtet werden, ist das ein positives Zeichen. Wären Detailentscheidungen weiterhin staatlich reguliert, hätte sich die Lähmung neuer Entwicklungen nicht überwinden lassen.[3]

Wie bei großen Reformen nicht unüblich, zeigt sich trotz aller positiven Veränderungen ein gewisser Nachbesserungsbedarf. Die Hauptprobleme liegen in den Bestimmungen zur Infrastruktur. Gravierende strukturelle Mängel der Reform sind an dieser Stelle unverkennbar, so daß dort am ehesten Gefahr besteht, die Ziele der Liberalisierung zu unterlaufen.

Der Kern der negativen Kritik an der Umgestaltung der Rahmenbedingungen trifft neben den Infrastruktur-Regelungen die monopolartige Stellung der Deutschen Bahn, die den Wettbewerb erschwert. Außerdem unterblieb die überfällige Modernisierung der Sicherheits- und Betriebsbestimmungen in der EBO und der BOStrab. Um eine deutliche Qualitätssteigerung im Angebot zu erreichen, sind insbesondere an diesen Punkten Änderungen erforderlich.

Im folgenden wird ein Organisationsmodell entwickelt, das diese Kritik aufnimmt und konkrete Alternativen benennt. Festzuhalten bleibt: Die Bahnreform hat wichtige Voraussetzungen für einen besseren Nahverkehr geschaffen, aber nicht den besseren Nahverkehr selbst.

---

[1] Siehe Werner (1996), S. 18ff.

[2] In diesem Zusammenhang sei auf das Beispiel der Region Saale-Unstrut in Kapitel 5.3 verwiesen.

[3] Diese Feststellung trifft auch Meyer (1994), S. 43, in seiner Beschreibung des staatlichen Souveränitätsverlusts.

6.4 Organisations- und Finanzierungsmodell

Seit mehr als einem halben Jahrhundert war der Eisenbahn-Nahverkehr von Berlin beziehungsweise von Bonn aus dirigiert worden. Mit Beginn der Regionalisierung können sich Bundesländer und Verkehrsunternehmen über ihre neugewonnenen Freiheiten freuen. Die geänderten Rahmenbedingungen haben große Chancen für einen verbesserten Bahnverkehr eröffnet - aber ist die Reform auch flächenbahnkompatibel?

Voraussetzung für die Verwirklichung der Flächenbahn ist ein zielgerichteter Organisationsaufbau, wie im vierten Leitbild zur Effizienzsteigerung beschrieben.[1] Da das fünfte Leitbild eine umfassende Marktnutzung benennt, deutet sich eine weitgehende Übereinstimmung zwischen den Zielen der Deregulierung und dem Vorhaben Flächenbahn an. Ein kundenfreundlich erweitertes Bahnangebot soll zu möglichst geringen Kosten erstellt werden. Diese scheinbaren Gegensätze können über einen gesteuerten Wettbewerb unter einen Hut gebracht werden.[2]

Wettbewerbsstrategie

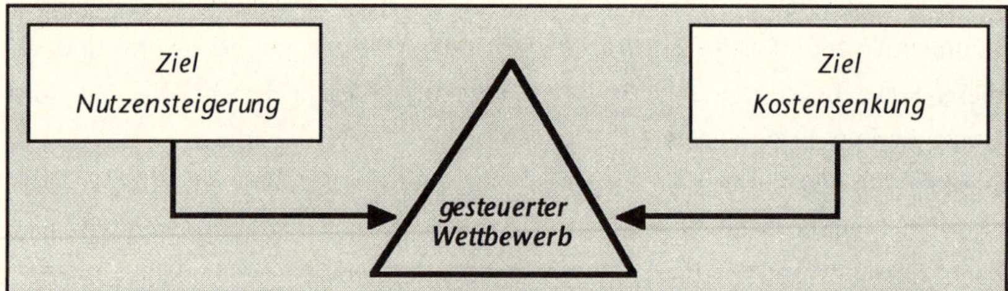

Das alternative Organisationsmodell, das hier konstruiert wird, steht im Einklang mit den Vorschriften der Europäischen Union. Mit der Strategie des Wettbewerbs, der über einen zielgerichteten Organisationsaufbau gesteuert wird, kann die Flächenbahn realisiert werden, ohne geltendes Recht zu verletzen. Die aufgezeigten Mängel der Deregulierung und Forderungen nach einer zweiten Bahnreform werden jedoch zum Anlaß genommen, eine Struktur zu entwickeln, die optimale Voraussetzungen für die Flächenbahn bietet und an einigen Stellen gesetzliche Anpassungen erfordert.[3] Aufgezeigt werden soll, welche organisatorisch-rechtlichen Änderungen einer umweltentlastenden Verkehrspolitik im allgemeinen und der Flächenbahn im besonderen dienlich sind. Es bietet sich deshalb an, zunächst die Anforderungen an einen optimierten Organisationsaufbau zu sammeln.

Generell sollen alle übrigen Leitbilder möglichst einfach umzusetzen sein. Daneben ist die Koordinierung von Fern- und Nahverkehr sowie von Bahn- und Busverkehr wichtig, da ansonsten der integrale Taktfahrplan nicht verwirklicht werden

[1] Siehe Kapitel 2.3.

[2] Eine Politik der Marktnutzung wird von Windhoff-Héritier (1987), S. 101, als „kompetitiv-regulativ" bezeichnet.

[3] Eine „zweite Bahnreform" fordert zum Beispiel Werner in seinem Werk mit eben diesem Titel und die Klima-Enquete-Kommission des Bundestages. Siehe Werner (1996) und Enquete-Kommission „Schutz der Erdatmosphäre" (1994).

kann. Neben der Fahrplanabstimmung sind kundenfreundliche Tarife ein nicht zu unterschätzendes Zugangskriterium. Weiterer Abstimmungsbedarf besteht zwischen den einzelnen Regionen. Nur so kann das unentbehrliche Gesamtangebot auf den Weg gebracht werden.[1]

Zwei weitere Ziele, die meist einen geübten Spagat erfordern, sind für die Auswahl geeigneter Institutionen von Bedeutung: auf der einen Seite eine gewisse Einheitlichkeit im Erscheinungsbild der Flächenbahn - sie fördert eine regionsübergreifende Verständlichkeit - sowie auf der anderen Seite individuelle Merkmale zur besseren Identifikation der regionalen Bevölkerung mit ihrem ÖPNV. Standardisierung bei gleichzeitiger Aufnahme variierender Elemente ist ein durchgängiger Anspruch auch an die Gestaltung der Kundeninformation und erfordert eine professionelle Vermarktung.

Des weiteren muß das Organisations- und Finanzierungsmodell so angelegt sein, daß es die geschilderte Fahrweg-Problematik beseitigt; denn die bestehende Streckentechnik paßt mit der Flächenbahn nur selten in befriedigender Weise zusammen. Heutige Standards verhindern den Einsatz von Flächenbahn-Zügen zwar nicht technisch aber aufgrund der viel zu hohen Kosten. Das Modell muß daher betriebswirtschaftliche Verträglichkeit gewährleisten, ohne die keine Flächenbahn jemals auf's Gleis kommen wird.[2] Dazu empfiehlt sich unter anderem, die Bau- und Betriebsordnungen an die gesetzten Ziele anzupassen. In diesem Fall sollte auch über eine Vereinigung von EBO und BOStrab zu einer einzigen Vorschrift nachgedacht werden.[3]

Zur Zeit der deutschen Teilung stellte sich der äußere Organisationsaufbau des Eisenbahnverkehrs denkbar einfach dar. Der Staat war mit seiner Behörde Bundesbahn beziehungsweise Reichsbahn sowohl für die Planung als auch für die Bereitstellung des Zugangebots zuständig. Eine Aufteilung in weitere Organisationseinheiten fand ausschließlich innerhalb der Bahnen statt. Dem Angebot standen die Fahrgäste als Nutzer gegenüber; finanziert wurde der Betrieb einerseits über den Fahrkartenverkauf und andererseits direkt vom Staat. Diese ebenso zentralistische wie dirigistische Organisationsform ist mit der auf der europäischen Binnenmarktpolitik fußenden Privatisierung und der Regionalisierung der Bundeseisenbahnen abgelöst worden.

Geblieben sind die vier Elemente, die für den Betrieb des öffentlichen Verkehrs generell maßgebend sind: Erstens die Lenkung des Verkehrsangebots, zweitens seine Erstellung, drittens die Nutzung und viertens die Finanzierung. Sie müssen allesamt in hinreichender Weise vorhanden sein, wie dies im übrigen für jede Dienstleistung gilt. Für die Flächenbahn stellt sich nun die Frage der organisatorischen Aufteilung.

---

[1] Das über die Flächenbahn hinausgehende Angebot ist in Kapitel 3 beschrieben.

[2] Siehe auch Kapitel 5.4.

[3] Eine einheitliche Schienenverkehrsbetriebsordnung („SBO") wird von Werner (1996), S. 164, vorgeschlagen. Erstrebenswert ist zudem eine europäische Vereinheitlichung. Dies fordern unter anderem Beulcke/Diekmann (1998).

Vier Elemente des Nahverkehrs

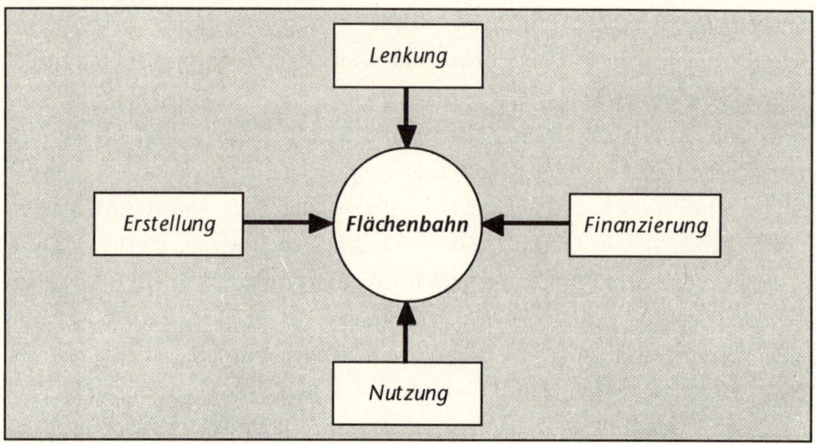

Soll das Modell funktionieren, sind die vier Elemente in geeigneter Weise miteinander zu verbinden. Dazu müssen für jedes Element geeignete Plätze in der Organisationsstruktur geschaffen werden, die den Zielen der Kundenorientierung gerecht werden und zugleich den Wettbewerb nicht nur zulassen, sondern zielgerichtet fördern. Trotz der vielschichtigen Wechselwirkungen, die ein effektives Organisationssystem für die Flächenbahn kennzeichnen, wird der Versuch unternommen, die Elemente weitgehend der Reihe nach zu betrachten. Am Anfang soll die Frage der Finanzierung stehen.

Finanzierung

Am einfachsten wäre es, wenn der jeweiligen Bahn ihre Kosten entweder komplett von den Kunden über den Fahrpreis erstattet würden oder pauschal vom Staat. Beides trägt jedoch nicht ohne weiteres zur volkswirtschaftlichen Effizienz bei.

In Anbetracht des zu verlagernden Autoverkehrs ist der gratis bereitgestellte Nahverkehr eine erwägenswerte Variante. Städte wie Templin und Hasselt, in denen der ÖPNV ohne Fahrkarten benutzt werden darf, zeigen die Funktionsfähigkeit eines solchen Modells in der Praxis.[1] Den Bürgern das Fahren zum Nulltarif in der gesamten Flächenbahn oder sogar im kompletten öffentlichen Verkehr auf Schiene und Straße anzubieten, erfordert allerdings den Zugriff auf Nahverkehrsabgaben oder höhere Steuern.

Die dem ausgewählten Verkehrsunternehmen entstehenden Kosten schlagen sich im Angebotspreis nieder und sind damit vollständig vom Besteller zu zahlen. Werden wie üblich Tickets verkauft, zahlt der Aufgabenträger nur die Differenz. In beiden Fällen übernimmt der Besteller erhebliche Kosten, die weder über Ticketerlöse noch auf anderem Wege ausgeglichen werden.

[1] Siehe Wehrmann (1997), Schneewolf/Stein (1998) und Landesinitiative Bahntechnik 6/1998, S. 18. Zur Tarifstruktur siehe außerdem Kapitel 6.1.

Sollen die Kosten allein über den Fahrkartenverkauf ausgeglichen werden, sind entweder drastische Preiserhöhungen notwendig oder nochmals beträchtlich gesteigerte Fahrgastzahlen. Das eine wie das andere wird nur zu erreichen sein, wenn gleichzeitig der Benzinpreis verdoppelt oder eine Straßenmaut (Road-pricing) eingeführt wird. Beides dürfte politisch nur schwer durchsetzbar sein. Vorzuziehen ist aufgrund der angestrebten Verkehrsverlagerungen sicher der Weg über die steigende Nachfrage. Kommt dieses Modell zum Zuge, ist ein Betriebsergebnis zu erwarten, das dem Beispiel c aus Kapitel 5.4 entspricht.

Wird das Autofahren nicht nennenswert verteuert, kommt, wie im Bilanz-Beispiel a bereits angedeutet, als weitere Möglichkeit die kostenlose Bereitstellung des Fahrwegs in Frage.[1] Obwohl das Bundesschienenwegeausbaugesetz explizit finanzielle Mittel des Bundes für den Bau und Ausbau von Nahverkehrsstrecken vorsieht (im wesentlichen über die Vergabe zinsloser Darlehen)[2], ist eine umfassende Finanzverantwortung nicht festgeschrieben. Schienenwege nichtbundeseigener Eisenbahnen sind ebenso ausgenommen wie die Finanzierung von Instandhaltungsarbeiten.[3] Zudem wird der jeweils festzulegende Bedarf im Gegensatz zu den in der Vergangenheit getätigten Straßenausbauten sehr restriktiv benannt.

Der kostenlosen Bereitstellung des Fahrwegs könnten darüber hinaus der EG-Vertrag, der Beihilfen grundsätzlich verbietet, und die EWG-Verordnung 1107/70 über Beihilfen im Eisenbahn-, Straßen- und Binnenschiffsverkehr entgegenstehen. Die Verordnung erlaubt Infrastruktur-Beihilfen nur zum Ausgleich von Benachteiligungen aufgrund der unterschiedlichen Anlastung von Fahrwegkosten anderer Verkehrsträger.[4]

Als weitere Alternative kann auf private Finanzierungsmodelle zurückgegriffen werden. Im Rahmen von Public-private-partnerships können verbesserte Bahnangebote von Unternehmen mitfinanziert werden. Das bekannteste Praxisbeispiel ist der sogenannte Nokia-Expreß in Bochum. Er verdoppelte das Zugangebot und wurde auf Initiative und mit finanzieller Unterstützung der an einer Bahnstrecke ansässigen Firma eingeführt. Nokia erhielt für sein Engagement nicht nur Werbeflächen auf den Zügen und einen eigenen Haltepunkt, sondern auch ein Mitspracherecht bei der Fahrplangestaltung und ein positives Image in der Region.[5]

Andere Beispiele sind finanzielle Beteiligungen von Firmen am Bau nahegelegener Haltepunkte oder sogar ganzer Streckenabschnitte. Exemplarisch seien das For-

---

[1] Siehe Kapitel 5.4.

[2] BSchwAG, § 8, Abs. 2, und § 10, Abs. 1, i.d.F. vom 15.11.1993 (BGBl. I S. 1874; Änderungen bis 27.12.1993). Siehe Freise (1994), S. 309ff.

[3] BSchwAG, § 8, Abs. 1 und 4, i.d.F. vom 15.11.1993 (BGBl. I S. 1874; Änderungen bis 27.12.1993). Siehe Freise (1994), S. 309ff.

[4] EGV, Art. 77 und 92, vom 25.3.1957 (BGBl. II S. 766) i.d.F. des Maastricht-Vertrags vom 7.2.1992 (BGBl. II S. 1251) und Art. 2 und 3 der VO(EWG)1107/70 des Rates vom 4.6.1970 (ABl. EG L 364 S. 11; Änderungen bis 12.12.1992). Siehe Beck-Texte (1993), S. 79ff., und Freise (1994), S. 542ff. In der neuesten Fassung des EGV vom 2.10.1997 (Vertrag von Amsterdam) sind die genannten Artikel wortgleich enthalten und werden fortan als Art. 73 und 87 bezeichnet. Siehe Läufer (1998), S. 87 und S. 93f.

[5] Der Nokia-Expreß und seine Hintergründe werden unter anderem von Pastowski (1994), Gras (1996) und Burmeister (1997) beschrieben.

schungszentrum Karlsruhe, die Universitätsklinik Freiburg, die Bayer AG in Leverkusen und der Verlag Gruner & Jahr in Hamburg genannt.[1]
Der Nutzen für die Geldgeber geht in diesen Fällen über die Effekte des Sponsorings hinaus, das ebenso eine nutzbare Finanzquelle für den Nahverkehr darstellt. Konkret wird unter anderem angeregt, die Displays an den Flächenbahn-Haltepunkten über Reklame-Einblendungen zu finanzieren.[2]
Bei der Vermietung von Fahrzeug-Werbeflächen wird zu vorsichtigem Agieren geraten, da zum einen die Identifikation der Bevölkerung mit dem Verkehrsmittel beeinträchtigt werden kann und zum anderen die beste Möglichkeit der Eigenwerbung verloren geht (Corporate Identity!). Auf ihren Triebwagen kann die Flächenbahn nämlich hervorragend mit prägnanten Motiven und plakativen Sätzen für sich selbst werben - eine bisher viel zu selten genutzte Chance, sich den Autofahrern und anderen potentiellen Kunden positiv zu präsentieren.[3]

Alternativen zur Herstellung der betriebswirtschaftlichen Verträglichkeit

1. *Kostenübernahme durch die Besteller über Angebotspreise*
2. *Fahrpreiserhöhung bzw. Nachfragesteigerung bei Verteuerung des Autofahrens*
3. *Kostenlose Bereitstellung des Fahrwegs durch den Staat*
4. *Privatwirtschaftliche Finanzierungsmodelle*

Finanzielle Defizite konnten nur die Behördenbahnen hinnehmen; für die Flächenbahn ist hingegen ein positives Betriebsergebnis lebenswichtig. Von den vier geschilderten Alternativen zur Herstellung einer betriebswirtschaftlichen Verträglichkeit kann zwar keine vollständig überzeugen, eine Lösung ist jedoch über Mischformen denkbar.
Mit Ausnahme des ersten Vorschlags zielen alle Überlegungen auf die Eigenwirtschaftlichkeit, die aber im Schienenpersonennahverkehr gesetzlich gar nicht vorgesehen ist. Kann sie dennoch erreicht werden, besteht die Gefahr, daß Verkehrsunternehmen zu unkoordinierten Angeboten in den Spitzenzeiten der Nachfrage verleitet werden und die notwendige Breite des Angebots vernachlässigen. Da es im Gegensatz zum Straßen-ÖPNV keine ausschließlichen Rechte gibt, ist ein abgestimmter Fahrplan mit zuverlässigen Takten und Anschlüssen, der die Flächenbahn charakterisiert, kaum realisierbar. Wie groß das Chaos werden kann, zeigt die Deregulierung der Telekommunikation. Dort ist der Effekt nur deshalb nicht tragisch, weil die Möglichkeit des Telefonierens aus Systemgründen jederzeit erhalten bleibt.[4]

[1] Siehe Burmeister (1997), S. 190.

[2] Siehe Kapitel 4.1.

[3] Zur Eigenwerbung des ÖPNV auf seinen Fahrzeugen rät auch Rennspieß, der Fremdwerbung vollständig ablehnt. Siehe Rennspieß (1997).

[4] Im Gegensatz zum ländlichen Nahverkehr liegt das Problem beim Telefonieren nicht in den Schwachlastzeiten sondern in den Spitzenzeiten.

Es bietet sich daher an, auch im Schienen-ÖPNV Konzessionen einzuführen. Auf diesem Weg können über Wettbewerbsinstrumente ausgewählte Verkehrsanbieter bei Erbringung gemeinwirtschaftlicher Leistungen für den Zeitraum der Vergabe ebenso vor Konkurrenz geschützt werden, wie eigenwirtschaftlich fahrende Unternehmen. Werden ausschließliche Rechte gewährt, ist auch die Möglichkeit der bezahlten Auferlegung von Leistungen durch die Aufgabenträger begründet, die ebenfalls angestrebt werden sollte.

Im Regelfall ist nach wie vor von der Gemeinwirtschaftlichkeit des Betriebs auszugehen.[1] Auch das Deutsche Institut für Wirtschaftsforschung empfiehlt nach einer Untersuchung der Trassenpreise, das Ziel der Vollkostendeckung über Fahrpreiseinnahmen in diesem Bereich aufzugeben.[2] Dieser Einschätzung folgend bietet sich eine Kombination aus den Alternativen 1, 2 und 4 an. Grundsätzlich bezahlt der Aufgabenträger den vereinbarten Angebotspreis, der sich aber über Sponsoring und erhöhte Nachfrage verringern läßt.

Der Besteller sollte gemeinsam mit dem Anbieter versuchen, Sponsoren zu gewinnen. Da keine volle Kostendeckung angestrebt wird, sind bereits kleinere Beträge willkommen. Daß im Gegenzug der Fahrplan den Wünschen der Unternehmen soweit wie möglich angenähert werden sollte, liegt im beiderseitigen Interesse.

Unter Anwendung des Bestellerprinzips ist bereits eine moderate Mineralölsteuererhöhung zielführend. Diese wird als politisch durchsetzbar eingeschätzt und wirkt sich günstig auf die Nachfrageentwicklung der Flächenbahn aus. Selbst wenn die zusätzlichen Erlöse nicht ausreichen, um die Fahrwegkosten zu decken, tragen sie doch zur Verringerung des Defizits bei.

Den Fahrweg kostenlos zur Verfügung zu stellen, ist folglich nicht notwendig und sollte daher unterbleiben. Wie die Bilanz zeigt, liegen die Kosten, die nicht über Ticketeinnahmen abgedeckt sind, allerdings etwa in der Höhe der Fahrwegkosten.[3] Da es sich um eine Durchschnittsbetrachtung handelt, sind eigenwirtschaftliche Leistungen ebenso möglich wie stark defizitäre Angebote.

Somit beinhaltet das Finanzierungsmodell grob gesehen drei Ströme: Der Aufwand auf der Erstellungsebene wird zur einen Hälfte direkt von den Nutzern über die Tickets abgegolten und zur anderen Hälfte über Zahlungen der Lenkungsebene, die in Verkehrsverträgen zu verankern sind. Die Lenkungsebene erhält ihre Mittel wiederum von den Nutzern, die Abgaben, Gebühren und Steuern abführen. Anzumerken ist, daß diese Zahlungen nicht nur von den direkten Nutzern kommen, sondern von allen Steuerzahlern. Gerechtfertigt ist dieses Prinzip insofern, als aus der entlastenden Wirkung des öffentlichen Verkehrs alle einen Vorteil ziehen.

---

[1] Ausländische Erfahrungen mit dem ÖPNV im ländlichen Raum weisen ebenfalls Richtung Bestellerprinzip. Eine entsprechende Empfehlung gibt die Arbeitsgemeinschaft Heinze/SNV (1992). Sie rät zu einer Abtrennung des Betriebs von Entscheidungsbefugnissen und finanzieller Verantwortung. Siehe auch Europäische Kommission (1998).

[2] Siehe DIW-Wochenbericht 26/97, S. 457ff.

[3] Siehe Kapitel 5.4, Beispiel a.

Finanzierung

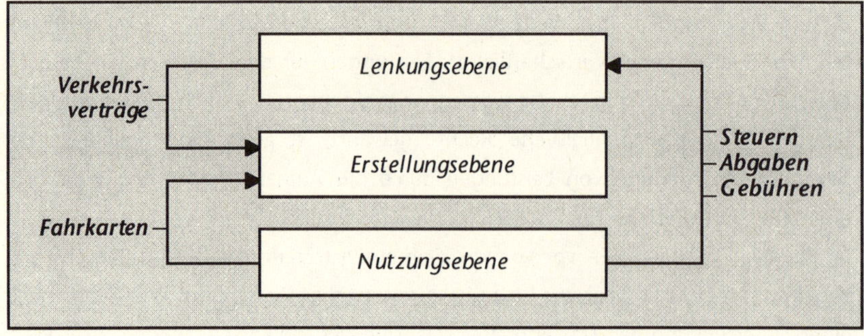

Der Lenkungsebene entstehen somit Kosten von maximal 1,862 Milliarden Euro für den gesamten Flächenbahnbetrieb, die über Produktivitätssteigerungen, Sponsoring und größere Nachfrage verringert werden können. Für die Eisenbahnverkehrsunternehmen können Gewinne von bis zu 304 Millionen Euro anfallen.[1] Es zeigt sich somit, daß betriebswirtschaftlich zufriedenstellende Lösungen erreichbar sind. Die geschilderten Umwege sind notwendig, da einerseits der Wettbewerb gefordert wird, dieser andererseits aber gesteuert werden muß.

Organisationsaufbau

Vor der Reform wurde der Eisenbahnbetrieb von den Staatsbahnen ausgeführt, während die Lenkungsaufgaben genaugenommen getrennt waren. Lagen die Grundsatzentscheidungen in der direkten Verantwortlichkeit der Regierung, war die Bahn für die konkrete Steuerung zuständig. In den Händen der Bahn vereinigt waren dagegen die Aufgaben des Betriebs und des Managements.

Um Wettbewerb zulassen zu können, mußten diese beiden Aufgaben voneinander getrennt werden. Seit dem Inkrafttreten des neuen Rechts ist die Bahn lediglich für die Erstellung der Nahverkehrsleistungen, aber nicht mehr für die Planung und Koordinierung zuständig - eine weise Entscheidung, da mit der Einführung des Wettbewerbs die Chancen für ein attraktives und effizientes Zugangebot gestiegen sind.

Weder in der europäischen noch in der Bundesgesetzgebung ist dagegen die Separierung allgemeiner und konkreter Lenkungsbefugnisse des Eisenbahnbetriebs verankert. Diese beiden Ebenen können zusammengefaßt und von der öffentlichen Hand alleine wahrgenommen werden.

Nach dem Vorbild der Verkehrsverbünde haben sich fast alle Bundesländer dennoch zu einer Trennung entschlossen. Wie vom Verkehrsverbund Rhein-Ruhr in ähnlicher Weise praktiziert, haben sie in ihren ÖPNV-Gesetzen die Gründung von Landesgesellschaften zur Übernahme der Managementaufgaben festgeschrieben.[2]

[1] Siehe Betriebsergebnis a in Kapitel 5.4.

[2] Zum Beispiel wurde in Schleswig-Holstein die LVS (Landesweite Verkehrsservicegesellschaft mbH) und in Sachsen-Anhalt die NASA (Nahverkehrsservice Sachsen-Anhalt GmbH) gegründet.

Trennung der Lenkungsebene

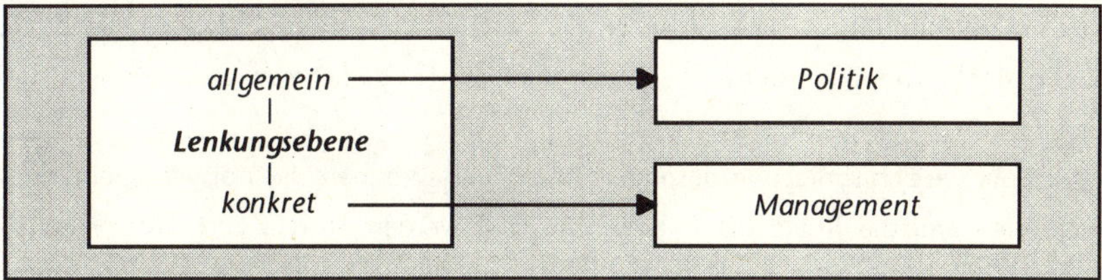

Durch die Trennung der Lenkungsebene in eine politische und eine Management-Ebene entsteht unter Berücksichtigung der Erstellerebene eine Dreiteilung, wie sie von verschiedener Seite vertreten wird.[1] Dieses Prinzip der horizontalen Funktionstrennung ist aus mehreren Gründen zweckmäßig.

Um die Leistungserstellung effizienter zu gestalten, kann diese Aufgabe von unabhängigen Verkehrsunternehmen ausgeführt werden, die miteinander im Wettbewerb stehen. In angemessener Weise für das Gemeinwohl einzutreten und entsprechende Gesetzesvorgaben zu machen, ist dagegen eindeutig Sache der politischen Ebene. Diese Aufgabe im Nahverkehr an die Länder und Kommunen zu delegieren, ist aufgrund der kurzen Reiseweiten angemessen.[2] Es empfiehlt sich, mit der Steuerung des Wettbewerbs andere Institutionen zu beauftragen, die Gemeinwohl und Effizienz gleichberechtigt vertreten. Auf der Managementebene sollten daher staatliche und privatwirtschaftliche Elemente kombiniert werden. In Frage kommen landeseigene Gesellschaften privatrechtlicher Form, die verkehrspolitischen Zielen des Landes ebenso verpflichtet sind wie betriebswirtschaftlichen Zielen.

Diesen häufig genannten drei Ebenen - Politik, Management, Erstellung - fehlt allerdings die Basis. Denn ohne Fahrgäste erübrigt sich der Bahnbetrieb. Hinzuzufügen ist folglich als vierte Ebene die Nutzung.

Funktionale Trennung: Vier Ebenen

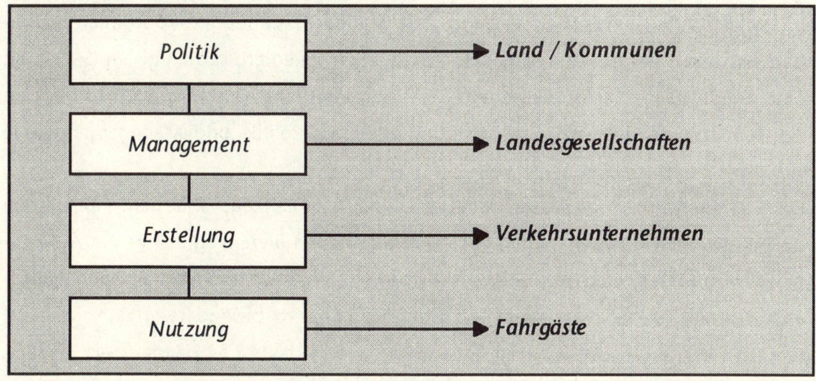

[1] Siehe zum Beipiel Girnau (1993), S. 13f., Scherm (1995), S. 16f., und NASA (o.J.), S.11.

[2] Als Nahverkehr werden gemeinhin alle Wege bis zu einer Länge von 50 km bezeichnet. Sinngemäß definieren es zum Beispiel auch das Regionalisierungsgesetz (RegG, § 2, vom 27.12.1993 (Art. 4 des ENeuOG, BGBl. I S. 2395)) und das Personenbeförderungsgesetz (PBefG, § 8, Abs. 1, i.d.F. vom 8.8.1990 (BGBl. I S. 1690; Änderungen bis 27.12.1993)), die als weiteres Kriterium eine Reisezeit von maximal einer Stunde benennen. Siehe Freise (1994), S. 75 und S. 254.

Um möglichst vielen, auch kleineren, Unternehmen das Mitwirken im entstehenden Markt zu eröffnen, kommt neben der horizontalen eine zusätzliche, vertikale Aufgabentrennung in Betracht. Neben dem reinen Verkehrsangebot können drei weitere Bereiche gebildet werden.

Wird der Bereich Fahrzeuge gesondert organisiert, können die notwendigen Investitionen und das Risiko der Anbieter gesenkt werden, so daß auch kürzere Erstellungsaufträge lukrativ sind. Aufgrund der geschilderten Finanzierungsprobleme des Fahrwegs und der ohnehin geforderten Organisationstrennung auf der Erstellerebene liegt die durchgängige Abspaltung des Bereichs Fahrweg nahe.[1] Damit sich die Kommunen stärker für einen attraktiven Bahnbetrieb interessieren, können die Zugangsstellen aus dem Bereich Fahrweg herausgenommen und örtlich stärker eingebunden werden. Diese Differenzierungen bringen die Möglichkeit, Verkehrsverträge über kurze Fristen zu vergeben, was insbesondere bei der Einführung von Konzessionen wichtig ist.

Aufgabentrennung: Vier Sparten

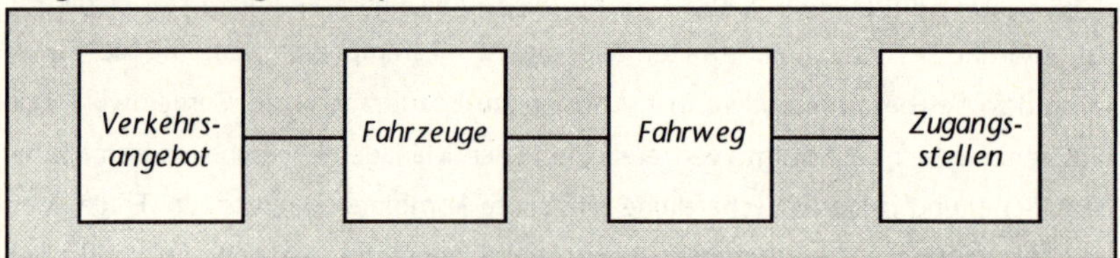

Verkehrsangebot und Fahrzeuge

Kernbereich der Leistungserstellung ist das Verkehrsangebot. Als Aufgabenträger sollte das Land zuständig sein; eine räumliche Zersplitterung durch die Übertragung der Aufgabenträgerschaft an Verkehrsverbünde oder Kommunen erscheint nicht zielführend, da zur Festlegung von Standards unnötiger Koordinierungsbedarf entstehen würde. Die Managementaufgaben delegiert das Land am besten an eine Landesnahverkehrsgesellschaft - eine landeseigene GmbH, die im folgenden als LNVG bezeichnet wird. Die Trennung zwischen Politik- und Managementebene ist somit gewährleistet.

Das Bestellerprinzip bietet der LNVG nun die Möglichkeit, mit dem Fahrbetrieb geeignete Verkehrsunternehmen zu beauftragen. Den jeweils günstigsten Auftragnehmer zu finden, erscheint über das Instrument der Ausschreibung am vielversprechendsten; denn auf diese Weise kann der Wettbewerb besonders effektiv genutzt werden.[2] Weiter erhöht wird die Effektivität, wenn das Angebot nicht als Ganzes,

[1] Die organisatorische oder rechnerische Trennung von Fahrweg und Betrieb ist durch die EG-Richtlinie 91/440 vorgeschrieben (Richtlinie 91/440/EWG des Rates, Art. 6, vom 29.7.1991 (Abl. EG L 237 S. 25)), die Ausgliederung einer eigenen Fahrweg AG der Deutschen Bahn im Deutsche Bahn Gründungsgesetz (DBGrG, § 2 und § 25, vom 27.12.1993 (Art. 2 des ENeuOG, BGBl. I S. 2394)). Siehe Kapitel 6.2 sowie Freise (1994), S. 103ff. und 463ff.

[2] Ausschreibungen sind explizit im AEG, § 15, i.d.F. vom 27.12.93 (Art. 5 des ENeuOG, BGBl. I S. 2396) genannt. Siehe Freise (1994), S. 56.

sondern in Teilnetzen ausgeschrieben wird. Um den Unternehmen eine angemessene Planungssicherheit zu geben und kontinuierliche Verbesserungen zu ermöglichen, sollten sich die Kontrakte mit den ausgewählten Anbietern über drei bis fünf Jahre erstrecken. Langfristigere Vertragsabschlüsse nehmen dem Prozeß den notwendigen Wettbewerbsdruck und sind daher nicht zu empfehlen. In den Verkehrsverträgen sollte die LNVG Qualitätsanforderungen vereinbaren, zum Beispiel hinsichtlich Fahrzeugausstattung, Sauberkeit und Pünktlichkeit, deren Nichterfüllung zu Mittelkürzungen oder zur Vertragsauflösung führen kann.[1]

Die Bewerber erhalten die Möglichkeit, individuelle Leistungsmerkmale anzubieten, um sich nicht nur über den Preis von Mitbewerbern abzugrenzen. Bei der Kalkulation ihrer Angebote haben sie die Kosten zu berücksichtigen, die ihnen durch Fahrwegbenutzungsentgelte, Gebühren für die Zugangsstellenbenutzung und die Anschaffung oder Anmietung von Fahrzeugen entstehen.

In den Verkehrsverträgen mit der Landesnahverkehrsgesellschaft wird ein Preis vereinbart, der die Kosten, die den Auftragnehmern entstehen, abdeckt. Leistungsanreize können über eine Dynamisierung des Preises geschaffen werden, die an die Zahl und die Zufriedenheit der Fahrgäste gekoppelt ist. Die Einnahmen aus dem Fahrkartenverkauf werden an die Landesnahverkehrsgesellschaft weitergeleitet. Das erbrachte Verkehrsangebot wird somit einerseits direkt von den Fahrgästen und andererseits vom Land über die LNVG finanziert. Das Land wiederum erhält seine Nahverkehrsmittel über die Regelungen im Regionalisierungsgesetz vom Bund.[2]

Die geschilderte Organisationsstruktur sichert und steuert den Wettbewerb. Qualität und Effizienz können damit den Leitbildern entsprechend gewährleistet werden. Diese Konstruktion ermöglicht den Unternehmen positive Geschäftsbilanzen, so daß Firmen- und Gemeinwohlinteresse in die gleiche Richtung laufen.

Etwas abweichend von der Modellsystematik zeigt sich die Organisation in der Fahrzeugsparte. Möchte ein Land die Vorzüge bestimmter Fahrzeuge nutzen, kann es als Großabnehmer zu günstigen Preisen einen Pool aufbauen. Gerade um kurz laufende Kontrakte interessant zu machen, kann das Fahrzeugleasing, das manche Herstellerfirmen bereits anbieten, hilfreich sein. Das Management liegt wiederum bei der Landesnahverkehrsgesellschaft, die mit Instandhaltungsarbeiten den Verkehrsunternehmer selbst oder eine andere Firma betrauen kann. Die Schaffung des Pools ist fakultativ - dort, wo er geschaffen wird, ist seine Anwendung jedoch zwingend.

Fahrweg und Zugangsstellen

Vorentscheidend für die intermodale Wettbewerbsfähigkeit der Eisenbahn sind Dichte, Qualität und Kosten des Streckennetzes. Der Wegeinfrastruktur kommt bei

[1] Nach geltendem Recht möglich: VO(EWG)1893/91, Art. 14, i.d.F. vom 20.7.1991 (Abl. EG L 169 S. 1). Siehe Freise (1994), S. 499ff. Zweckmäßig ist es, die Vorgaben auf die Funktionalität zu beziehen, ähnlich wie Beulcke und Diekmann das für herstellerbezogene Ausschreibungen fordern. Siehe Beulcke/Diekmann (1998), S. 6.

[2] Nach RegG, §§ 5 bis 8, vom 27.12.1993 (Art. 4 des ENeuOG, BGBl. I S. 2395). Siehe Freise (1994), S.76ff.

der Organisation der Flächenbahn daher große Bedeutung zu. Soll auch in diesem Bereich der Wettbewerb genutzt werden, hat der institutionelle Rahmen wiederum für die Annäherung volkswirtschaftlicher und betriebswirtschaftlicher Interessen zu sorgen. Ein positives Betriebsergebnis der zuständigen Institution muß gleichbedeutend mit einer hohen Auslastung ihres Netzes sein. Ein völlig freier Markt wäre nur zweckmäßig, wenn sämtliche externen Kosten internalisiert werden könnten, was aber, wie gezeigt, nicht möglich ist.[1]

Da eine erfolgreiche Flächenbahn vom technischen Standard des Fahrwegs abhängt, ist nicht nur der freie Netzzugang zu gewährleisten, sondern auch die Modernisierung der Betriebstechnik. Der Fahrweg muß leistungsfähiger werden und gleichzeitig billiger. Zudem müssen die Interessen des Fernverkehrs und des Güterverkehrs eine adäquate Berücksichtigung finden, was unter anderem eine ausreichende technische Kompatibilität erfordert.

Es zeichnet sich daher eine Lösung ab, die genau wie beim Verkehrsangebot das Prinzip der Funktionstrennung aufnimmt. Leistungserstellung, Trassenvergabe und Eigentum in einer Hand zu belassen, wäre unter dem Gesichtspunkt einer marktwirtschaftlichen Politik geradezu fahrlässig. Ist die ausführende Institution, wie derzeit der DB-Geschäftsbereich Netz (beziehungsweise demnächst die eigenständige Netz AG), unter einem Dach mit dem Hauptersteller des Verkehrsangebots zusammengefaßt, kann bereits von grober Fahrlässigkeit gesprochen werden. Eine derartige Verquickung von Geschäftsinteressen ist Gift für jede Marktwirtschaft. Zurecht wird an der aktuellen Konstruktion entsprechende Kritik geübt.[2]

Derzeit gehören die Nebenstrecken im ländlichen Raum fast ausschließlich der Deutschen Bahn. Es muß deshalb die Frage gestellt werden, wer als Eigentümer und wer für die Planung und Vergabe des Fahrwegs besser geeignet ist. Offenkundig hat die DB angesichts der erforderlichen Investitionen wenig Interesse an einer Modernisierung des Netzes - im Gegensatz zu den Fahrgästen, den Verkehrsanbietern und den Bestellern.

Den Fahrgästen das Netz zu überlassen, ist wohl unpraktikabel. Die Verkehrsunternehmen kommen im Sinne einer Entflechtung ebenfalls nicht in Frage; eine solche Variante würde sich zudem mit dem Ziel der wechselnden Vergabe des Verkehrsangebots beißen. Somit bleibt für die Infrastruktur-Zuständigkeit nur der Besteller oder ein unabhängiges Unternehmen übrig.

Beide Möglichkeiten miteinander zu kombinieren, liegt nahe. Analog zur Sparte Verkehrsangebot können die Länder auch für die Strecken zuständig sein, indem sie Eigentümer werden, während das Management einer landeseigenen Gesellschaft übertragen wird. Die Infrastruktur in die Hände völlig unabhängiger Unternehmen zu legen, wäre erstens aufgrund der langen Abschreibungs- und Finanzierungszeit-

[1] Siehe Kapitel 5.4.

[2] Grundlegender Änderungsbedarf an dieser Stelle wird zum Beispiel von Werner (1996), Frenz (1997), S. 21, Wuppertal Institut (1997), S. 72ff., sowie von Beulcke/Diekmann (1998), S. 11, gesehen.

räume, die zum Teil bis zu 80 Jahren betragen, unzweckmäßig und würde zweitens das Interesse der Allgemeinheit zu weit zurückdrängen.

Eine Eisenbahninfrastrukturgesellschaft des Landes, im folgenden LIG genannt, ist von möglichen Leistungserstellern unabhängig und kann mit dem konkreten Auftrag gegründet werden, die Nebenstrecken möglichst hoch auszulasten. Um die Interessen der LNVG hinsichtlich der Qualitätsstandards und der Netzdichte angemessen berücksichtigen zu können, ist ein Kooperationsvertrag denkbar. Während die Nebennetz-Infrastruktur in das Eigentum des Landes übergeht, wird die LIG mit dem Streckenmanagement und die LNVG mit dem Management des Verkehrsangebots betraut. Zum Streckenmanagement gehören die Trassenvergabe und die blockweise Vergabe von Bau-, Instandhaltungs- und Betriebsaufgaben. Insbesondere für kleinere Bundesländer kann die Gründung gemeinsamer Infrastrukturgesellschaften mit einem Nachbarland interessant sein.

Soweit es sich um Nebenstrecken handelt, auf denen in der Regel keine Fernzüge verkehren, ist damit eine dem Prinzip des gesteuerten Wettbewerbs entsprechende Lösung gefunden. Etwas komplizierter stellt sich die Situation der Hauptstrecken dar, auf denen die Interessen des Personenfern- und -nahverkehrs sowie des Güterverkehrs bisweilen kollidieren. Diese Strecken in Landeseigentum zu überführen, wäre langlaufenden Zügen sicher abträglich. Im Bundeseigentum und damit auch in der Finanzverantwortung des Bundes verbleibende Hauptstrecken können jedoch genau wie die Nebenstrecken von einer Gesellschaft der öffentlichen Hand verwaltet und vermarktet werden. Eine Bundesinfrastrukturgesellschaft (BIG) kann Fern- und Nahverkehrsinteressen gleichermaßen berücksichtigen, wenn sie zu 50 Prozent dem Bund und zu 50 Prozent den Ländern gehört.

Eisenbahninfrastrukturgesellschaften

	Ebene	*Ausführung*
Nebenstrecken	*Politik*	*Land*
	Management	*LIG (Gesellschaft des Landes)*
Hauptstrecken	*Politik*	*Bund*
	Management	*BIG (Gesellschaft von Bund und Ländern)*

Erweitert werden kann und sollte der Vorschlag einer Bundesinfrastrukturgesellschaft um eine europäische Ergänzung. Da internationale Zugverbindungen seit langem existieren, besteht kein Grund, den Nachbarstaaten eine angemessene Beteiligung an der Bundesinfrastrukturgesellschaft zu verwehren. Die Klima-Enquete-Kommission des Bundestages geht sogar noch einen Schritt weiter und fordert ein einheitliches europäisches Eisenbahn-Verkehrswege-Unternehmen.[1]

Ansonsten zielt der Vorschlag zur Organisation der Infrastruktur in eine ähnliche Richtung wie Werners Vorstellungen, dessen konkrete Zuordnung jedoch etwas

[1] Siehe Enquete-Kommission „Schutz der Erdatmosphäre" (1994), S. 268.

anders aussieht. Er diskutiert drei Möglichkeiten der Aufgabenwahrnehmung: erstens die „Länderlösung" mit einer Übergabe des kompletten Netzes an die Länder, zweitens eine „partielle Länderlösung", bei der nur das Nebenstreckennetz auf die Länder übergeht und das Hauptstreckennetz beim Bund verbleibt, sowie drittens in Anlehnung an die Straßeninfrastruktur-Regelungen die Einführung von „Schienenbaulastträgern", bei der sich Bund und Länder die Verantwortung für das Hauptnetz und Länder und Kommunen die Verantwortung für das Nebennetz teilen.[1]
Im Unterschied zu Werner, der die Schienenbaulastträger-Lösung favorisiert, nimmt das hier entwickelte Modell den Grundsatz der partiellen Länderlösung bezüglich der Eigentumsübertragung auf und kombiniert sie mit dem Vorschlag der Infrastrukturgesellschaften. Unter Wahrung der Vorteile des Baulastträger-Ansatzes ist das LIG-BIG-Modell übersichtlicher und räumt den für den Nahverkehr zuständigen Ländern mehr Gestaltungsmöglichkeiten ein.
Dem Prinzip der Funktionstrennung folgend ist die LIG im Landesauftrag für das Management des Fahrwegs, aber nicht für die Durchführung baulicher und betrieblicher Arbeiten zuständig. Die Aufgaben der Betriebssteuerung, der Instandhaltung und des Streckenbaus werden von der Infrastrukturgesellschaft unter Nutzung des Wettbewerbs getrennt an interessierte Unternehmen vergeben.
Dabei ist darauf zu achten, daß keine kleinteiligen Aufgaben abgegrenzt, sondern umfassende Pakete vergeben werden. Wenn den Unternehmen statt konkreter Ausführungsvorschriften klare Ziele vorgegeben werden, ist mit weitreichenden Effizienzsteigerungen zu rechnen.
Ausschreibungen bieten auch hier eine gute Möglichkeit, den jeweils am besten geeigneten Anbieter zu finden. Um einen genügenden Wettbewerbsdruck zu erzeugen, ist eine zusätzliche regionale Aufgabenteilung zweckdienlich. Zur Erzielung von Rabatten können allerdings einige Bereiche zusammengefaßt werden. Instandhaltung und Betriebssteuerung können zum Beispiel in einer Region gemeinsam vergeben oder die Instandhaltungsarbeiten des gesamten Landesnetzes en bloc ausgeschrieben werden. Ungünstig auf den Markt würde sich nur die Vergabe aller Fahrweg-Aufgaben des Landes an ein einziges Unternehmen auswirken.
Nutzer der Infrastruktur sind in diesem Fall nicht die Fahrgäste, sondern die Eisenbahnunternehmen, die von der LNVG mit dem Fahrbetrieb beauftragt worden sind. Infolgedessen schließt die Infrastrukturgesellschaft mit den Verkehrsunternehmen entsprechende Verträge über die Nutzung der Trassen ab.
Die Verträge nicht mit der LIG, sondern mit den Infrastruktur-*Betreibern* abzuschließen, wie Werner vorschlägt, erscheint aus zwei Gründen nicht zielführend.[2] Erstens würde ein ungewolltes Wachstum der Vertragszahlen entstehen, da eine zeitliche und regionale Aufteilung auf mehrere Betreiber angestrebt ist, und zweitens liegt das Interesse der Betreiber eher in einer Entzerrung des Betriebs, während

[1] Siehe Werner (1996), S. 107f.

[2] Der Vorschlag, Trassennutzungsverträge zwischen Eisenbahnverkehrsunternehmen und Infrastruktur-Betreibern abzuschließen, ist bei Werner (1996), S. 130, dargelegt.

die LIG der ITF-bedingten Bündelung qua Landesauftrag wohlwollend gegenübersteht.
Vergabekonflikte dürften sich allerdings in Grenzen halten, da ein eigenwirtschaftlicher Betrieb aufgrund der Trassenkosten nur in Ausnahmefällen anzunehmen ist und Kapazitätsengpässe im ländlichen Raum generell eher selten auftreten. Beanspruchen Güter- und Personenverkehr dieselbe Fahrplanlage, sollte im Regelfall der Personenzug bevorzugt werden.
Da die Qualität des Fahrwegs den Erfordernissen der Flächenbahn genügen muß, übermittelt die LNVG ihre Bestellabsichten an die LIG für verschiedene Voraussetzungen hinsichtlich des Geschwindigkeitsniveaus. Fest beabsichtigte Taktlagen kann die LNVG reservieren lassen. Zur Qualitätssicherung kann die LIG in ihren Verträgen mit den Erstellern ebenso wie die Nahverkehrsgesellschaft Mindestniveaus festschreiben, deren Nichteinhaltung mit Konventionalstrafen zu belegen ist. Grundsätzlich üben beide Landesgesellschaften neben der Planung und Vergabe zwar auch eine Kontrollfunktion aus, dennoch sollte zur Vorbeugung von Problemen sowohl der LIG als auch der LNVG ein Vertreter der Auftragnehmerschaft beratend zur Seite stehen.
Damit die Infrastrukturgesellschaft ihre Vertragspartner bezahlen kann, muß sie Einnahmen aus der Vermietung der Fahrplantrassen erwirtschaften. Diese müssen den Aufwand decken, der aus dem Bau, der Instandhaltung und dem Betrieb des Netzes erwächst; denn die LIG finanziert sich ausschließlich über Trassenbenutzungsentgelte. Einnahmen und Ausgaben sind generell streckenspezifisch abzurechnen, da Quersubventionen zwischen einzelnen Strecken vermieden werden sollen. Für eine realistische Zuordnung der Kosten und zur Vermeidung von Dekkungslücken ist der Wiederherstellungsaufwand der Infrastruktur gemäß dem in Kapitel 5.3 beschriebenen Prinzip der Kostenrechnung auf die Trassenpreise umzulegen. Investitionsmittel des Bundes, die dem Land aus der Übertragung des Nebenstrecken-Eigentums zustehen, sollten demzufolge direkt der LNVG (nicht der LIG!) zufließen und tragen dadurch erheblich zur Kostentransparenz bei.
Im Gegensatz zur bisher üblichen Praxis sind für die Trassenbenutzung keine Marktpreise zu zahlen, sondern Aufwandsentschädigungen; die LIG vergibt ihre Fahrplantrassen zum Selbstkostenpreis. Denn das Ziel der Infrastrukturgesellschaft sind nicht Gewinne, sondern hoch ausgelastete Strecken. Sie sollte eine ausgeglichene Bilanz vorweisen können und ihren Erfolg über einen Vergleich von vergebenen Zugkilometern und Einnahmen dokumentieren. Auf diese Weise ist ein Anreiz sowohl zur Qualitätssteigerung als auch zu vermehrter Effizienz gegeben.
Zeitlich befristete Ausschreibungen der Leistungen erzeugen den notwendigen Wettbewerbsdruck. Um unnötige Kosten, die durch zu hohe Ausbaustandards entstehen können, zu vermeiden, muß sich die Preisbildung ausschließlich an den tatsächlich genutzten Einrichtungen orientieren. Fährt beispielsweise der Flächenbahnzug mit einer Achslast von nur zehn Tonnen, darf ihm nicht der Zusatzaufwand für die Auslegung der Strecke auf doppelt so hohe Achslasten ange-

rechnet werden. Dasselbe gilt für die Nutzung von Betriebstechnik, die auf Hochgeschwindigkeitsbetrieb ausgelegt ist. Der jeweilige Mehraufwand ist allein von solchen Zügen zu zahlen, die ihn auch nutzen.

Zur Umsetzung der vorgeschlagenen Organisationsstruktur im Bereich Fahrweg ist eine Novellierung verschiedener Gesetze unumgänglich. Vor allem müßte die Übergabe der Streckeninfrastruktur an den Bund und die Länder gesetzlich verankert werden. Die Übertragungsmöglichkeit, die das Eisenbahnneuordnungsgesetz bietet, reicht dazu nicht aus.[1] Vielmehr ist die Umwandlung der bundeseigenen DB Netz AG in eine Netzbetriebs AG erforderlich, die nicht mehr Eigentümerin des Netzes ist und die sich genau wie die DB Regio AG um die Ausführung von Leistungen bewerben kann.[2]

Das vorgeschlagene Organisationsmodell für die Streckeninfrastruktur bietet dagegen den optimalen Rahmen, hohe Qualität bei geringen Kosten innerhalb angemessener Zeit zu erreichen. Die Flächenbahn ließe sich aber auch unter den gegenwärtigen Bedingungen umsetzen. Allerdings wäre es ungleich mühevoller, sie ohne Gesetzesänderungen realisieren zu wollen.

Ähnliche Regelungen wie beim Fahrweg sind auch bei den Zugangsstellen zielführend. Es ist wichtig, daß sich die jeweilige Kommune um akzeptanzsteigernde Maßnahmen bemüht und den Entstehungsprozeß möglichst tatkräftig unterstützt.[3] Hierfür bedarf es geeigneter Regelungen. Der zentralen Funktion der Haltepunkte kann mit einer Übertragung der Eigentumsrechte auf Land *und* Kommune Rechnung getragen werden.

Eine eigene Managementgesellschaft zu gründen, erscheint jedoch entbehrlich, da die entsprechenden Aufgaben angemessen von der LIG ausgeführt werden können. Zweckmäßig ist dann jedoch eine - wenn auch geringe - finanzielle Beteiligung der Zugangsstelleneigentümer, die im Ausgleich ein Mitspracherecht bei der Ausstattung nach sich zieht. Während die LIG über Mindeststandards entscheidet, haben die Eigentümer maßgeblichen Einfluß auf die weitere Gestaltung. Vor allem der Eisenbahn bisher wenig zugeneigte Kommunen können auf diese Weise in das Projekt Flächenbahn eingebunden werden. Analog zum Fahrweg-Modell können Bau, Instandhaltung und Betrieb von der LIG ausgeschrieben und an freie Unternehmen vergeben werden.

Als Nutzer der Zugangsstellen treten einerseits die Fahrgäste und andererseits die Verkehrsunternehmen in Erscheinung. Während von den Fahrgästen keine zusätzliche Bahnhofsbenutzungsgebühr verlangt wird (sie ist quasi im Preis der Fahrkarte enthalten), wird der Ersteller des Zugangebots zur Kasse gebeten. Dies ist erforder-

[1] Das Gesetz zur Zusammenführung und Neugliederung der Eisenbahnen des Bundes regelt in § 26 die Übertragung von Liegenschaften auf Dritte. Die in Abs. 2 aufgelisteten Voraussetzungen werden die Beteiligten in der Regel aus unterschiedlichen Gründen nicht zu erfüllen geneigt sein (ENeuglG vom 27.12.1993 (Art. 1 des ENeuOG, BGBl. I S. 2378)). Siehe Freise (1994), S. 98ff. Werner bemerkt dazu: „Die Voraussetzungen sind (...) so gewählt, daß ein Anwendungsfall praktisch nicht denkbar ist." Siehe Werner (1996), S. 23.

[2] Nach der Ausgliederung von DB-Geschäftsbereichen und ihrer Umwandlung in eigenständige Aktiengesellschaften ist vorgesehen, den GB Nahverkehr als „DB Regio AG" zu bezeichnen und den GB Netz als „DB Netz AG". Siehe Bahn-Report 1/98, S. 7.

[3] Siehe auch Kapitel 4.1.

lich, um durchfahrende Züge nicht zu benachteiligen. Wie bei den Trassenpreisen sollen auch für die Zugangsstellenbenutzung lediglich Selbstkostenpreise verlangt werden.

Modellstruktur

Das Organisationsmodell verwirklicht eine durchgehende vertikale und horizontale Trennung. Auf der Ebene der Leistungserstellung werden ausschließlich freie Unternehmen tätig, während die Managementebene in den Händen der landeseigenen Gesellschaften LNVG und LIG liegt. Ein gesteuerter Wettbewerb, mit dem sich die Ziele der Nutzensteigerung und Kostensenkung erreichen lassen, ist damit möglich. Darüber hinaus stellt die Modellstruktur kein enges Korsett dar, sondern enthält genügend Gestaltungsspielräume, die Platz für regional unterschiedliche Lösungen lassen. Landesweite Standards finden ebenso ihre Berücksichtigung wie lokale Individualität.

Organisations- und Finanzierungsmodell

VU = unabhängige Verkehrsunternehmen; schwarze Pfeile = Finanzierung. *Bei Hauptstrecken Bund und BIG.

Kennzeichnend für das Organisationsmodell ist die Übertragung der Nebenstrekken auf das Land sowie das Bestellerprinzip und die Leistungserstellung durch verschiedene, grundsätzlich unabhängige Unternehmen. Die Kernaussage läßt sich damit auf eine einfache Formel bringen: Landesnetz plus Bestellerprinzip plus getrennte Leistungserstellung gleich zielgerichtet gesteuerter Wettbewerb gleich hoher Nutzen bei geringen Kosten.

Formel für eine effektive Flächenbahn-Organisation

	Landesnetz
+	*Bestellerprinzip*
+	*getrennte Leistungserstellung*
=	*zielgerichtet gesteuerter Wettbewerb*

Um einem kundenfreundlichen ÖPNV-Gesamtangebot gerecht zu werden, muß die Organisation der Flächenbahn mit derjenigen des Busverkehrs verknüpft werden. Die Vorteile des Bestellerprinzips kommen genauso auf Kreisebene sowohl den Kunden als auch den kommunalen Haushalten zugute.

Derzeit werden Konzessionen auf Basis der im Personenbeförderungsgesetz definierten Eigenwirtschaftlichkeit erteilt.[1] Dort wird der eigenwirtschaftliche Betrieb jedoch mit einem ausgeglichenen Betriebsergebnis der Busunternehmen verwechselt, da Ausgleichszahlungen der öffentlichen Hand den Beförderungserlösen gleichstellt werden. Tatsächlich handelt es sich demnach um „quasigemeinwirtschaftlichen" Verkehr.[2]

Die Hintergründe der Regelung im Personenbeförderungsgesetz hat Werner analysiert und treffend beschrieben: „Zweck der getroffenen Regelung ist nach Ipsen, den Bereich der Eigenwirtschaftlichkeit möglichst groß zu lassen und den Unternehmen so lange wie möglich den uneingeschränkten Besitzstand zu erhalten, um ihnen die notwendige Zeit zur Vorbereitung auf den unausweichlichen europäischen Wettbewerb zu gewähren. Ginge die Regelung von § 8 IV 2 PBefG konform mit dem EG-Recht, dann wären die von der öffentlichen Hand finanzierten Verkehrsunternehmen dauerhaft vor Konkurrenz geschützt, wäre der europäische Wettbewerb mitnichten unausweichlich. Ipsen spricht aber davon, das diese Regelung die deutschen Unternehmen nur auf begrenzte Zeit vor dem Wettbewerb schützt. Da für § 8 IV 2 PBefG keine legislative Verfallsklausel existiert, kommt als Erklärung nur in Betracht, daß auch im Bundesverkehrsministerium davon ausgegangen wird, daß die Kommission bzw. die Judikative der EG-rechtswidrigen Beihilfepraxis irgendwann ein Ende setzt."[3]

Wird künftig stärker von gemeinwirtschaftlichem Betrieb auch im Straßen-ÖPNV ausgegangen, liegt es nahe, ein Pendant zur Landesnahverkehrsgesellschaft auf Kreisebene einzurichten. Kommunale Nahverkehrsgesellschaften (KNVG) können die Managementaufgaben für den Busverkehr übernehmen, der aus Wettbewerbs-

[1] PBefG, § 8, Abs. 4, i.d.F. vom 8.8.1990 (BGBl. I S. 1690; Änderungen bis 27.12.1993). Siehe Verband Deutscher Verkehrsunternehmen (1996a), S. 9.

[2] Berschin/Werner (1997), S. 27.

[3] Werner (1996), S. 66. Eine Novellierung des PBefG hinsichtlich dieser Problematik wird auch von Ratzenberger angeregt. Siehe Ratzenberger (1994), S. 103ff. Siehe im übrigen Kapitel 6.2.

gründen ebenso wie der Schienenverkehr ausschließlich von unabhängigen Unternehmen ausgeführt werden sollte.[1] Eine gesetzlich verankerte Koordinationspflicht von LNVG und KNVG kann die Abstimmung des landesweiten SPNV-Plans mit den Nahverkehrsplänen der Kreise gewährleisten. Angeregt wird eine Tarif- und Fahrplangemeinschaft, in der sich alle kommunalen Nahverkehrsgesellschaften und die Landesnahverkehrsgesellschaft zusammenschließen.

Koordinationsgremien sind ferner geeignet, den öffentlichen Nahverkehr an den Ländergrenzen ohne Brüche zu gestalten. Die jeweiligen LNVGs müßten sich dazu nach festgelegten Regeln an einen Tisch setzen. Ein ähnliches Procedere steht zur Anpassung der Flächenbahn an den Fernverkehr an. In diesem Fall muß sich die LNVG mit den Fernverkehrsunternehmen zusammensetzen, derzeit also hauptsächlich mit der Deutschen Bahn.

Koordinationsaufgaben der Landesnahverkehrsgesellschaften

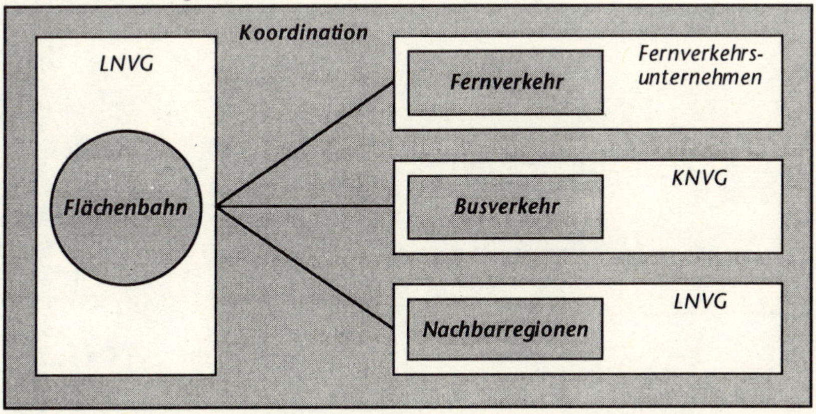

Den Erfordernissen der Flächenbahn wird mit dem auf klare Aufgabentrennung und Kooperation setzenden Organisationsmodell gut entsprochen. In der Folge absehbarer Modifizierungen der EG-Richtlinien stehen voraussichtlich ohnehin Anpassungen der Bundesgesetze an. Es erscheint ratsam, spätestens dann die notwendigen rechtlichen Korrekturen im Verkehrswegebereich vorzunehmen. Damit wäre der Grundstein für eine effektivere Organisation des öffentlichen Nahverkehrs gelegt. Weitere Ausführungen zur Implementation der Flächenbahn schließen sich in Teil C an, der jedoch zunächst einige Beispielregionen hinsichtlich ihrer praktischen Eignung untersucht.

[1] Auf die Zweckmäßigkeit einer derartigen Konstruktion weist unter anderm eine ifo-Studie zur ÖPNV-Kooperation im ländlichen Raum hin. Unternehmen in die Managementebene zu integrieren, ist danach kontraproduktiv. Siehe Ratzenberger (1994), S. 89ff.

Teil C

Die Implementation

7. Regionale Beispiele

7.1 Endogene Nachfragepotentiale

Ist von Implementation die Rede, geht es um praktisches Handeln. Der Begriff, dessen Verwendung in der politikwissenschaftlichen Forschung vor allem auf Mayntz zurückgeht[1], wird als Umsetzung verstanden, als Verwirklichung theoretischer Überlegungen. Während Mayntz und Héritier den Terminus auf die Anwendung von Gesetzen und davon ausgehenden Handlungsprogrammen beschränken, wird er hier weiter gefaßt.[2] Da das vorliegende Konzept keine Auftragsforschung darstellt, ist es zweckmäßig, in die Implementierung auch den Weg vom Ergebnis zum Gesetz einzuschließen und nicht so zu tun, als hätten die rechtlichen Regelungen schon Bestand.

Es bietet sich daher an, die bisher auf den gesamten ländlichen Raum Deutschlands bezogene Untersuchung von ihrer notwendigerweise recht abstrakten Betrachtung beispielhaft auf typische Regionen zu übertragen. Ausgehend von je 50 Kilometern Durchmesser kann das Flächenbahngebiet in 100 Regionen eingeteilt werden, die im Schnitt jeweils 1.920 Quadratkilometer umfassen und über einen Netzanteil von 315 Kilometern Flächenbahnstrecke verfügen. In einer solchen idealtypischen Region wohnen 300.000 Menschen, die an 75 Haltepunkten Zugang zur Flächenbahn haben.

Idealtypische Flächenbahnregion

Fläche	*Einwohner*	*Netzlänge*	*Zugangsstellen*
1.920 km^2	*300.000*	*315 km*	*75*

Mit der folgenden Übertragung der Ergebnisse auf konkrete Räume wird eindrucksvoll belegt, daß die Konzeption nicht nur blanke Theorie, sondern zur Umsetzung geeignet ist. Dies ist ein entscheidender Schritt zur Widerlegung von Gegenargumenten, die der Flächenbahn die praktische Eignung absprechen, und daher ein notwendiger Teil zur Implementierung des Konzepts. Denn die Akteure, die als potentielle Initiatoren mit ausreichenden Befugnissen ausgestattet sind, müssen nicht nur von der Wirkung, der wirtschaftlichen Effizienz und der politischen Durchsetzbarkeit der Flächenbahn überzeugt sein, sondern auch von deren technischem Gelingen.

Zur exemplarischen Übertragung werden Regionen ausgewählt, für die in den vergangenen drei Jahren von interessierten Institutionen Studien in Auftrag gegeben wurden, an deren Erstellung der Autor der vorliegenden Untersuchung maßgeblich oder ausschließlich beteiligt war beziehungsweise ist. Da diese Studien nicht auf

[1] Siehe von Rohr (1990), S. 152f.

[2] Héritier bezeichnet als Implementation „die Durchführung von rechtsverbindlichen Entscheidungen (...), die durch politische und administrative Organe beschlossen wurden." Windhoff-Héritier (1987), S. 86.

das vorliegende Flächenbahnkonzept zurückgreifen konnten und die Auftraggeber in der Regel eine Betrachtung unter den Rahmenbedingungen des Status quo forderten, sind die folgenden Ausführungen als eine Weiterentwicklung zu verstehen. Sie veranschaulichen die Variationsbreite des Konzepts und beziehen sich auf den baulich-betrieblichen Bereich. Die Beispielregionen sind ebenso wie das gesamte Flächenbahnkonzept in ihrem Zielzustand des Jahres 2015 dargestellt.

Als erstes werden drei Regionen untersucht, die zwar an ein Oberzentrum angrenzen, deren Verkehrsströme aber nicht überwiegend auf diesen Ort ausgerichtet sind. Zahlreiche andere Ströme beginnen und enden im ländlichen Teil des Gebiets. Die Potentiale, auf die die Flächenbahn zugreifen kann, sind daher in erster Linie endogener Natur. Das erste Beispiel führt uns in die Täler von Sieg und Dill.

Region Sieg-Dill

Unter topographischen Gesichtspunkten stellt die Region Sieg-Dill eine besondere Herausforderung für die Eisenbahn dar. Sie ist von drei Mittelgebirgen geprägt - dem Westerwald, dem Rothaargebirge sowie den Ausläufern des Sauerlands - und wird von den beiden namengebenden Flüssen durchquert. Das Oberzentrum Siegen zählt mit seinem zugehörigen Verdichtungsraum bereits nicht mehr zum Flächenbahngebiet, denn die Bevölkerungsdichte liegt oberhalb von 400 Einwohnern pro Quadratkilometer. Der weit überwiegende Teil der Region gehört dagegen fast vollständig zum Flächenbahngebiet.[1]

Zur Abgrenzung eignen sich die mittelzentralen Einzugsbereiche der Städte Betzdorf, Dillenburg und Siegen. Mit Haiger, Herborn, Kreuztal, Neunkichen und Wissen liegen gleichwohl fünf weitere Mittelzentren im betrachteten Raum. Die Region Sieg-Dill liegt damit am oberen Rand des Flächenbahngebiets; sie verfügt mit 443.000 Einwohnern, die sich auf 1.552 Quadratkilometern verteilen, über eine für den ländlichen Raum relativ hohe Dichte von 286 Einwohnern pro Quadratkilometer.

Die größten Teile der drei Kreise Siegen-Wittgenstein, Altenkirchen und Lahn-Dill liegen innerhalb der Region. Besonderes Kennzeichen ist die Zugehörigkeit dieser Kreise zu drei verschiedenen Bundesländern: Nordrhein-Westfalen, Rheinland-Pfalz und Hessen. Betrachtungsraum ist damit ein Dreiländereck, das infolgedessen vom Zentrum des jeweiligen Landes aus gesehen zur Peripherie gehört.

Die Autobahn 45 und zahlreiche gut ausgebaute Bundes- und Landesstraßen bieten dem motorisierten Individualverkehr günstige Bedingungen. Das Bahnangebot erreicht dagegen oft keine konkurrenzfähige Qualität. Auf der Hauptstrecke von Frankfurt über Siegen nach Hagen ergänzen ein Interregio und ein Regionalexpreß, die jeweils im Zweistundentakt fahren, das stündliche Nahverkehrsangebot. Weitere Strecken verbinden Siegen über Betzdorf mit Köln, Betzdorf und Daaden, Herborn und Hartenrod sowie Kreuztal und Erndtebrück.

[1] Die Basis der folgenden Beschreibungen bildet das Konzept Regionalbahn Sieg-Dill. Siehe Wuppertal Institut (1996).

Für diese Strecken ist eine stündliche Bedienung charakteristisch, die sich an einen Taktfahrplan allerdings nur annähert. Deutlich wird das am Beispiel der Aar-Salzböde-Bahn: Wer sich die für Herborn gültige Abfahrtsminute 33 merkt, muß um 9.33 Uhr feststellen, daß der Plan eine Lücke aufweist und eine Stunde warten. Nachmittags verschiebt sich die Abfahrt generell um sieben Minuten. In der Gegenrichtung treten im ständigen Wechsel gleich vier Abfahrtszeiten auf: die Züge fahren zu den Minuten 35, 38, 42 oder 45.[1]

Ein anderes Beispiel für kundenunfreundliche Bedienung ist der Streckenabschnitt von Siegen nach Wissen. Die ersten sechs Züge des Tages halten, obwohl sie unter derselben Bezeichnung firmieren (RE), jeweils an unterschiedlichen Unterwegsbahnhöfen. Wer hier ohne Fahrplan fahren möchte, muß ihn entweder auswendig lernen oder das Auto benutzen.

Als weiterer Mangel kommt hinzu, daß sich die Reisegeschwindigkeiten auf manchen Strecken unterhalb des Vorkriegsniveaus bewegen. Zwischen Betzdorf und Dillenburg wurden 1934 immerhin 47 Kilometer pro Stunde erreicht - heute sind es noch 38.

Als erste Schritte zur Verbesserung des Angebots sind deshalb die genannten Mängel zu beseitigen. Eine Flächenbahn geht jedoch darüber hinaus. Sie weist ein wesentlich dichteres Streckennetz und den Halbstundentakt auf. Es zeigt sich, daß auch außerhalb der verdichteten Gebiete eine ganze Reihe von Bahnverbindungen eine ausreichende Nachfrage erreichen können.

Flächenbahn Sieg-Dill

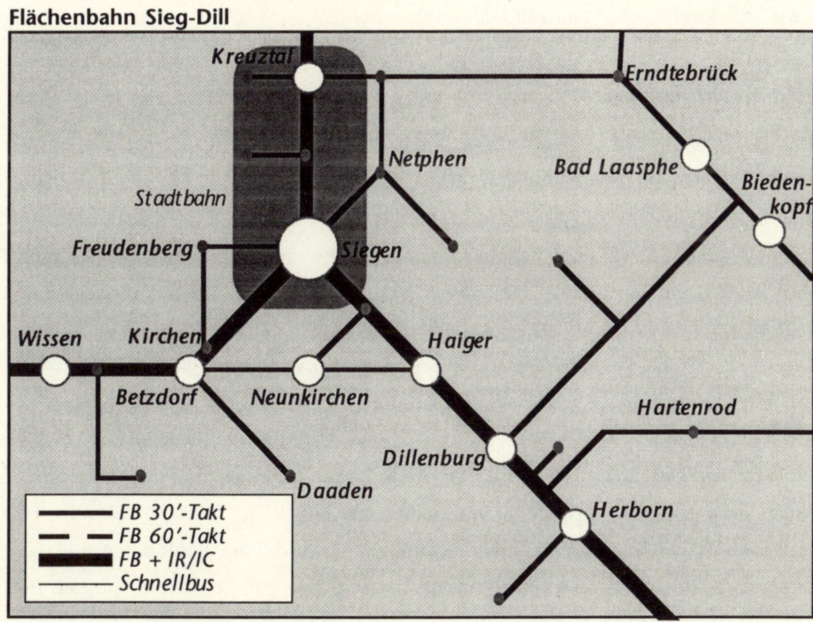

[1] Siehe Deutsche Bahn (1998b), S. 1831.

Das bestehende Streckennetz kann trotz der ungünstigen Geländeverhältnisse von 183 auf 308 Kilometer erweitert werden. Um diese Ausdehnung zu erreichen, sind 92 Kilometer Strecke zu reaktivieren, die derzeit nur im Güterverkehr betrieben werden oder stillgelegt sind, und 33 Kilometer neu zu errichten. Damit erreicht die Region Sieg-Dill fast die Streckenlänge des idealtypischen Netzes. Zu berücksichtigen ist die hohe Besiedlungsdichte in Siegen und Kreuztal, die ein städtisches Nahverkehrssystem rechtfertigt. Die Streckenkilometer einer Stadtbahn sind in der angegebenen Netzlänge nicht enthalten.

Die Karte vermittelt einen guten Eindruck der Erschließungsdichte, die mit der Netzausweitung erheblich verbessert wird. Die schwierige Topographie erfordert an manchen Stellen, die Flächenbahn im Straßenraum zu führen oder sie direkt daneben zu trassieren. Damit die Höhenlagen der Region erklommen werden können, sind neue Triebwagen mit einer verbesserten Steigfähigkeit erforderlich.[1] Unter Umständen müssen mancherorts Zusatzeinrichtungen nachhelfen.

Werden die Verkehrsströme auf den Straßen mit den Möglichkeiten einer Flächenbahn verglichen, zeigt sich, daß die schienengebundene Alternative gute Chancen hat. Geschmälert werden die Aussichten durch die relativ hohe Zersiedelung des Raums. Obwohl die Bevölkerungsdichte und die gebirgige Landschaft eine gute Bündelung des Verkehrs erwarten lassen, tritt dieser Effekt nur begrenzt auf. Dennoch reicht die Verkehrsdichte aus, um ein Eisenbahnangebot zu realisieren, das der Idealvorstellung einer Flächenbahn sehr nahe kommt. Umsetzungsschwierigkeiten sind in dieser Region eher zu erwarten, weil ihre grenzüberschreitende Lage den Koordinationsaufwand drastisch erhöht.

Region Saale-Unstrut

Völlig andere Voraussetzungen bringt die Region Saale-Unstrut mit, die an der unteren Grenze des Flächenbahngebietes zu sehen ist. Mit einer Bevölkerungsdichte von 184 Einwohnern pro Quadratkilometer erweist sie sich zwar als flächenbahngeeignet, umfaßt aber bereits eine ganze Reihe von Gemeinden, die aufgrund ihrer Dichte von weniger als 60 Einwohnern pro Quadratkilometer aus dem definierten Erschließungsbereich herausfallen.[2]

Die Region liegt in unmittelbarer Nähe des Oberzentrums Halle und wird von sechs Mittelzentren begrenzt: Artern, Eisleben, Merseburg, Naumburg, Sangerhausen und Weißenfels. Sie liegt fast vollständig im südlichen Sachsen-Anhalt und ragt nur im westlichen Teil einige Kilometer nach Thüringen hinein. Mittelpunkte sind die ehemaligen Kreisstädte Querfurt und Nebra. Mit 300.000 Einwohnern und einer Fläche von 1.630 Quadratkilometern kommt diese Region den idealtypischen Werten noch näher als die zuvor betrachtete - ein Zeichen dafür, daß die abstrakt-theoretische Herleitung für eine Umsetzung in die Praxis geeignet ist.

---

[1] Siehe Kapitel 4.3.

[2] Die Flächenbahn Saale-Unstrut wird auf Basis der Studien über das Flächenbahnkonzept Sachsen-Anhalt Süd entwikkelt. Siehe Wuppertal Institut (1997a) und Hüsing/Schallaböck (1997).

Der überwiegende Teil des Betrachtungsraums gehört zum Burgenlandkreis und zum Kreis Merseburg-Querfurt. Geprägt ist die Landschaft von mehreren Geländestufen, den Tälern von Saale und Unstrut mit ihrem Weinbau sowie vom zurückweichenden Braunkohletagebau, der bereits einige touristisch nutzbare Areale hinterlassen hat. Der Abbau von Erzen ist mittlerweile nahezu eingestellt.

Im Gegensatz zur Region Sieg-Dill ist das vor dem Krieg entstandene Eisenbahnnetz noch in weiten Teilen erhalten. Diese für Ostdeutschland nicht untypische Situation und die Verkehrspolitik des Landes Sachsen-Anhalt bilden eine gute Grundlage für die Umsetzung der Flächenbahn in dieser Gegend. Der überwiegende Teil der Nebenstrecken - insgesamt sind 139 Kilometer in Betrieb - befindet sich zudem in einem guten Ausbauzustand, so daß Geschwindigkeitsanhebungen mit relativ wenig Aufwand zu bewerkstelligen sind.

Kennzeichen des heutigen Bahnangebots sind ein annähernder Zweistundentakt mit veraltetem Rollmaterial, eine ineffiziente Betriebsweise, Reisegeschwindigkeiten, die unterhalb des Vorkriegsniveaus liegen, und infolgedessen eine geringe Nachfrage. Das engmaschige Netz bietet zwar eine gute Erschließung, durch die fehlenden Anschlüsse an potentiellen Umsteigepunkten aber keine für Autofahrer attraktive Bedienung.

Die infrastrukturellen Voraussetzungen machen es jedoch verhältnismäßig leicht, das Angebot spürbar zu verbessern, so daß sich eine Flächenbahn mit erstaunlich geringem Aufwand einführen läßt. Unterstützt wird der Aufbau dieser verkehrspolitischen Alternative durch eine bahnfreundliche Siedlungsstruktur. Charakteristisch sind kompakt bebaute Ortschaften, die unmittelbar an bestehenden oder reaktivierbaren Strecken liegen. Die Verkehrsströme treten stark gebündelt auf und lassen sich daher gut auf die Bahn verlagern.

Aufgrund dieser günstigen Gegebenheiten kommt die Flächenbahn in der Region Saale-Unstrut mit etwa der Hälfte des theoretisch notwendigen Netzes aus[1], obwohl die Erschließungsqualität mit oft weniger als 4.000 Einwohnern je Haltepunkt vergleichsweise sehr hoch liegt. 144 Streckenkilometer und 46 Haltepunkte sind die Grundlage eines Flächenbahnangebots, das mit einer für ländliche Verhältnisse hohen Nachfrage rechnen kann.

Dazu sind zwei Streckenabschnitte zu reaktivieren: die Verbindungen von Laucha nach Saubach und von Oberröblingen nach Allstedt. Eine notwendige Beschleunigung der aufgrund von Geländestufen extrem kurvenreichen Strecke von Querfurt nach Nebra ist nicht ohne einen kompletten Neubau möglich. Dieser wäre aber unangemessen aufwendig, da mehrere große Viadukte gebaut werden müßten, um die Steigungen überwinden zu können. Aus diesem Grund kommt hier der Einsatz eines Schnellbusses in Frage, der in Kapitel 3.2 für den Fall topographisch ungünstigen Geländes entwickelt worden ist. Er kann in annähernder Flächenbahnquali-

[1] Die Hauptstrecken, auf denen ein zusätzlicher Interregioverkehr vorgesehen ist, sind nicht mitgerechnet, da sie als Grenzlinien der Region zu verstehen sind.

tät gefahren werden, erhöht damit die Netzlänge um 37 Kilometer und sorgt für elf weitere Zugangsstellen.

Flächenbahn Saale-Unstrut

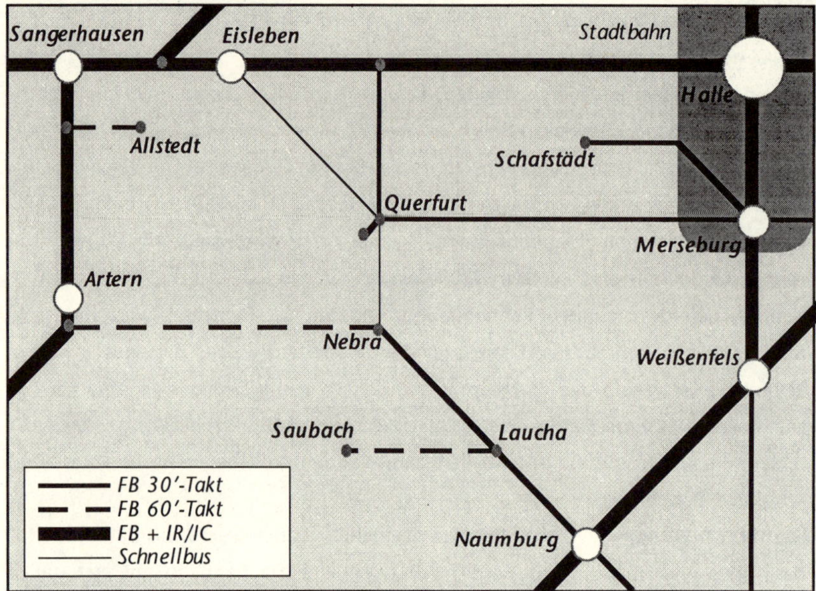

Drei Streckenabschnitte führen durch Gebiete, die sich mit der Bahn zwar sehr gut erschließen lassen; insgesamt verfügen sie aber nicht über soviele Einwohner, daß die erwartete Nachfrage einen Halbstundentakt rechtfertigt. An diesen Stellen erfordert die reale Situation, von den theoretischen Überlegungen abzuweichen. Als angemessen wird auf diesen Abschnitten der Stundentakt angesehen - mit allen damit verbundenen Nachteilen. Sollte sich nach Inbetriebnahme herausstellen, daß die Nachfrage in der gesamten Region die Erwartungen übertrifft, wäre es ein leichtes, auch die zur stündlichen Bedienung vorgesehenen Strecken auf Halbstundentakt umzustellen.

Das Beispiel der Region Saale-Unstrut zeigt, daß sich das Flächenbahngebiet bei günstigen siedlungsstrukturellen Voraussetzungen durchaus noch weiter ausdehnen läßt. Weisen nur einzelne Gemeinden eine geringere Bevölkerungsdichte auf, kann eine Flächenbahnanbindung abweichend vom Idealbild in etwas geminderter Qualität hergestellt werden.

Die Ausarbeitung eines auf die Bahn ausgerichteten Busangebots entsprechend dem in Kapitel 3.2 entwickelten Schema belegt die Behauptung, daß ein gemeinsames Angebot von Schienen- und Straßen-ÖPNV für beide Seiten nutzbringend ist. Die Ausdehnung des Bahnangebots führt zwar an einigen Stellen zum Streichen von Busverbindungen, insgesamt weitet sich das Busangebot und die Nachfrage jedoch um mehr als das Doppelte aus.

Anhand dieser Beispielregion ist im übrigen erstmalig eine detaillierte Kostenrechnung für einen Flächenbahnbetrieb durchgeführt worden, die zu dem Ergebnis kommt, daß die jährlichen Ausgaben für die Flächenbahn im Vergleich zum heutigen Angebot um mehrere Millionen Euro sinken. Die Berechnungen haben das Land Sachsen-Anhalt dazu bewogen, die Flächenbahn in der Region Saale-Unstrut in einer Vorstufe zum 1. Januar 1999 einzuführen.

Region Magdeburger Börde

Mit dem nächsten Beispiel wird wiederum eine Gegend beleuchtet, die als typischer ländlicher Raum anzusehen ist. Zwar finden sich auch hier einige Orte, deren Bevölkerungsdichte unterhalb der Grenze von 60 Einwohnern pro Quadratkilometer liegt, aber auch ebensoviele, die dichter besiedelt sind als das theoretische Flächenbahngebiet. Betrachtet wird der südwestliche Teil der Magdeburger Börde und das daran anschließende Harzvorland.[1]

Diese Region wird im Nordosten von der Landeshauptstadt Magdeburg begrenzt und schließt die Städtekette des Harzvorlandes von Wernigerode bis Aschersleben ein. Mittelpunkt ist damit der historische Eisenbahnknoten Halberstadt. Der zugehörige Kreis Halberstadt weist mit 82.000 Einwohnern auf einer Fläche von 665 Quadratkilometern eine Bevölkerungsdichte von 124 Einwohnern pro Quadratkilometer auf. Rechnet man die teilweise zur betrachteten Region zählenden Kreise Wernigerode und Quedlinburg sowie den Bördekreis hinzu, ergibt sich eine nur leicht abweichende Dichte von 120 Einwohnern pro Quadratkilometer.[2] Mit den Mittelzentren Halberstadt, Wernigerode, Quedlinburg und Aschersleben sowie weiteren drei Städten mit mehr als 15.000 Einwohnern kann die Region nicht als bevölkerungsarm bezeichnet werden.

Das bestehende Eisenbahnnetz ist mit einer Länge von 265 Kilometern für eine Flächenbahn ausreichend dicht, Zugangebot und Streckenzustand hingegen lassen erhebliche Mängel erkennen. Selbst auf der Ost-West-Hauptstrecke Aschersleben - Halberstadt - Wernigerode verkehren Nahverkehrs- und Expreßzüge derzeit nur jeweils im Zweistundentakt, ebenso auf der Relation Magdeburg - Halberstadt. Ein reiner Stundentakt existiert lediglich auf den Strecken Halberstadt - Blankenburg und Halberstadt - Thale, ein angenäherter Stundentakt zwischen Quedlinburg und Aschersleben.[3] Veraltetes Rollmaterial und eine ineffiziente Betriebsweise verursachen zudem unangemessen hohe Kosten.

In einer ersten Stufe der Umsetzung bietet sich daher eine Umlaufoptimierung mit neuen Fahrzeugen an. Leichttriebwagen können mit Einführung eines integralen Taktfahrplans nach dem Flügelzugprinzip verknüpft werden, was zur Verbesserung des Angebots bei gleichzeitiger Kostensenkung führt. Eine generell halbstündli-

[1] Die Überlegungen zur Flächenbahn Magdeburger Börde basieren auf einem Konzept zur kurzfristigen Angebotsverbesserung im Bereich Magdeburg-Halberstadt. Siehe Wuppertal Institut (1998b).

[2] Die Einwohner- und Flächenangaben sind bei Statistisches Bundesamt (1996b) entnommen.

[3] Siehe Deutsche Bahn (1998b).

che Bedienung und streckenseitige Geschwindigkeitsanhebungen sind im Rahmen dieser Startphase entbehrlich.

Auch im Zielzustand kann die Flächenbahn auf das vorhandene Netz zurückgreifen. Die heute angebotene Verbindung von Blumenberg über Egeln nach Staßfurt erweist sich sogar als überflüssig. Auf der Ost-West-Strecke sowie auf der ins Oberzentrum Magdeburg führenden Relation kann die Flächenbahn durch Interregioverkehr ergänzt werden, der aber der Nachfrage entsprechend gegebenenfalls nur stündlich anzubieten ist. Auf den Verbindungen von Nienhagen nach Dedeleben und von Eilsleben nach Schönebeck sind die Verkehrsströme so gering, daß dort auch die Flächenbahn nur im Stundentakt angeboten werden kann. Im touristisch genutzten Harzvorland zeigt die Nachfrageberechnung dagegen ausreichende Potentiale für die halbstündliche Bedienung.

Flächenbahn Magdeburger Börde

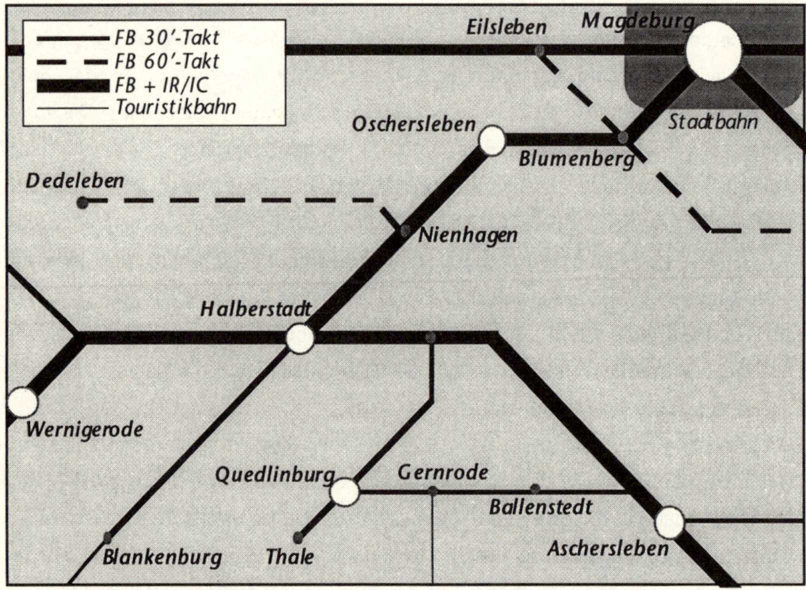

Wichtiges Element der Flächenbahn in dieser Region ist auch im Zielzustand das Flügelzugprinzip. Es zeigt sich, daß unaufwendige Zugtrennungen beziehungsweise -zusammenführungen an drei Verzweigungsbahnhöfen die sich aufteilenden Nachfrageströme sehr gut abbilden können. In Nienhagen ist die Kupplung der Züge von Magdeburg und Dedeleben angebracht, die anschließend in Halberstadt wieder getrennt werden. Von dort fährt der eine Zugteil Richtung Blankenburg und der andere Richtung Quedlinburg. Der Quedlinburger Teil kann - dort angekommen - ein weiteres Mal verflügelt werden, und zwar nach Thale und nach Aschersleben. Damit zeigt sich die Region als besonders flächenbahntypisch.

7.2 Stadt-Umland-Angebote

Im Gegensatz zu den in Kapitel 7.1 betrachteten Ausschnitten werden die folgenden Regionen verkehrlich sehr stark von ihrer Nähe zu den verdichteten Gebieten geprägt. Ohne deren Einfluß wäre das öffentliche Verkehrsnetz anders zu gestalten.

Deutschland ist mit einer Bevölkerungsdichte von durchschnittlich 229 Einwohnern pro Quadratkilometer ein dicht besiedeltes Land. Die polyzentrische Verdichtung hat zur Folge, daß viele ländliche Regionen in unmittelbarer Nachbarschaft von Kernstädten und Ballungsgebieten liegen. Ihre Verkehrsströme laufen daher in bedeutendem Umfang auf diese Zentren zu. Für derartige Übergangsräume vom ländlichen ins städtische Gebiet sind unter anderem die Ausführungen zum Verkehr in Stadtrandzonen maßgeblich, die in Kapitel 3.1 dargelegt sind.

Region Westliches Sauerland

Als erste Übergangsregion wird ein Ausschnitt des ländlichen Raums gewählt, der am Rand der größten europäischen Agglomeration, dem elf Millionen Einwohner zählenden Ballungsraum Rhein-Ruhr, liegt. Südöstlich dieser großen Verdichtungszone schließt sich das Sauerland an, dessen westlicher Teil mit seinem Zentrum Lüdenscheid im folgenden hauptsächlich betrachtet wird. Der gewählte Ausschnitt erstreckt sich im Süden von Lennestadt über Olpe bis Gummersbach und umfaßt damit auch die östlichen Ausläufer des Bergischen Lands.[1]

Schon die zentralörtliche Klassifizierung der Städte zeigt, wie stark der ländliche Raum von städtischen Strukturen gezeichnet ist. Neun Mittelzentren, die in geringem Abstand zueinander liegen, verteilen sich in der Region: Altena, Attendorn, Gummersbach, Lennestadt, Lüdenscheid, Meinerzhagen, Olpe, Plettenberg und Werdohl. Kennzeichen der Region sind kompakt bebaute Siedlungspunkte, die sich allerdings nicht ausschließlich in gut zugänglicher Tallage befinden, sondern zum Teil auf den Höhen oder in Nebentälern liegen. Für die Flächenbahn ergeben sich dadurch nur bedingt brauchbare Voraussetzungen.

Eisenbahnverkehrlich ist die Region von der Ruhr-Sieg-Strecke geprägt, die von Hagen nach Siegen führt und im weiteren Verlauf Frankfurt an das Ruhrgebiet anbindet. Seit jeher stand diese Route im Schatten der landschaftlich reizvolleren Rheinstrecke, auf der die höherwertigen Fernzüge verkehren. Verschiedene Versuche, einen größeren Teil des Fernverkehrs auf die Ruhr-Sieg-Strecke zu lenken, scheiterten, obwohl die Fahrzeit dort kürzer ist.

In der Blütezeit der Eisenbahn war die Region von zahlreichen Nebenstrecken durchzogen, die auch kleinere Ortschaften erschlossen. Die meisten dieser Verbindungen sind heute stillgelegt; auf der aktuellen Streckenkarte zeigt sich ein großes Loch. Sogar das Mittelzentrum Meinerzhagen verfügt nicht mehr über einen

[1] Die gewählte Region diente als regionales Fenster bei Wuppertal Institut/IÖW (1994b) zur Skizzierung des Interregional- und Nahverkehrs. Auf diesen Überlegungen fußen die folgenden Beschreibungen.

Bahnanschluß. Lüdenscheid wird nur noch von Norden, Olpe von Osten und Gummersbach von Westen her erreicht. Auf diesen Linien besteht ein Stundentakt.[1]

Die bis in die jüngste Zeit reichenden Schließungen von Bahnstrecken sind charakteristisch für die autofixierte Verkehrspolitik des Landes Nordrhein-Westfalen. Das Schienenverkehrsangebot im Ballungsraum Rhein-Ruhr erreicht an vielen Stellen nicht einmal die Angebotsdichte, die hier für den ländlichen Raum vorgeschlagen wird. Konsequent werden die Vorteile der zahlreichen Eisenbahntrassen und der aufgrund der Bevölkerungsdichte gebündelt auftretenden Verkehrsströme außer acht gelassen. Die Umsetzung der Flächenbahn dürfte vor diesem Hintergrund in Nordrhein-Westfalen besonders schwierig werden.

Im folgenden wird ausschließlich der ländliche Teil der Region Westliches Sauerland betrachtet, im Sinn der Definition also jene Gemeinden mit einer Bevölkerungsdichte von weniger als 400 Einwohnern pro Quadratkilometer. Dieser Teil umfaßt eine geschlossene Fläche von 1.901 Quadratkilometern, die damit fast genau die Größe der idealtypischen Region erreicht. Mit 427.000 Einwohnern ist das Gebiet für ländliche Verhältnisse überdurchschnittlich dicht besiedelt; auf einem Quadratkilometer leben im Schnitt 225 Einwohner, was etwa dem Bundesdurchschnitt entspricht.

Flächenbahn Westliches Sauerland

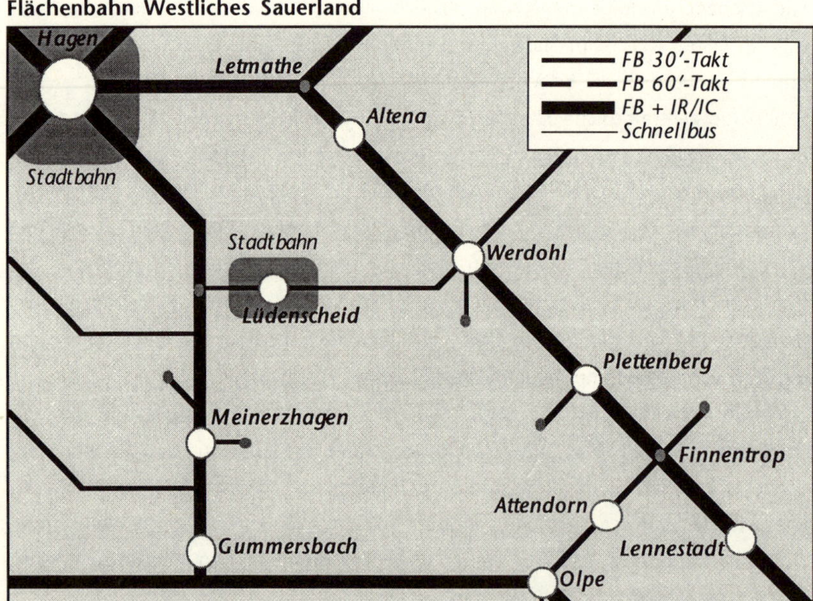

Da das Netz stark ausgedünnt ist, müssen für die Flächenbahn zahlreiche Strecken reaktiviert und neu gebaut werden. Heute existieren nur noch kümmerliche 87 Kilometer. Nach den Überlegungen des Konzepts sind für ein ausreichend attraktives Angebot mindestens 315 Kilometer, gemessen an der Bevölkerungszahl sogar 450

[1] Siehe Deutsche Bahn (1998b).

Kilometer Flächenbahnstrecke erforderlich. Eine genauere Analyse der Region ergibt einen Bedarf von 401 Kilometern Netzlänge, von denen 116 Kilometer zusätzlich von Interregios zu befahren sind. Das heißt, selbst für die höherwertigen Zuggattungen sind neue Streckenabschnitte zu errichten.

Interregionalverkehr ist neben der Ruhr-Sieg-Strecke, auf der bereits heute Interregios verkehren, auf zwei weiteren Relationen erforderlich: zwischen Siegen und Köln über Olpe und Gummersbach-Süd sowie zwischen Hagen und Gummersbach über Lüdenscheid-Brügge und Meinerzhagen. Er ergänzt die Flächenbahn, die auf diesen Strecken ebenso wie auf den übrigen Verbindungen im Halbstundentakt fahren kann.

Die reinen Flächenbahnstrecken haben oft Straßenbahncharakter, da sie zu einem nicht unerheblichen Teil die Vororte der Städte erschließen. Durchgehende Linien, die über die in der Karte verzeichneten hinausgehen, sind nicht notwendig, aufgrund der Topographie aber auch kaum möglich. Bereits die geplanten Flächenbahnstrecken müssen auf relativ kurzen Abschnitten zum Teil erhebliche Höhenunterschiede überwinden.

Im Ergebnis zeigt die Region Westliches Sauerland, daß sich die theoretischen Überlegungen zur Flächenbahn gut auf konkrete Räume übertragen lassen. Dazu sind umfangreiche Baumaßnahmen erforderlich: 119 Kilometer Strecke müssen reaktiviert und 195 Kilometer neu trassiert werden.

Die Stadt Lüdenscheid erstreckt sich über eine Fläche, die groß genug ist, um eine im Zehnminutentakt fahrende Stadtbahn einzuführen. Sie kann die Flächenbahn sinnvoll ergänzen. Eine tiefergehende Untersuchung hätte zu klären, ob der Stadtbahnbetrieb mit den Triebwagen der Flächenbahn ausgeführt oder ob eine elektrifizierte Stadtbahn auf die gesamte Strecke zwischen Werdohl und Brügge ausgedehnt werden kann.

Region Münsterland

Anders als die Region Westliches Sauerland ist die Region Münsterland nicht auf ein mehrkerniges Ballungsgebiet ausgerichtet, sondern ausschließlich auf das Oberzentrum Münster. Mit 265.000 Einwohnern erfüllt die Stadt, die im Landesentwicklungsplan als solitäres Verdichtungsgebiet ausgewiesen ist, vielschichtige Funktionen für das Umland. Im oberzentralen Einzugsbereich wohnen weit über eine Million Menschen. Von insgesamt 19 Mittelzentren, die im Einzugsbereich liegen, entfallen vier auf die betrachtete Region Münsterland: Dülmen, Greven, Lüdinghausen und Warendorf. Umgeben ist die Stadt Münster von den drei Kreisen Coesfeld, Steinfurt und Warendorf.[1]

Aus den Pendlerströmen der Region läßt sich eine klare Konzentration auf das Zentrum ablesen; tangential verlaufende Verkehre haben ein weitaus geringeres

---

[1] Zum Landesentwicklungsplan siehe Institut für Landes- und Stadtentwicklungsforschung des Landes Nordrhein-Westfalen (1996). Die Entwicklung der Flächenbahn Münsterland basiert auf Hüsing (1995).

Gewicht. Diese Situation spiegeln die bedeutenden Entwicklungsachsen wider, die der Landesentwicklungsplan für die Region ausweist. Er verzeichnet fünf großräumige Achsen, von denen zwei als europäisch bedeutend klassifiziert sind, sowie drei überregionale Achsen, die allesamt durch Münster verlaufen.

Intensive Verkehrsbeziehungen bestehen erstens innerhalb des Stadtgebiets, zweitens zwischen Münster und seinem direkten Umland und drittens zwischen Münster und den benachbarten Oberzentren. Das hier vor allem interessierende Umland bietet für die Flächenbahn ausgesprochen günstige Voraussetzungen. Neben den Nachfragepotentialen, die sich aus den Verkehrsströmen ableiten lassen, ist die Topographie der Münsterschen Kreidemulde einer Bahnerschließung förderlich, da sie der Trassierung keine Hindernisse in den Weg stellt. Infolgedessen ist das historische Eisenbahnnetz der Region bis heute nahezu vollständig erhalten und gut ausgelastet. Münster ist nämlich nicht nur für sein dichtes Radwegenetz bekannt, sondern auch seit über einem Jahrhundert ein bedeutender Eisenbahnknoten.

Es existieren neun Bahnstrecken, die sternförmig auf die Stadt zulaufen. Bis auf die Verbindung nach Beckum werden alle im Personenverkehr betrieben. Sie erschließen das Umland, das vollständig zum dichteren Teil des Flächenbahngebiets gehört. Mit 179, 205 und 229 Einwohnern pro Quadratkilometer bieten die umliegenden Kreise gute Voraussetzungen für ein hochwertiges Bahnangebot, denn die Zersiedelung hält sich in Grenzen.

Von den genannten Strecken sind fünf elektrifiziert, von denen wiederum vier zweigleisig ausgebaut sind. Richtung Osnabrück/Bremen und Richtung Lünen/Dortmund verkehren Intercitys im Stundentakt; über Dülmen in Richtung Gelsenkirchen fahren sie in unregelmäßigen Abständen. Auf vier Ästen verkehren alle zwei Stunden Interregios, und zwar in die Richtungen Greven/Rheine, Osnabrück, Hamm und Dülmen/Gelsenkirchen, wobei die letztgenannte Relation sogar über zwei IR-Linien verfügt.

Ein Nahverkehrsangebot existiert auf allen Strecken. Sie werden entweder im Stundentakt oder stündlich ohne Takt von Regionalbahn-Zügen befahren. Hinzu kommen einige Regionalexpreß-Linien, die das Angebot Richtung Dülmen/Gelsenkirchen, Hamm und Greven/Rheine verstärken. Damit ist die Region bereits heute vergleichsweise gut mit Nah- und Fernverkehrsverbindungen auf der Schiene versorgt.

Gleichwohl erreicht das Angebot längst nicht die Qualität der Flächenbahn. Die dafür erforderlichen Verbesserungen lassen sich jedoch mit relativ wenig Aufwand bewerkstelligen, da kein umfangreicher Aus- und Neubau der Streckeninfrastruktur erforderlich ist. Der Fahrplan der Flächenbahn unterscheidet sich vom heutigen hauptsächlich durch den integrierten Halbstundentakt, der auf den bestehenden Linien einzuführen ist. Auf den elektrifizierten Strecken sollte der ergänzende Interregional- und Fernverkehr systematisiert und verdichtet werden.

Die Erschließung der Region läßt sich weiter verbessern, wenn erstens die Strecke nach Beckum wieder in Betrieb genommen wird und zweitens an zwei weiteren Stellen neue Trassen geschaffen werden. Letztere können Lüdinghausen und Nottuln an Münster anschließen. Da die neuen Äste beide von der Strecke nach Dülmen abzweigen, bietet sich hier das Flügelzugprinzip an.

Flächenbahn Münsterland

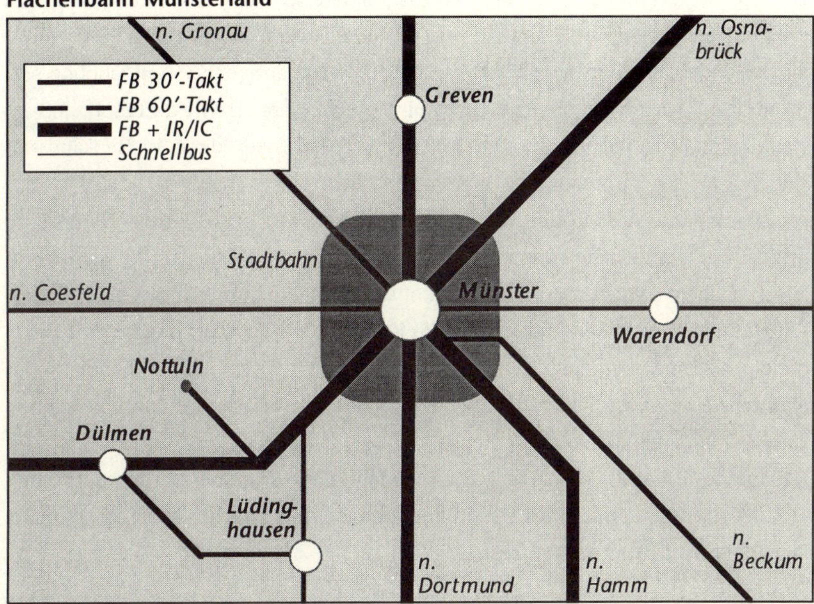

Die Stadt Münster ist aufgrund ihrer Größe und baulichen Struktur für ein eigenes Stadtbahnsystem geeignet, das die bestehenden Buslinien ergänzen und zum Teil ersetzen kann. Für entsprechende Linien bieten sich die Haupteinfallstraßen an, da dort die großen Verkehrsströme verlaufen und außerdem genügend Platz für oberirdische Gleisanlagen vorhanden ist. Es ergeben sich damit acht Äste, die auf die Innenstadt zulaufen und die sich an einem zentralen Verknüpfungspunkt zu vier durchgehenden Linien verbinden lassen.

Das Stadtbahnsystem ist aber nicht isoliert von der Flächenbahn zu sehen, es muß vielmehr mit dieser verknüpft werden. Denn in der Regel haben die aus dem Umland kommenden Pendler nicht den Hauptbahnhof zum Ziel, sondern andere Punkte in der Stadt. Deshalb erscheint es angebracht, den zentralen Verknüpfungspunkt der Stadtbahnlinien an den Bahnhofsvorplatz zu legen. Damit ist ein schnelles Umsteigen zwischen den Systemen möglich. Wer mit der Flächenbahn oder anderen Zügen anreist, kann bequem mit der Stadtbahn bis zu seinem Zielpunkt weiterfahren.

Gemeinhin tritt eine nennenswerte Zahl von Fällen auf, in denen das geschilderte Procedere dazu führt, daß die betreffenden Personen nach dem Umsteigen in die Stadtbahn ein Stück weit in die Richtung zurückfahren müssen, aus der sie zuvor gekommen sind. Wenn ihr Ziel an der Flächenbahnstrecke liegt, über die sie zum Hauptbahnhof fahren, treten erhebliche Zeitverluste auf. Dies läßt sich vermeiden, indem die Flächenbahn innerhalb des Stadtgebiets in kurzen Abständen hält - so wie es die Stadtbahn tut. Diese Lösung wirft jedoch neue Probleme auf, da sich die Fahrzeit der Flächenbahn für all jene verlängert, die zum Hauptbahnhof wollen, um in andere Richtungen weiterzureisen.

Deshalb wird vorgeschlagen, die Stadtbahnlinien so nach außen zu führen, daß sie die Flächenbahn am Stadtrand schneiden oder dort enden. Diese Punkte sind zu Umsteigebahnhöfen auszubauen, so daß Umwege über den Hauptbahnhof entfallen. Die Flächenbahn braucht dann nur noch an dieser Umsteigestation und am Hauptbahnhof zu halten, was die Fahrzeit kurz hält. Auf diese Weise kann das Angebot für alle Verbindungen verbessert werden.[1]

Als eine weitere Ausbaustufe wäre eine Übertragbarkeit des Karlsruher Modells zu prüfen. Die Flächenbahn könnte dann über eine Weichenstraße auf die Stadtbahnstrecken überwechseln. Andersherum könnte die Stadtbahn auch die elektrifizierten Flächenbahnstrecken mitbenutzen. Es ist aber auch denkbar, die Systeme unabhängig voneinander laufen zu lassen, das halbstündliche Flächenbahnangebot aber teilweise durch Stadtbahnzüge, die nur auf dem Flächenbahnnetz verkehren, zum Zehnminutentakt zu verdichten.

Häufiger als im Abstand von zehn Minuten fahren die Züge bereits im städtischen Teil der nächsten Region. Mit dem folgenden Beispiel wird bewußt ein in mehrfacher Hinsicht extremer Fall ausgewählt.

Region Spandau-Nauen

An keiner anderen Stelle bricht die Besiedlungsdichte so scharf ab wie am Übergang zwischen dem Westteil der Metropole Berlin und dem extrem dünn besiedelten Brandenburg. Diese Situation ist aus der 40jährigen Isolation Westberlins während der deutschen Teilung zu erklären.

Die beiden Dichtekarten im vorderen Teil der vorliegenden Studie zeigen denn auch ein übergangsloses Aneinanderstoßen von schwarzen und hellgrauen Flächen. Wer diese Gegend durchquert, stellt fest, daß sich hier auch etliche Jahre nach dem Fall der Mauer zwei unterschiedliche Welten begegnen. Sie nähern sich zwar stetig an, werden aber noch eine ganze Weile brauchen, bis der genaue Verlauf der Frontlinie des kalten Krieges unsichtbar wird.

Als Flächenbahnregion wird die Achse gewählt, die von Spandau aus über Falkensee bis Nauen entlang der international bedeutenden Verkehrswege verläuft, die Berlin von Westen her erreichen. Damit ist neben dem ländlichen Teil Brandenburgs auch ein Teil des dicht besiedelten Berlins enthalten. Auch wenn die Vereinigung der beiden Bundesländer vorerst gescheitert ist, besteht weiterhin der so-

[1] Siehe auch Kapitel 3.1.

genannte engere Verflechtungsraum Berlin-Brandenburg, dem neben der Hauptstadt auch die angrenzenden Landkreise angehören.[1]

Der betrachtete Ausschnitt dieses Verflechtungsraums zählt 245.000 Einwohner auf einer Fläche von 304 Quadratkilometern und ist damit im Vergleich zu den anderen Beispielregionen recht klein. Die völlig unterschiedlich strukturierten Teilräume deckt er jedoch in ausreichendem Maße ab. In der brandenburgischen Hälfte der Region liegt die Bevölkerungsdichte bei 187 Einwohnern pro Quadratkilometer, in der Spandauer Hälfte ist sie dagegen 16 mal so hoch: dort leben 2.998 Einwohner auf einem Quadratkilometer.

Im ländlichen Abschnitt der Region, der 78 Prozent ihrer Fläche ausmacht und vollständig zum Landkreis Havelland gehört, kommt hinzu, daß sich der weit überwiegende Anteil der Bevölkerung auf die beiden Städte Nauen und Falkensee verteilt. Im Mittelzentrum Nauen leben 10.000 Menschen, in Falkensee, das als Grundzentrum mit Teilfunktionen eines Mittelzentrums klassifiziert ist, 23.000 Menschen.

Die Nahverkehrsströme der Region Spandau-Nauen zeigen deutlich, daß lediglich die Relation Nauen - Falkensee - Spandau mit einer Flächenbahn im Halbstundentakt bedient werden kann. Parallel verlaufende und Tangentialströme haben keine ausreichende Größe. Auf zwei Strecken läßt sich dennoch ein Nahverkehrsangebot im Stundentakt rechtfertigen: von Spandau in Richtung Wustermark und auf dem bei Wustermark kreuzenden äußeren Eisenbahnring.

Flächenbahn Spandau-Nauen

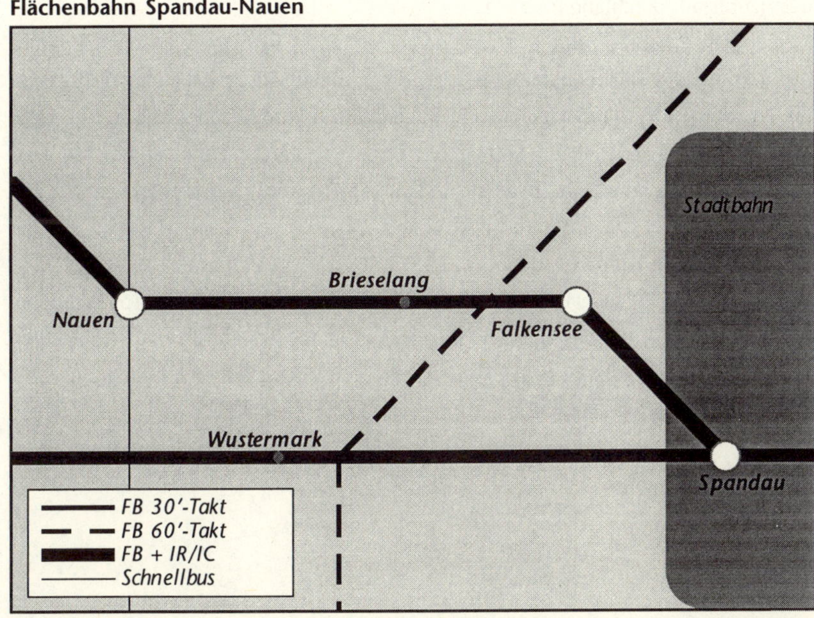

[1] Die Basis der folgenden Beschreibungen bildet eine Untersuchung über Entlastungspotentiale durch Verkehrsorganisation und Verkehrslenkung im engeren Verflechtungsraum Berlin-Brandenburg. Siehe Wuppertal Institut (1998a).

Die beiden in Spandau aufeinandertreffenden Radialstrecken dienen in erster Linie dem Fernverkehr. Damit bestätigt sich die Aussage, daß in sehr dünn besiedelten Gebieten eine Nahverkehrsverbindung zwischen größeren Gemeinden hauptsächlich dann möglich ist, wenn dort eine Fernverkehrsstrecke besteht.
Die übrigen Verkehrsströme, die eine geringere Ausprägung haben, sind auf Bus und Individualverkehr aufzuteilen. Für ein Schnellbusangebot eignet sich die Linie Oranienburg - Nauen - Ketzin, während zwischen Oranienburg, Falkensee und Potsdam eher ein Regionalbus in Frage kommt. Diese beiden Angebote können durch Ortsbussysteme in Nauen, Brieselang und Falkensee ergänzt werden sowie durch Rufbusse und Anruf-Sammel-Taxis in den übrigen Orten. Wichtig ist, den Straßen-ÖPNV auf die Bahn auszurichten, wozu sich insbesondere Verknüpfungspunkte in Nauen und Falkensee eignen.[1]
In Berlin besteht schon heute ein vergleichsweise sehr gutes öffentliches Verkehrsangebot, das aber dennoch um eine weitere Stufe zu verbessern ist. Vor allem Verdichtungen in den Schwachlastzeiten können bis hin zum Rund-um-die-Uhr-Angebot für Attraktivitätssteigerungen sorgen. Im übrigen eignet sich Berlin aufgrund seiner extrem kompakten Bauweise ausgesprochen gut für autofreien Verkehr. Bei verbesserten Alternativen des Umweltverbunds gilt das nicht nur für einzelne Quartiere, sondern für die gesamte Stadt.
Die Region Spandau-Nauen betreffend sind zwei Angebotsvarianten zielführend: Entweder kann die S-Bahn bis Nauen verlängert werden oder ein Expreßzug die brandenburgischen Halte bedienen und dann ab Spandau direkt bis ins Zentrum der Hauptstadt durchfahren.
Mit diesem Ergebnis zeigt sich auf der einen Seite, wie treffend die gewählte Abgrenzung des Flächenbahngebiets ist; denn sobald die Bevölkerungsdichte von 60 Einwohnern pro Quadratkilometer unterschritten wird, können die entwickelte Netzdichte und der Halbstundentakt nicht mehr uneingeschränkt angeboten werden. Auf der anderen Seite zeigt sich, daß Gebiete, die im theoretischen Modell als nicht mehr bahnwürdig klassifiziert sind, in manchen Fällen durchaus mit der Bahn erschlossen werden können.
Das bestätigt sich auch in Regionen, die vornehmlich durch den Tourismus geprägt sind. Dort muß das Flächenbahnangebot jedoch besondere Anforderungen erfüllen, die dazu führen, daß fallweise von den entwickelten Leitlinien deutlicher abgewichen werden muß.

[1] Siehe auch Kapitel 3.2.

7.3 Tourismusorientierte Netze

Als Abgrenzungskriterium des Flächenbahngebiets dient ausschließlich die Bevölkerungsdichte. In den Kapiteln 2.2, 3.1 und 4.1, in denen dieses Gebiet entwickelt wird, findet sich jedoch der Hinweis auf mögliche Abweichungen in touristisch geprägten Regionen. Trotz extrem dünner Besiedlung können die Verkehrsströme durch umfangreichen Freizeitverkehr soweit anwachsen, daß auch dort ein Markt für die Flächenbahn besteht. Zu berücksichtigen sind allerdings die jahreszeitlich und wetterbedingten Schwankungen der Nachfrage, die mitunter stark ausgeprägt sind. Während der Saison ist deshalb von anderen Fahrplänen auszugehen, als außerhalb der Ferienzeiten; ähnliche Unterscheidungen werden sich zwischen Werktagen und Wochenenden als geeignet erweisen.

Region Müritz

Als ein typisches Tourismusgebiet, das Besucher über die deutschen Grenzen hinweg anzieht, wird als erstes die Mecklenburgische Seenplatte betrachtet. Diese leicht wellige, von Moränen und Sanderflächen geprägte Gegend ist besonders rund um die Müritz ein attraktives und oft nachgefragtes Ferienziel.

Die in Mecklenburg-Vorpommern gelegene Region Müritz weist eine für das gesamte Bundesland charakteristische dünne Besiedlung auf. Im Schnitt 68 Einwohner pro Quadratkilometer machen eine Bahnerschließung äußerst schwierig - zumal in Anbetracht der Bevölkerungsverteilung innerhalb der Region. Nur wenige Orte erreichen eine Dichte von mehr als 60 Einwohnern pro Quadratkilometer; die meisten Gemeinden gehören somit nicht mehr zum Flächenbahngebiet.

Die Region wird im Westen durch die Mittelzentren Güstrow und Pritzwalk begrenzt, im Osten durch das Oberzentrum Neubrandenburg. Weitere Mittelzentren, die im betrachteten Gebiet liegen, sind Neustrelitz und Wittstock sowie die zentral gelegene Stadt Waren als Sitz des Müritzkreises. Für eine Flächenbahnregion ist das Gebiet mit 2.935 Quadratkilometern relativ groß und hat zugleich erheblich weniger Einwohner als im idealtypischen Fall (202.000).[1]

Bekannt ist die Region Müritz vor allem durch ihre Seen und den Nationalpark. Als häufigste Tourismusaktivitäten werden dementsprechend Schwimmen, Bootsfahrten, Wandern, Radfahren und Tierbeobachtung genannt. Zu fragen ist, welche Rolle die Eisenbahn im Rahmen des Freizeitverkehrs spielen kann.

Das noch vor wenigen Jahren sehr umfangreiche Streckennetz ist mittlerweile deutlich geschrumpft, wenngleich im Verhältnis zur Einwohnerzahl auch heute noch eine dichte Infrastruktur vorgehalten wird. Durchquert wird die Region von der Lloydbahn, die von Rostock über Güstrow und Neustrelitz Richtung Berlin verläuft. Auf dieser Strecke wird der Interregioverkehr sporadisch von einigen Nahverkehrszügen ergänzt. Alle anderen Strecken, die heute im Personenverkehr

[1] Die Idee einer Flächenbahn Müritz geht auf Wuppertal Institut (1996) zurück.

betrieben werden, bieten ausschließlich Regionalbahnangebote, die zumeist im unattraktiven Zweistundentakt fahren. Im einzelnen bestehen die Nordbahn von Berlin über Neustrelitz und Neubrandenburg nach Stralsund, die Märkische Südbahn von Ludwigslust über Karow nach Waren, die Strecke von Güstrow über Karow nach Pritzwalk sowie die Verbindung von Güstrow nach Neubrandenburg, die über Teterow und Malchin führt. Von der Strecke Pritzwalk - Neustrelitz wird nur noch das Teilstück zwischen Mirow und Neustrelitz bedient.[1]

Kennzeichnend für den Betrieb sind geringe Geschwindigkeiten, was insofern verwunderlich ist, als keine Höhenzüge zu überwinden sind und die Strecken daher zumeist schnurgerade verlaufen. Der Oberbau ist jedoch in derart schlechtem Zustand, daß nicht schneller gefahren werden kann. Veraltet ist häufig auch das Rollmaterial, das ebensowenig einladend wirkt wie die übrigen Angebotsparameter.

Lage und Bezeichnung einiger Haltepunkte muten heutzutage mitunter etwas kurios an. Historisch begründet hat man zu Zeiten des Bahnbaus die Zugangsstellen oft zwischen zwei Ortschaften gelegt, so daß mit einem Halt gleich zwei Orte angebunden waren. In vorautomobiler Lebensweise war das sicher berechtigt, denn auf dem Land war man an längere Fußmärsche gewohnt beziehungsweise mit dem Pferdefuhrwerk unterwegs. Mit einem Bahnanschluß wurde dort schon einiges geboten, selbst wenn er erst auf halbem Weg zum Nachbardorf lag.

Gegen Ende des 20. Jahrhunderts allerdings fragt man sich angesichts eines Haltepunkts, in dessen Nähe sich außer einem ungepflasterten Feldweg nur Wiese und Weide befindet, ob die Zeit stehengeblieben ist. Vom Namen des Haltepunkts auf den nächstgelegenen Ort schließen zu wollen, erweist sich übrigens nicht selten als verkehrt; denn zum Ausgleich für die größere Entfernung wurde wohl oft die etwas weiter weg liegende Siedlung namengebend.

Eine Flächenbahn kann in der Region Müritz nur mit infrastrukturellen Verbesserungen zum Einsatz kommen. Das Angebot wird zudem vom bisherigen ebenso abweichen müssen wie von dem im theoretischen Modell entwickelten. Erfolg wird nur eine Touristik-Flächenbahn haben, die konsequent auf die Bedürfnisse des Freizeitverkehrs zugeschnitten ist und über Synergieeffekte zugleich ein Nahverkehrsangebot für die einheimische Bevölkerung bereitstellen kann.

Aus diesen Überlegungen wird das Müritz-Modell entwickelt, für das der Bahnknoten Waren und zwei Ringbahnen kennzeichnend sind. Die Flächenbahn im Halbstundentakt wird nur zwischen Waren und dem Oberzentrum Neubrandenburg angeboten, während die Verbindung von Güstrow nach Neubrandenburg nur stündlich bedient werden kann. Die übrigen Nebenstrecken sind in erster Linie für den Freizeitverkehr zu gestalten.

Unter Einbindung bestehender und stillgelegter Streckenabschnitte kann eine Nationalpark-Ringbahn entstehen (dort einziges motorisiertes Verkehrsmittel) und

[1] Siehe Deutsche Bahn (1998b).

außerdem eine Müritz-Ringbahn, die vornehmlich das Seengebiet erschließt. Der erste Ring verläuft von Waren über Neustrelitz, Mirow und Röbel zum Ausgangspunkt zurück; der zweite Ring, der ebenfalls von Waren ausgeht, nimmt die Route über Karow, Ganzlin und Röbel. Ein Ringverkehr kann zum einen genutzt werden, um die Fahrgäste zu touristischen Zielen zu befördern und zum anderen, um Aussichtsfahrten anzubieten. Wird der Besichtigungsverkehr in ein komplettes Animationsprogramm eingebunden, ist während der Saison mit einer hohen Nachfrage zu rechnen.

Flächenbahn Müritz

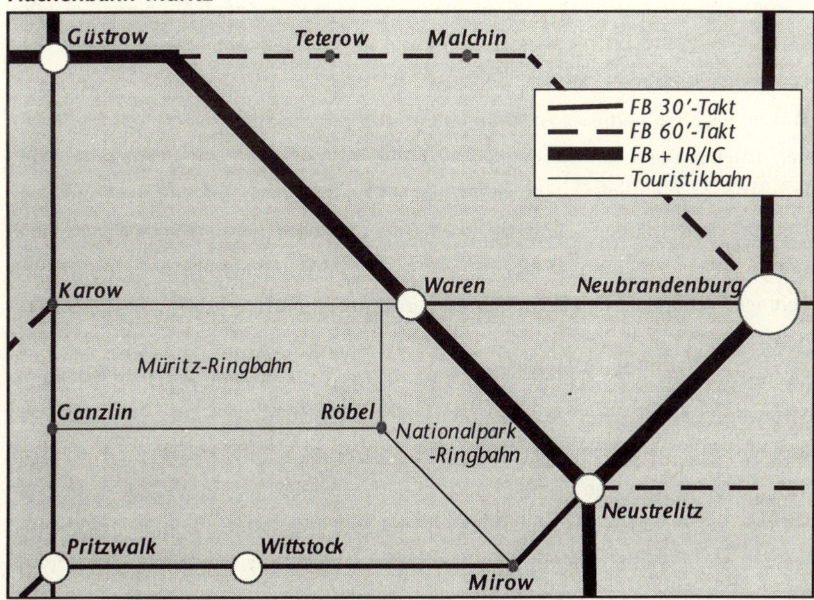

Beide Ringe können im Sinn des Flügelzugprinzips miteinander verknüpft werden; das gleiche gilt für die Verbindung mit dem übrigen Flächenbahnverkehr auf den Strecken, die von Pritzwalk aus nach Norden und nach Osten führen. Ein wichtiger Unterschied zu den anderen Regionen besteht in der Gestaltung der Triebwagen, in denen genügend Stauraum für Sportgeräte wie zum Beispiel Boote vorzusehen ist.

Ein eigenständiges Angebot ist damit nicht denkbar, ohne einen Schwerpunkt auf den Freizeitverkehr zu legen. Mit dem skizzierten Modell kann ein Bahnangebot sichergestellt werden, das erstens ermöglicht, die touristischen Zielorte ohne Auto zu erreichen und das zweitens für den regionalen Nahverkehr interessant ist. Um die Synergien nutzen zu können, bedarf es einer Einbindung der Tourismusbranche, also unter anderem der Tourismusverbände, Verkehrsvereine, Hoteliers, Tagungshäuser und so weiter. Angebracht ist auch die Einbindung des kommerziellen Schiffsverkehrs.

Region Ostharz

Eine andere touristisch geprägte Region ist der Harz, dessen landschaftlich besonders reizvoller Teil wiederum nicht mehr zum rechnerischen Flächenbahngebiet gehört, da seine Besiedlungsdichte mehrheitlich unterhalb der Grenze von 60 Einwohnern pro Quadratkilometer liegt. Das Harzvorland dagegen ist zu überwiegenden Teilen dem Flächenbahngebiet zuzurechnen.

Als zweite Beispielregion wird der östliche Teil des Harzes gewählt, auf dem auch die höchste Erhebung liegt: der Brocken. Die Region Ostharz umfaßt weite Teile der Landkreise Wernigerode, Quedlinburg und Nordhausen, deren Kreisstädte als Mittelzentren klassifiziert sind. In allen drei Kreisen zusammen wohnen 282.000 Menschen.[1]

Große Areale sind als Naturschutz- oder als Landschaftsschutzgebiet ausgewiesen. Starker Nachfrage erfreuen sich zahlreiche Ausflugsziele, zum Beispiel das Hochharzplateau, Selke- und Bodetal, die Städte Wernigerode und Quedlinburg, das industriegeschichtlich interessante Rübeland und selbstverständlich der Brocken. Neben Tagesausflüglern und Urlaubern, die aufgrund der landschaftlichen und städtebaulichen Sehenswürdigkeiten in die Region kommen, prägen das Bild zunehmend Gäste, die den Bereichen Kur-, Bildungs-, und Tagungstourismus zuzuordnen sind.

Eisenbahnverkehrlich dominiert im Ostharz das 1.000-Millimeter-Netz der Harzer Schmalspurbahnen. Sie betreiben die Harzquerbahn, die Selketalbahn und die Brockenbahn, die zusammen 130 Kilometer lang sind. Das Angebot ist saisonal unterschiedlich groß und umfaßt auch eine ganze Reihe von Sonderzügen, die von Firmen und Privatleuten gechartert werden. Mit Ausnahme einiger Triebwagen werden die Züge mit historischen Dampflokomotiven bespannt, die nur geringe Reisegeschwindigkeiten erreichen. Die kurvenreiche Trassierung und die Steigungen lassen sehr viel höhere Geschwindigkeiten nicht zu.

Mit Ausnahme des Abschnitts von Ilfeld nach Nordhausen, auf dem die Bahn zahlreiche Pendler befördert, wird das Angebot fast ausschließlich von Touristen genutzt. Anziehungskraft hat dabei nicht nur der Harz, sondern auch der Dampflokbetrieb. Diese Art der Bespannung ist allerdings nicht geeignet, Umwelt- und Gesundheitsbelastungen abzubauen, da die alten Lokomotiven offenkundig für erhebliche Emissionen verantwortlich sind.

Für eine Flächenbahn ist die Dampftraktion entbehrlich, soweit Touristen mitfahren, die nicht an der Eisenbahntechnik, sondern an der Landschaft interessiert sind. Ihnen kann als Anreiz die Fahrt mit modernen, klimatisierten Panoramawagen geboten werden, in denen auch die gastronomische Versorgung sichergestellt ist. Der Dampflokbetrieb hat als Museumsbahn sicher seine Berechtigung und trägt - ähnlich wie die Oldtimermuseen der Automobilfirmen - zum positiven Image der

[1] Die Entwicklung einer Flächenbahn Ostharz basiert auf den Studien Wuppertal Institut (1997d) und Planersocietät/Wuppertal Institut (1997).

gesamten Bahn bei. Er sollte jedoch nur in einem Umfang betrieben werden, der notwendig ist, um die spezifische Nachfrage zu befriedigen.

Flächenbahn Ostharz

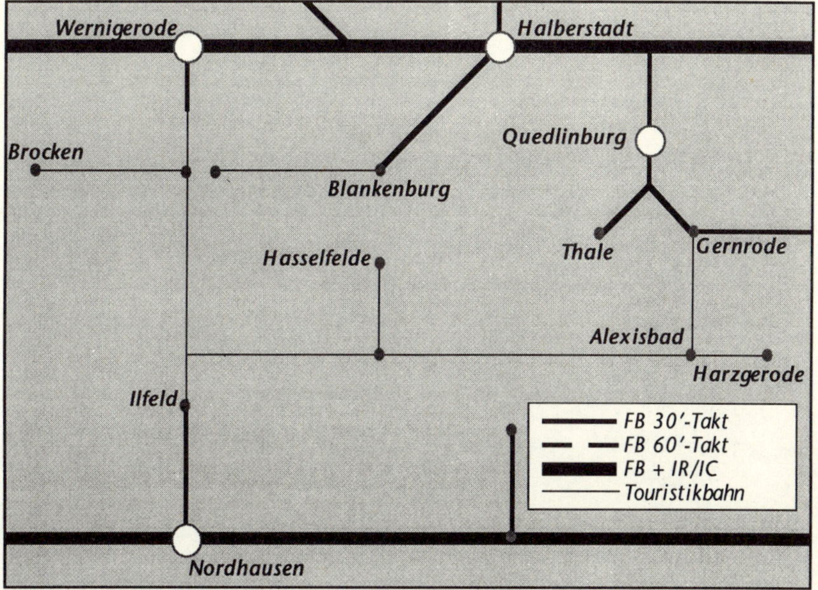

Da der Ostharz mit seiner einmaligen Naturlandschaft als besonders schützenswert einzustufen ist, scheinen hier ähnlich wie im Müritz-Nationalpark Überlegungen angebracht, den Autoverkehr in der Region drastisch einzuschränken. Für Touristen wäre der Zugang dann nur noch unmotorisiert oder mit Bus und Bahn möglich. Das Schmalspurbahnnetz könnte auf diese Weise effektiv ausgelastet werden; es wären sogar einige Lückenschlüsse zu diskutieren.

Mit den so gewonnenen Belastungsminderungen ließe sich ein begrenzter Dampf-Fahrplan im übrigen wesentlich besser begründen. Werden zudem statt der Altbaulokomotiven hauptsächlich neue Dampfloks eingesetzt, läßt sich eine positive Umweltbilanz mit einem interessanten Freizeitangebot hervorragend kombinieren. Dazu ist ein touristisches Gesamtkonzept erforderlich, in dem die Eisenbahn allerdings eine zentrale Rolle spielt. Eine moderne Touristikbahn, die von Fahrten einer Nostalgiebahn ergänzt wird, ist insoweit als Bestandteil der Flächenbahn anzusehen, als sie die Region für den Freizeitverkehr erschließt und eine Alternative zum Auto bietet.

Aus der Betrachtung der acht Beispielregionen läßt sich ein positives Fazit ziehen. Es zeigt sich, das die Flächenbahn kein abstraktes Gedankengebäude bleiben muß, sondern in realen ländlichen Regionen ein Verkehrsmittel der Zukunft sein kann. Mit dem Beginn der Umsetzung in der Region Saale-Unstrut wird sie einem ersten Praxistest unterzogen - weitere sollten folgen. Wie es im einzelnen weitergehen kann, zeigt das folgende Umsetzungsprogramm.

8. Umsetzungsprogramm

8.1 Handlungsfelder

„Warum sich in der Verkehrspolitik nichts ändert? Weil die Investitionsverlagerung von der Straße zur Schiene ein Märchen ist. Weil sich viele (...) auf die Erhaltung des Status quo eingerichtet haben. Weil wirksame Ideen wie eine Ökosteuerreform als hochverratsähnliche Ideen durchgeknallter Grüner niedergeschrieben werden. Weil (...) die Bahn bejubelt, aber mit dem Auto gefahren wird. Denn merke: Hauptproblem der Verkehrspolitik ist die Doppelzüngigkeit."[1] So treffend, wie der Verkehrsreferent vom Bund für Umwelt und Naturschutz Deutschland es ausdrückt, wird das Problem selten auf den Punkt gebracht. Seine Aussage deutet auf schwerwiegende Umsetzungshemmnisse verkehrspolitischer Alternativen hin - ein wichtiger Grund, die systemanalytische Betrachtung um implementative Aspekte zur Politikanalyse zu erweitern.[2]

Mit der in Kapitel 6 vorgenommenen Untersuchung der Deregulierung des öffentlichen Verkehrs und der Entwicklung einer zielorientierten Organisationsstruktur ist ein erster Schritt getan. Bis zum Start der Umsetzung fehlt jedoch noch ein weiterer Zwischenschritt. In Analogie zum üblichen Dreisprung Konzept - Maßnahme - Umsetzung muß das Konzept vor der Entwicklung eines Umsetzungsprogramms in Maßnahmen übersetzt werden.[3]

Im Unterschied zu den Ausarbeitungen in Teil B, der die Flächenbahn durch Verknüpfung von Status-quo-Analyse und deduktiver Ableitung von Erfordernissen im idealtypischen Zielzustand des Jahres 2015 darstellt, geht es im folgenden um die etwa 15jährige Übergangsperiode. Denn die Flächenbahn kann man nicht innerhalb eines Jahres schaffen, sondern nur in vielen kleinen Schritten.

Abgesehen von der kulturellen Selbstblockade der Politik[4] konnte die Flächenbahn bislang aus einem ganz handfesten Grund nicht in die Realität umgesetzt werden: es fehlte ein umfassendes politisches Konzept. Wahlprogramme der Parteien zeichnen sich durch ihre Unverbindlichkeit aus und öffnen zu kurz gegriffenen Argumenten und falschen Behauptungen Tür und Tor. Forderungskataloge von Verbänden haben oft Scheuklappen angelegt und verzichten auf seriöse Kostenbetrachtungen. Der notwendige Detailreichtum wird nur von wenigen Studien erreicht, die sich auf eine einzelne Strecke oder Region beziehen.[5] Auf einen kleinen räumlichen Ausschnitt beschränkt, verliert die Flächenbahn jedoch ihre angestrebte Wirkung. Im übrigen verdienen einzelne Strecken mit verbessertem Angebot den Namen Flächenbahn nun wirklich nicht. Die vorliegende Untersuchung

[1] Peter Westenberger in einem Spiegel-Leserbrief. Der Spiegel Nr. 31 vom 27.7.98, S. 12.

[2] Zur Unterscheidung von Policy-Analyse und Systemanalyse siehe zum Beispiel Windhoff-Héritier (1987), S. 121.

[3] Zum Planungs- und Umsetzungsprozeß angewandter Forschung siehe zum Beispiel von Rohr (1990), S. 152f.

[4] Von kultureller Selbstblockade spricht Meyer (1994), S. 46, im Zusammenhang mit dem Souveränitätsverlust des Staates und unterstützt damit die zitierte Aussage von Westenberger. Siehe dazu auch Kapitel 6.3.

[5] Beispiele für regionale Studien finden sich in Kapitel 7.

ist mit ihrem betrieblich-technischen und organisatorischen Konzept sowie dem folgenden Umsetzungsprogramm daher eine unverzichtbare Voraussetzung für die Verwirklichung der Flächenbahn.
Der Weg von der Idee über eine Vision bis zum ausgearbeiteten Konzept ist beschritten. Jetzt geht es darum, zu fragen, was im einzelnen konkret getan werden soll, welche Maßnahmen auszuführen sind.

Maßnahmenpakete

Immer wieder verschwimmen die Trennlinien zwischen Konzeptionierung, Planung und Umsetzung, wenn über Maßnahmen gesprochen wird. Die Implementation ist hier zwar Gegenstand der Betrachtung, genauso wie bei Ex-post-Analysen ist das vorliegende, ex ante ausgerichtete Konzept aber nicht die Implementation selbst. Das ist soweit banal. Nicht so eindeutig sieht es bei der Planung aus. Auch wenn das Konzept der Flächenbahn eine Reihe von planerischen Elementen enthält, ist es aufgrund seiner Komplexität und Abstraktion nicht mit der Planung gleichzusetzen. Ausschlaggebend ist die Tatsache, daß eine Entscheidung für die Realisierung der Flächenbahn noch nicht gefallen ist. Erst danach kann mit der Planung begonnen werden, weil deren Ausführung nur von den Entscheidungsberechtigten in Auftrag gegeben werden kann - jedenfalls, soweit sich daran eine Umsetzung anschließen soll.[1]
Damit wird bereits angedeutet, daß für die Einführung der Flächenbahn im großen und ganzen einem Top-down-Ansatz der Vorzug gegeben wird. Unter Einbeziehung der Akteure, ohne die eine Umsetzung nun einmal nicht möglich ist, zeigt sich jedoch die Notwendigkeit einer Differenzierung.[2] Dies spiegelt sich auch in der Empfehlung einer Organisationsstruktur wider, die ausdrücklich auf den Markt setzt und lediglich den Rahmen bestimmt.
Die Maßnahmenplanung sollte nur diesen Rahmen betreffend von oben erfolgen und beispielsweise bei der Frage, an welcher konkreten Stelle im Ort der Haltepunkt gebaut werden soll, die Erfahrungen und Vorschläge potentieller Nutzer und kommunaler Entscheider einbeziehen.[3] Im folgenden werden Maßnahmen konzipiert, nicht geplant. Um im Beispiel zu bleiben, sei die „Planung des Neubaus von Haltepunkten" als eine Maßnahme herausgegriffen.
Wenn grundlegende Dinge geändert werden sollen, ist es mit einer einzigen Maßnahme meist nicht getan. Wenigen zentralen Änderungen folgen in der Regel eine ganze Reihe weiterer Maßnahmen, ohne die erstere verpuffen würden. Die Flächenbahn mit ihren wichtigen Details wird im Rahmen der Umsetzung zahlreiche Einzelmaßnahmen benötigen, in denen man sich leicht verheddern kann.

---

[1] Auf diese Reihenfolge weist von Rohr (1990), S. 152ff. und insbesondere S. 170ff., hin. In den Politik-Zyklen bei Windhoff-Héritier (1987), Schubert (1991) und von Prittwitz (1994) fehlt diese Differenzierung hingegen. Siehe auch Kapitel 1.1.

[2] Siehe Kapitel 8.2.

[3] Zu den Unterschieden der Maßnahmenplanung von oben und von unten siehe zum Beispiel Windhoff-Héritier (1987), S. 123f.

Schon deshalb, aber auch um eine im Verhältnis zum politischen Aufwand große Wirkung erzielen zu können, bietet sich die Bündelung von Maßnahmen zu Paketen an.[1] Solche Pakete lassen sich besonders gut handhaben, wenn sie einem bestimmten Handlungsfeld zugeordnet sind und sich nicht auf mehrere Felder erstrecken.

An welcher Stelle muß nun der Umsteuerungsprozeß ansetzen? Neben einem Umdenken hin zu einem ökologischen Bewußtsein - ein Prozeß, der in Deutschland vor einigen Jahren in Gang gekommen ist - bedarf es einer Änderung des gesetzlichen Rahmens derart, daß umweltgerechtes Verhalten erstens *möglich* ist und zweitens *belohnt* wird. Als erstes Handlungsfeld bilden sich damit legislative Maßnahmen heraus.

Gesetze allein zeigen aber solange keine Wirkung, bis in ihrer Folge die vorgesehenen Änderungen auf der Management-Ebene eintreten. Das zweite Handlungsfeld umfaßt daher die organisatorischen Umstrukturierungen. Beide Felder greifen in den normativen Aufbau des politisch-administrativen Systems ein, sind also im Bereich der Polity angesiedelt.[2]

Öffentliches Handeln im Sinne von Policy ist nun ebenso möglich wie darauf aufbauendes privatunternehmerisches Handeln. Denn erst wenn die Organisationsstruktur geschaffen ist, können technische Maßnahmen, die den Kern der Flächenbahn ausmachen, in Gang gesetzt werden. Das dritte Handlungsfeld erstreckt sich daher sowohl auf bauliche als auch auf betriebliche Umsetzungsschritte.

Würden die Implementationsaktivitäten nur diese drei Felder betreffen, könnte die Flächenbahn zwar fahren, sie würde aber kaum genutzt werden und verlöre damit ihre angestrebte Wirkung. Informatorische Maßnahmen und Abstimmungen mit dem übrigen Verkehrssystem sind daher in einem vierten Handlungsfeld zu begleitenden Maßnahmen zusammengefaßt.

Vier Maßnahmenpakete

1. *legislative Maßnahmen*
2. *organisatorische Maßnahmen*
3. *baulich-betriebliche Maßnahmen*
4. *begleitende Maßnahmen*

Diese logische Zuordnung der Maßnahmen zu vier Paketen zeichnet sich durch ihre funktionale Trennung aus. Andere Aufteilungen, wie zum Beispiel von Héritier oder von von Rohr vorgeschlagen, sind ebenfalls möglich und werden, soweit sie dem besseren Verständnis dienlich sind, in den folgenden Kapiteln vorgenommen. Zunächst werden aus dem Konzept Einzelmaßnahmen abgeleitet, die

[1] Das Bündeln von Maßnahmen ist ein notwendiges Element der Umsetzung, wie von Rohr (1990), S. 152, beschreibt. Jasper (1997) bestätigt dies für die reale Politik.

[2] Das politikwissenschaftliche Dreieck unterteilt die Politik in die drei Bereiche Polity, Policy und Politics. Siehe Kapitel 1.1.

zwar mit der Nennung der zuständigen politischen Institutionen auf Akteure verweisen, aber noch nicht auf den Prozeß der Aushandlung. Im Vordergrund steht die Frage, *was* umgesetzt werden soll.

Maßnahmenkatalog

Die Flächenbahn zu verwirklichen, erfordert zweierlei: sie muß zum Erreichen der Ziele geeignet und politisch durchsetzbar sein. Um letzteres zu gewährleisten, ist es ratsam, bei der Entwicklung von Maßnahmen auf ihre Wirkung bezüglich einflußreicher Gruppen zu achten. Werden zusätzliche Mittel verteilt, ist mit wenig Konflikten zu rechnen - allenfalls der Bund der Steuerzahler wird sich zu Wort melden, zuvor vielleicht schon der Finanzminister. Werden allerdings Mittel umverteilt, das heißt letztlich, von bestimmten Gruppen auf andere verlagert, regt sich bei den mit Kürzungen bedachten voraussichtlich Widerstand. Die Umsetzung wird also erschwert.[1]

Umsteuern in der Verkehrspolitik ist ohne Mittelumschichtung vom Straßen- zum Bahnbau nicht denkbar. Insofern sind Konflikte vorprogrammiert - doch eine konflikt*freie* Umsetzung hat niemand versprochen. Wichtig ist, die absehbaren Auseinandersetzungen auf einem für Lösungen offenen Niveau zu halten und nicht ausufern zu lassen. Der Prozeß der Umsetzung läßt sich zwar nicht umfassend steuern, den Streit mit undurchdachten Maßnahmen anzuheizen, denen ein hohes Konfliktpotential innewohnt, sollte aber vermieden werden.[2] Die Maßnahmen sind deshalb so gestrickt, daß zusätzlich verteilte Mittel in engen Grenzen gehalten werden, während Umverteilungen nur dort vorgenommen werden, wo sie unausweichlich sind.

Für alle Einzelmaßnahmen wird das betreffende Handlungsfeld, die räumliche Entscheidungsebene und die administrative Zuständigkeit angegeben, so daß eine politische Einordnung möglich ist. Um anzudeuten, welche Maßnahmen im Verhandlungsprozeß gegebenenfalls modifiziert oder zur Disposition gestellt werden können, ist zudem ihre Bedeutung für das Erreichen der Ziele vermerkt. Verwendet wird dazu eine Dreierskala mit den Bewertungen „notwendig", „wichtig" und „weniger wichtig".[3] Einige der Maßnahmen können nur ausgeführt werden, wenn andere zuvor abgeschlossen sind oder zumindest deren Umsetzung rechtsverbindlich beschlossen ist. Vor allem für das Umsetzungsprogramm sind solche Kausalketten wichtig, so daß zu jeder Maßnahme die Voraussetzung angegeben ist.

Für den Fahrweg ist bereits in Kapitel 4.4 erläutert, welche Maßnahmen abhängig vom Ausgangszustand auszuführen sind. Hier folgt nun der komplette Katalog.

---

[1] Diese Unterscheidung geht auf Lowi zurück, der die Begriffe distributiv und redistributiv verwendet. Siehe Windhoff-Héritier (1987), S. 22ff. Eine ähnliche Einteilung unternimmt von Prittwitz (1994), S. 61ff.

[2] Zum konflikthaften Aushandlungsprozeß der Implementation siehe Kapitel 8.2.

[3] Diese Bewertung basiert auf einer Fünferskala, die zu ähnlichen Zwecken bei Wuppertal Institut (1997c) angewandt wird. Die dort verwendete Stufe „unwichtig" kann entfallen, da derartige Maßnahmen nicht aufgeführt sind. Verzichtet wird auch auf eine Differenzierung der Stufe „wichtig", die erst bei der Maßnahmenplanung relevant wird.

1. Vorbereitung einer gesetzlichen Regelung zur Trägerschaft-Änderung der Streckeninfrastruktur (legislative Maßnahme auf Bundesebene)
   Zuständigkeit: Bund und Länder
   Bedeutung: wichtig
   Voraussetzung: keine

2. Vorbereitung einer gesetzlichen Regelung zur Einführung von Konzessionen im Schienenpersonennahverkehr (legislative Maßnahme auf Bundesebene)
   Zuständigkeit: Bund und Länder
   Bedeutung: wichtig
   Voraussetzung: keine

3. Entwicklung einer einheitlichen Bau- und Betriebsordnung für Bahnen als Ersatz für EBO und BOStrab (legislative Maßnahme auf Bundesebene und wenn möglich auf europäischer Ebene)
   Zuständigkeit: Bund und Europäische Union
   Bedeutung: wichtig
   Voraussetzung: keine

4. Verabschiedung einer gesetzlichen Regelung zur Trägerschaft-Änderung der Streckeninfrastruktur (legislative Maßnahme auf Bundes- und Landesebene)
   Zuständigkeit: Bundestag, Bundesrat, Landtage
   Bedeutung: wichtig
   Voraussetzung: Maßnahme 1

5. Verabschiedung einer gesetzlichen Regelung zur Einführung von Konzessionen im Schienenpersonennahverkehr (legislative Maßnahme auf Bundes- und Landesebene)
   Zuständigkeit: Bundestag, Bundesrat, Landtage
   Bedeutung: wichtig
   Voraussetzung: Maßnahme 2

6. Verabschiedung einer gesetzlichen Regelung zur Schaffung einer einheitlichen Bau- und Betriebsordnung für Bahnen (legislative Maßnahme auf Bundesebene und wenn möglich auf europäischer Ebene)
   Zuständigkeit: Bundestag und Europäisches Parlament
   Bedeutung: wichtig
   Voraussetzung: Maßnahme 3

7. Vorbereitung einer gesetzlichen Regelung zur Gründung der LNVGs (legislative Maßnahme auf Landesebene)

   Zuständigkeit: Land
   Bedeutung: wichtig
   Voraussetzung: keine

8. Verabschiedung einer gesetzlichen Regelung zur Gründung der LNVGs (legislative Maßnahme auf Landesebene)

   Zuständigkeit: Landtag
   Bedeutung: wichtig
   Voraussetzung: Maßnahme 7

9. Gründung der BIG zur Übernahme der Streckeninfrastruktur-Trägerschaft (organisatorische Maßnahme auf Bundesebene)

   Zuständigkeit: Bund und Länder
   Bedeutung: wichtig
   Voraussetzung: Maßnahme 4

10. Gründung der LIGs zur Übernahme der Streckeninfrastruktur-Trägerschaft (organisatorische Maßnahme auf Landesebene)

    Zuständigkeit: Land, Kommunen
    Bedeutung: wichtig
    Voraussetzung: Maßnahme 4

11. Gründung der LNVGs zur Übernahme der Aufgabenträgerschaft für den SPNV (organisatorische Maßnahme auf Landesebene)

    Zuständigkeit: Land
    Bedeutung: wichtig
    Voraussetzung: Maßnahme 8

12. Einführung und Institutionalisierung einer Tarifgemeinschaft (organisatorische Maßnahme auf Bundesebene)

    Zuständigkeit: LNVGs, KNVGs, Verkehrsunternehmen
    Bedeutung: notwendig
    Voraussetzung: Maßnahme 11[1]

13. Entscheidung über Güterverkehr auf Nebenstrecken (begleitende Maßnahme auf Landesebene)

    Zuständigkeit: Land
    Bedeutung: notwendig
    Voraussetzung: keine

[1] Maßnahme 11 ist nicht erforderlich, wenn die Zuständigkeit anders geregelt werden kann.

14. Netzplanung (baulich-betriebliche Maßnahme auf Bundes- und Landesebene)

Zuständigkeit:	BIG und LIG
Bedeutung:	notwendig
Voraussetzung:	Maßnahmen 9, 10 und 13[1]

15. Einführung einer neuen Tarifstruktur und Erfassungstechnik (baulich-betriebliche Maßnahme auf Bundesebene)

Zuständigkeit:	Tarifgemeinschaft
Bedeutung:	wichtig
Voraussetzung:	Maßnahme 12

16. Planung und Veranlassung des Streckenneubaus (baulich-betriebliche Maßnahme auf Bundes- und Landesebene)

Zuständigkeit:	BIG und LIG
Bedeutung:	notwendig
Voraussetzung:	Maßnahme 14

17. Planung und Veranlassung von Streckenreaktivierungen (baulich-betriebliche Maßnahme auf Bundes- und Landesebene)

Zuständigkeit:	BIG und LIG
Bedeutung:	notwendig
Voraussetzung:	Maßnahme 14

18. Planung und Veranlassung von Streckensanierungen (baulich-betriebliche Maßnahme auf Bundes- und Landesebene)

Zuständigkeit:	BIG und LIG
Bedeutung:	notwendig
Voraussetzung:	Maßnahme 14

19. Planung und Veranlassung der Modernisierung der Haltepunkte (baulich-betriebliche Maßnahme auf Bundes- und Landesebene)

Zuständigkeit:	BIG und LIG
Bedeutung:	notwendig
Voraussetzung:	Maßnahme 14

20. Planung und Veranlassung der Verlegung beziehungsweise des Neubaus von Haltepunkten (baulich-betriebliche Maßnahme auf Bundes- und Landesebene)

Zuständigkeit:	BIG und LIG
Bedeutung:	notwendig
Voraussetzung:	Maßnahme 14

[1] Die Maßnahmen 9 und 10 sind nicht erforderlich, wenn die Zuständigkeit anders geregelt werden kann.

21. Planung und Veranlassung der Installation eines neuen Betriebssteuerungssystems (baulich-betriebliche Maßnahme auf Bundes- und Landesebene)
    Zuständigkeit: BIG und LIG
    Bedeutung: wichtig
    Voraussetzung: Maßnahme 14[1]

22. Bildung eines Fahrzeugpools (organisatorische Maßnahme auf Landesebene)
    Zuständigkeit: LNVG oder Verkehrsunternehmen
    Bedeutung: weniger wichtig
    Voraussetzung: keine

23. Planung eines integralen Taktfahrplans (baulich-betriebliche Maßnahme auf Bundes- und Landesebene)
    Zuständigkeit: Fernverkehrsunternehmen und LNVG
    Bedeutung: notwendig
    Voraussetzung: Maßnahme 14

24. Planung und Bestellung eines Flächenbahn-Verkehrsangebots mit 30-Minuten-Takt und neuen Fahrzeugen (baulich-betriebliche Maßnahme auf Landesebene)
    Zuständigkeit: LNVG
    Bedeutung: notwendig
    Voraussetzung: Maßnahme 23

25. Planung der Anpassung des Busverkehrs und Bestellung des Angebots (begleitende Maßnahme auf kommunaler Ebene)
    Zuständigkeit: KNVG in Abstimmung mit LNVG
    Bedeutung: wichtig
    Voraussetzung: Maßnahme 24 (nur Planung)

26. Öffentlichkeitsarbeit (begleitende Maßnahme auf Landesebene)
    Zuständigkeit: LNVG, Verkehrsunternehmen, Land, Kommunen
    Bedeutung: notwendig
    Voraussetzung: keine

27. Anpassung der Raumordnungspolitik (begleitende Maßnahme auf Bundes- und Landesebene)
    Zuständigkeit: Bund, Land
    Bedeutung: wichtig
    Voraussetzung: Maßnahmen 14 und 20

[1] Weitere Voraussetzung sind ortsabhängig gegebenenfalls die Maßnahmen 16 bis 20.

28. Anpassung der Individualverkehrspolitik an die Nachhaltigkeitsziele (begleitende Maßnahme auf Bundes-, Landes- und kommunaler Ebene)

Zuständigkeit:	Bund, Land und Kommune
Bedeutung:	wichtig
Voraussetzung:	keine

29. Verbesserung des Interregional- und Fernverkehrsangebots der Bahn (begleitende Maßnahme auf Bundesebene)

Zuständigkeit:	Fernverkehrsunternehmen
Bedeutung:	wichtig
Voraussetzung:	keine

30. Verbesserung des öffentlichen Nahverkehrs in den Verdichtungsräumen (begleitende Maßnahme auf Landes- und kommunaler Ebene)

Zuständigkeit:	LNVG und KNVG
Bedeutung:	wichtig
Voraussetzung:	keine

Festhalten läßt sich der stark regulative Charakter der Maßnahmen. Der Staat erbringt keine materiellen oder immateriellen Leistungen, sondern versucht im wesentlichen, mit Regeländerungen auszukommen.[1] Sie betreffen den Rahmen und stellen daher keinen Gegensatz zur befürworteten Deregulierung im wirtschaftswissenschaftlichen Sinn dar.

Von den 30 Maßnahmen zeichnen sich lediglich fünf durch einen umverteilenden Charakter aus. Dazu gehört vor allem die Übertragung des Streckennetzes von der Deutschen Bahn auf die Infrastruktur-Gesellschaften (Maßnahme 4) als ein zentrales Element des Flächenbahnkonzepts. Für die Gründung der Landesnahverkehrsgesellschaften (Maßnahme 8) gilt das nur zum Teil, da mehrere Länder eine derartige Struktur bereits geschaffen haben.

Eine Minderung ihres Einflusses haben die Beteiligten der Tarifgemeinschaft (Maßnahme 12) zu erwarten; denn das Stimmengewicht eines einzelnen Unternehmens wird umso kleiner, je mehr beteiligt sind. Wie die Erfahrungen zeigen, sind besondere Schwierigkeiten dort und bei der Anpassung des Busverkehrs zu erwarten (Maßnahme 25). Der Übergang vom eigenwirtschaftlichen Betrieb zum Bestellerprinzip und die Kooperation mit der Bahn stellen einen nicht unerheblichen Machtverlust der Busunternehmen dar und versperren oft die Sicht auf die daraus hervorgehenden Chancen der Einnahmensteigerung.

Als schwierigster aber elementarer Punkt stellt sich die Änderung der Individualverkehrspolitik dar (Maßnahme 28). Sie erfordert die Bereitschaft, den einge-

[1] Die Begrifflichkeit lehnt sich an die Unterscheidung der „Beschaffenheit" von Policy-Typen an, die Windhoff-Héritier (1987), S. 35ff., vorgenommen hat. Schubert (1991), S. 172ff., schlägt instrumentenbezogen eine ähnliche Abgrenzung vor: er unterteilt in die Grundtypen „Überzeugung", „Regulierung" und „Finanzierung".

schlagenen Weg zu verlassen. An dieser Stelle kulminiert die erforderliche Verkehrswende. Wenn es den Akteuren gelingt, über ihren eigenen Schatten zu springen und anstelle der Fehler der bisherigen Verkehrspolitik das Aushängeschild Flächenbahn anzubringen, kann von einem großen politischen Qualitätssprung gesprochen werden.

8.2 Akteure

Prozeßsteuerung

Ohne klares Konzept vorzugehen, führt erfahrungsgemäß am Ziel vorbei; praktische Politik mit einer großen Vision in Einklang zu bringen, ist aber nicht einfach, hat sich doch die reine Lehre als umsetzungsresistent erwiesen. Den beschwerlichen Weg der Realisierung zu gehen, gebieten die verkehrsbedingten Belastungen, deren Folgen wir zu tragen haben. Mit Appellen an den guten Willen ist es da nicht getan.

Vorstellungen geradliniger Implementation vom Gesetzgeber bis zum Adressaten helfen nur bedingt weiter. Sie verleihen dem Prozeß die notwendige Stringenz, müssen aber mit den handelnden Personen verknüpft werden. In einem unübersichtlichen Beziehungsgeflecht divergierender Interessen und Ansichten treffen verschiedene Akteure aufeinander. Deren Einflußpotential gilt es so gut wie möglich zu nutzen, doch vollständig vorhersehen kann ihr „situatives" Verhalten niemand. Exakt steuern läßt sich der politische Handlungsprozeß infolgedessen nicht, dazu ist er zu dynamisch. Allenfalls im Nachhinein (ex post) ist eine Interpretation möglich, zukunftsbezogen (ex ante) müssen die Abschätzungen relativ holzschnittartig bleiben.[1]

Als quer zu den anderen Politikfeldern liegende Sparte berührt die Verkehrspolitik besonders viele Wirkungsstränge und betrifft jeden einzelnen Bürger unmittelbar. Sich die Komplexität der Wechselwirkungen vor Augen zu führen, trägt zum Verständnis der Abläufe bei, verlangt aber ein Herausfiltern der *wesentlichen* Zusammenhänge.[2]

Bei dieser Betrachtung sollen die Akteure im Vordergrund stehen - als Personen und Institutionen. Die zentrale Frage lautet: *Wer* soll etwas tun? Daß *eine* Institution allein mit der Umsetzung betraut wird, ist die Ausnahme[3]; an der Implementation der Flächenbahn wird alles in allem eine ganze Schar von Akteuren beteiligt sein. Bevor auf die Nuancen des Prozesses eingegangen wird, soll das Raster beschrieben werden, nach dem die Realisierung ablaufen kann.

Gemeinhin sind zwei Stufen zu unterscheiden: die Steuerung durch den Gesetzgeber, der die öffentliche Verwaltung dirigiert, und die Steuerung durch eben jene Verwaltung, der die letztendliche Durchsetzung obliegt.[4] Als Vollzugsträger fungiert im Flächenbahnmodell anstelle von behördlichen Verwaltungen ein privatwirtschaftliches Management: die in Kapitel 6.4 entwickelten Nahverkehrs- und Infrastrukturgesellschaften (LNVG, LIG und BIG). Dieses Organisationsmodell zugrundelegend, wird leicht ersichtlich, daß noch weitere Ebenen einzubeziehen

---

[1] Auf die Überwindung rein steuerungstheoretischer Ansätze und ihre Ergänzung um akteursorientierte Erklärungsmuster wird später eingegangen. Siehe hierzu auch Héritier (1993).

[2] Komplexe Modelle finden sich zum Beispiel bei Hüsing (1994), S. 15ff., und von Prittwitz (1994), S. 66ff.

[3] Siehe Schubert (1991), S. 164.

[4] Zu dieser auf Mayntz zurückgehenden Einteilung siehe Schubert (1991), S. 84.

sind. Zusätzlich zu den Gesetzgebern, die dort als Eigentümer und oberste Steuerungsorgane fungieren, und dem Management sind die ausführenden Verkehrsunternehmen genannt sowie die Nutzer als am Ende der Kette stehende Adressaten. Da das Flächenbahnkonzept nicht im Auftrag einer der Steuerungsinstitutionen entstanden ist, sind als fünfte Ebene und Ausgangspunkt der Implementierung die Initiatoren hinzuzufügen.

Vier idealtypische Implementationsschritte

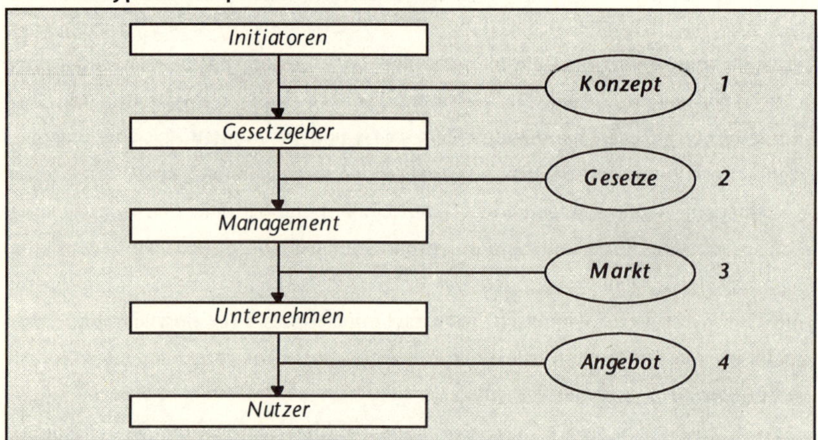

Den drei am Implementationsprozeß beteiligten Hauptgruppen[1] lassen sich diese Ebenen folgendermaßen zuordnen: Programmkonzipierer finden sich bei den Initiatoren und den Gesetzgebern, während mit der Durchführung Gesetzgeber und Management, im weiteren Sinn auch die Verkehrsunternehmen betraut sind. Empfänger sind - als jeweils nachgeordnete Ebene - das Management, die Unternehmen und - als Zielgruppe - die Nutzer. Da alle Benennungen im Plural zu verstehen sind, läßt sich die Fülle der Beziehungen erahnen.

Das Modell lebt von den unterschiedlichen, aber allesamt regulativen Steuerungsprinzipien.[2] Im Mittelpunkt stehen die Zielvorgaben des Konzepts, die anschließend in Gesetze zu gießen sind, und der Markt mit seinem Wettbewerb zwischen den Verkehrsunternehmen. Daraus resultiert am Ende ein Angebot, dessen Nutzung freigestellt ist. Die Bürger werden nicht gezwungen, mit der Flächenbahn zu fahren, es wird ihnen nur nahegelegt. Dieses liberale Steuerungsprinzip kann sich der Staat leisten; denn warum sollte ein schnelles, komfortables und preiswertes Angebot verschmäht werden?

Der erste Schritt, vom Initiator zum Gesetzgeber, wendet als Methode die Überzeugung an - andere Mittel stehen freilich auch nicht zur Verfügung. Im zweiten Schritt werden mit Geboten und Verboten die Zuständigkeiten neu geregelt. Dazu

[1] Siehe Windhoff-Héritier (1987), S. 92f.

[2] Übersichten verschiedener politischer Steuerungsprinzipien finden sich zum Beispiel bei Windhoff-Héritier (1987), von Rohr (1990) und von Prittwitz (1994).

sind parlamentarische Mehrheiten unabdingbar. Finanzielle Leistungen brauchen nicht erhöht zu werden, da alle Verbesserungen mit Rationalisierungen und Effizienzsteigerungen bezahlt werden können. Die Mittel werden bei Aufgabenübertragung lediglich weitergeleitet, allerdings verbunden mit einer klaren Zielverpflichtung.

Direkt an die Nutzer wenden sich die Gesetzgeber durch vorbildhaftes Verhalten und Aufklärung über die Zusammenhänge. Ausschließlich im Bereich des motorisierten Individualverkehrs treffen die Bürger direkte Beschränkungen.

Zu differenzieren sind die finanziellen Erfordernisse für die Flächenbahn im beschriebenen Zielzustand und während der Implementierung. Vor allem, wenn die Kosten für Implementationsschwierigkeiten einbezogen werden, ist davon auszugehen, daß in der Übergangsphase zusätzliche Fördermittel angebracht sind, die nicht zuletzt als weiterer Anreiz zur Erprobung und Anwendung technischer Neuerungen zu sehen sind. Ein derartiger Fördertopf benötigt keine immensen Summen und könnte als „Sonderprogramm Flächenbahn" zum Beispiel aus dem Etat der Europäischen Union oder des Forschungsministeriums gespeist werden.

Zwischen verschiedenen Politikinhalten klar abzugrenzen, ist in der Realität ebenso unmöglich wie zwischen den Phasen eines idealtypischen Politik-Zyklus'; in der Regel überlappen sich die Dinge. Folge dieser Erkenntnis war die Entwicklung neuer Erklärungsansätze politischer Prozesse, die anstelle der Inhalte die Akteure in den Mittelpunkt der Betrachtung stellen.[1]

Mehrere Theorien versuchen, politisches Verhalten zu erklären. Besonders in einem vielschichtigen Prozeß, wie er für die Flächenbahn kennzeichnend ist, spielen alle in den Modellen beschriebenen Aspekte eine mehr oder weniger große Rolle. Die Erklärungsmuster schließen sich nicht gegenseitig aus, sie dienen vielmehr parallel als Deutungsschablonen der Handlungen.

Das Zusammenwirken staatlicher und privater Akteure stellt der Netzwerkansatz in den Vordergrund. Zudem werden Verflechtungen inhaltlicher Art zwischen verschiedenen Politikfeldern verstärkt einer Analyse unterzogen, was insbesondere für die Verkehrspolitik aufgrund ihrer Querschnittsfunktion relevant ist. Tiefer dringt ein Erklärungsmodell vor, das sich der abgestimmten Zusammenarbeit von politisch handelnden Personen mit ähnlichen Wertvorstellungen widmet.[2]

Einen anderen Weg der Erklärung geht ein Modell, das sich auf unterschiedliche Ströme von Problemen, Akteuren und Ereignissen konzentriert. Diese Ströme treffen - mehr oder weniger zufällig - an manchen Stellen gleichgerichtet aufeinander und eröffnen in diesem Moment eine Option politischen Handelns, sogenannte Politik-Fenster.[3] Eingang in die Fachsprache fand dafür die Bezeichnung Garbage-

[1] Steuerungstheoretische Erklärungsmängel beschreibt policybezogen Héritier (1993), S. 9, und, konkret auf die Verkehrspolitik gemünzt, Jasper (1998), S. 6.

[2] Dieser Ansatz wird als Policy-Advocacy-Coalition oder als Advocacy-Koalition tituliert. Siehe Sabatier (1993).

[3] Das als „Garbage-can-Modell" bezeichnete Erklärungsmuster mit seinen „Policy-windows" stellt einen zentralen Ansatz für das Verständnis verkehrspolitischer Entscheidungen dar, den Jasper (1997) unter Einbeziehung des Policy-Advocacy-Ansatzes zu einem eigenen Erklärungsmodell weiterentwickelt hat. Siehe auch Héritier (1993).

can-Modell. Relevant für die Umsetzung der Flächenbahn ist auch die Erkenntnis, daß die Zeiträume von der Idee bis zur politischen Entscheidung oft sehr lang sind. Im Zusammenhang mit der Verknüpfung von Verkehrs- und Umweltpolitik spielt zudem das sogenannte „Katastrophenparadox" eine wichtige Rolle. Es beschreibt die Tatsache, daß Probleme manchmal erst dann politisch gelöst werden, wenn sie ihre größte Ausdehnung längst überwunden haben. Staatliche Aktivität und Problemumfang verhalten sich demnach umgekehrt proportional.[1]

Diese akteursorientierten Modelle eignen sich zur Analyse vergangener politischer Abläufe. Gleichwohl sollten sie auch im Umsetzungsprozeß der Flächenbahn trotz ihrer zahlreichen Imponderabilien berücksichtigt werden. Wie Akteure und die öffentliche Meinung lenkend beeinflußt werden können, zeigt sich immer wieder in Wahlkämpfen. Eine zielgerichtete Steuerung läßt sich gerade in Kenntnis der Erklärungsmodelle vornehmen.

Was tatsächlich passiert, baut immer auf Wechselwirkungen zwischen den verschiedenen Ebenen auf. Je nachdem, um welches Thema es geht, herrscht einmal die von oben nach unten (top-down) gerichtete Wirkung vor, ein anderes mal der umgekehrte Weg (bottom-up).

Differenzierter Top-down-Ansatz

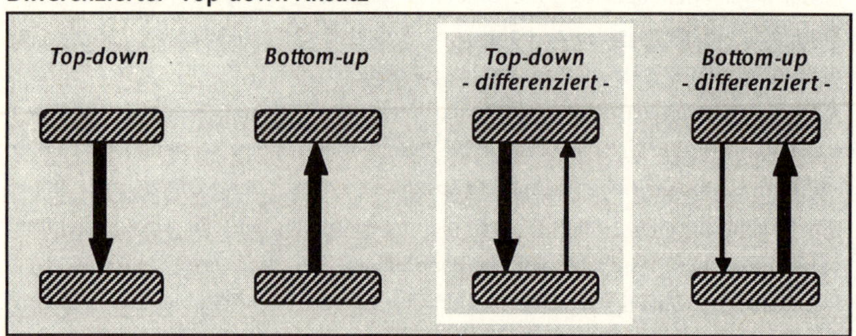

Bevor auf die spezifischen Lenkungserfordernisse der Flächenbahn näher eingegangen wird, ist zunächst die allgemeine politische Situation weiter zu beleuchten. Man muß sich klarmachen, daß das Staatsgebilde keine hierarchische Pyramide ist, in der von oben nach unten Befehle erteilt und ausgeführt werden. Schließlich besteht der Staat aus Menschen und nicht aus Maschinen. Gäbe es klare Verbindungen zwischen Steuerungsinstrumenten und den gewünschten Ergebnissen, brauchte man ja nur die passenden Knöpfe zu drücken. Die Vorstellung einer großen Familie, in der die Eltern gleichsam als Regierung fungieren, kommt der Realität wesentlich näher. Zunehmend wird jedoch ein Souveränitätsverlust des Nationalstaates konstatiert, der nicht nur nach außen, sondern auch nach innen gerichtet ist.[2]

[1] Zum Katastrophenparadox siehe von Prittwitz (1993).

[2] Diese Feststellung treffen Engholm (1990), S. 63ff., und Meyer (1994), S. 39ff.

Diese Erkenntnisse und die generelle Bedeutung der nachgeordneten Ebene, die über zahlreiche Handlungspotentiale verfügt, lassen Bottom-up-Ansätze als zweckmäßig erscheinen. Eines schließen sie mit Sicherheit aus: reines Top-down-Vorgehen. Denn Dienst nach Vorschrift bringt bekanntlich jeden Verwaltungsapparat zum Einsturz.

Andere Erkenntnisse dagegen sehen Top-down-Ansätze - differenziert oder nicht - in besserem Licht. Auf die Flächenbahn bezogen sind es vor allem drei Punkte, die für ein von oben nach unten gerichtetes Vorgehen sprechen: Da ist in erster Linie die Bedeutung eines räumlich kompletten Bahnangebots. Regional begrenzte Verbesserungen bringen zwar wahrnehmbare Effekte, aber nicht die notwendige Synergie.

Zweitens ist zur Schaffung der marktlichen Freiheiten ein normatives Rahmenprogramm unerläßlich. Die entsprechenden Gesetze müssen von den oberen Ebenen beschlossen werden.

Zum dritten deutet interessanterweise die Sicht der Bürger auf ein dirigistisches Vorgehen hin. Sie wollen Veränderungen des Verkehrssystems mit Priorität des Umweltverbunds und erwarten eine dahingehende staatliche Steuerung.[1] Dieser Ruf nach dem Staat erklärt sich aus der Zwickmühle des Verkehrsverhaltens, in der wir uns befinden: Wer mit dem Auto fährt, stört die anderen - wer es nicht benutzt, wird von den anderen gestört. Kurzsichtiger Egoismus führt hier nicht zum Ziel, da diese Situationen meist im ständigen Wechsel erlebt werden.[2]

Zwickmühle des Verkehrsverhaltens

• *1. Möglichkeit:*	*Ich fahre mit dem Auto. Folge: Ich belaste die anderen.*
• *2. Möglichkeit:*	*Ich fahre nicht mit dem Auto. Folge: Die anderen belasten mich.*
• *Problem:*	*Jeder ist gegenüber jedem ein anderer.*

Lösbar ist dieses Problem nur, wenn alle zur gleichen Zeit nicht autofahren. Das bedeutet, von unten kommend wird nicht so schnell mit einer Änderung zu rechnen sein; erst wenn Maßnahmen von oben ergriffen werden, kommt Bewegung ins Spiel.

Was außerdem für einen Top-down-Ansatz spricht, ist die Notwendigkeit einer verkehrspolitischen Grundsatzentscheidung, wie sie eher selten ist. Beispiele aus der Regionalentwicklung und auch die zielorientierte Projektplanung, bekanntgeworden als ZOPP durch die Gesellschaft für Technische Zusammenarbeit, weisen starke von oben nach unten gerichtete Handlungsströme auf, wenn von konkreten Zielen ausgegangen wird.[3]

---

[1] Siehe Rudolf Augstein Gesellschaft (1993), S. 23, und Monheim (1998), o.S.

[2] Siehe dazu auch Kalwitzki (1994), S. 14.

[3] Siehe Butzin et al (1993) und Deutsche Gesellschaft für Technische Zusammenarbeit (o.J.).

Da die Begründungen für eine von oben bestimmte Implementation umgekehrt verlaufende Ströme nicht generell ausschließen und zum Teil sogar explizit aufnehmen, liegt eine Kombination beider Ansätze nahe. Eine differenzierte Topdown-Implementierung trägt der Gestaltungsfreiheit der unteren Ebenen Rechnung, indem vor allem die dortige Kreativität gefördert und genutzt wird. Besonders deutlich wird das anhand des Vorschlags, den Kommunen Modal-Split-Ziele oder Belastungsgrenzen zu setzen.[1] Fundamental ist in diesem Zusammenhang der Verzicht auf jegliche Maßnahmenförderung - sie sollte im besten Sinne des Subsidiaritätsprinzips durch Zielförderungen ersetzt werden. Auch konkrete Umsetzungsvorschläge im Bahnbereich gehen in diese Richtung.[2]

Da Probleme und Politik zunehmend außer Zusammenhang geraten, könnte auf diese Weise wieder eine Beziehung hergestellt werden. Meyer deutet mit einer Beschreibung der Auswüchse des aktuellen Zustands an, daß eine Überwindung von Handlungsblockaden geboten ist: „Die Diffusion der Souveränität des Staates durch seine eigene innere Handlungsorganisation macht es schwer, (...) zwischen dem zu unterscheiden, was die verschiedenen Parteien (...) wollen, aber nicht können, und dem, wovon sie nur vorgeben, es nicht zu können, während sie in Wahrheit froh sind, es infolge der institutionellen Zwänge nicht wollen zu müssen."[3] Er betont damit die Notwendigkeit des wechselseitigen Aufeinandereingehens als Element der politischen Kultur.

Das große Problem, das sich nur schwer überwinden läßt, ist das Eingestehen des Mißerfolgs.[4] Solange nicht mit ausreichender Klarheit gesagt wird, daß die bisherige Verkehrspolitik nicht etwa nur in die Sackgasse führt, sondern bereits am Ende angekommen ist, wird die Verkehrswende und damit auch die Flächenbahn ausbleiben.

„So soll zur freien Fahrt für die Autobürger (...) das perfekte Nahverkehrssystem hinzukommen, damit man es vorbehaltlos unterstützen könnte. (...) Politisch tödlich erscheint jeder ernsthafte Versuch, die großen Verkehrsinvestitionen, die die knappen Haushalte noch zulassen, in umweltverträgliche und staufreie öffentliche Verkehrssysteme zu lenken, wenn dadurch der Straßenbau beendet werden müßte."[5] Meyer bezeichnet diese Politik, die nach dem Motto verfährt, alles bisher errungene als Grundlage für das zukünftige beizubehalten, als kulturelle Selbstblockade und mahnt die Entwicklung einer neuen politischen Kultur an.

---

[1] Siehe Kapitel 3.3.

[2] Siehe Wuppertal Institut (1997c).

[3] Meyer (1994), S. 45.

[4] Siehe von Rohr (1990), S. 129ff., der exemplarisch auf den Rückzug der Bahn aus dem ländlichen Raum verweist, sowie Monheim-Dandorfer/Monheim (1992), S. 67, und Meyer (1994), S. 46.

[5] Meyer (1994), S. 46.

Initiatoren

Von unten kommende Ströme - Ideen, Vorschläge, Interessen - in eine primär andersherum ausgerichtete Implementationsstrategie zu integrieren, ist die nächste Aufgabe. Sie zu lösen, kann vor allem auf der allerersten Stufe der Umsetzung gelingen. Auf dieser Stufe muß das Konzept von den Initiatoren quasi nach oben getragen werden. Sie ist daher als vorgeschalteter Teil der differenzierten Top-down-Implementierung zu sehen.

Zweiteilige Strategie

- *1. Teil: Bottom-up*
- *2. Teil: Top-down (differenziert)*

Denkbar ist ebenso, daß sich die Bundesregierung gleich als erste Institution des Flächenbahnkonzepts annimmt und es umsetzt; wahrscheinlicher ist der Weg über andere Initiatoren. Denn zu fragen ist doch, wer das größte Interesse an der Flächenbahn hat, und da stößt man zunächst auf diejenigen, die dem Problem am nächsten stehen: die lokalen und regionalen Akteure. Ausgangspunkte können zum Beispiel regionale Institutionen wie Verkehrsverbünde oder Regionalkonferenzen sein. Reales Vorbild für eine Initiative im Schienenpersonennahverkehr auf lokaler und regionaler Ebene ist das Karlsruher Modell. Der dort realisierte Ausbau des Bahnangebots und die Änderung der organisatorischen Zuständigkeiten hat Teile der Bahnreform im kleinen vorweggenommen.[1]

Da der Bund nicht mehr für den Nahverkehr zuständig ist, wird es eine Weile dauern, bis er dahingehende Handlungsabsichten entwickelt. Initiative werden eher die Länder zeigen, die seit 1996 über den öffentlichen Personennahverkehr bestimmen dürfen.[2] Als Initiatoren sind auf Bundes- und Landesebene die Regierung beziehungsweise das Verkehrsministerium oder das Parlament denkbar.

Ein Interesse kann auch bei Parteien bestehen. In ihren Programmen tauchen die Vorteile der Bahn immer wieder in unterschiedlicher Gewichtung auf. Vor allem kleine und Oppositionsparteien haben meist weniger Hemmungen, bisher eingeschlagene Wege zu kritisieren und einen Wandel zu fordern.

Rein finanzielle Erwägungen können die unterschiedlichen Zweige der Bahnindustrie dazu verleiten, sich für die Flächenbahn einzusetzen. Denn der erforderliche Strecken- und Fahrzeugbau sowie die innovativen Betriebssteuerungs- und Erfassungstechniken garantieren den Firmen umfangreiche Einnahmen. Ein Investitionsvolumen von 32 Milliarden Euro ist ja kein Pappenstiel.[3] Als hinderlich erweisen sich eventuell die Verflechtungen der Konzerne mit der Autoindustrie.

[1] Siehe Ludwig/Drechsler (o.J.) und Hüsing (1994).

[2] Siehe Kapitel 6.2.

[3] Siehe Kapitel 5.3.

Initiative in Richtung Bahnverkehr zeigen generell mehrere Interessenverbände. Vor allem Umweltaktivisten und Vereinigungen von Eisenbahnförderern beziehungsweise Eisenbahnern treten hier auf. Engagiertes Eintreten für eine Flächenbahn kann zum Beispiel vom Bund für Umwelt und Naturschutz, dem Verkehrsclub Deutschland oder der Eisenbahnergewerkschaft ausgehen.

Potentielle Initiatoren

- *Regionale Institution*
- *Landesregierung / Landtag*
- *Bundesregierung / Bundestag*
- *Partei*
- *Bahnindustrie*
- *Interessenverband*

Je nachdem von welcher Ebene die Initiative startet, sind unterschiedliche Ausbreitungsrichtungen denkbar. Liegt der Ausgangspunkt beim Bund, fallen nach oben gerichtete Vorstufen weg. Geht die Initiative aber von einer Region aus, bestehen zwei Möglichkeiten. Entweder kann versucht werden, das Land oder direkt den Bund zu überzeugen und damit nach oben vorzugehen, oder zunächst Verbündete auf derselben Ebene zu suchen und erst in einem folgenden Schritt den Weg nach oben anzutreten. Noch mehr Möglichkeiten hat eine Initiative, die auf Landesebene startet. Es kann als erstes auf den Bund zugegangen werden, auf andere Länder oder auf Regionen. Wird der seitliche Weg oder der nach unten eingeschlagen, kann anschließend gemeinsam nach oben gegangen werden.
Etwas anders stellt sich die Situation dar, wenn die Impulse von nicht zum administrativen System gehörenden Akteuren ausgehen. Sofern sie nicht auf Bundes-, Landes- oder regionaler Ebene organisiert sind, haben sie die Möglichkeit, auf alle drei Ebenen einzuwirken ohne zwischen oben und unten zu unterscheiden. Die Ausbreitungsrichtung ist dann immer horizontal.

Ausgangspunkte und Ausbreitungsrichtungen

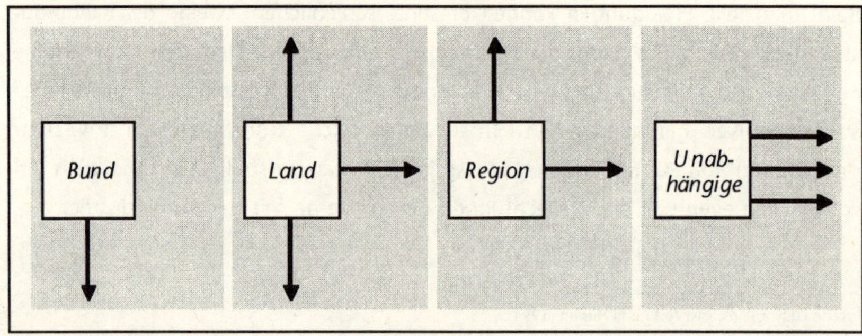

Wenn Initiatoren auf regionaler oder auf Landesebene auftreten, wird es erfolgversprechender sein, zunächst für kleinräumige Umsetzungen zu werben, als die übergeordnete Ebene gleich von den Vorteilen einer bundesweiten Flächenbahn überzeugen zu wollen. Der Bund kann am besten mit funktionierenden Praxisbeispielen gewonnen werden, wie ein Blick nach Karlsruhe zeigt.
Innovative Pilotprojekte werden prinzipiell gern gefördert und erfüllen auch als technische Testphase ihren Zweck.[1] Für die Flächenbahn bieten sich dazu Regionen wie beispielsweise die in Kapitel 7 vorgestellten an. Insgesamt sind etwa 100 solcher Flächenbahnregionen in Deutschland vorgesehen. Rechnerisch kann man ein Betriebswerk als Bezugspunkt ansetzen und erhält damit Gebiete mit Durchmessern von etwa 50 Kilometern.[2]
Dieser Vorstellung folgend verläuft der erste Implementationsschritt - vom Initiator zum Gesetzgeber - aus einer Region kommend bottom-up. In den weiteren Schritten würde für den Rahmen einer bundesweiten Umsetzung gesorgt, so daß die Flächenbahn auch die übrigen Regionen erreicht. Dieser zweite und Hauptteil der Implementation ist durch eine vorherrschende Top-down-Orientierung gekennzeichnet, die selbstverantwortliches Handeln in den Regionen unter der Zielvorgabe einer Modal-Split-Verbesserung fördern, erreichen und nutzen möchte.

Schlüssel

Sicher ist: das Netz der politischen Akteure ist kompliziert gesponnen und die Flächenbahn nicht per Knopfdruck umsetzbar. Auch wenn die Analyse des Implementierungsweges etwas Licht ins Dunkel bringt, läßt sich kein starrer Plan für das weitere Vorgehen ableiten. Eine Liste zum Abhaken wird nur bedingt weiterhelfen und auch nur dann, wenn sie die Dynamik des Prozesses abbildet und für unvorhersehbare Entwicklungen offen ist.
Ein Umsetzungskonzept ist notwendig, auch wenn keine vollständige Planung des Aushandlungsprozesses möglich ist. Da ohnehin nicht alle Eventualitäten im Vorhinein berücksichtigt werden können, müssen die wesentlichen Dinge einer Realisierung herausgefiltert werden. Es ist die Suche nach den Schlüsseln. Wo können sie gefunden werden, wie gefertigt werden und wo sind die passenden Schlösser?
Aus den neueren Erklärungsansätzen für Akteursverhalten ergeben sich unter Einbeziehung der konventionellen Phasenmodelle vier Schlüssel für die Umsetzung der Flächenbahn. Der erste Schlüssel ist ein Tiger-Team. Diese auch von der Werbung genutzte Metapher („Tiger im Tank") ist einer kleinen Kampftruppe entlehnt, die schwierige Sonderaufgaben zu erledigen hat. Ihr Kennzeichen ist eine hohe Durch-

[1] Für Pilotprojekte sprechen sich unter anderem Engholm (1990), S. 75, und, konkret auf die Eisenbahn im ländlichen Raum bezogen, die Arbeitsgemeinschaft Heinze/SNV (1992), S. 4/27, aus.

[2] Siehe Kapitel 7.1. Für die gesamte Flächenbahn sind 94 Betriebswerke á 50 Triebwagen und 158 Leitstellen á 200 Streckenkilometer vorgesehen. Siehe dazu Kapitel 4.4.

setzungsfähigkeit durch kreative Lösungskompetenz und strategisches Kooperationsgeschick. Das Team erfüllt damit die Funktion der Steuerung.

Der zweite Schlüssel ist die Bildung unkonventioneller Allianzen. Damit ist das Kooperieren von Akteuren gemeint, die üblicherweise nicht zusammenarbeiten, sei es aufgrund gegensätzlicher Interessen oder fehlender Gelegenheit. Diese Kooperationen dienen der Mehrheitsbeschaffung.

Der dritte Schlüssel ist die Nutzung von Politik-Fenstern. Hier geht es nicht darum, solche Fenster im Nachhinein zu identifizieren, sondern sie vorherzusehen und zu schaffen. Zweck ist, die politische Handlungsfähigkeit zu steigern.

Der vierte Schlüssel ist die kritische Transparenz. Die amerikanischen Public Relations haben gezeigt, wie wichtig die öffentliche Meinung für ein großes Vorhaben ist. Das Marketing hingegen zielt direkt auf die einzelnen Verbraucher. Beides zusammen spielt eine zentrale Rolle für die Flächenbahn, die auf allgemeine Unterstützung angewiesen ist.

Schlüssel für eine erfolgreiche Umsetzung

- *Tiger-Team engagieren*
- *Unkonventionelle Allianzen bilden*
- *Politik-Fenster nutzen*
- *Kritische Transparenz schaffen*

Ohne Tiger-Team wird die Flächenbahn auf absehbare Zeit Phantasie bleiben, allein kann es sie allerdings auch nicht schaffen. Es ist einer von vier Schlüsseln. Das Team muß sich als solches verstehen und überschaubar bleiben; denn wenn seine Koordinierung ein eigenes Team erfordern würde, wäre der Sinn untergraben und nur noch zur Karikatur geeignet. Ein erfolgreiches Team, das weiß man aus dem Sport, muß sich blind verstehen und von einem herausragenden Chef geführt werden. Dazu gehören aber auch zahlreiche Helfer, die es unauffällig unterstützen.[1]

Ohne den Begriff Tiger-Team jemals verwendet zu haben, gibt es für solche Strategien durchaus einige Vorbilder in der Politik. Sie finden sich folgerichtig dort, wo wirkliche Politikänderungen stattgefunden haben, deren Umfang erhebliche Kraftanstrengungen gekostet hat. Zwei Beispiele bedeutender politischer Umwälzungen seinen genannt:

Das eine ist die neue Ostpolitik der sozialliberalen Bundesregierung unter Willy Brandt. Der Bundeskanzler hatte mit Egon Bahr einen strategischen Kopf mit überdurchschnittlichen konzeptionellen Fähigkeiten zur Bewältigung der Aufgabe eingesetzt und ihn mit genügend Freiheiten und weitreichender Machtbefugnis ausgestattet. Bahr war aber nicht nur der öffentlichkeitswirksame „tricky Egon", sondern auch ein Teamchef mit Führungsqualitäten. Auch wenn das von der brei-

[1] Ähnliche Vorstellungen liegen einem Umsetzungskonzept für die Flächenbahn in Sachsen-Anhalt zugrunde. Siehe Wuppertal Institut (1997c), S. 34f.

ten Öffentlichkeit nicht wahrgenommen wurde, wäre der Staatssekretär ohne seinen engagierten Stab mit Sicherheit untergegangen.[1]

Das zweite Beispiel erreicht zwar nicht annähernd die Bedeutung der neuen Ostpolitik, ist ihr vom Wesen her aber durchaus gleichzusetzen und hat auf dem Feld der Verkehrspolitik einen entsprechenden Stellenwert. Gemeint ist das schon erwähnte Karlsruher Modell. In der badischen Residenzstadt steht mit Dieter Ludwig eine Führungspersönlichkeit an der Spitze eines Teams, das die Aufgabe hat, den öffentlichen Nahverkehr zu verbessern - und ihn dabei revolutioniert hat. Im vergleichsweise kleinen Maßstab hat Ludwig bewiesen, daß verkehrspolitische Revolutionen machbar sind und daß ein fähiges Team auch auf regionaler Ebene bundesweite Änderungen auslösen kann.[2] Die Revolution Flächenbahn ist also nicht ausgeschlossen - im Gegenteil.

Die beiden Beispiele zeigen, daß ein Flächenbahn-Tiger-Team sowohl für den ersten Schritt vom Initiator zum Gesetzgeber brauchbar ist als auch für die weiteren Schritte der Implementation. Ob das zweite mit dem ersten Team identisch ist, kann an dieser Stelle offen bleiben.

Das Tiger-Team ist ständiger Impulsgeber und verfolgt durchgängig das Ziel der Implementierung. Voraussetzung für den Erfolg ist die Sicherstellung von Einfluß und seine personelle Auswahl. An der Spitze muß eine verkehrspolitisch kompetente und gleichzeitig medienwirksame Persönlichkeit stehen. Es ist der Versuch, ein Stück Handlungsfähigkeit und staatliche Souveränität auf dem Wege kooperativer Führung zurückzugewinnen. Die von Meyer geforderte Revitalisierung des Politischen nimmt dieser Vorschlag ausdrücklich auf.[3] Sie spiegelt sich auch in den anderen Schlüsseln, vor allem den unkonventionellen Allianzen.

Ohne Mehrheit läuft nicht viel im politischen Geschäft. Sie zu beschaffen, wenn alte Politik durch neue ersetzt werden soll, wenn also inhaltliche Grenzen zu überschreiten sind, gelingt nur hin und wieder. Das Grenzüberschreitende in die Partnersuche einzubeziehen, bietet sich daher an.

Typisches Beispiel für strategische Allianzen zum Aufbrechen festgefahrener Strukturen ist das Stadtmarketing, das auch für die Regionalentwicklung in mancher Hinsicht Vorbild ist.[4] Es greift genauso wie im Modell der Policy-Advocacy-Koalitionen auf quer zu parteipolitischen Linien liegende Mehrheiten zu, indem unter anderem auch private Unternehmen eingebunden werden. Das Modell unkonventioneller Allianzen versteht sich konsensorientiert, aber nicht opportunistisch. „Konsens heißt nicht, faule Kompromisse zu schließen, sondern vielmehr die qualitativ guten, auch in der eigenen Strategie verwertbaren Elemente der

[1] Den tiefsten Einblick in die innere Organisation der neuen Ostpolitik gewährt Bahr selbst. In seinen Memoiren schildert er anschaulich die Politics mit ihren Konflikten und Lösungen. Siehe Bahr (1996). Eine akteursorientierte Beschreibung liefert auch Baring (1982), S. 197ff.

[2] Das Karlsruher Modell beschreiben zum Beispiel Ludwig/Drechsler (o.J.).

[3] Siehe Meyer (1994), S. 264ff.

[4] Siehe Butzin et al (1993).

Kontrahenten aufzunehmen", schreibt Engholm über einen modernen Regierungsstil.[1]

Weiteres Merkmal ist die Einbindung von Schlüsselpersonen. Deren Einfluß entsteht zum einen, weil sie zentrale Positionen in der Administration oder in relevanten Verbänden besetzen, und zum anderen, weil sie durch ihr Fachwissen gefragt sind oder Informationsmedien steuern. Besondere Macht erhalten Personen, die mehrere dieser Eigenschaften auf sich vereinigen.[2]

Für die Flächenbahn sind eine ganze Reihe hochrangiger Schlüsselpersonen identifizierbar. In erster Linie sind die Minister der relevanten Ressorts und deren Kabinettschefs zu nennen. Deren Parteigebundenheit weist auch den entsprechenden Funktionären bis hinunter auf die kommunale Ebene eine ähnliche Bedeutung zu. Auf der Seite der Unternehmen sind vor allem der Chef der Deutschen Bahn AG als größtem Eisenbahnverkehrsanbieter und der Präsident des Verbands Deutscher Verkehrsunternehmen zu nennen.

Schlüsselpersonen können auch verkehrswissenschaftliche Experten sein oder Chefredakteure einflußreicher Medien. Eine besondere Rolle kann engagierten Landräten zukommen und bei derart wichtigen Fragen wie der Umgestaltung des Verkehrssystems auch dem Bundespräsidenten. Die Vergangenheit hat gezeigt, daß sich das Staatsoberhaupt in solchen Situationen durchaus zu folgenreichen Äußerungen geneigt sieht.

Schlüsselpersonen

- *Minister auf Bundes- und Landesebene: Verkehrsminister, Umweltminister, Forschungsminister*
- *Kabinettschefs auf Bundes- und Landesebene: Bundeskanzler, Ministerpräsidenten*
- *Parteifunktionäre auf Bundes-, Landes- und kommunaler Ebene: Parteivorsitzende, Fraktionsvorsitzende, verkehrspolitische Sprecher/Experten*
- *Vorstandsvorsitzender der DB AG*
- *Präsident des Verbands Deutscher Verkehrsunternehmen*
- *Verkehrswissenschaftliche Experten/Gutachter*
- *Chefredakteure einflußreicher Zeitschriften, Fernseh- und Radiosender*[3]
- *Landräte*
- *Bundespräsident*
- *Geschäftsführer von LNVG, LIG, BIG*

Schlüsselpositionen mit Personen besetzen zu können, die den eigenen Interessen positiv gegenüber stehen, ist von außerordentlichem Wert. Interessante Möglichkeiten eröffnet daher das empfohlene Organisationsmodell, weil es mit den Ge-

[1] Engholm (1990), S. 98.

[2] Wie wichtig es ist, Schlüsselpersonen in den Prozeß einzubinden, belegt Jasper (1997).

[3] Inwieweit das Internet diesbezüglich eine Rolle spielen kann, ist derzeit noch nicht abschätzbar.

schäftsführern der Nahverkehrs- und Infrastrukturgesellschaften mehrere Schlüsselpositionen erst schafft.

Ganz im Sinne der Flächenbahn können über unkonventionelle Allianzen nicht nur Mehrheiten geschaffen, sondern auch allgemein Interesse und Aufmerksamkeit geweckt werden. Zu Beginn und während entscheidender Phasen solcher Kooperationen kann eine Aufbruchsstimmung erzeugt werden, die dem Vorhaben das Überschreiten der Ziellinie erleichtert, wenn nicht gar ermöglicht.

Mit dem dritten Schlüssel sollen die Steuerung und die Mehrheitsbeschaffungen so konzentriert werden, daß sich Politik-Fenster öffnen, die politisches Handeln zulassen. Dieses dem Garbage-can-Modell entlehnte Bild weist auf das Zusammenführen von Policy, Politics und Problemen in einem dynamischen Prozeß hin. Die verschiedenen Ströme müssen identifiziert und, so weit es geht, in dieselbe Richtung gelenkt werden, so daß sie beim Eintreten eines Schlüsselereignisses die gewünschten Entscheidungen mehrheitsfähig machen. Auf Politik-Fenster hinzuarbeiten, heißt im gewählten Bild, den Schlüssel zu schmieden, der in das Schloß des Fensters paßt. Zur Vorbereitung eines umfassenden Wandels in der Verkehrspolitik, der wahrscheinlich durch ein kritisches Ereignis ausgelöst wird, ist die Flächenbahn mit Sicherheit geeignet.

Um die erforderliche Zustimmung zu erhalten, müssen die Ziele und das Verfahren genügend transparent sein, denn die Flächenbahn ist auf die Unterstützung sowohl der Akteure als auch der Öffentlichkeit angewiesen.[1] Man kann sich vorstellen, daß zur Begleitung des Umsetzungsprozesses offensiv-selbstkritische Darstellungen eher geeignet sind als eine einseitige Jubelberichterstattung. Die Menschen sollen ja überzeugt und nicht überredet werden.

Zu fragen ist aber, wie offen die Absichten der „Implementationswilligen" dargelegt werden dürfen, sollen sie dem politischen Gegner nicht als Vorlage zum Gegenschlag dienen. Daß die Transparenz sehr weit gehen darf, aber auch Grenzen hat, zeigt das bereits erwähnte Beispiel der sozialliberalen Ostpolitik.

In seiner ersten Regierungserklärung verkündete Bundeskanzler Brandt die grobe Linie in aller Klarheit und sprach auch kritische Punkte offen an.[2] Beabsichtigte Details hingegen verschwieg er wohlweislich. Denn noch mehr Offenheit hätte seinen Absichten geschadet, da Brandt mit dem ostpolitischen Teil der Regierungserklärung bereits hart am Wind segelte, wie die Reaktionen der Opposition zeigten.

Auf die Flächenbahn bezogen kann man daraus lernen, daß sehr viel von dem verkündet werden kann, was man tatsächlich zu tun bereit ist. Anders läßt sich das Interesse nicht wecken, denn die Flächenbahn muß in den Regionen gewollt sein. Wegfallende Arbeitsplätze wird man zum Beispiel nicht gleich als erstes aufti-

---

[1] Auf das Erfordernis der Transparenz verweisen unter anderem Butzin et al (1993), S. 103ff., Herrmann et al (1997), S. 105ff., und Jasper (1997), S. 108.

[2] Siehe von Beyme (1979), S. 251ff. Brandt formulierte damals den aufsehenerregenden Satz: „Auch wenn zwei Staaten in Deutschland existieren, sind sie doch füreinander nicht Ausland."

schen, sondern im Zusammenhang herausstellen, daß mehr neue Arbeitsplätze gewonnen werden, als bestehende abzubauen sind.

Hervorzuheben ist auch der High-Tech-Charakter der Flächenbahn, die viel mehr innovative Lösungen beinhaltet als ein hauptsächlich auf Geschwindigkeit getrimmter ICE.[1] Es sollte betont werden, daß die Flächenbahn technisch absolut faszinierend sein kann, um damit eine positive Grundstimmung bei den Menschen zu erzeugen.[2]

Die Zeit, die zwischen Idee und Umsetzung verstreicht, ist mitunter lang. Da der Begriff der Flächenbahn erstmalig verstärkt Anfang der achtziger Jahre auftrat, seit der Ideenfindung mithin rund zwei Jahrzehnte vergangen sind, und nun endlich ein implementierbares Konzept vorliegt, erscheint eine Verwirklichung bis 2015 nicht utopisch. Finden sich engagierte Initiatoren, die einer Umsetzung nicht nur das Wort reden, sondern auch versuchen, die vorgestellten Schlüssel zu nutzen, hat die Flächenbahn eine Chance.

Ein gewisser Idealismus als Motivationsverstärker ist meistens förderlich. Dennoch soll nicht verschwiegen werden, daß Entwicklungen eintreten können, die in eine ganz andere Richtung laufen. Folgender Fall ist vorstellbar:

Das rückläufige Interesse an Umweltfragen und die zurückgehende Bereitschaft, sich freiwillig bewußt umweltfreundlich zu verhalten, lassen die Fortführung der autozentrierten Verkehrspolitik zu einer nicht unwahrscheinlichen Perspektive werden. Die immensen Fortschritte der Abgasreinigung beim Automobil, die für eine spürbare Verringerung des Emissionsproblems verantwortlich sind[3], deuten ebenfalls darauf hin, daß die verkehrspolitische Wende ausbleiben könnte. Ähnliches gilt im Hinblick auf die verbesserte Crash-Sicherheit der Autos, die für eine rückläufige Zahl der tödlich verunglückten Verkehrsteilnehmer sorgt.

Andererseits: Ist der Höhepunkt des Verkehrsproblems durch diese Verbesserungen bereits überschritten, könnte gerade das ein Anzeichen für eine kommende Politikänderung sein. Im Sinne des Katastrophenparadox steht die Zeit der Flächenbahn vielleicht unmittelbar bevor.

[1] Auf die Tatsache, daß die Flächenbahn kein Low-Tech-Verkehrsmittel sein kann, weist Monheim (1996), S. 31f., hin.

[2] Auf die Notwendigkeit einer positiven Grundstimmung weist Wuppertal Institut (1997c), S. 29, hin.

[3] Siehe Kapitel 2.1 und Petersen/Diaz-Bone (1998).

8.3 Zeitplan

Zeitpläne einzuhalten, ist insbesondere bei Großvorhaben keine leichte Aufgabe. Insofern sind die folgenden Zeitangaben als Untergrenze zu verstehen und nicht als Prognose; das heißt, wenn die Akteure aufgrund des Problemdrucks an einer raschen Umsetzung interessiert sind, *kann* sie in 15 bis 20 Jahren vollständig gelingen.

Stehen in den vorhergehenden Kapiteln die Maßnahmen und die handelnden Personen im Mittelpunkt, werden nun beide in einem zeitlichen Raster zusammengeführt. Wer soll was *wann* tun, lautet die Fragestellung.

Dafür steht kein vorhandenes Implementationsschema zur Verfügung, das sich auf die Flächenbahn übertragen läßt. Der Zeitplan muß daher aus den Maßnahmen heraus entwickelt werden und dabei die Zielvorstellungen und wechselseitigen Abhängigkeiten ebenso einbeziehen wie gemeinhin auftretende Verzögerungen. Den Initiatoren und dem Umsetzungsteam samt seinem Netzwerk weiterer Akteure steht nichts geringeres als ein Hindernislauf bevor, der die Länge einer Marathonstrecke hat und dessen Hürden nur zum Teil bekannt sind.

Zwei Abschnitte sind mit Sicherheit zu unterscheiden: eine Vorbereitungsphase, die zur Schaffung des rechtlich-organisatorischen Rahmens dient und damit den Steuerungsmechanismus zur Realisierung der Flächenbahn installiert, sowie eine Betriebsphase, in der die Flächenbahn im engeren Sinn geschaffen wird. Ergreifen anstelle der Gesetzgeber andere Akteure die Initiative, so daß die Flächenbahn erst in die Köpfe der Entscheider transportiert werden muß (bottom-up), ist zudem eine Animierungsphase vorgeschaltet.

Drei Phasen der Umsetzung

- *A = Animierungsphase*
- *V = Vorbereitungsphase*
- *B = Betriebsphase*

Die Phase der Animierung beinhaltet neben der Initiative auch einen eigenständigen Pilotversuch in einer Region. Sie richtet sich damit sowohl an die Gesetzgeber auf Bundes- und Landesebene als auch an die potentiellen Nutzer und die gesamte Öffentlichkeit.

In der Vorbereitungsphase, die auf die regionalen Akteure und die Öffentlichkeit zielt, werden die Gesetzgebungsverfahren abgewickelt und die Organisationsstruktur aufgebaut. Sofern zuvor keine Animierung erforderlich ist, enthält sie zudem die Vorbereitungen für einen Pilotversuch.

Umfangreiche bauliche Tätigkeiten setzen mit dem Beginn der Betriebsphase ein. Diese ist regionsspezifisch unterschiedlich gestaltet und endet mit der Einführung des Zielfahrplans in der letzten Flächenbahnregion. Zielgruppen sind die Öffentlichkeit beziehungsweise alle potentiellen Nutzer.

Für die Phasen der Animierung und Vorbereitung werden jeweils rund fünf Jahre veranschlagt. Die Betriebsphase dagegen wird insgesamt etwa zehn Jahre benötigen, bis die Flächenbahn im gesamten Land fährt.
Das bedeutet im Fall einer beschleunigten Variante, die ohne vorgeschaltete Phase auskommt, daß die Umsetzungsdauer mindestens 15 Jahre beträgt. Ein zweiter Fall unter Einschluß einer initiierenden Etappe erhöht den zeitlichen Aufwand um rund fünf auf mindestens 20 Jahre. Beginnen die Aktivitäten im Jahr 2000, kann die Flächenbahn frühestens 2015 flächendeckend fahren, im zweiten Fall ab 2020.

Zeitliche Einordnung der Phasen

	2000-2005	*2005-2010*	*2010-2015*	*2015-2020*
1. Fall	*V*	*B*	*B*	
2. Fall	*A*	*V*	*B*	*B*

Da sich sowohl die Animierungs- als auch die Betriebsphase hauptsächlich in den Regionen abspielt, soll zunächst die Vorbereitungsphase weiter differenziert werden. Alle in Kapitel 8.1 abgeleiteten Maßnahmen finden vollständig oder zum Teil innerhalb dieser fünf Jahre statt. Unter Einbeziehung von Verzögerungen vor allem während der parlamentarischen Verabschiedung der beschriebenen gesetzlichen Regelungen wird ein detaillierter Zeitplan für die Jahre 2000 bis 2005 erstellt. Im Fall einer vorgeschalteten Animierungsphase verschiebt sich dieser Zeitraum um etwa fünf Jahre.
Wie bereits aus den angegebenen Voraussetzungen für den Start der einzelnen Maßnahmen ersichtlich ist, sind die Handlungsfelder zum Teil parallel und zum Teil nacheinander zu bearbeiten. Am Anfang steht das Paket der legislativen Maßnahmen, das die Vorbereitung und Verabschiedung der Gesetzesänderungen umfaßt und sich bis ins Jahr 2002 erstreckt. Der Zeitrahmen erscheint unter anderem deshalb als zielführend, weil in diesen Jahren voraussichtlich weitere rechtliche Anpassungen aufgrund von Novellierungen der EU-Richtlinien und -Verordnungen zum ÖPNV zu erwarten sind.
Daran schließt sich das Paket der organisatorischen Maßnahmen an, das im wesentlichen die Gründung der staatlichen Gesellschaften und der Tarifgemeinschaft enthält. Es erstreckt sich auf die Jahre 2002 und 2003. Damit verlagert sich das Geschehen vom Bund stärker auf die Länder.
Ab 2003 werden, beginnend mit der Netzplanung, die baulich-betrieblichen Maßnahmen eingeleitet. Ihren Abschluß findet die Vorbereitungsphase 2005 mit der Bestellung des neuen Verkehrsangebots in der ersten Region.
Seinem Namen Rechnung tragend, erstreckt sich das Paket der begleitenden Maßnahmen auf die gesamte Vorbereitungsphase und im übrigen auch auf die folgende Betriebsphase. Die einzige Maßnahme, die den gesamten Prozeß der Implementation umfaßt, ist die Öffentlichkeitsarbeit. Da die Flächenbahn auch als Marke-

tingkonzept zu verstehen ist, müssen die Kunden nicht nur nach ihren Wünschen gefragt werden; es ist ebenso notwendig, ihnen das Angebot mit einer ausgefeilten Bekanntmachungsstrategie näherzubringen.[1] Da die Öffentlichkeit während der Vorbereitungs- und Animierungsphase mehrheitlich für das Projekt gewonnen werden soll, müssen Werbung und Informationskampagnen von Anfang an wesentlicher Bestandteil des Konzepts sein. Sie werden allerdings im Laufe der Zeit von unterschiedlichen Stellen zu steuern sein, da die inhaltlichen Zuständigkeiten mit dem Fortschreiten des Umsetzungsprozesses wechseln.

Zeitliche Einordnung der Maßnahmen in der Vorbereitungsphase

Maßnahmen		*2000*	*2001*	*2002*	*2003*	*2004*	*2005*
legislative	*1*	■					
	2	■					
	3	■					
	4		■				
	5		■				
	6		■				
	7		■				
	8			■			
organisatorische	*9*			■			
	10			■			
	11			■			
	12				■		
	22						■
baulich-betriebliche	*14*				■		
	15					■	
	16					■	
	17					■	
	18					■	
	19					■	
	20					■	
	21					■	
	23					■	
	24						■
begleitende	*13*			■			
	25						■
	26	■	■	■	■	■	■
	27			■	■	■	■
	28			■	■	■	■
	29				■	■	■
	30				■	■	■

Bei der Vielzahl von Maßnahmen, die zu ergreifen sind, stellt sich unweigerlich die Frage nach Schwerpunkten. Denn es dürfte klar sein, daß jegliche Zeitpläne im Moment nur Anhaltspunkte liefern können und als relativ variabel anzusehen

[1] Siehe Wuppertal Institut (1997c), S. 6, und Herrmann et al (1997), S. 106ff.

sind. Fest steht jedoch die Reihenfolge, da bestimmte Maßnahmen inhaltlich auf anderen aufbauen und diesen daher nicht vorangestellt sein können.[1]
Soll die Flächenbahn in der beschriebenen Qualität und innerhalb von 15 bis 20 Jahren Wirklichkeit werden, sind sechs Punkte essentiell. Dazu gehört der Aus- und Neubau des Streckennetzes, das zuvor auf die neu zu gründenden Infrastrukturgesellschaften übertragen werden muß. Die angestrebten Verlagerungseffekte erfordern ein Pkw-orientiertes Tarifsystem für den gesamten öffentlichen Verkehr und die Verkürzung der Reisezeiten. Das wiederum ist nur mit funkbasierter Betriebssteuerung und mit integriertem Halbstundentakt möglich. Die Bedeutung der Öffentlichkeitsarbeit ist bereits mehrfach betont worden.

Schwerpunkte

- *Übertragung der Streckeninfrastruktur-Trägerschaft*
- *Einführung des neuen Tarifsystems in einer Tarifgemeinschaft*
- *Neubau und Ausbau des Streckennetzes*
- *Einführung der funkbasierten Betriebssteuerung*
- *Einführung des Halbstunden-ITF*
- *Öffentlichkeitsarbeit*

Spätestens nachdem die gesetzlichen Bestimmungen geändert und die neue Organisationsstruktur geschaffen ist, soweit möglich aber auch schon vorher, bietet es sich an, bestimmte Schritte vordringlich in die Wege zu leiten. Punktuell, daß heißt regional unterschiedlich, können aus vier Gründen einige Sofortmaßnahmen hilfreich sein.
An Stellen, die außerordentlich hohe verkehrliche Belastungen aufweisen, ist sicher schnelles Handeln gefordert; ebenso dort, wo einfache Maßnahmen rasch und leicht umsetzbar sind, so daß der Erfolg augenblicklich sichtbar wird. Beides trägt zur positiven Beeinflussung der öffentlichen Meinung bei.
Gegen die Flächenbahn gerichtete Planungen, die derzeit überall in großem Umfang stattfinden, können das Modell an bestimmten Orten verhindern. Es ist daher zielführend, solche Vorhaben schnellstmöglich zu identifizieren und gegenzusteuern, bevor bauliche Fakten geschaffen werden. Auch wenn der Vorlauf für eine Maßnahme der Flächenbahn absehbar sehr lang sein wird, beispielsweise durch großen baulichen Aufwand, ist das frühzeitige Einleiten der entsprechenden Vorgänge ratsam.

Umsetzung in der Region

Nach der Verabschiedung der gesetzlichen Regelungen in Bund und Ländern ist eine aktive Implementation durch die Vollzugsträger notwendig. Im Vordergrund

[1] Die Voraussetzungen sind in Kapitel 8.1 dargestellt.

stehen bei der konkreten Planung und Einleitung der baulichen Maßnahmen die Regionen.

Der im folgenden beschriebene Ablauf ist im Grundsatz in jeder der 100 Flächenbahnregionen identisch. Jede Region erreicht idealtypisch einen Durchmesser von etwa 50 Kilometern und weist im Zielzustand ein durchschnittlich mehr als 300 Kilometer langes Streckennetz auf.[1] Der Koordinationsaufwand dürfte bei dieser Größe relativ gut zu bewältigen sein.

Nach einem politischen Aushandlungsprozeß, an dem die regionalen Akteure unabhängig von ihrer offiziellen Entscheidungsbefugnis beteiligt werden sollten, um eine breite Unterstützung zu erreichen, kann die Planung beginnen. Werden die folgenden Maßnahmen teils parallel ausgeführt, kann die Flächenbahn bereits nach fünf Jahren im Zielfahrplan fahren.

In die Ablaufplanung einzubeziehen ist die öffentlichkeitswirksame Darstellung der Umsetzung. Dazu eignen sich Jahresstufen. Jährlich wechselnd stehen konkrete Angebotsverbesserungen mit begleitenden PR-Kampagnen und die Bautätigkeit mit zurückhaltender Berichterstattung im Zentrum. Grundlegender Gedanke eines Stufenplans ist das Herausstellen von sprunghaften Verbesserungen, denn Qualitätssprünge lassen sich besser verkaufen als kontinuierliche Fortschritte.[2]

Nachdem die Verwirklichung der Flächenbahn beschlossen ist, kann die Planung in der ersten Stufe von einer Kampagne begleitet werden, mit der die Absichten bekanntgegeben werden. Eine folgende Bau-Stufe konzentriert sich auf die Erneuerung bestehender Strecken und die Planfeststellungsverfahren zu den Neubaustrekken. In dieser Zeit sind rund 150 Kilometer Strecke zu sanieren, wovon etwa die Hälfte auf Reaktivierungen entfällt.

Bereits im dritten Jahr kann der Betrieb in einer Start-Stufe auf den bestehenden Strecken in verbesserter Form aufgenommen werden. Es kann sich dabei noch nicht um den Zielzustand handeln; dennoch muß ein deutlicher Qualitätssprung sichtbar werden. Dieser ist in einer entsprechenden PR-Kampagne hervorzuheben. Am Ende der dritten Stufe sollte auch die Planfeststellung abgeschlossen sein.

Es folgt wiederum eine Bau-Stufe, in der die Neubaustrecken realisiert werden, deren Länge insgesamt circa 80 Kilometer beträgt. Auf den bestehenden Strecken werden zu dieser Zeit vergleichsweise marginale Veränderungen vorgenommen. Danach kann in einer fünften und letzten Stufe der vollständige Zielfahrplan auf allen Strecken eingeführt werden, was wiederum von intensiver Öffentlichkeitsarbeit begleitet sein sollte. Bis zu diesem Zeitpunkt müssen etwa 50 neue Flächenbahn-Triebwagen gebaut sein und zum Einsatz bereitstehen.

Damit die Flächenbahn Kunden gewinnen kann, sollten alle Haushalte zum Fahrplanwechsel über hausnummernspezifische ÖPNV-Verbindungen informiert werden. Mobilkarten[3] können ebenfalls kostenlos an alle Einwohner der Region versandt

[1] Siehe Kapitel 7.

[2] Der Stufenplan ist in Anlehnung an Hüsing/Schallaböck (1997) und Wuppertal Institut (1997c) entstanden.

[3] Siehe Kapitel 6.1.

werden, da ihre Herstellungskosten von unter einem Euro gering sind. Wer sich bei der Mobilitätszentrale anmeldet, kann die Bahn zukünftig nutzen, ohne irgendwelche Tickets kaufen zu müssen.

Ablauf in einer Region

1. Jahr	*2. Jahr*	*3. Jahr*	*4. Jahr*	*5. Jahr*
Stufe „Planung"	*Stufe „Bau"*	*Stufe „Start"*	*Stufe „Bau"*	*Stufe „Ziel"*
• *Planung*	• *bauliche Erneuerung im Bestand* • *Planfeststellung Neubaustrecken*	• *verbesserter Betrieb im Bestand* • *Planfeststellung Neubaustrecken*	• *verbesserter Betrieb im Bestand* • *Streckenneubau*	• *Betrieb im Zielzustand*
PR-Kampagne		*PR-Kampagne*		*PR-Kampagne*

Von der Planung der Flächenbahn bis zur Einführung des Zielfahrplans vergehen damit pro Region etwa fünf Jahre. Die Betriebsphase ist auf insgesamt rund zehn Jahre veranschlagt, da es weder technisch noch vom Koordinationsaufwand her möglich erscheint, in allen Regionen gleichzeitig vorzugehen. Vielmehr bietet sich eine Staffelung in neun Gruppen an, die jeweils elf Regionen umfassen, wie ein 100-Regionen-Plan zeigt. Auf Fünfjahres-Abschnitte verteilt, könnte die letzte Gruppe gegen Ende des Jahres 2015 den Zielzustand erreichen, wenn die erste Gruppe ihre Planungen bereits 2004 einleitet.

100-Regionen-Plan

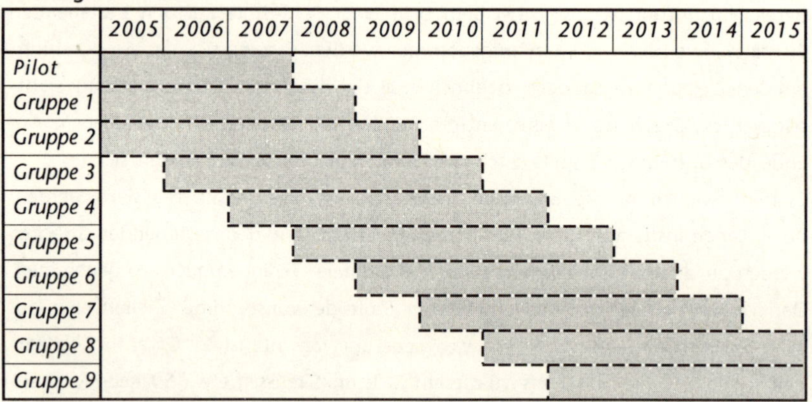

Grob gerechnet ist jedes Bundesland mit einer Region pro Gruppe vertreten. Die Möglichkeit, in einer Gruppe alle Regionen eines Landes zusammenzufassen, besteht wohl nicht, da die personellen Kapazitäten auf Landesebene dafür kaum ausreichen dürften. Im Zusammenhang mit der Organisation des Umsetzungsprozesses, aber auch mit dem Flächenbahn-Management durch die Nahverkehrsgesellschaften, stößt man unweigerlich auf die Frage der Länder-Neugliederung. Aus

Flächenbahn-Sicht kann dazu festgestellt werden, daß ein Zusammenschluß von Bundesländern den Abstimmungsaufwand nennenswert verringern würde und daher prinzipiell zu empfehlen ist.

Pro Jahr sind nach dem 100-Regionen-Plan 700 bis 800 Streckenkilometer neu zu errichten und ungefähr 1500 Kilometer zu sanieren. Zudem müssen jedes Jahr etwa 400 neue Triebfahrzeuge ausgeliefert werden. Wie diese Größenordnungen zeigen, ist eine Verkürzung der Umsetzungszeit sicher nicht möglich. Sie kann auch nur eingehalten werden, weil die Industrie bis 2005 Zeit hat, die technischen Neuerungen zur Serienreife zu bringen.

Erfolgsaussichten

Bei Konzepten, die man selbst entwickelt hat, neigt man oft dazu, die Erfolgsaussichten besser zu bewerten, als sie wirklich sind. Denn es ist natürlich immer auch ein Stück Werbung für die eigenen Ideen. Gerade deshalb sollen hier die hemmenden und beschleunigenden Faktoren der Umsetzung gegenübergestellt werden.

Héritier hat zu diesem Zweck eine Prüfliste mit 14 Punkten erarbeitet.[1] Nach deren Anwendung besteht der Eindruck, daß die vorgeschlagene Implementationsstrategie auf jeden Fall für eine zügige und erfolgreiche Umsetzung geeignet ist, wenn auch das Gelingen nicht garantiert werden kann.

Gründe für ein Mißlingen müssen nicht unbedingt im Durchführungsprozeß selbst angesiedelt sein. Auch äußere Einflüsse, wie beispielsweise die Konjunktur, können verantwortlich sein.[2] Andererseits können nicht vorhergesehene Nebenwirkungen das Scheitern des Modells hervorrufen, wenn sie nicht eliminierbar sind.[3]

Mit ihren weitreichenden Eingriffen ist die Flächenbahn ein Reformprojekt, das möglicherweise an den mentalen Blockaden der Beteiligten hängenbleibt. Zwar ist ein Weg aufgezeigt, der die Chance bietet, derartige Hindernisse zu überwinden, doch ob sie wirklich genutzt wird, läßt sich nicht vorhersagen. Mit der vor fünf Jahren verabschiedeten Bahnreform hat sich der Reformwille der Entscheider möglicherweise fürs erste erschöpft. Damit wäre noch nicht die Flächenbahn an sich gescheitert, aber der Zeitplan für die Umsetzung.

Der einzige wirklich brisante Punkt findet sich in den begleitenden Maßnahmen zum motorisierten Individualverkehr. Dabei geht es nicht einmal um massive Einschränkungen, sondern nur darum, weiteren Straßenausbau einzustellen. Dies zu tun bedeutet aber, mit der bisherigen Verkehrspolitik zu brechen und eine echte Wende einzuleiten. Dafür Mehrheiten zu finden, wird nicht einfach sein.

Beschleunigend wirken sich wahrscheinlich die Modal-Split-Vorgaben aus, die eine Verbesserung des Bahnverkehrs für die Kommunen finanziell interessant

[1] Siehe Windhoff-Héritier (1987), S. 121ff.

[2] Auf außerhalb des Prozesses liegende Umstände weist Héritier hin. Siehe Windhoff-Héritier (1987), S. 91.

[3] Auf die Bedeutung von Nebenwirkungen weist unter anderem von Rohr (1990), S. 90, hin.

macht. Ähnliches gilt für ein Finanzierungsprogramm zur Umsetzung der Flächenbahn.

Als wesentlicher Erfolgsfaktor gilt eine gute Evaluation.[1] Zu empfehlen ist eine ständige Erfolgskontrolle des Prozesses im Sinne eines Monitorings. Fehlentwicklungen können auf diese Weise frühzeitig erkannt und korrigiert werden. An kritischen Punkten kann es notwendig werden, Alternativen zum ursprünglichen Plan zu entwickeln, sei es aufgrund politischer Widerstände oder weil technische Probleme auftreten. Der in solchen Fällen eintretende Zeitverlust kann jedoch begrenzt werden, wenn gefährliche Situationen rechtzeitig erkannt und umgehend Rückfallszenarien ausgearbeitet werden.[2]

Die Effektivität des Konzepts im Vorhinein abzuschätzen, ist nur schwer möglich, da die tatsächliche Wirkung als Vergleichsgröße zur erwarteten Wirkung ebenfalls geschätzt werden muß. Resümierend läßt sich dennoch sagen: Wenn die vier Schlüssel - Tiger-Team, unkonventionelle Allianzen, Politik-Fenster und kritische Transparenz - genutzt werden, sind die Aussichten nicht schlecht.

[1] Als wichtiges Kriterium wird die Evaluation unter anderem von Windhoff-Héritier (1987), von Rohr (1990), Schubert (1991) und Herrmann et al (1997) gesehen.

[2] Auf den Wert von Rückfallszenarien wird bei Wuppertal Institut (1997c) hingewiesen.

9. Schlußbetrachtung

9.1 Widersprüche

Vorurteilslose Wahrnehmungen gibt es nicht - das ist spätestens seit Popper anerkannt. Dem kritischen Rationalismus folgend, soll deshalb aufgezeigt werden, welche Probleme mit der vertretenen Auffassung verbunden sind. Innere Widersprüche und Gegenargumente werden ausgebreitet, um ihre Berechtigung zu prüfen und das Konzept transparenter zu machen.

An welchen Punkten ist Kritik angebracht? Grundsätzliche Bedenken können vor allem zur Relevanz einer Flächenbahn vorgebracht werden. Unbestritten sind die Verkehrsbelastungen in den Städten viel größer als auf dem Land, deshalb setzt das Flächenbahnkonzept entsprechende Änderungen der Verkehrspolitik in den Agglomerationsräumen voraus. Aber die Probleme der ländlichen Regionen bestehen ohne Zweifel, und sie müssen gelöst werden. Würde die Flächenbahn finanzielle Zusatzaufwendungen in Milliardenhöhe benötigen, wäre Skepsis sicher angebracht, da sie jedoch ohne Mehrkosten realisiert werden kann, verlieren die Einwände an Belang.

Grundlegende Kritik kann des weiteren an der unterstellten Bevölkerungszahl angebracht werden. Ob in dem definierten Flächenbahngebiet in 20 Jahren und danach tatsächlich 30 Millionen Menschen leben werden, ist zugegeben fraglich. Das Problem besteht darin, eine realistische Zahl zu prognostizieren. Da die Flächenbahn jedoch an die Bevölkerungsdichte anknüpft, würde eine andere Einwohnerzahl lediglich bedeuten, daß es weniger oder mehr geeignete Regionen gibt. Das Flächenbahngebiet würde also kleiner oder größer werden. Ein Argument gegen die Bahn im ländlichen Raum ist das jedoch nicht. Im übrigen sollte berücksichtigt werden, daß Abwanderungsbewegungen der ländlichen Bevölkerung gerade mit Hilfe der Flächenbahn vorgebeugt werden kann.

Problematisch ist zudem die einseitige Orientierung des Angebots ausschließlich an den Einwohnerzahlen. Denn die Verkehrsströme hängen ebenso von anderen Faktoren ab. Dieser Einwand ist völlig richtig, trifft aber nur auf konkrete Einzelfälle zu. Zur Abschätzung der Größenordnung und Lage eines Flächenbahngebiets scheint die Bevölkerungsdichte geeignet zu sein. Örtliche Abweichungen vom Durchschnitt sind in den Beispielregionen bewußt aufgenommen, um zu zeigen, daß trotz des Unterschieds zwischen abstrakter und konkreter Betrachtung keine modellsprengenden Abweichungen bestehen.

Generell sind die im Modell verwendeten Durchschnittswerte allerdings zu hinterfragen, denn die Streuung kann mitunter erheblich sein. Dies gilt auch für wesentliche Dinge wie die Nachfrage, die Streckenlänge oder die Reisezeitvergleiche. Die Aufforderung kann deshalb nur lauten, weitere Regionen detailliert auf der Basis dieses Konzepts zu untersuchen. Die Beispiele aus Kapitel 7 haben die Modellannahmen durchweg bestätigt. Um dem Problem der Streuung vorzubeugen, sind in der Regel für die Flächenbahn ungünstige Ausgangswerte in die Berechnungen eingeflossen. Daß einzelne Regionen trotz ihrer Zugehörigkeit zum Flächenbahngebiet ungeeignet sind, kann aber nicht ausgeschlossen werden.

Ein letzter prinzipieller Kritikpunkt zielt auf die unterstellte Effizienz. Daß die beschriebenen und darüber hinaus weitere Effizienzsteigerungen theoretisch erreicht werden können, wird kaum in Zweifel zu ziehen sein. Inwieweit sie sich jedoch in die Praxis umsetzen lassen, ist in der Tat schwer abschätzbar. An dieser Stelle bestehen vermutlich die größten Unsicherheiten.

Anfechtbar sind einige konkretere Punkte, wie zum Beispiel die im Reisezeitvergleich eingestellte Pkw-Geschwindigkeit von 45 Kilometern pro Stunde. Für städtische Verhältnisse ist das zwar schnell, um in ländlichen Gegenden auf diesen Wert zu kommen, sind jedoch mancherorts größere Einschränkungen für den motorisierten Individualverkehr nötig. Liegen die faktischen Reisegeschwindigkeiten über den angenommenen, würde das für die Flächenbahn Einbußen in der Nachfrage bedeuten. Deshalb ist es besonders wichtig, die begleitenden Maßnahmen nicht zu vernachlässigen.

Nur grob geschätzt werden konnte der Durchschnittserlös der Flächenbahn. Der praktische Versuch mag Resultate erbringen, die von den angegebenen acht Cent pro Personenkilometer abweichen. In diesem Fall sind unter Umständen Modifizierungen im System erforderlich. Eine größere Nachfrage würde Mindereinnahmen allerdings sofort wieder ausgleichen.

An einem die bauliche Ausgestaltung betreffenden Punkt könnten Fakten geschaffen werden, die den Vorschlägen entgegenstehen: derzeit werden im Gegensatz zu den Modellvorstellungen keine niederflurigen Fahrzeuge, sondern vielmehr im gesamten Land Hochbahnsteige gebaut. Daß diese nicht flächenbahnkompatibel sind, liegt auf der Hand. Wird allerdings die Zahl der neuzubauenden Flächenbahn-Haltepunkte mit der Zahl bestehender Hochbahnsteige verglichen, kann schnell Entwarnung gegeben werden. Es dürfte wesentlich billiger sein, die vorhandenen 55er, 70er und 90er Bahnsteige auf 30 Zentimeter abzusenken, als die komplette Flächenbahn hochflurig auszuführen. Aber selbst wenn sie - aus welchen Gründen auch immer - nur unter der Bedingung hoher Bahnsteige zur Diskussion steht, ist das Modell nicht falsifiziert. Es würde dann eine Flächenbahn mit Hochbahnsteigen gebaut.

Eine in der Tat offene Flanke liegt dagegen im technischen Entwicklungsbedarf. Zwar sind für die allermeisten der Vorschläge die wesentlichen technischen Grundlagen geschaffen, doch Dinge wie die Funksteuerung, die Ticketerfassung und auch der Triebwagen existieren in der vorgeschlagenen Form bisher nur auf dem Papier. Ob sie sich in der geplanten Weise und zu den veranschlagten Kosten wirklich realisieren lassen, kann ohne praktischen Pilotversuch nicht mit Bestimmtheit behauptet werden. An der einen oder anderen Stelle werden Modifizierungen sicher unumgänglich sein. Die Möglichkeit, solche Weiterentwicklungen einzubinden, ohne gleich das gesamte Modell in Frage stellen zu müssen, ist auf der anderen Seite eine der Stärken des Konzepts. Es gibt Größenordnungen vor und arbeitet zu zahlreichen Punkten Details aus, beharrt aber nicht auf millimetergenauer Umsetzung.

Ein anderes Problem stellt die ungeklärte Frage dar, wieviel zusätzlicher Verkehr von der Flächenbahn erzeugt wird. Entlastungen treten ja nur dann ein, wenn gleichzeitig Autofahrten wegfallen. Ist das Flächenbahnangebot erst einmal geschaffen, werden die Menschen möglicherweise zu einer Reihe von Fahrten animiert, die sie vorher gar nicht unternommen haben. Denkbar ist aber auch, daß im wesentlichen Mitfahrer umsteigen. Statt zwei Personen sitzt dann nur noch eine im Auto und die andere in der Bahn. Das würde ebenfalls keine Entlastung bringen.

Weitere Kritik kann am Umsetzungsprogramm geübt werden. Ob sich derart viele Änderungen durchsetzen lassen, wie zur Einführung der Flächenbahn notwendig sind, ist anzweifelbar - aber die Möglichkeit besteht durchaus. Im übrigen ist ein perfekter Vollzug ohnehin nicht zu erwarten, das widerspräche jeglicher Erfahrung. Ob die entwickelten Steuerungsinstrumente wirklich in der Lage sind, den Umsetzungsprozeß in der Spur zu halten, kann letztlich nicht vorhergesagt werden. Dafür hängt zuviel vom ganz persönlichen Engagement der Mitwirkenden ab.

Ein anderer Punkt ist die Umsetzungszeit. Sie ist, das wird eingestanden, knapp bemessen. Bei zügigem Voranschreiten scheint es jedoch möglich, den Plan einzuhalten. Genau das sollte gezeigt werden. Kommt es zu größeren Verzögerungen, ist die Flächenbahn damit nicht in Frage gestellt, es verschiebt sich lediglich der Fertigstellungszeitpunkt.

Bedenken können auch bezüglich der politischen Mehrheiten angemeldet werden. Zwar wird mit der Strategie unkonventioneller Allianzen ein Werkzeug aufgenommen, daß genau in diese Richtung zielt. Seine Wirksamkeit hängt gleichwohl von Faktoren ab, die nicht allesamt geplant werden können. Im übrigen ist es so, daß eine Mehrheit ja noch gar nicht bestehen kann; sie muß für jede der zahlreichen Entscheidungen neu geschaffen werden.

Alles in allem zeigt sich, daß die meisten Einwände relativ gut entkräftet werden können. Ebenso ist festzustellen, daß die Flächenbahn kein perfektes Modell ist und im Fall ihrer Umsetzung schlußendlich anders aussehen wird, als hier beschrieben. Der interessanteste Falsifizierungsversuch wird jedoch darin bestehen, die Verkehrsprobleme mit einem völlig anderen Konzept, das ohne die Bahn auskommt, besser zu lösen. Auf welchen Elementen alternative Theorien basieren könnten und ob sie tatsächlich bessere Ergebnisse liefern, muß an dieser Stelle offen bleiben. Sicher ist, daß die Flächenbahn bis zum Beweis des Gegenteils die Chance hat, zur Lösung der Verkehrsprobleme ein erhebliches Stück beizutragen.

9.2 Weiterer Forschungsbedarf

Um den Startschuß für die Verwirklichung der Flächenbahn zu geben, dürfte das in der vorliegenden Untersuchung Herausgefundene ausreichen. Gleichzeitig sind aber noch eine Reihe von Fragen zu beantworten, die vor allem im Rahmen einer begleitenden Forschung behandelt werden können. Für die gesamte Verkehrswissenschaft und namentlich die Policy-Forschung steht die Ausarbeitung zahlreicher Teilaspekte der Flächenbahn an, die aber angemessenerweise erst beginnen kann, wenn die Politik verbindliche Entscheidungen getroffen hat und diesbezügliche Untersuchungen anfordert.

Bevor beschlossen wird, die Flächenbahn bundesweit einzuführen, dürfte ein praktischer Pilotversuch anstehen. Um dieses Experiment durchführen zu können, bedarf es einiger regionaler Konzepte, die dem Pilotanspruch gerecht werden. Sämtliche Details sind dazu unter zwei Blickwinkeln zu betrachten: zum einen kann nur von verfügbarer Technik ausgegangen werden, zum anderen muß ein ständiger Bezug zur Zielperspektive hergestellt werden.

Vor allem die politikwissenschaftliche Forschung kann einen wichtigen Beitrag zur kostenseitigen Bewertung der Übergangsphase leisten. Es ist zu klären, ob die Implementation nennenswerte Zusatzkosten verursacht, und gegebenenfalls ein Förderprogramm zu entwickeln. Neben der Höhe der voraussichtlich benötigten Mittel muß insbesondere eruiert werden, welche Institution sie bereitstellen kann und unter welchen Bedingungen das zweckmäßig ist. Dabei ist wiederum wichtig, die Förderung vom Erreichen definierter Ziele abhängig zu machen und nicht von der Realisierung einzelner Maßnahmen.

Die vorgeschlagene Organisationsstruktur setzt die Änderung einiger Gesetze voraus. Da es jedoch verschiedene Möglichkeiten gibt, diese Struktur gesetzlich zu verankern, sind in der Folge Gesetzentwürfe zu formulieren und Alternativen zu prüfen. Diese Aufgabe läßt sich zwecks Vereinheitlichung an der einen oder anderen Stelle auf die europäische Ebene ausdehnen.

Bevor die Nahverkehrs- und Infrastrukturgesellschaften (LNVGs, LIGs und BIG) ins Leben gerufen werden können, müssen die entsprechenden Gesetze dies nicht nur erlauben, sondern auch die konkreten Gründungsaufträge definiert werden. Es besteht folglich noch einiger Beratungsbedarf. Zwischen den Gesellschaften und den verschiedenen Ebenen des Organisationsaufbaus ist zudem eine effektive Koordinierung zu gewährleisten. Diese Abstimmungsprozesse zu simulieren und auf diese Weise zweckmäßige Regeln herauszufinden, stellt eine weitere wissenschaftliche Aufgabe dar.

Forschungsbedarf ist im gesamten Implementationsprozeß festzustellen. Neben einem Monitoring wird es vor allen Dingen darum gehen, weitere Modelle der Implementationsforschung auf den jeweiligen Einzelfall zu übertragen. Zum Beispiel müßte auf die Flächenbahn bezogen ergründet werden, wie eine Bürgerbeteiligung am besten aufzuziehen ist. Ähnliches gilt für den gesamten Abstimmungsprozeß mit den verschiedenen Akteuren. Die Grenze zwischen politikwissenschaftlicher Begleitforschung und realer Politik kann dabei nicht eindeutig gezogen werden.

Weiterer Untersuchungsbedarf besteht im Service- und Akzeptanzbereich der Flächenbahn. Ein nach wie vor unterbelichtetes Feld ist die Pünktlichkeitssicherung. Mit dem Hinweis auf die exponentielle Weiterverbreitung des Problems, wenn Züge auf verspätete Zubringer warten, und dem Vorschlag, bei dichten Takten auf den Anschluß zu verzichten, zeichnet sich zwar ab, wie das Problem erheblich gemindert werden kann, vollständig gelöst wird es dadurch nicht. Es ist zu analysieren, wie Verspätungen entstehen, und ein Programm zu deren Vermeidung zu entwickeln.

Die vorgeschlagene Umstellung auf Mobilkarten liefert ein anschauliches Beispiel für die gleichzeitige Steigerung von Kundennutzen und Effizienz. Auch wenn Fahrkarten nach wie vor auf herkömmliche Weise zu bekommen sind, ist dennoch zu untersuchen, ob die neue Form der Erfassung und Bezahlung von den Kunden tatsächlich angenommen wird. Wenn die Fahrgäste das Modell nicht akzeptieren, weil sie es als nachteilig einschätzen, ist die Einführung hinfällig. Sollte sich eine negative Bewertung abzeichnen, ist zu prüfen, ob es akzeptanzsteigernde Maßnahmen gibt, die erfolgversprechend sind.

Eine ebenso relevante Frage in diesem Kontext ist diejenige nach dem Durchschnittserlös. Im Fall der Flächenbahn ist die Berechnung deshalb schwierig, weil es sich um ein neues Angebot handelt, dessen Nachfrage ebenfalls geschätzt werden muß. Dennoch können tiefergehende Verhaltensanalysen genauere Ergebnisse liefern als die Abschätzung der vorliegenden Untersuchung.

Technischer Forschungsbedarf besteht vornehmlich bei der Konstruktion des Rollmaterials. Das Lastenheft nimmt zwar hauptsächlich auf bereits realisierte Entwicklungen bezug, läßt aber die konkrete Ausführung an zahlreichen Punkten bewußt offen. Damit soll die Möglichkeit eröffnet werden, im weiteren Entwicklungsprozeß vor allem die Kreativität der Fahrzeugindustrie zu nutzen.

Ähnliches gilt für die funkgestützte Betriebssteuerung. Wesentliche Komponenten befinden sich zwar bereits im Serieneinsatz oder im Testbetrieb, das gesamte System zuverlässig zusammenzuführen, bedarf aber noch intensiver Untersuchungen.

Während eines Pilotversuchs sollte zudem das Emissionsverhalten im realen Fahrbetrieb ermittelt werden. Zu prüfen ist, inwieweit der Kohlendioxid-Ausstoß in den Grenzen der Verbrauchsvorgaben aus dem Fahrzeug-Lastenheft gehalten werden kann, und wie sich insbesondere die Lärmemissionen vermindern lassen. Entsprechende Untersuchungen sollten weder den Laborversuch noch den Praxistest isoliert betrachten, sondern beide Entwicklungsstufen begleiten.

Weiterer stark technisch geprägter Forschungsbedarf ist hinsichtlich der Infrastrukturausstattung bei Mischbetrieb gegeben. Wird in der vorliegenden Untersuchung lediglich der Bedarf für die Flächenbahn dargestellt, sind in weiterführenden Arbeiten auch die Anforderungen des Interregionalverkehrs und des Intercityverkehrs zu eruieren. In den Übergangszonen von ländlichen in städtische Gebiete ist außerdem die technische Kompatibilität der Stadtbahnsysteme mit der Flächenbahn ein wichtiger Forschungsgegenstand.

Die Verknüpfungen der vier Angebotselemente IC, IR, Stadtbahn und Flächenbahn sind aber zunächst konzeptionell weiter auszuarbeiten. Dazu bedarf es eingehender Analysen sowohl auf der abstrakten als auch auf der konkreten regionalen Ebene. Das Flächenbahnkonzept liefert lediglich Ansätze zur Gestaltung dieser intermediären Situationen, die erkennen lassen, daß ein solches Modell im Grundsatz funktioniert, jedoch keine ausgearbeiteten Detailvorschläge. Lösungen insbesondere für den Stadt-Land-Übergang erfordern wiederum eine interdisziplinäre Beleuchtung der Teilaspekte und haben daher einen umfassenden Untersuchungsanspruch.

Ungeklärt ist auch die Zukunft des Güterverkehrs. Er kann gemeinsam mit der Flächenbahn auf der Schiene abgewickelt werden, wird aber unter den heutigen Bedingungen seine Kosten kaum einfahren können. Es mangelt für den gesamten Güterverkehrsmarkt an einem einschlägigen Konzept, mit dem sich die Umwelt- und Gesundheitsbelastungen, die von diesem Sektor ausgehen, in den Griff bekommen lassen ohne die Leistungsfähigkeit einzuschränken. Bis heute gibt es nur relativ unabhängig nebeneinander stehende Vorschläge für einzelne Teilsysteme des Güterverkehrs. Umschlagtechnik, Verteilzentren, Cargo-Sprinter und City-Logistik sind einige Stichworte. Dieser Bereich erfordert daher eine intensive wissenschaftliche Durchdringung, die zum einen spezifische Lösungsvorschläge entwikkelt und zum anderen die unterschiedlichen Elemente zu einem faßbaren Modell zusammenfügt. Im Mittelpunkt stehen auch hier die technische, ökonomische und politische Machbarkeit.

Bei der Betrachtung der Beschäftigungseffekte hat sich gezeigt, daß die Flächenbahn zwar zusätzliche Arbeitsplätze schafft, eine Verkehrswende aber nicht das Beschäftigungsproblem lösen kann. Da die indirekte Beschäftigungswirkung nur auf einer groben Abschätzung basiert, erscheint eine detaillierte Input-Output-Analyse angebracht. Die größere Herausforderung besteht jedoch in der Entwicklung eines schlüssigen Konzepts zum nachhaltigen Abbau der Arbeitslosigkeit.

Insbesondere mit dem letzten Hinweis wird noch einmal deutlich, wie vielschichtig die Wechselbeziehungen zwischen der Verkehrspolitik und anderen Politikfeldern sind. Manifestieren sich auch viele Probleme im Verkehrsbereich, so darf nicht vergessen werden, daß zu ihrer Lösung oft gesamtgesellschaftliche Veränderungen notwendig sind. Wer sich diese Dimension vor Augen führt, wird schnell begreifen, daß die Verwirklichung der Flächenbahn zwar sofort beginnen kann, aber noch weiterer Forschungsbedarf besteht.

9.3 Die Flächenbahn als verkehrspolitische Alternative

Nach wie vor setzt die Verkehrspolitik in Deutschland auf die autogerechte Landschaft. Zwar haben sich alle Bundesverkehrsminister seit Georg Leber zur Verlagerung von Straßenverkehr auf die Schiene bekannt, erreicht hat dieses Ziel keiner von ihnen.

Da die Belastungen in Form von Lärm, Luftschadstoffen und Klimagasen immens sind und daher eine Strategie herausfordern, die Entlastung schafft, wird das Minimalprinzip empfohlen. Das bedeutet einen Abbau der verkehrsbedingten Kosten unter Beibehaltung des Nutzens. Auf dieser Basis ist die Flächenbahn entwickelt worden. Sie bietet die Chance, verkehrspolitisch umzusteuern, indem sie ein wichtiges Segment abdeckt: den Nahverkehr im ländlichen Raum. Die Flächenbahn ist daher als Ergänzung entsprechender städtischer Systeme zu sehen und nicht als alleinstehende Lösung.

Die Absicht des Konzepts ist es, konkrete Handlungsempfehlungen für die politischen Akteure zu geben. Findet die Flächenbahn Aufnahme in die offizielle Verkehrspolitik, füllt sie zumindest einen Teil der bestehenden Lücke aus, die Ulrich Steger, ehemaliger VW-Vorstand, folgendermaßen beschrieben hat: „Verkehrspolitik findet nicht statt. Es gibt keine Leitvorstellung, keine Vision des Verkehrs für das Jahr 2010, an der wir uns als Unternehmen orientieren könnten."[1]

Gegen die Stillegung von Eisenbahnstrecken wird seit Jahren immer wieder protestiert, und es werden Gutachten über verbesserte Bedienungsmöglichkeiten geschrieben. In manchen Regionen wird das Bahnangebot daraufhin tatsächlich erweitert. Letzlich kranken solche auf einzelne Strecken gerichtete Bemühungen jedoch an der fehlenden Einbeziehung des Gesamtsystems - Synergien können kaum erreicht werden. Infolgedessen sind inselhafte Verbesserungen zwar als Ausgangspunkt für regionenübergreifende Konzepte geeignet, aber nicht unbedingt zur Übertragung.

Für eine Flächenbahn, die über die Hälfte des Bundesgebiets erschließt und mehr als ein Drittel der Bevölkerung mit nah gelegenen Zugangsstellen versorgt, sind zwei Prinzipien maßgebend: die Kundenorientierung und die Effizienzorientierung, die in zehn Leitbildern konkretisiert worden sind. Damit die Flächenbahn ein Erfolg wird, müssen aber nicht nur die spezifischen Produktionskosten gesenkt und Marketingstrategien eingesetzt werden, sondern es muß auch intensiv für das neue Angebot geworben werden.

Als Schlüssel zum Erfolg erweisen sich hauptsächlich fünf Elemente des Konzepts: als erstes das auf der Grundlage des gesteuerten Wettbewerbs beruhende Bestellerprinzip, das bereits in der aktuellen Gesetzgebung verankert ist. Zu ergänzen sind die bisher fehlenden Konzessionen. Der zweite Schlüssel ist die Verkürzung der Verlustzeiten. Erst wenn die Tür-zu-Tür-Geschwindigkeit auf diese Weise erhöht wird, läßt sich die erforderliche Qualität bezahlen. Als geeignete Mittel bestäti-

[1] Wochenpost vom 26.11.1992, zitiert nach Hesse (1993), S. 59.

gen sich gut erreichbare Haltepunkte und der integrale Halbstundentakt. Dritter Schlüssel sind die Mobilkarten. Mit Hilfe dieser elektronischen Tickets wird der Systemzugang erheblich vereinfacht; außerdem werden die Fahrpreise unter die variablen Kilometerkosten des Autos gedrückt. Als viertes Schlüsselelement für eine erfolgreiche Flächenbahn erweist sich die funkbasierte Steuerung. Auch sie zeichnet sich - wie die anderen Schlüssel - dadurch aus, daß sie gleichzeitig die Kosten senkt und den Nutzen steigert. Für die Umsetzung ist es notwendig, einige bürokratische Strukturen zu durchbrechen. Als zentrale Triebfeder eignet sich daher ein Tiger-Team, das den fünften Schlüssel darstellt.

Schlüssel für den Erfolg der Flächenbahn

- *Bestellerprinzip mit Konzessionen*
- *Verkürzung der Verlustzeiten*
- *Mobilkarten*
- *Funkbasierte Steuerung*
- *Tiger-Team*

Die absehbaren Wirkungen der Flächenbahn bestätigen, daß sie geeignet ist, die gesetzten Ziele zu erreichen. Denn die erwartete Nachfrage ist doppelt so groß wie die notwendige Mindestnachfrage, die erzielt werden muß, um positive Umwelteffekte zu generieren. Entsprechend umfangreich können die Belastungen abgebaut werden. Zudem schafft die Flächenbahn zahlreiche neue und vor allem zukunftsfähige Arbeitsplätze. Das letztendlich wirklich Überraschende und Erfreuliche ist jedoch die ökonomische Bilanz. Durch die intensive Nutzung von Synergieeffekten verursacht die Flächenbahn keine Mehrkosten gegenüber dem heutigen Angebot - ein Gesamtergebnis, das sich sehen lassen kann.

Die Einordnung des Flächenbahnkonzepts als Policy-Forschung zieht die Frage nach sich, welche Erkenntnisse es vornehmlich für die Politikwissenschaft zutage gefördert hat. Bisher sind die Bestandteile der Verkehrspolitik in derart umfassender Weise wenig erforscht. Wichtigstes Ergebnis ist mithin, daß konkrete und machbare Änderungen der Verkehrspolitik im ländlichen Raum eine Verkehrswende herbeiführen können. Denn es konnte nachgewiesen werden, daß die Flächenbahn keine zusätzlichen Finanzmittel erfordert. Das heißt: die Flächenbahn *ist* eine verkehrspolitische Alternative zur autoorientierten Landschaft.

Weitere Erkenntnisse beziehen sich auf den Ausgangspunkt der Entwicklung. Über Pilotversuche kann das Vorhaben von Regionen oder Bundesländern gestartet werden; im weiteren Verlauf sind jedoch bundesweite Regelungen notwendig, die durchaus als zweite Bahnreform bezeichnet werden können. Änderungen im Bereich der normativen Ordnung (Polity) sind somit eine Voraussetzung - ebenso wie die strategische Planung und Steuerung des Prozesses (Politics).

Wesentlicher Bestandteil der Lösung ist eine wettbewerbsorientierte Politik. Wie sehr Liberalisierungen überfällig sind, zeigt die enorme Ineffizienz der etatistischen Strukturen des öffentlichen Verkehrssystems, die in der Untersuchung deutlich sichtbar geworden ist. Da die Saat der Deregulierung bereits in den Römischen Verträgen liegt und die Europäische Gemeinschaft in der Folge immer verbindlicher werdende Konkretisierungen beschloß, ist die regionale Verkehrspolitik zunehmend europäischen Einflüssen unterworfen. Neben der Umwelt-, Wirtschafts- und Sozialpolitik, die relativ stark in die Verkehrspolitik mit hineinspielen, zeigt sich demzufolge die Europapolitik als maßgebend für die Verkehrswende.

Die Zwickmühle des Verkehrsverhaltens läßt sich überwinden, wenn sich die politischen Entscheider die Vision einer bahnorientierten Verkehrspolitik zu eigen machen und an die Stelle blumiger Absichtserklärungen konkrete Zielförderungen setzen. Dazu gehört unter anderem, die rechtlich-organisatorischen Voraussetzungen für eine Flächenbahn zu schaffen, und regionale Projekte zu ermöglichen, mit denen die Ziele erreicht werden können.

Wer der Meinung ist, es sei nicht notwendig, für eine Verkehrspolitik einzutreten, die mit dem Aufbau der Flächenbahn eine Alternative zum Autoverkehr schafft, löst sich vom Ziel der Nachhaltigkeit. Mag sein, daß die negativen Effekte des Verkehrs von vielen noch eine ganze Weile als erträglich angesehen werden. Angesichts der globalen Entwicklung und der Vorbildfunktion der westlichen Industrienationen kann eine Politik des „weiter so" aber sehr gefährlich werden. Sie wäre zumindest riskant. Wollen wir mit dem Umsteuern warten, bis die Belastungen so groß geworden sind, daß sie eine umfassende Bedrohung darstellen, ist es wahrscheinlich zu spät. Mit Sicherheit wird ein sehr viel späteres Ändern der Verkehrspolitik erheblich abrupter ausfallen, die Lebensstile geradezu im Zeitraffer umkrempeln und damit soziale Folgen hervorrufen, die eigentlich vermieden werden sollten.

Am meisten lernen wir aus Fehlern. Vielleicht ist der Fehler noch nicht groß genug, den wir mit unserer autozentrierten Verkehrspolitk begangen haben. Erkenntnisse über die Zusammenhänge von Umwelt und Verkehr und die Situation des Menschen in diesem Beziehungsgeflecht haben in den letzen Jahren allerdings zu einer Sensibilität geführt, die es nicht ausgeschlossen erscheinen läßt, daß die Flächenbahn in absehbarer Zeit ein ganz selbstverständlich genutztes Verkehrsmittel sein wird. Die Chance besteht, das Konzept liegt vor. Erste Schritte der Umsetzung sind getan, weitere müssen folgen.

Verzeichnisse

Literatur und Quellen

ABERLE, Gerd: Zum ökonomischen Nutzen des Autoverkehrs. 1996 - In: Umweltbundesamt (1996), S. 70-77

ADLER, Gerhard et al (Hrsg.): Lexikon der Eisenbahn. Stuttgart. 1990 (8. Auflage)

ALEMANN, Ulrich von: Grundlagen der Politikwissenschaft. Opladen. 1994

AKADEMIE FÜR RAUMFORSCHUNG UND LANDESPLANUNG (Hrsg.): Handwörterbuch der Raumforschung und Raumordnung. Hannover. 1970 (2. Auflage)

APEL, Dieter et al (Hrsg.): Handbuch der kommunalen Verkehrsplanung. Bonn. 1998

ARAL (Hrsg.): Verkehrstaschenbuch 1996/97. Bochum. 1996

ARBEITSGEMEINSCHAFT HEINZE/SNV (Hrsg.): Ausländische Erfahrungen und Kenntnisse mit dem ÖPNV in der Fläche. Berlin, Hamburg. 1992

BABISCH, W. et al: Verkehrslärm und Herzinfarkt. Ergebnisse zweier Fall-Kontroll-Studien in Berlin. O.O. 1992 (= WaBoLu-Hefte 2/1992)

BAHN-REPORT, 1/98

BAHR, Egon: Zu meiner Zeit. München. 1996

BARATTA, Mario von (Hrsg.): Der Fischer Weltalmanach 1998. Frankfurt a.M. 1997

BARING, Arnulf: Machtwechsel. Die Ära Brandt-Scheel. Stuttgart. 1982

BARTH, Sibylle / BAUMEISTER, Hubertus: Umweltwirksame Gestaltung des öffentlichen Personennahverkehrs durch die kommunalen Aufgabenträger. 1997 - In: Zeitschrift für Umweltrecht 1/97, S. 17-26

BAUMBACH, Günter: Luftreinhaltung. Heidelberg. 1992

BÄUMER, Doris / SCHOLLE, Thomas: Der (Rad-)Weg zum Bahnhof. 1997 - In: Verkehrszeichen 2/1997, S. 10-12

BECK, Ulrich: Risikogesellschaft. Frankfurt a.M. 1986

BECK-TEXTE: Europäischer Unionsvertrag. München. 1993 (2. Auflage)

BECK-TEXTE: Umweltrecht. München. 1994 (8. Auflage)

BECKER, Udo J.: Verkehrsökologie - was ist denn das? 1997 - In: Internationales Verkehrswesen (49) 9/97, S. 440-446

BECKER, Udo J.: Verkehrsökologie: Wozu führt denn das? 1998 - In: Internationales Verkehrswesen (50) 4/98, S. 139-148

BECKMANN, Klaus J.: Verständniswandel in der städtischen Verkehrsplanung - von den Chancen des Nachdenkens und Umdenkens für die Zukunft. Karlsruhe. 1988a

BECKMANN, Klaus J.: Vom Umgang mit dem Alltäglichen - Aufgaben und Probleme der Infrastrukturplanung. Karlsruhe. 1988b

BEHRENDT, Dieter / STRATMANN-MERTENS, Eckhard: Verkehrswende und Beschäftigungsillusion. Bochum. 1997

BELLINGKRODT, Jochen / STIEPHAUDT, Stefan von: Formen der Regionalisierung. Dortmund. 1995 (Diplomarbeit an der Universität Dortmund)

BELZ, Sebastian: Die Flächenbahn - Von der Idee zur praktischen Umsetzung. 1997 - In: Bahn-Report 6/97, S. 75-77

BELZ, Sebastian et al: Ein nachhaltiges Siedlungsstrukturmodell für den ländlichen Raum - veranschaulicht am Beispiel des Kreises Rügen. 1998 - In: Raumforschung und Raumordnung 2/3.1998 (noch nicht erschienen)

BENNEMANN, Stefan: Die Bahnreform - Anspruch und Wirklichkeit. Hannover. 1994

BENZ, Wolfgang (Hrsg.): Die Geschichte der Bundesrepublik Deutschland. Frankfurt a.M. 1989

BERNDT, Holger: Die GeldKarte. 1997 - In: Der Nahverkehr 10/97, S. 6-7

BERSCHIN, Felix / WERNER, Jan: Begriffserklärungen im Verkehrsbereich. 1997 - In: Zeitschrift für Umweltrecht 1/97, S. 26-27

BEULCKE, Florian / DIEKMANN, Huschke: Neuordnung des Schienenpersonennahverkehrs in Deutschland. O.O. 1998

BEYME, Klaus von: Die großen Regierungserklärungen der deutschen Bundeskanzler von Adenauer bis Schmidt. München, Wien. 1979

BIRGELEN, Anette et al: Freizeitverkehr - Chance für den ÖPNV. 1996 - In: Der Nahverkehr 7-8/96, S. 9-13

BLEEK, Wilhelm: Verwaltung und öffentlicher Dienst. 1989 - In: Benz, Wolfgang (1989), S. 151-180

BÖLL, Heinrich: Aufsätze, Kritiken, Reden. Köln. 1967

BRÖG, Werner: Verkehrsmittelwahl im Stimmungswandel. 1997 - In: Giese (1997), S. 57-78

BUITENKAMP, Maria et al (Hrsg.): Action Plan Sustainable Netherlands. Amsterdam. 1992

BUND / MISEREOR (Hrsg.): Zukunftsfähiges Deutschland. Basel. 1996

BUNDESFORSCHUNGSANSTALT FÜR LANDESKUNDE UND RAUMORDNUNG (Hrsg.): Laufende Raumbeobchteung - Aktuelle Daten zur Entwicklung der Städte, Kreise und Gemeinden 1992/93. Bonn. 1995

BUNDESMINISTERIUM FÜR RAUMORDNUNG, BAUWESEN UND STÄDTEBAU (Hrsg.): Raumordnungsbericht 1993. Bonn. 1994

BUNDESMINISTERIUM FÜR VERKEHR (Hrsg.): Die elektronische Geldbörse im öffentlichen Personennahverkehr. Bonn. 1997

BUNDESMINISTERIUM FÜR WIRTSCHAFT (Hrsg.): Energie Daten 96. Bonn. 1996

BUNDESREGIERUNG (Hrsg.): Antwort vom 3.7.1998 auf die Fragen 6/206 und 6/207 von MdB Helmut Wilhelm. Bonn. 1998

BUNDESTAGSFRAKTION BÜNDNIS 90/DIE GRÜNEN (Hrsg.): Flächenbahn statt Tempowahn. Anhörung der Bundestagsfraktion Bündnis 90/Die Grünen zur Zukunft der Schiene in Deutschland am 14.12.1995 im Deutschen Bundestag Bonn - Dokumentation. Bonn. 1995

BUNDESVERKEHRSMINISTERIUM (Hrsg.): Verkehr in Zahlen. Bonn. Diverse Ausgaben bis 1997

BÜNDNIS 90/DIE GRÜNEN (Hrsg.): Pressemitteilung Nr. 0483/98 vom 22.7.1998. Bonn. 1998

BURMEISTER, Jürgen: Boom ohne Ende? Der Nahverkehr in Klein- und Mittelstädten. 1996 - In: Internationales Verkehrswesen (48) 10/96. S. 44-52

BURMEISTER, Jürgen: Ein neuer Ansatz zur Finanzierung des ÖPNV. 1997 - In: Internationales Verkehrswesen (49) 4/97, S. 189-192

BÜRO FÜR VERKEHRS- UND STADTPLANUNG BVS Rödel & Pachan (Hrsg.): Zwischenbericht zum Flächenbahnkonzept Sachsen-Anhalt Süd. Kamp-Lintfort. 1996

BÜRO FÜR VERKEHRS- UND STADTPLANUNG BVS Rödel & Pachan (Hrsg.): Simulationsmodell POT-ÖV. Kamp-Lintfort. 1997 (Software)

BUS & BAHN, Heft 7-8/94

BUS & BAHN, Heft 1/97

BUS & BAHN, Heft 4/97

BUS & BAHN, Heft 10/97

BUS & BAHN, Heft 1/98

BUTZIN, Bernhard et al: Neue Strategien der Regionalentwicklung. Bochum, München. 1993

COMMISSION EUROPÉENNE (Hrsg.): Tarification équitable pour l'utilisation de l'infrastructure: une approche par étapes en vue d'un cadre commun pour la tarification en matière d'infrastucture des transports dans l'Union Européenne - deutscher Text. Brüssel. 1998

DER SPIEGEL, Nr. 31vom 27.7.98

DEUTSCHE BAHN (Hrsg.): Die Bahnreform. Frankfurt a.M. 1994

DEUTSCHE BAHN (Hrsg.): Kursbuch 1995/96. Mainz. 1995

DEUTSCHE BAHN (Hrsg.): Geschäftsbericht 1996. Frankfurt a.M. 1997

DEUTSCHE BAHN (Hrsg.): Geschäftsbericht 1997. Frankfurt a.M. 1998a

DEUTSCHE BAHN (Hrsg.): Kursbuch 1998/99. Frankfurt a.M. 1998b

DEUTSCHE BAHN (Hrsg.): Daten und Fakten 1997/98. Frankfurt a.M. 1998c

DEUTSCHE SHELL (Hrsg.): Motorisierung - Frauen geben Gas. Hamburg. 1997

DEUTSCHE GESELLSCHAFT FÜR TECHNISCHE ZUSAMMENARBEIT: Ziel-Orientierte Projekt-Planung. Eschborn. O.J.

DEUTSCHER NATURSCHUTZRING / VERKEHRSCLUB DER BUNDESREPUBLIK DEUTSCHLAND (Hrsg.): Öffentlicher Verkehr in der Fläche - Unausgeschöpfte Potentiale. Bonn. 1988

DIW-WOCHENBERICHT, 22/94

DIW-WOCHENBERICHT, 37/96

DIW-WOCHENBERICHT, 26/97

DOMPKE, Thomas: LINT - Innovatives Fahrzeugkonzept für Nebenbahnen. 1994 - In: Eisenbahntechnische Rundschau 43 (1994), S. 717-723

DRUDE, Michael: Verkehrspolitik. 1995 - In: Nohlen (1995), S. 835-838

DUDDA, Jürgen: Die Smartcard im ÖPNV. 1997 - In: Nahverkehrspraxis 11-1997, S. 26-27

DURRER, P. et al: Bahn 2000 - Das zukunftsweisende Angebot der Schweizer Bahnen. 1985 - In: Schienen der Welt, Nr. 44, 1985, S. 43-51

EBERWEIN, Burkhard: Erste Betriebserfahrungen im Einsatz von Erdgas-Omnibussen. 1996 - In: Industrieanlagen-Betriebsgesellschaft (1996), S. 318-326

EISENBAHNDIREKTION WUPPERTAL (Hrsg.): Amtliches Kursbuch Nordwestdeutschland. Winterfahrplan 2.10.1949-13.5.1950. Wuppertal. 1949

EISENBAHNKURIER, 5/98

EMNID-Institut (Hrsg.): Kontiv 1989. Bielefeld. O.J.

ENDE, Michael: Momo. Stuttgart. 1977 (7. Auflage)

ENDRUWEIT, Günter (Hrsg.): Wörterbuch der Soziologie. Stuttgart. 1989

ENGHOLM, Björn: Vom öffentlichen Gebrauch der Vernunft. Düsseldorf. 1990 (2. Auflage)

ENQUETE-KOMMISSION „SCHUTZ DER ERDATMOSPHÄRE" des Deutschen Bundestages (Hrsg.): Mobilität und Klima. Bonn. 1994

ENQUETE-KOMMISSION „SCHUTZ DER ERDATMOSPHÄRE" des Deutschen Bundestages (Hrsg.): Mehr Zukunft für die Erde. Bonn. 1995

ENTWICKLUNGSTEAM KÖLKER-THIELE / STELCON / ADTRANZ: Wir entlasten die Straßen Zug um Zug mit dem Automatic-Loading-System (ALS). Wuppertal. O.J.

EUROPÄISCHE KOMMISSION (Hrsg.): Grünbuch - Das öffentliche Auftragswesen in der Europäischen Union: Überlegungen für die Zukunft. O.O. 1996

EUROPÄISCHE KOMMISSION, GD VII (Hrsg.): Untersuchung des Gemeinschaftsrechts bezüglich der gemeinwirtschaftlichen Verpflichtungen und der öffentlichen Dienstleistungsaufträge im Bereich des Inlandspersonenverkehrs - Entwurf des Schlußberichts. Rijswijk. 1998

EVANGELISCHE AKADEMIE BADEN (Hrsg.): Herrenalber Protokolle 89. Karlsruhe. 1992

EWERS, Hans-Jürgen: Externe Kosten des Verkehrs - herbeigeredet oder totgeschwiegen? 1998 - In: Studenteninitiative Wirtschaft & Umwelt (1998), S. 9-25

FAUL, Matthias / OHSMANN, Martin: DGPS-Navigation mit RDS. 1995 - In: Radio-Fernsehen-Elektronik 8-95, S. 53-56

FIEDLER, Horst / SCHRAUT, Rolf: Der RegioSprinter des Vogtlands - Zulassung und Betriebseinsatz als EBO-gerechter Dieselleichttriebwagen. 1997 - In: Eisenbahntechnische Rundschau 46(1997), S. 341-346

FIEDLER, Joachim: Die Anruf-Sammeltaxen sind aus dem Versuchsstadium heraus. 1984 -In: Verkehr und Technik, Heft 6, 1984

FORSCHUNGSGESELLSCHAFT FÜR STRASSEN- UND VERKEHRSWESEN (Hrsg.): Öffentlicher Personen-Nahverkehr. Empfehlungen zur Verbesserung der Akzeptanz des ÖPNV. O.O. 1990

FRANK, Hans-Joachim / WALTER, Norbert: Strategien gegen den Verkehrsinfarkt. Stuttgart. 1993

FREISE, Rainer: Taschenbuch der Eisenbahngesetze. Darmstadt. 1994 (10. Auflage)

FRENZ, Eckehard: „Netz 21" - Kahlschlag durch die Hintertür? 1997 - In: Verkehrsclub Deutschland (1997a), S. 14-22

GEHRMANN, Peter: Eisenbahn für alle. Michelstadt. 1983

GENERALSEKRETARIAT EVED (Hrsg.): Grundlagen zur Kostenwahrheit im Verkehr. Bern. 1993 (= GVF-Bericht 3/93)

GERLAND, Horst: Bargeldlos zahlen im ÖPNV. 1997 - In: Verkehr und Technik 1997, Heft 9, S. 379-390

GERLAND, Horst et al: Satelliten-Ortung für Linienbusse. 1995 - In: Der Nahverkehr 4/95, S. 27-31

GIEHLER, Reinhard et al: Verkehrskonzept Flächenbahn - Potentialabschätzung. Berlin. 1997

GIESE, Eckhard (Hrsg.): Verkehr ohne (W)Ende? Tübingen. 1997

GIRNAU, Günter: Der regionalisierte Verkehrsmarkt. 1993 - In: Der Nahverkehr 7-8/93, S. 8-17

GIRNAU, Günter: Die Schienenfahrzeug-Revolution im Regionalverkehr. 1997 - In: Der Nahverkehr 7-8/97, S. 11-21

GRAS, Klaus-Peter: Kooperationsformen mit Zukunft - Public Private Partnership und Sponsoring im ÖPNV. 1996 - In: Pastowski/Petersen (1996), S. 106-114

GRV-NACHRICHTEN, Heft Januar 1997

GRV-NACHRICHTEN, Heft April 1997

HAMANN, Peter: Systemrealisierung Fahrsmart II. 1996 - In: Industrieanlagen-Betriebsgesellschaft (1996), S. 106-122

HAUFF, Volker (Hrsg.): Unsere gemeinsame Zukunft. Frankfurt. 1987 (= Deutsche Fassung des Brundtland-Berichts der Weltkommission für Umwelt und Entwicklung - „Brundtland, Gro Harlem: Our Common Future")

HÄUSLER, Ulf: Bildung und Funktion von Trassenpreisen für die Nutzung der Schieneninfrastruktur der DB AG. 1995 - In: Zeitschrift für Verkehrswissenschaft 2/1995, S. 77-86

HECHT, Markus: Kurvenkreischen - Ursachen und Gegenmaßnahmen. 1995 - In: Schweizer Eisenbahn-Revue 3/1995, S. 103-108

HECHT, Markus / ZOGG, Hans: Lärm von Triebfahrzeugen - Ursachen und Gegenmaßnahmen. 1989 - In: SLM Technische Mitteilungen 1988/89, S. 51-55

HECKMANN, Oliver: Ausschreibungen und Vergabe von Nahverkehrsleistungen seit 1994. 1998 - In: Bahn-Report 2/98, S. 13-15

HEINZE, Wolfgang G. / HERBST, Detlef / SCHÜHLE, Ulrich: Verkehr im ländlichen Raum. Hannover. 1982

HENKEL, Gerhard: Der ländliche Raum. Stuttgart. 1995 (2. Auflage)

HÉRITIER, Adrienne (Hrsg.): Policy-Analyse - Kritik und Neuorientierung. Opladen. 1993

HERRMANN, Monika et al: Reaktivierungen im Schienenpersonennahverkehr. Darmstadt. 1997

HESSE, Markus: Verkehrswende. Marburg. 1993

HOLZAPFEL, Helmut: Verkehrsentwicklung und Verkehrspolitik aus wissenschaftlicher Sicht. 1992 - In: Evangelische Akademie Baden (1992), S. 30-41

HOOPMANN, Ralf: Bike + Ride im ländlichen Raum. 1997a - In: Verkehrszeichen 2/1997, S. 7-9

HOOPMANN, Ralf: Rufbusse - Systemvergleich und aktuelle Entwicklungen. 1997b - In: Verkehrszeichen 4/1997, S. 23-28

HÖPFNER, Ulrich et al: Pkw, Bus oder Bahn? Heidelberg, München. 1988

HUCKESTEIN, Burkhard / VERRON, Hedwig: Externe Effekte des Verkehrs in Deutschland. 1996 - In: Umweltbundesamt (1996), S. 7-49

HÜSING, Martin: Mehrsystem-Stadtbahn Essen-Mülheim-Ratingen-Düsseldorf. Bochum. 1994

HÜSING, Martin: Schienenverkehrskonzept Region Münster. Wuppertal. 1995 (= Wuppertal Paper Nr. 45)

HÜSING, Martin: Verkehrsorganisation und Verkehrslenkung. Wuppertal. 1997 (Manuskript eines Vortrags vom 17.11.1997 in Berlin)

HÜSING, Martin / SCHALLABÖCK, Karl Otto (Hrsg.): Flächenbahnkonzept Sachsen-Anhalt Süd. Wuppertal. 1997 (= Wuppertal Spezial 5).

HUSSERL, Edmund: Die phänomenologische Methode. Ausgewählte Texte I. Stuttgart. 1985

IFO-SCHNELLDIENST, 14/97

ILGMANN, Gottfried: Gewinner und Verlierer einer CO_2-Steuer im Güter- und Personenverkehr. Ottobrunn. 1998

INDUSTRIEANLAGEN-BETRIEBSGESELLSCHAFT (Hrsg.): Nahverkehrsforschung '95. Ottobrunn. 1996

INFRAS / ECONCEPT / PROGNOS (Hrsg.): Die vergessenen Milliarden - Externe Kosten im Enerie- und Verkehrsbereich. Bern, Stuttgart, Wien. 1996

INGENIEURBÜRO FÜR VERKEHRSPLANUNG W. Hüsler (Hrsg.): Alte Hansestadt Lemgo, Stadtbuskonzept. Zürich. 1994

INSTITUT FÜR LANDES- UND STADTENTWICKLUNGSFORSCHUNG DES LANDES NORDRHEIN-WESTFALEN (Hrsg.): Bausteine für die Planungspraxis in Nordrhein-Westfalen. Dortmund. 1991

INSTITUT FÜR LANDES- UND STADTENTWICKLUNGSFORSCHUNG DES LANDES NORDRHEIN-WESTFALEN (Hrsg.): Aktuelle Grundlagen der Landes- und Regionalplanung in Nordrhein-Westfalen. Dortmund. 1996 (3. Auflage)

INSTITUT FÜR REGIONAL-ÖKONOMIE (Hrsg.): Alternativer Bundesverkehrswegeplan. Eppelheim. 1997

INTERNATIONALES VERKEHRSWESEN (48) 5/96: Alles mit einer Karte. S. 32

INTERNATIONALES VERKEHRSWESEN (48) 5/96: Stadtbussysteme ersetzen das Auto in Kleinstädten. S. 38-41

INTERNATIONALES VERKEHRSWESEN (48) 11/96: Größtes Smart-Card-Projekt in Betrieb. S. 52

INTERNATIONAL ROAD FEDERATION (Hrsg.): World Road Statistics 97 Edition. O.O. O.J.

INTRAPLAN CONSULT et al (Hrsg.): Regionale Struktur des Personenverkehrs in der Bundesrepublik Deutschland im Jahre 1991. München. 1995

ISING, Hartmut et al: Risikoerhöhung für Herzinfarkt durch chronischen Lärmstreß. 1997 - In: Zeitschrift für Lärmbekämpfung 44 (1997), S. 1-7

IWW / INFRAS (Hrsg.): Externe Effekte des Verkehrs. Zürich, Karlsruhe. 1994

JASPER, Elmar: Verkehrspolitik in Heidelberg. Bochum. 1997 (Diplomarbeit an der Ruhr-Universität Bochum)

JASPER, Elmar: Kommunale Poltik - ein Thema für die Geographie? O.O. 1998 (unveröffentlichtes Manuskript)

JESCHKE, Carola: Angsträume in Städten - Öffentlicher Nahverkehr und Sicherheitsbedürfnisse. 1997 - In: Giese (1997), S. 165-171

KALWITZKI, Klaus-Peter: Mobilitätsverhalten: Bedingungen und Veränderung. 1994 - In: Verkehrszeichen 4/1994, S. 12-18

KESSEL + PARTNER / IVT (Hrsg.): Reisendenpotentiale im Schienenregionalverkehr. Freiburg, Heilbronn. 1990

KNIEPS, Günter: Regionalisierung, Privatisierung und Deregulierung im Nahverkehr - Neue Institutionen und neue Lösungsansätze. 1996 - In: Schriftenreihe der Deutschen Verkehrswissenschaftlichen Gesellschaft (1996), S. 7-20

KOLZ, Heinz / WALTER, Jürgen: Der Rheinland-Pfalz-Takt: Marketing für einen neuen Markenartikel im SPNV. 1996 - In: Internationales Verkehrswesen (48) 5/96, S. 25-30

KÖNIG, Herbert: Die PayCard - vom Pilotversuch zum gängigen Zahlungsmittel. 1996 - In: Verband Deutscher Verkehrsunternehmen (1996b), S. 64-71

KOSCHINSKI, Konrad: Das DR-Pendant: Baureihe 771/772. 1994 - In: Bahn-Special 3/94, S. 70-75

KRACKE, Rolf: Trassenpreis und Trassennutzung - Schlüsselfaktoren der Bahnreform. 1997 - In: Der Nahverkehr 12/97, S. 6-8

KRAUSS, Martin: Wo kein Wille ist... Schienenverkehrspolitik in Sachsen. 1997 - In: Bahn-Report 6/97, S. 6-12

LANDESINITIATIVE BAHNTECHNIK NRW, Heft 6/1998

LÄRM-KONTOR (Hrsg.): Schutz vor Lärm - Immissionswerte. Hamburg. 1991

LÄUFER, Thomas (Hrsg.): Vertrag von Amsterdam. Bonn. 1998

LEINERT, Johannes: Beschäftigungseffekte: Bahn & Bus versus MIV (interne Abschätzung). O.O. 1997

LESER, Hartmut et al: Wörterbuch der allgemeinen Geographie (2 Bände). München. 1989 (4. Auflage)

LEUTHARDT, Helmut: Bus oder Bahn in der Region? 1996 - In: Der Nahverkehr, Heft 11, 1996

LEWE, Wilhelm: Die Eisenbahnen des Ruhrkohlenbezirks in geographischer Betrachtung. Münster. 1924

LORENTZEN, Rüdiger: Lärm macht krank. 1990 - In: Der Kinderarzt 1990/Nr.2, S. 211-214

LUDWIG, Dieter: Verkehrspolitische Rede. 1996 - In: Verband Deutscher Verkehrsunternehmen (1996b), S. 11-15

LUDWIG, Dieter / DRECHSLER, Georg: Mit der Stadtbahn auf Bundesbahnstrecken. O.O. O.J.

LÜERS, Arne: Stadtbus-Systeme in kleinen Städten. Freiburg. 1994

LVS SCHLESWIG-HOLSTEIN (Hrsg.): Perspektive SPNV 2010 für den ersten Landesweiten Nahverkehrsplan Schleswig-Holstein. Kiel. 1996

MAIER, Jörg et al: Sozialgeographie. Braunschweig. 1977

MAIER, Jörg / ATZKERN, Heinz-Dieter: Verkehrsgeographie - Verkehrsstrukturen, Verkehrspolitik, Verkehrsplanung. Stuttgart. 1992

MEINER, Hans: Die Entsteheung des Taktfahrplans Schweiz. 1991 - In: Schweizer Ingenieur und Architekt, Nr. 25., 1991, S. 607-611

MEYER, Thomas: Die Transformation des Politischen. Frankfurt a.M. 1994

MEYERS großes Taschenlexikon. Mannheim. 1992 (4. Auflage)

MINISTERIUM FÜR WIRTSCHAFT UND MITTELSTAND, TECHNOLOGIE UND VERKEHR DES LANDES NORDRHEIN-WESTFALEN (Hrsg.): Der Bürgerbus in Nordrhein-Westfalen. Düsseldorf. 1996

MINISTERIUM FÜR WIRTSCHAFT UND VERKEHR (des Landes Rheinland-Pfalz) (Hrsg.): Rheinland-Pfalz-Takt - Nahverkehr auf der Schiene Region Rheinpfalz. Mainz. O.J.

MINISTERIUM FÜR WIRTSCHAFT, VERKEHR, LANDWIRTSCHAFT UND WEINBAU (des Landes Rheinland-Pfalz) (Hrsg.): Ein Land spart Zeit. Rheinland-Pfalz-Takt. Die erweiterte Vorstufe 1995. Mainz. O.J.

MINISTERIUM FÜR WOHNUNGSWESEN, STÄDTEBAU UND VERKEHR (des Landes Sachsen-Anhalt) (Hrsg.): Eisenbahnen des Landes Sachsen-Anhalt für den Personen- und Güterverkehr - Zusammenfassung. O.O. O.J.

MINISTERIUM FÜR WOHNUNGSWESEN, STÄDTEBAU UND VERKEHR (des Landes Sachsen-Anhalt) (Hrsg.): Plan des Schienenpersonennahverkehrs für das Land Sachsen-Anhalt - Entwurf. Magdeburg. 1997

MOBILITÉ (Hrsg.): NASA-Gemeinschaftstarif - Von der Idee bis zur Umsetzung. Köln. 1997

MOBILITÉ (Hrsg.): INTENT - Innovative Tarife und Einnahmeaufteilungsverfahren im ÖPNV durch Einsatz neuer Technologien der Fahrgasterfassung. Köln. 1998

MOHR, Arno (Hrsg.): Grundzüge der Politikwissenschaft. München, Wien. 1997 (2. Auflage)

MÖNCH, Lars: Konzeptvergleich von schweren Nutzfahrzeugen mit Dieselmotor bzw. Erdgasmotor. Berlin. O.J.

MONHEIM, Heiner: Flächenbahn oder Schrumpfbahn? 1995 - In: Bundestagsfraktion Bündnis 90/Die Grünen (1995), S. 10-26

MONHEIM, Heiner: Integration von Planung und Technik. 1996 In: Pastowski/ Petersen (1996), S. 26-39

MONHEIM, Heiner: Vortrag beim Natur-Forum Mobilität in Frankfurt a.M. am 24. April 1998. O.O. 1998

MONHEIM, Heiner / MONHEIM-DANDORFER, Rita: Straßen für alle. Analysen und Konzepte zum Stadtverkehr der Zukunft. Hamburg. 1990

MONHEIM-DANDORFER, Rita / MONHEIM, Heiner: Konzepte für ein neues Verkehrszeitalter. 1992 - In: Evangelische Akademie Baden (1992), S. 67-88.

MÜLLER-HELLMANN, Adolf: Leichte Regionalfahrzeuge: Stand der Einführung, erste Erfahrungen. 1996 - In: Internationales Verkehrswesen (48) 5/96, S. 12-14

NAHVERKEHRSPRAXIS, Heft 7/8/1995

NASA Nahverkehrsservicegesellschaft Sachsen-Anhalt (Hrsg.): Verkehrskooperation in Sachsen-Anhalt. Magdeburg. O.J.

NAUMANN, Thomas: Chancen und Gefahren im Regionalisierungsprozeß. 1995 - In: Verkehrszeichen 2/1995, S. 9-17

NEUS, Hermann: Risikobewertung von Lärmbelastungen. Vortrag beim Symposium „Gesundheitsrisiken durch Lärm", 10.2.1998, Wissenschaftszentrum Bonn. Bonn. 1998

NEUS, Hermann et al: Quantitative risk assessment in environmental health policy - The example od road traffic. 1994 - In: Informatik, Biometrie und Epidemiologie in Medizin und Biologie 4/1994 S. 312-318

NEUS, Hermann et al: Vergleich zwischen verkehrsbedingten Lärm und Luftverschmutzungsfolgen: Der Beitrag der Umweltepidemologie zu Risikoabschätzungen. 1995 - In: Bundesgesundheitsblatt 4/95, S. 146-150

NOHLEN, Dieter (Hrsg.): Wörterbuch Staat und Politik. Bonn. 1995

OBERMAYER, Horst J.: Taschenbuch der Eisenbahn. Stuttgart. 1980 (3. Auflage)

ÖKO-INSTITUT / VCD (Hrsg.): Hauptgewinn Zukunft. Neue Arbeitsplätze durch umweltverträglichen Verkehr. Freiburg. 1998

OLDENBURG, Behrend: Neue Wege zur Finanzierung des ÖPNV - die Kreativität ist gefragt. 1996 - In: Internationales Verkehrswesen (48) 12/96, S. 37

PARTZSCH, Dieter: Daseinsgrundfunktionen. 1970 - In: Akademie für Raumforschung und Landesplanung (1970), S. 424-430

PASTOWSKI, Andreas: Sponsoring im öffentlichen Personennahverkehr. Wuppertal. 1994 (= Wuppertal Paper Nr. 19)

PASTOWSKI, Andreas / PETERSEN, Rudolf (Hrsg.): Wege aus dem Stau. Berlin, Basel, Boston. 1996

PETERSEN, Rudolf / DIAZ-BONE, Harald: Das Drei-Liter-Auto. Berlin, Basel, Boston. 1998

PETERSEN, Rudolf / SCHALLABÖCK, Karl Otto: Mobilität für morgen. Chancen einer zukunftsfähigen Verkehrspolitik. Berlin, Basel, Boston. 1995

PETERSHAGEN, Werner G. H.: Fahrsmart. 1996 - In: Industrieanlagen-Betriebsgesellschaft (1996), S. 89-105

PITZEN, Constantin: Vermerk zur Modernisierung der Sicherungstechnik von Nebenstrecken. O.O. 1997

PLANCO CONSULTING (Hrsg.): Externe Kosten des Verkehrs: Schiene, Straße, Binnenschiffahrt. Essen. 1991

PLANERSOCIETÄT / WUPPERTAL INSTITUT für Klima, Umwelt, Energie (Hrsg.): Rahmenkonzeption Harzer Schmalspurbahnnetz. Dortmund, Wuppertal. 1997

POHL, Ernst August: Der Kostendeckungsgrad im ÖPNV - Maßstab der Wirtschaftlichkeit? 1986 - In: Der Städtetag 1/1986, S. 49-50

POLATSCHEK, Klemens: Mit der T-Taste ins Nirwana. 1993 - In: Die Zeit vom 13.8.1993, S. 49

POPPER, Karl: Logik der Forschung. Hrsg.: Herbert Keuth. Berlin. 1998

PRITTWITZ, Volker von: Katastrophenparadox und Handlungskapazität. 1993 - In: Héritier (1993), S. 328-355

PRITTWITZ, Volker von: Politikanalyse. Opladen. 1994

PROKSIK, Milan / KERWIEN, D.: Regionalisierung des Schienenpersonennahverkehrs (SPNV) in einem Flächenland der neuen Bundesländer am Beispiel Mecklenburg-Vorpommern. 1996 - In: Industrieanlagen-Betriebsgesellschaft (1996), S. 196-230

RANALDER, Dirk: Alles auf eine Karte? 1997 - In: fairkehr 5/97, S. 23-24

RATZENBERGER, Ralf: Aufkommens-, Verteilungs- und Wirkungsanalyse der Finanzleistungen für den ÖPNV. München. 1992

RATZENBERGER, Ralf: ÖPNV-Kooperation in der Fläche. München. 1994

RATZENBERGER, Ralf: Finanzleistungen für den öffentlichen Personennahverkehr. 1997 - In: IFO-Schnelldienst 14/97, S. 11-22

RAVEN, Paul / SANDMANN, Stefan / SCHOEMACKERS, Günter: RASANT Radio Aided Satellite Navigation Technique. 1996 - In: EBU Technical Review, Spring 1996, S. 27-32

RENNSPIESS, Uwe: Fremdwerbung auf Linienbussen - Lukrative Zusatzeinnahme oder verschenkter Eigennutzen? 1997 - In: Bus & Bahn 6/97, S. 15-17

REUTTER, Oscar / REUTTER, Ulrike: Autofreies Leben in der Stadt. Dortmund. 1996

ROHR, Hans-Gottfried von: Angewandte Geographie. Braunschweig. 1990

ROTH, Jürgen et al: Situation und Verbesserungsmöglichkeiten des öffentlichen Personennahverkehrs in der Fläche. Bonn. 1987 (= Schriftenreihe 06 des Bundesministers für Raumordnung, Bauwesen und Städtebau, Heft 06.064)

RUDOLF AUGSTEIN GESELLSCHAFT (Hrsg.): Spiegel-Dokumentation Auto, Verkehr und Umwelt. Hamburg. 1993

SABATIER, Paul A.: Advocacy-Koalitionen, Policy-Wandel und Policy-Lernen: Eine Alternative zur Phasenheuristik. 1993 - In: Héritier (1993), S. 116-148

SACHS, Wolfgang: Die vier E's. 1993 - In: Politische Ökologie Special Sept./Okt. 1993, S. 69-72

SARTORIUS I: Verfassungs- und Verwaltungsgesetze der Bundesrepublik Deutschland. München. 1996

SCHAAFFKAMP, Christoph: Flächenbahn in den neuen Bundesländern. 1995 - In: Bundestagsfraktion Bündnis 90/Die Grünen (1995), S. 62-73

SCHÄFERS, Bernhard: Politischer Atlas Deutschland. Bonn. 1997

SCHALLABÖCK, Karl Otto: Zur Bedeutung des Luftverkehrs im klimapolitischen Verkehrsdiskurs. 1993 - In: Wuppertal Institut (1993), S. 1-57

SCHALLABÖCK, Karl Otto: Verkehrsentwicklung in Westdeutschland 1976-1994. Wuppertal. 1997 (unveröffentlichtes Arbeitspapier)

SCHALLABÖCK, Karl Otto / HESSE, Markus: Konzept für eine Neue Bahn - Kurzdarstellung. Wuppertal. 1995 (= Wuppertal Paper Nr. 44)

SCHÄR, Hans-Peter: Umfassende Information - Erfolgsfaktor im ÖPNV. 1998 - In: Nahverkehrspraxis 2-1998, S. 10-13

SCHÄUBLE, Wolfgang: Und sie bewegt sich doch. Berlin. 1998

SCHERM, Jürgen: Verkehrliche Kooperation. 1995 - In: Der Nahverkehr 7-8/95, S. 14-17

SCHMIDT, Lieselotte: Mobilität und verantwortliches Handeln. 1994 - In: Verkehrszeichen 4/1994, S. 7-11

SCHMIDT, Manfred G.: Wörterbuch zur Politik. Stuttgart. 1995

SCHNEEWOLF, Rainer / STEIN, Axel: Templin schafft Fahrpreise ab. 1998 - In: Der Nahverkehr 3/98, S. 52-57

SCHOLZ, Gerhard: Der Einfluß von Reisezeitveränderungen auf das Verlagerungspotential. 1993 - In: Internationales Verkehrswesen 45 (1993), S. 36-41

SCHÖNHAMMER, Rainer: In Bewegung - Zur Psychologie der Fortbewegung. München. 1991

SCHORER, Rolf D.: Die Regionalisierung im Kreis Düren. 1993 - In: Der Nahverkehr 9/93, S. 40-42

SCHRIFTENREIHE DER DEUTSCHEN VERKEHRSWISSENSCHAFTLICHEN GESELLSCHAFT B191: Reformkonzepte im Nahverkehr - Deregulierung, Privatisierung, Regionalisierung. O.O. 1996

SCHUBERT, Klaus: Politikfeldanalyse. Opladen. 1991

SCHULZ, Tim: Leichttriebwagen im Einsatz. 1998 - In: Nahverkehrspraxis 3-1998, S. 4-7

SCHWEIZERISCHE BUNDESBAHNEN (Hrsg.): SBB-Bahnfrühling. Bern. 1990

SELZ, Thomas: Angebots- oder nachfrageseitige Steuerung der Verkehrsnachfrage? Das Problem des induzierten Neuverkehrs. 1993 - In: Zeitschrift für Verkehrswissenschaft, Heft 1, 1993, S. 1-37

SEYFERTH, Joachim: Erinnerungen an den Schienenbus. Wiesbaden. 1987

SIEMENS (Hrsg.): RegioSprinter für das Vogtland. Erlangen, Krefeld. O.J.

SOCIALDATA Institut für Verkehrs- und Infrastrukturforschung (Hrsg.): Trendwende zum ÖPNV - Basisbroschüre. München. O.J.a

SOCIALDATA Institut für Verkehrs- und Infrastrukturforschung (Hrsg.): Trendwende zum ÖPNV - Einschätzungen zur Mobilität in Bochum und Essen. München. O.J.b

SOCIALDATA Institut für Verkehrs- und Infrastrukturforschung (Hrsg.): Mobilität in Deutschland. Köln. 1991

SOCIALDATA Institut für Verkehrs- und Infrastrukturforschung: Nahverkehr in der Fläche. Köln. 1994

SONTHEIMER, Kurt / BLEEK, Wilhelm: Grundzüge des politischen Systems der Bundesrepublik Deutschland. München. 1997 (9. Auflage)

SOZIALFORSCHUNG BRÖG (Hrsg.): Von der Preiselastizität zur Preissensibilität. O.O. O.J.

SPECK, Georg: Der integrale Taktfahrplan. 1996 - In: Der Nahverkehr 9/96, S. 33-38

STATISTISCHES BUNDESAMT (Hrsg.): Verkehr. Fachserie 8, Reihe 2, Eisenbahnverkehr 1995. Stuttgart. 1996a

STATISTISCHES BUNDESAMT (Hrsg.): Amtliche Schlüsselnummern und Bevölkerungsdaten der Gemeinden und Verwaltungsbezirke in der Bundesrepublik Deutschland - Ausgabe 1995. Stuttgart. 1996b

STATISTISCHES BUNDESAMT (Hrsg.): Datenreport 1997. Zahlen und Fakten über die Bundesrepublik Deutschland. Bonn. 1997a

STATISTISCHES BUNDESAMT (Hrsg.): Statistisches Jahrbuch 1997 für die Bundesrepublik Deutschland. Stuttgart. 1997b

STATISTISCHES BUNDESAMT / UMWELTBUNDESAMT (Hrsg.): Umweltdaten Deutschland 1995. o.O. o.J.

STEGER, Ulrich (Hrsg.): Lean Administration. Frankfurt a.M., New York. 1994

STORBECK, Olaf: Unterirdischer Erfolg. 1998 - In: Die Zeit vom 23.4.1998, S. 32

STUDENTENINITIATIVE WIRTSCHAFT & UMWELT (Hrsg.): Umwelt & Verkehr - Verkehrswende oder Verkehrtwende? Münster. 1998

TECHNISCHE UNIVERSITÄT DRESDEN (Hrsg.): Mobilität in beiden Teilen Deutschlands. Dresden. 1990

UITP Internationaler Verband für Öffentliches Verkehrswesen (Hrsg.): Einschätzungen zur Mobilität in Europa. München. 1992

UMWELTBUNDESAMT (Hrsg.): Mobilität um jeden Preis? Berlin. 1996

UMWELTBUNDESAMT (Hrsg.): Daten zur Umwelt. Ausgabe 1997. Berlin. 1997

VCS Verkehrsclub der Schweiz (Hrsg.): Umwelt - Verkehr - Umkehr. Zürich. 1991

VERBAND DEUTSCHER VERKEHRSUNTERNEHMEN (Hrsg.): Busse + Bahnen. Mobilität für Menschen und Güter. Düsseldorf. 1995

VERBAND DEUTSCHER VERKEHRSUNTERNEHMEN (Hrsg.): Die gesetzlichen Grundlagen zur Regionalisierung des ÖPNV. Köln. 1996a (3. Auflage)

VERBAND DEUTSCHER VERKEHRSUNTERNEHMEN (Hrsg.): Vorträge Jahrestagung '96. Düsseldorf. 1996b

VERKEHRSCLUB DEUTSCHLAND VCD (Hrsg.): Handreichung gegen Streckenstillegungen. Bonn. 1997a

VERKEHRSCLUB DEUTSCHLAND VCD (Hrsg.): Tabelle Zug-km im SPNV nach Bundesländern. O.O. 1997b

VESTER, Frederic: Crashtest Mobilität. München. 1995

VOGEL, Dietmar / JUNGE, Günter: GPS-gestütztes Informationssystem für den Nahverkehr in Mannheim. 1997 - In: Der Nahverkehr 4/97, S. 42-47.

VOIGT, Ulrich: Verkehrspolitische Handlungsoptionen aus ökologischer Sicht. 1993 - In: Frank/Walter (1993), S. 301-331

WACHINGER, Lorenz / WITTEMANN, Martin: Regionalisierung des ÖPNV. Bielefeld. 1996

WAGNER, Jutta: Die Problematik des öffentlichen Nahverkehrs in ländlichen Gebieten. Duisburg. 1995 (Diplomarbeit an der Gerhard-Mercator-Universität - Gesamthochschule Duisburg)

WALDER, Achim: AST = Anruf-Sammeltaxi. Kreuztal. 1995

WEHRMANN, Elisabeth: Stadt ohne Fahrschein. 1997 - In: Die Zeit vom 2.11.1997, S. 79

WEIZSÄCKER, Ernst Ulrich von: Erdpolitik. Darmstadt. 1994a (4. Auflage)

WEIZSÄCKER, Ernst Ulrich von (Hrsg.): Umweltstandort Deutschland. Argumente gegen die ökologische Phantasielosigkeit. Berlin, Basel, Boston. 1994b

WEIZSÄCKER, Ernst Ulrich von: Mobilität im zukunftsfähigen Deutschland. 1996 - In: Verband Deutscher Verkehrsunternehmen (1996b), S. 25-35

WEIZSÄCKER, Ernst Ulrich von / LOVINS, Amory / LOVINS, Hunter: Faktor Vier. München. 1995

WERNER, Jan: Die zweite Bahnreform. Bonn. 1996

WERNER, Jan: Nach der Regionalisierung - Der Nahverkehr im Wettbewerb. Dortmund. 1998

WICHSER, Jost: Bus oder Bahn? 1998 - In: Der Nahverkehr, Heft 4, 1998, S. 64-67

WILLEKE, Rainer: Mobilität, Verkehrsmarktordnung, externe Kosten und Nutzen des Verkehrs. Frankfurt a.M. 1996

WILKE, Georg: Die Bedeutung der professionellen Akteure für eine ökologisch orientierte kommunale Verkehrspolitik. 1997 - In: Ökologisch verträgliche Mobilität 2/97, S. 1-4

WILKE, Georg: Ökologisch verträgliche Mobilität. Wuppertal. 1998 (unveröffentlichtes Arbeitspapier)

WINDHOFF-HÉRITIER, Adrienne: Policy-Analyse - eine Einführung. Frankfurt a.M., New York. 1987

WOLF, Winfried: Eisenbahn und Autowahn. Hamburg, Zürich. 1992

WUPPERTAL INSTITUT für Klima, Umwelt, Energie (Hrsg.): Verkehrsvermeidung durch Raumstruktur - Materialien. Wuppertal. 1993

WUPPERTAL INSTITUT für Klima, Umwelt, Energie (Hrsg.): Regionalbahn Müritz und Sieg-Dill. Wuppertal. 1996

WUPPERTAL INSTITUT für Klima, Umwelt, Energie (Hrsg.): Flächenbahnkonzept Sachsen-Anhalt Süd - Schlußbericht. Wuppertal. 1997a

WUPPERTAL INSTITUT für Klima, Umwelt, Energie (Hrsg.): Flächenbahnkonzept Sachsen-Anhalt Süd - Materialband. Wuppertal. 1997b

WUPPERTAL INSTITUT für Klima, Umwelt, Energie (Hrsg.): Flächenbahn Sachsen-Anhalt Süd: Erstes Arbeitsprogramm zur Umsetzung. Wuppertal. 1997c

WUPPERTAL INSTITUT für Klima, Umwelt, Energie (Hrsg.): Bahnkonzept Ostharz - Strategischer Teil. Wuppertal. 1997d

WUPPERTAL INSTITUT für Klima, Umwelt, Energie (Hrsg.): Entlastungspotentiale durch Verkehrsorganisation und Verkehrslenkung (Entwurf). Wuppertal. 1998a

WUPPERTAL INSTITUT für Klima, Umwelt, Energie (Hrsg.): Kurzfristige Angebotsverbesserung im Schienenpersonennahverkehr - Bereich Magdeburg-Halberstadt (Entwurf). Wuppertal. 1998b

WUPPERTAL INSTITUT für Klima, Umwelt, Energie / IÖW (Hrsg.): Konzept für eine Neue Bahn - Zwischenbericht. Wuppertal. 1994a

WUPPERTAL INSTITUT für Klima, Umwelt, Energie / IÖW (Hrsg.): Konzept für eine Neue Bahn - Materialband. Wuppertal. 1994b

WUPPERTAL INSTITUT für Klima, Umwelt, Energie / IÖW (Hrsg.): Konzept für eine Neue Bahn - Schlußbericht. Wuppertal. 1995

WVI Wermuth Verkehrsforschung und Infrastrukturplanung (Hrsg.): Regionalisierung des SPNV in Sachsen-Anhalt - Bewertung von SPNV-Linien. Braunschweig. 1995

ZOGG, Hans / GRAF, Hans Rudolf / HECHT, Markus: Die Reihenrichtmikrofon-Messtechnik - eine neue Methode zur gezielten Aussenlärmminderung. 1993 - In: Schweizer Eisenbahn-Revue 10/1993, S. 2-4

Abbildungen und Tabellen

Abkürzungen

a	Jahr
A	Anschlüsse oder Animierungsphase
ABl.	Amtsblatt
Abs.	Absatz
AEG	Allgemeines Eisenbahngesetz
A-H	hochverdichteter Kreis in Agglomerationsregion
A-K	Kernstadt in Agglomerationsregion
A-L	ländlicher Kreis in Agglomerationsregion
ALS	Automatic-Loading-System
AG	Aktiengesellschaft
Art.	Artikel
AST	Anruf-Sammel-Taxi
A-V	verdichteter Kreis in Agglomerationsregion
B	Betriebsphase
B+R	Bike and Ride
BBR	Bundesamt für Bauwesen und Raumordnung
BfLR	Bundesanstalt für Landeskunde und Raumordnung
BGBl.	Bundesgesetzblatt
BIG	Bundesinfrastrukturgesellschaft
BImSchV	Bundesimmissionsschutzverordnung
BOStrab	Straßenbahn-Bau- und Betriebsordnung
BRD	Bundesrepublik Deutschland
BSchwAG	Bundesschienenwegeausbaugesetz
BUND	Bund für Umwelt- und Naturschutz Deutschland
BVS	Büro für Verkehrs- und Stadtplanung Rödel & Pachan
CDU	Christlich Demokratische Union Deutschlands
CIS	Cisalpino
CNL	Citynightline
CO	Kohlenmonoxid
CO_2	Kohlendioxid
D	Schnellzug
dB	Dezibel
DB	Deutsche Bahn AG
DBGrG	Deutsche Bahn Gründungsgesetz
DDR	Deutsche Demokratische Republik
DGPS	Differential-GPS
DIW	Deutsches Institut für Wirtschaftsforschung
DK	Dieselkraftstoff
DM	Deutsche Mark
DNR	Deutscher Naturschutzring

DR	Deutsche Reichsbahn
DRG	Deutsche Reichsbahn-Gesellschaft
DTV	Durchschnittliche tägliche Verkehrsmenge
DWA	Deutsche Waggonbau AG
EBO	Eisenbahn-Bau- und Betriebsordnung
EG	Europäische Gemeinschaft
EGV	Vertrag zur Gründung der Europäischen Gemeinschaft
EKrG	Eisenbahnkreuzungsgesetz
EN	Euronight
ENeuglG	Gesetz zur Zusammenführung und Neugliederung der Bundeseisenbahnen
ENeuOG	Eisenbahnneuordnungsgesetz
EU	Europäische Union
EUV	Vertrag über die Europäische Union
EVED	Eidgenössisches Verkehrs- und Energiewirtschaftsdepartement
EVVG	Gesetz über die Eisenbahnverkehrsverwaltung des Bundes
Ew	Einwohner
EWG	Europäische Wirtschaftsgemeinschaft
FB	Flächenbahn
FD	Fernschnellzug
FuE	Forschung und Entwicklung
G	Gruppenrabatt
GB	Geschäftsbereich
GG	Grundgesetz
GmbH	Gesellschaft mit beschränkter Haftung
GPS	Global Positioning System
GRV	Gesellschaft für rationale Verkehrspolitik
GTZ	Gesellschaft für Technische Zusammenarbeit
GV	Güterverkehr
GVBl.	Gesetz- und Verordnungsblatt
GVF	Dienst für Gesamtverkehrsfragen
GVFG	Gemeindeverkehrsfinanzierungsgesetz
HSB	Harzer Schmalspurbahnen
IC	Intercity
ICE	Intercity Express
ICN	Intercity Night
i.d.F.	in der Fassung
IFO	Institut für Wirtschaftsforschung
IÖW	Institut für ökologische Wirtschaftsforschung
IR	Interregio
ITF	Integraler Taktfahrplan
IV	Individualverkehr

IVT	Institut für angewandte Verkehrs- und Tourismusforschung
IWW	Institut für Wirtschaftspolitik und Wirtschaftsforschung an der Universität Karlsruhe
K	Kilometerrabatt
K 200	Rabatt ab 200 Kilometern pro Monat
K 1000	Rabatt ab 1000 Kilometern pro Monat
K+R	Kiss and Ride
KBS	Kursbuchstrecke
KIN	Kundenbetreuer im Nahverkehr
km	Kilometer
km/h	Kilometer pro Stunde
KNVG	Kommunale Nahverkehrsgesellschaft
kt	Kilotonne
L	Fernschnellzug mit besonderem Tarif
La	Langsamfahrstelle
LEP	Landesentwicklungsplan
LIG	Landesinfrastrukturgesellschaft
LINT	Leichter innovativer Nahverkehrstriebwagen
L-L	ländlicher Kreis in ländlicher Region
LNVG	Landesnahverkehrsgesellschaft
LüK	Länge über Kupplung
LüP	Länge über Puffer
L-V	verdichteter Kreis in ländlicher Region
LVS	Landesweite Nahverkehrsservicegesellschaft (Schleswig-Holstein)
LVT/S	Leichter Verbrennungstriebwagen/Single
m	Meter
MdB	Mitglied des Bundestages
Mio.	Million
MIV	Motorisierter Individualverkehr
Mrd.	Milliarde
Mt	Megatonne
n.	nach
N	Normaltarif
NASA	Nahverkehrsservice Sachsen-Anhalt GmbH
NE	Nichtbundeseigene Eisenbahnen
NMV	Nichtmotorisierter Verkehr
NMVOC	flüchtige organische Verbindungen (ohne Methan)
NO_x	Stickstoffoxide
O_2	Sauerstoff
O_3	Ozon
o.J.	ohne Jahresangabe
OK	Ottokraftstoff

o.O.	ohne Angabe des Erscheinungsortes
ÖPNV	Öffentlicher Personennahverkehr
ÖPNVG	ÖPNV-Gesetz
ÖPNVG LSA	Gesetz zur Gestaltung des Öffentlichen Personennahverkehrs im Land Sachsen-Anhalt
o.S.	ohne Seitenangabe
ÖSPV	Öffentlicher Straßenpersonenverkehr
ÖV	Öffentlicher Verkehr
PBefG	Personenbeförderungsgesetz
P+R	Park and Ride
PIN	Personal Identification Number
Pkm	Personenkilometer
POT-ÖV	Programm zur Ermittlung von Nachfragepotentialen für den öffentlichen Verkehr
PPP	Public-private-partnership
PR	Public Relations
PV	Personenverkehr
q	Quelle
RASANT	Radiounterstützte Satelliten-Navigationstechnik
RB	Regionalbahn
RDS	Radiodatensystem
RE	Regionalexpreß
RegG	Regionalisierungsgesetz
ROG	Raumordnungsgesetz
s	Weg
S	S-Bahn
SE	Stadtexpreß
SLM	Schweizerische Lokomotiv- und Maschinenfabrik
SNV	Studiengesellschaft Verkehr
SO_2	Schwefeldioxid
SOK	Schienenoberkante
SPD	Sozialdemokratische Partei Deutschlands
SPNV	Schienenpersonennahverkehr
t	Tonne oder Zeit
tkm	Tonnenkilometer
UBA	Umweltbundesamt
Uex	Urlaubsexpreß
UKW	Ultrakurzwelle
ULF	Ultra Light Floor
USA	Vereinigte Staaten von Amerika
v	Geschwindigkeit
V	Verbindungen oder Vorbereitungsphase

VCD	Verkehrsclub Deutschland
VCS	Verkehrsclub der Schweiz
VDV	Verband Deutscher Verkehrsunternehmen
V-K	Kernstadt in verstädterter Region
V-L	ländlicher Kreis in verstädterter Region
VO	Verordnung
VOC	flüchtige organische Verbindungen
VU	Verkehrsunternehmen
V-V	verdichteter Kreis in verstädterter Region
WVI	Wermuth Verkehrsforschung und Infrastrukturplanung
z	Ziel
ZOPP	Zielorientierte Projektplanung